처음 배우는
애저

2판

처음 배우는 애저 2판

애저 기초부터 클라우드 서비스 구축까지

초판 1쇄 발행 2020년 12월 23일
2판 1쇄 발행 2023년 11월 02일

지은이 김도균 / **펴낸이** 전태호
펴낸곳 한빛미디어(주) / **주소** 서울시 서대문구 연희로2길 62 한빛미디어(주) IT출판2부
전화 02-325-5544 / **팩스** 02-336-7124
등록 1999년 6월 24일 제25100-2017-000058호 / **ISBN** 979-11-6921-159-8   93000

총괄 송경석 / **책임편집** 홍성신 / **기획** 김수민 / **편집** 박혜원
디자인 표지 박정우 내지 박정화 / **전산편집** 다인
영업 김형진, 장경환, 조유미 / **마케팅** 박상용, 한종진, 이행은, 김선아, 고광일, 성화정, 김한솔 / **제작** 박성우, 김정우

이 책에 대한 의견이나 오탈자 및 잘못된 내용에 대한 수정 정보는 한빛미디어(주)의 홈페이지나 아래 이메일로
알려주십시오. 잘못된 책은 구입하신 서점에서 교환해드립니다. 책값은 뒤표지에 표시되어 있습니다.
한빛미디어 홈페이지 www.hanbit.co.kr / **이메일** ask@hanbit.co.kr

지금 하지 않으면 할 수 없는 일이 있습니다.
책으로 펴내고 싶은 아이디어나 원고를 메일(**writer@hanbit.co.kr**)로 보내주세요.
한빛미디어(주)는 여러분의 소중한 경험과 지식을 기다리고 있습니다.

애저 기초부터
클라우드 서비스 구축까지

김도균 지음

처음 배우는 애저

2판

H 한빛미디어
Hanbit Media, Inc.

기업들이 IT 서비스 운영 인프라를 온프레미스 환경에서 클라우드 컴퓨팅 환경으로 이전하기 시작한 것은 불과 4~5년 전의 일입니다. 초기 투자 비용 절감과 유연성, 재해복구나 유지보수의 편의성, 글로벌 확장 용이성 등 클라우드만의 장점이 확실하고, 코로나로 인해 재택근무가 늘어나면서 어디서나 접근이 용이한 IT 환경 준비가 기업 경쟁력에 영향을 미쳤습니다. 또한 AI와 머신러닝을 포함한 고도화된 데이터 분석 플랫폼이 주는 이점 등으로 클라우드 환경을 검토하는 것이 당연해지고 있습니다.

이런 변화 속에서 Microsoft MVP로 활동 중인 김도균 님이 정성껏 집필한 이 책은 2020년 처음 등장해 Azure를 기초부터 익히려는 이들에게 가뭄의 단비 같은 역할을 해주었습니다. 하지만 Azure 포털의 인터페이스 등 많은 부분이 바뀌면서 일부 초보자에게는 혼돈을 줄 여지가 생겼는데, 이미지를 모두 새롭게 싣고 실습 내용도 다듬어 최적화한 2판이 나와 다시 체계적인 학습이 가능해졌습니다.

클라우드 컴퓨팅 플랫폼에서 AWS와 양대 산맥을 차지하고 있는 Azure 환경을 익히는 것은 IT 분야에서 자신의 가치와 경쟁력을 높이는 핵심 수단이 되고 있습니다. 누구나 쉽게 Azure 클라우드의 기본기를 체계적으로 학습할 수 있도록 설명하고, 최신 상태로 업데이트된 이 책이 IT 분야 종사자들에게 큰 도움이 되리라 확신합니다.

최윤석 Microsoft Industry Solution Engineering, Principal Tech PM

생성형 AI를 비롯하여 각종 기술이 숨 가쁘게 변화하는 시대에 살고 있다는 것은 사용자도, 서비스를 개발하는 입장에서도 여간 부담스러운 일이 아닐 수 없습니다. 기술을 습득하는 방법도 매우 빠르게 변화하고 있습니다. 너무 많은 콘텐츠 속에서 오히려 학습의 방향을 잃어버리기 쉽죠. 이 모든 놀라운 변화는 클라우드로부터 시작된 게 아닐까 싶습니다. 챗GPT 열풍에 모두들 LLM^{Large Language Model}에 대해 이야기하지만 정작 중요한 것은 그 LLM을 적용하기 위한 효율적인 클라우드 환경과 데이터입니다. 이러한 클라우드 기반 아키텍처 없이는 LLM뿐만 아니라 그 이상의 무언가가 등장하더라도 현실에는 적용할 수 없을 것입니다.

어제 발표한 세미나 내용이 오늘 완전히 바뀌어 자료를 다시 작성하는 게 일상인 상황에서 책으로 기술을 전달하고, 꾸준한 인기를 얻어 2판까지 나온 건 저자의 오랜 경험과 열정은 물론 엔지니어의 자긍심과 개발자라는 직업의식 없이는 불가능했을 것입니다.

저도 여러 권의 책을 집필하기도 하고 번역 작업에도 참여해봤지만, 최근에는 감히 엄두를 못 내고 있습니다. 시간이 없어서가 아니라 책을 쓰는 것이 얼마나 고통스러운지를 잘 알고 있기 때문입니다. 또한 빠르게 변화하는 기술에 대한 학습서는 더더욱 각별한 노력과 핵심을 짚는 능력이 없다면 그 집필의 고통은 말로 다하기 어렵습니다.

저자의 오랜 강의 경험과 클라우드 환경에 대한 이해를 기반으로 작성된 이 책은 Azure를 제대로 이해하여 향후 Azure로 앱의 개발 및 운영을 하고자 하는 다양한 요구에 부합합니다. 게다가 자칫 흥미를 잃어버리기 쉬운 다른 학습서와는 다르게 중요한 요점만 전달하여 독자가 끝까지 집중하게 만든다는 점에서 추천을 아끼지 않을 수 없습니다.

좋은 책은 저자의 노력으로 절반이 만들어지고, 독자의 평가와 피드백으로 나머지 절반이 만들어집니다. 이 책을 손에 들고 있는 분들에게 그 절반이 달려 있습니다. 부디 클라우드 기반 혁신의 의미를 이 책을 통해 이해하고 유용한 클라우드 서비스들이 만들어지기를 소망해봅니다.

이건복 Microsoft 리드 개발자

현재 AI 기술의 놀라운 발전은 클라우드 기술의 뒷받침이 없었다면 불가능했을 것입니다. 글로벌 클라우드 기술의 선두 주자인 Azure는 마이크로소프트의 압도적인 AI 기술과 결합해 파죽지세로 성장하고 있습니다.『처음 배우는 애저』가 첫 출간된 후 Azure 클라우드의 무궁무진한 세상을 접한 독자들의 열화와 같은 성원에 힘입어 절묘한 타이밍에 최신 개정판이 출시되었습니다. 기술 커뮤니티 리더인 김도균 MVP의 친절한 설명으로 AI의 날개를 단 Azure 클라우드 세상을 신나게 여행해보길 바랍니다.

이소영 Microsoft 글로벌 인플루언서팀 아시아 리전 매니저 클라우드 컴퓨팅 환경은 지난 몇 년 동안 코로나라는 특수한 상황을 거치면서 기업 운영에 없어서는 안 될 뉴노멀로 자리 잡았습니다. 이런 환경 변화로 인해 IT 분야 종사자뿐만 아니라 모든 직장인들의 업무 패턴이 다양해졌고, 클라우드 컴퓨팅 환경이 일상 업무에 파고들어 모든 작업을 최적화하는 방향으로 진보하고 있습니다.

Azure 클라우드는 이런 진보의 중심에서 Intelligent Cloud를 향해 가고 있습니다. 이 책은 이런 흐름에 맞추어 기본적인 기능인 사용자와 그룹, 접근 통제 관리를 시작으로 IaaS의 핵심 기능인 가상 네트워크, 가상 머신, 그리고 가상 스토리지를 쉽게 사용할 수 있도록 설명합니다. 또한 클라우드 서비스가 365일 24시간 실행되게 하는 핵심 기능인 고가용성과 부하 분산을 비중 있게 다룹니다. 그리고 Azure 클라우드와 기존 환경이 공존하는 하이브리드 클라우드 환경을 위한 네트워크 설정과 인프라 보호를 위한 보안 모델까지 안내합니다.

Azure 클라우드를 기업 운영의 핵심 클라우드로 선정했다면, 클라우드 전도사나 다름없는 저자의 오랜 경험과 노하우가 담겨 있는 이 책을 통해 기본 개념부터 핵심 기능까지 익혀 보길 바랍니다.

이준영 Microsoft Senior Software Developer

Azure에 관한 온라인 도움말을 따라가다 보면 쳇바퀴 돌듯 페이지 사이를 헤매거나, 자신의 환경이나 상황에 맞지 않아 좌절을 맛본 경험이 누구나 있을 것입니다. 하지만 처음부터 차근차근 예를 들어가며 설명해주는 사람이 있다면, 어려움에 직면한 초보자에겐 이보다 더 반가운 존재는 없겠죠. 이 책은 Azure라는 사막을 걷고 있는 IT 엔지니어들에게 오아시스와 같은 존재입니다. Azure 서비스는 너무 빨리 바뀌어서 책으로 정리할 수 없다는 고정관념을 과감히 깨버리고, 변치 않는 기본 개념과 쉽게 따라 할 수 있는 예제를 담아 입문자는 물론 숙련자의 갈증을 해소해주고 나아갈 방향까지 제시해주는 책입니다.

금재용 F1소프트 대표

우리 회사에 입사한 직원이 Azure를 다루려 할 때 가장 먼저 필독서로 추천하는 『처음 배우는 애저』는 Azure를 처음 시작하는 분에게도 유용하지만, 사용해보긴 했으나 체계적으로 배우지 못한 분에게도 매우 유익한 책입니다. 다소 어려운 개념도 쉽게 설명되어 있고, 자주 접하지 않는 기능까지 학습할 수 있어 실제 서비스에 적용하는 데 무리가 없기에 사용자의 역량을 크게 향상시켜줍니다. Azure 이외에 AWS나 구글 클라우드 등 다양한 클라우드 서비스를 사용하는 분들에게도 '클라우드란 무엇인가?'라는 개념을 다지기에 좋은 책입니다.

김세준 클라우드 메이트 CTO

『처음 배우는 애저』 초판은 제 강의에서 교재로 채택해 사용했을 정도로 독자를 깊이 배려하며 쓴 것이 느껴지는, 매우 친절한 책입니다. 국내에서 손꼽을 정도로 많은 Azure 강의를 진행한 경험에서 나오는 알찬 내용은, 처음 접하는 사용자도 체계적으로 Azure를 이해할 수 있게 합니다. 퍼블릭 클라우드 플랫폼 자체에 익숙하지 않은 사람도 실습 내용을 따라 하다 보면 어느덧 Azure 포털이 친숙해지고 주요 개념들을 단번에 이해하게 됩니다. 책 제목처럼 처음 Azure를 시작하는 분들에게는 길잡이가 될 것이고, 이미 이용하는 분들에게는 타 클라우드와의 차별성을 이해할 기회가 될 것이라 확신합니다.

김승진 KT DS DWP개발팀 팀장/Meister

Azure라는 방대한 구름 사이로 들어와 방황하고 있는 이들과 함께 많은 작업을 하고 있는 저로서는 이 책의 2판이 나온다는 소식을 들었을 때부터 기대감과 함께 빨리 보고 싶은 조바심마저 들었습니다. 초판의 재미있는 스토리에 몰입하며 읽은 기억이 나는데, 2판에선 더 진화해 한층 더 흥미로운 스토리에 잘 담겼다는 생각이 듭니다.

필자의 경험과 노력이 묻어나는 모든 페이지를 넘기며 과정을 이해하고 손으로 익히다 보면 어느새 Azure의 한복판에서 자연스럽게 헤엄치고 있는 여러분을 발견할 것입니다. Welcome to Azure!

김영욱 Hello AI 대표

클라우드 강의 업계의 살아 있는 전설이라고 해도 과언이 아닌 김도균 저자는 MCT(Microsoft Certified Trainer)를 가르치고 평가하는, 즉 강사를 가르치는 강사이며 그의 가르침 덕분에 클라우드 환경에 걸맞은 훌륭한 인재가 많이 배출되었습니다.

소위 '책 공장'으로 불리며 매년 책을 몇 권씩 출간하는 열정과 노력에 늘 존경의 마음을 갖게 됩니다. 한 분야에서 오랫동안, 많은 일을 높은 수준으로 이뤄온 저자는 이 책에도 그런 노력과 지식을 오롯이 담았습니다.

2판 집필 계획을 들었을 때부터 이 책의 2쇄, 10쇄, 100쇄를 예상했습니다. 수명이 짧은 IT 서적의 한계를 꾸준히 수준 높은 업데이트로 극복해 온 정성과 노력에 존경의 박수를 드리며 Azure를 익히려는 모든 분에게 이 책을 강력히 추천합니다.

유승호 Microsoft Technical Trainer

2020년 출간된 이후 많은 사랑을 받고, 이제 2판으로 나온 이 책은 우리나라 저자에 의해 출간된 처음이자 유일한 Azure 클라우드 관련 기술 서적입니다. 어떤 클라우드 서비스를 사용하건 가장 근간이 되는 서비스는 가상 머신을 중심으로 네트워킹과 스토리지, 그리고 보안을 다루는 것입니다. 쉬운 작업일 수도 있지만 전반적인 지식이 없으면 굉장히 까다로운 작업이 될 수 있습니다. 하지만 이 책을 통해 부족한 업무 지식을 확실히 채울 수 있을 것입니다.

특히 Azure 클라우드에 입문하고자 하는 분들에게 항상 자신 있게 추천하는 책입니다. 쉽고 자세하게 쓰였을 뿐만 아니라, 저자의 오랜 현장 경험과 강의 경험이 고스란히 녹아 있습니다. 저자의 어깨 위에 올라타서 그 경험을 그대로 이어받아 여러분의 Azure 클라우드 경험을 한 단계 높여보세요. 끝까지 정독하고 따라 해본다면 Azure 클라우드의 준 전문가가 되어 있을 것입니다. 이 책을 통해 가상 머신을 벗어나 훨씬 더 멋지고 다양한 Azure 클라우드의 세계로 진입할 수 있기를 바랍니다.

유 저스틴 Microsoft Senior Cloud Advocate

지은이 소개

지은이 **김도균** kimdokyun@outlook.com

독립 기술 크리에이터. 2012년 8월, 남들과 다른 삶을 시험해보고자 안정적인(?) 조직 생활을 박차고 나와 독립 생활자의 삶을 시작했고, 현재까지 순항 중이다. 2003년 처음으로 번역한 『Beginning Direct3D Game Programming(2판)』(정보문화사, 2005)이 계기가 되어 지금까지 번역과 저술을 하고 있으며 현재 40여 권의 책을 세상에 내놓았다.

마이크로소프트 공인 기술 전문가 어워드인 MVP를 12회 수상했다. 마이크로소프트 공인 강사(MCT)로 21년의 세월을 지내오며 여러 학교와 현장에서 마이크로소프트의 서비스와 기술을 강의했다. 마이크로소프트의 퍼블릭 클라우드 서비스인 Azure의 등장 초기부터 관심을 가지고 지켜봤으며 2016년부터 독립 Azure 트레이너로 활발한 활동을 하고 있다. 마이크로소프트 Ignite, 글로벌 Azure, K-ICT Week in Busan, 부산 개발자 밋업 등 다양한 행사에 연사로 참여하고 있다.

지은이의 말

2016년 11월, Azure 첫 강좌를 열었고 시간이 갈수록 제 강의에서 Azure가 차지하는 비중이 늘어갔습니다. 더구나 2020년 1월부터 본격화된 코로나19가 팬데믹으로 이어지면서 많은 기업을 클라우드로 이끌었습니다. 하지만 Azure 강좌를 거듭할수록 맥락 없이 기술 전반을 나열식으로 제공하는 교재와 수강자 눈높이 사이의 괴리감이 Azure를 이해하는 데 장벽이 되고 있다고 느꼈습니다.

이 책은 강의 현장에서 느꼈던 답답함과 아쉬움을 해소하고자 짜임새 있게 풀어내려고 노력했고, Azure를 처음 배우는 사람도 빠르게 이해하고 익숙해져 탄탄한 Azure 기초를 쌓게 하려는 목적으로 집필했습니다. 2020년 12월에 초판을 시장에 내어놓았을 때 많은 사람이 Azure 집필서를 기다려왔다는 것을 확인했습니다. 초판 2쇄가 모두 소진되는 동안, Azure 아이콘도 바뀌었고 포털에도 많은 변화가 있었습니다. 이 책을 아껴주시는 많은 분의 요청과 격려에 힘입어, 이 모든 변화를 반영하고 NAT 게이트웨이에 대한 내용을 추가해 『처음 배우는 애저』 2판을 다시 여러분 앞에 선보이게 되었습니다.

이 책을 출간하고 코로나19 팬데믹 기간을 지나는 동안 사랑하는 어머니를 먼저 하늘나라로 보냈고, 함께 Azure를 전도하러 다니며 오랫동안 열정을 나눴던 절친 주민규 MVP를 새로운 클라우드로 먼저 배웅했습니다. 행복은 마음을 나눌 수 있는 사람과 함께 있는 순간이라 생각합니다. 앞으로 그 순간을 소중히 여기며 살고자 합니다.

초판부터 2판까지 이 책에 대한 아이디어와 후원을 아끼지 않은 홍성신 팀장님, 2판이 태어나도록 세세한 부분까지 챙긴 박혜원 편집자가 아니었다면 이 책은 아직 클라우드에 있었을 겁니다. 흔쾌히 추천사를 써주신 한국 마이크로소프트 최윤석 전무님, 이건복 상무님, 이소영 이사님, 유승호 부장님, 미국 마이크로소프트 이준영 시니어 소프트웨어 엔지니어, 유 저스틴 님, 동료 MVP인 김세준, 금재용, 김영욱 님, KTDS 김승진 부장님에게 감사의 마음을 전합니다.

2023년 10월
인생의 다음 스테이지 '읽고 쓰기' 시대의 시작점에 서서

김도균

대상 독자

이 책은 마이크로소프트의 퍼블릭 클라우드 서비스인 Azure를 이해하고 다루는 데 필요한 탄탄한 기초를 쌓으려는 개발자, 시스템 엔지니어, 기술 영업 사원, IT 분야 전공 학생들을 대상으로 합니다.

처음 Azure를 다루는 사람들의 눈높이에 맞춰 집필했으므로 이 책을 학습하기 전에 Azure나 클라우드에 대한 특별한 사전 지식은 필요하지 않습니다. 하지만 클라우드 컴퓨팅 기술의 밑바탕에는 전통적인 운영체제와 네트워킹, 스토리지에 관한 이해를 전제로 합니다.

Azure 경험은 없지만 Microsoft Azure를 기업에 도입하기 위해 검토하거나 온프레미스 인프라를 Azure로 마이그레이션해야 하는 경우 이 책을 통해 단기간에 퍼블릭 클라우드 경험을 쌓을 수 있습니다.

이 책의 구성

이 책은 처음 Microsoft Azure를 배우는 사람이 어디서부터 시작하고 어떤 순서로 배워야 하는지, 어렵게 여기는 부분이 무엇인지를 고민하며 집필했습니다. Azure를 배울 때 처음 부딪히는 난관인 낯선 용어와 주요 서비스의 개요를 간결하게 설명하고, 실제 적용을 위해 꼭 알아야 하는 설정 내용을 시나리오 기반의 실전 연습으로 연결했습니다.

1부 Azure로 시작하는 클라우드 컴퓨팅

4개의 장으로 구성되어 있으며 클라우드 컴퓨팅의 개념과 등장 배경, Azure 학습에 필요한 기본기를 다뤘습니다.

- **1장 클라우드 컴퓨팅 전성시대**
  클라우드 컴퓨팅의 등장 배경과 컴퓨팅 패러다임의 변화를 소개하고 클라우드 컴퓨팅 서비스를 액세스하는 주체의 관점에서 소유와 책임의 범위를 클라우드 컴퓨팅 모델과 서비스 유형의 관점에서 소개합니다.

- **2장 Azure 시작하기**

  Azure 서비스를 이해하는 데 필요한 핵심 용어, 기술 문서 액세스 방법, 서비스 업데이트 현황을 살펴보는 방법을 소개합니다. Azure가 발전하고 확장되더라도 사용자에게 일관성 있는 관리 및 거버넌스 모델을 제공하는 데 핵심인 Azure 리소스 관리자 모델을 이해하는 시간을 가집니다.

- **3장 Hello Azure**

  Hello Azure라는 간단한 프로젝트에 사용할 리소스 그룹과 공용 IP 주소라는 리소스를 만들면서 Azure 포털 인터페이스의 구조를 이해합니다. Azure에서 리소스를 만드는 인터페이스의 구조와 입력 정보의 유효성 검사, 리소스와 리소스 그룹 간의 관계를 설명합니다.

- **4장 Azure 사용자와 그룹, 액세스 관리**

  Azure의 리소스에 대한 인증과 권한 부여를 제어하는 Microsoft Entra ID의 ID 관리 서비스를 소개하고 구독과의 관계를 이해합니다. Azure 리소스의 액세스 제어를 위한 Microsoft Entra ID의 ID 관리 기능 중 사용자와 그룹 계정을 다루는 방법을 배우고 RBAC 기술을 통해 사용자와 그룹이 구독을 비롯해 구독 내의 리소스를 역할 기반으로 액세스하게 만드는 방법을 익힙니다.

2부 Azure IaaS 핵심 서비스

3개의 장으로 구성되어 있으며 Azure 컴퓨트 서비스의 핵심인 가상 네트워크, 가상 머신, 스토리지를 다룹니다.

- **5장 Azure 가상 네트워크**

  Azure에서 가상 네트워크를 구현할 때 주소 공간 표기 방식, 주소 유형, 할당 방식을 살펴봅니다. 가상 네트워크 구성에 필수인 서브넷을 나누는 이유와 함께 서브넷의 주소 공간에 예약된 IP 주소와 용도를 이해하고 가상 네트워크와 서브넷을 설계할 때 고려할 원칙을 짚어봅니다.

- **6장 Azure 가상 머신**

  인프라 구성의 3가지 핵심요소인 서버, 스토리지, 네트워크를 클라우드에서 구현할 때 서버에 해당하는 가상 머신을 만들고 구성하는 방법을 다룹니다. Azure 포털에서 가상 머신을 만들 때 필요한 구성요소를 이해하고 윈도우 및 리눅스 서버를 배포하고 접속해봅니다.

- **7장 Azure 스토리지**

  Azure 스토리지 서비스에서 다룰 수 있는 데이터 유형과 시나리오를 먼저 이해한 다음 Azure 스토리지 서비스를 지원하는 스토리지 계정을 배포하고 구성하는 방법, 스토리지 서비스를 전개하는 방법을 익힙니다. 컨테이너, 테이블, 큐, 파일 공유 스토리지 각각에 대한 사용법과 함께 유용한 스토리지 관리 도구인 Azure 스토리지 탐색기 사용법을 학습합니다.

3부 고가용성 및 부하 분산

4개의 장으로 구성되어 있으며 서비스를 안정적으로 제공하기 위해 고려해야 할 Azure 서비스를 다룹니다.

- **8장 가상 머신 크기 조정과 가용성 구현**

  가상 머신을 사용하는 서비스의 안정성과 성능을 높이고 비용 최적화를 위한 유용한 기능과 서비스를 소개합니다. 먼저 가상 머신의 크기를 늘리거나 줄일 수 있는 크기 조정 기능을 다루고 서비스 요청이 급증하거나 줄어들 때 빠르게 대응하면서 단일 실패 지점을 극복하는 기반인 가용성 집합과 가용성 영역을 학습합니다.

- **9장 Azure의 부하 분산 서비스**

  애플리케이션이나 서비스의 고가용성과 트래픽 분산을 제공하기 위해 Microsoft Azure가 제공하는 대표적인 2가지 부하 분산 장치인 4계층 Azure 부하 분산 장치와 7계층 애플리케이션 게이트웨이를 다룹니다. 애플리케이션 게이트웨이를 통해 HTTP 특성을 기반으로 웹 트래픽을 부하 분산하는 방법과 Azure 부하 분산 장치를 통해 네트워크 프로토콜과 IP 주소, 포트 번호를 기반으로 부하 분산하는 방법을 익힙니다. 내부 타입 표준 부하 분산 장치 백 엔드 노드의 아웃바운드 인터넷 액세스를 안전하게 허용할 수 있는 NAT 게이트웨이에 대해서도 살펴봅니다.

- **10장 가상 머신 탄력성 구현**

  가상 머신을 사용하는 서비스의 안정성과 고가용성을 제공하기 위해 가상 머신 인스턴스를 편리하고 빠르게 탄력적으로 늘리거나 줄일 수 있고(스케일 아웃/인) 자동 크기 조정을 사용할 수 있는 가상 머신 확장 집합을 다룹니다. 가상 머신 인스턴스의 배포와 부하 분산 장치의 연계 구성, 커스텀 스크립트의 적용 방법을 배웁니다.

- **11장 트래픽 관리자**

  글로벌 Azure 지역을 대상으로 트래픽의 최적 분산을 제공하기 위해 DNS 기반 부하 분산 서비스로 개발되어 도메인 수준에서 부하 분산을 제공하는 트래픽 관리자를 다룹니다. 백 엔드 풀 역할을 하는 엔드포인트를 구성하는 방법과 엔드포인트 상태를 확인하고 부하 분산을 수행하기 위해 상태 프로브와 부하 분산 규칙 역할을 하는 6가지 라우팅 알고리즘에 대해 이해하고 실전 연습을 통해 사용법을 익힙니다.

4부 연결과 보안

2개의 장으로 구성되어 있으며, 11장까지 구현한 실전 연습 시나리오의 네트워크 연결성을 보완하고 보안을 향상시키는 데 필요한 서비스를 다룹니다.

- **12장 가상 네트워크 연결**

  Azure의 가상 네트워크, 온프레미스, 타 클라우드의 가상 네트워크나 데이터 센터 확장을 위해 필요한 기술인 가상 네트워크 연결 솔루션을 다룹니다. 온프레미스 네트워크 간 안전한 연결을 위해 오래전부터 일반적으로 사용했던 VPN 기술을 Azure에서 구현할 때 필요한 가상 네트워크 게이트웨이의 배포 및 구성 방법을 먼저 살펴봅니다. 이어서 가상 네트워크 게이트웨이를 사용하는 방법보다 구성이 간편하고 마이크로소프트 백본 인프라를 사용해 높은 성능을 내는 가상 네트워크 피어링 구성 방법을 살펴봅니다.

- **13장 핵심 인프라 보호**

  지금까지 실전 연습을 통해 구현한 인프라를 더욱 견고하게 만드는 기능과 서비스를 다룹니다. 네트워크 보안 그룹을 통해 인터넷 트래픽과 내부 트래픽의 인/아웃 바운드 트래픽 제어를 구현하고 인터넷에서 RDP 및 SSH로 가상 머신을 연결할 경우의 보안 위협 제거를 위해 Azure Bastion 서비스를 구현합니다. 마지막으로 Azure 스토리지 계정의 보안 기능과 계층화된 보안 모델을 적용해 클라우드의 데이터를 보호하는 방법을 익힙니다.

일러두기

이 책은 잘 구성된 학습의 흐름과 실무에서 적용하기 위한 튼튼한 기초를 쌓는 데 주안점을 두었습니다. 따라서 학습할 때 염두에 두어야 할 몇 가지 기준과 학습을 지속하기 위해 주의해야 할 사항을 미리 밝혀 둡니다.

- 이 책은 Azure 입문자가 쉽게 익힐 수 있도록 Azure 포털에서 대부분의 실습을 진행합니다.
- [실전 연습] 코너는 제시한 작업을 단계별로 세분화하고 캡처 화면을 상세하게 수록하여 초보자들도 쉽게 따라 할 수 있도록 했습니다. 앞에서 캡처 화면과 함께 자세히 설명한 부분이 뒤에서 반복되는 경우에는 진행에 무리가 없는 범위 내에서 캡처 화면 없이 설명하기도 했습니다.
- 체험 계정의 구독(1개월, 200$)이나 학생용(1년간, 매달 100$) 구독을 사용하는 경우 제공된 금액과 유효 기간 안에 실전 연습을 끝낼 수 있도록 학습 계획을 세우기 바랍니다.

- 4장 이후 실전 연습 코너는 아이언맨 연구소의 인공지능 서비스인 자비스와 프라이데이 인프라를 구현하고 확장 및 강화해 가는 과정을 시나리오로 진행하기 때문에 실전 연습이 서로 연결되어 있습니다.

- 4장 이후 실전 연습에서 만든 Azure 리소스(특히 가상 머신, 가상 머신 확장 집합, 트래픽 관리자 등)는 계속 사용하지 않는 경우 할당 해제 또는 중지해야 비용을 절약할 수 있습니다.

- 3부 이후 실전 연습에서 만드는 Azure 리소스는 비용이 많이 들어서, 계속 학습할 수 없다면 일단 Azure 리소스를 삭제하고 필요할 때 다시 만드는 방법이 좋습니다.

- Azure 리소스 종류에 따라 Azure 전체에서 고유한 이름을 써야 하는 경우가 있습니다. 그런 경우 실전 연습에서 제시한 이름을 그대로 사용하지 말고 끝에 자신의 영문 이름 이니셜을 붙이세요.

- 출간 이후 Azure 포털이 변경될 경우 해당 화면과 변경 내용을 저자의 깃허브 사이트에서 제공합니다.

- 마이크로소프트의 무료 체험 계정에서 제공하는 리소스 할당량은 무료 체험 계정 정책에 따라 변경될 수 있습니다. 가상 머신의 경우 현재 4개의 vCore까지 사용할 수 있습니다.

- 마이크로소프트는 지속적으로 Azure 포털의 인터페이스를 개선하고 있습니다. 간혹 사용자마다 동일한 서비스에 대해 다른 인터페이스를 만나는 경우가 있는데, 이는 새로운 인터페이스의 테스트군으로 선택된 경우입니다. 책과 다른 인터페이스인 경우, Azure 포털의 미리보기 URL을 접속해보기 바랍니다.

  – `https://preview.portal.azure.com/`

실습에 필요한 환경

이 책의 [실전 연습]을 따라 하기 위해 몇 가지 준비가 필요합니다.

운영체제
- Windows 10/11 (Home, Pro 등)
- 최신 리눅스 배포판 (RDP 지원 애플리케이션 필요)
- 최신 macOS (RDP 지원 애플리케이션 필요)

웹 브라우저 (다음 중 하나)
- 마이크로소프트 에지 `https://www.microsoft.com/ko-kr/edge`
- 구글 크롬 `https://www.google.com/intl/ko/chrome/`

Microsoft Azure 구독 (다음 중 하나)

- Azure 체험 계정 https://azure.microsoft.com/ko-kr/free/

- Azure 유료 구독(종량제, 기업 구독 등)

- Azure 학생용 구독 https://azure.microsoft.com/ko-kr/free/students/

예제 사용

이 책에서 사용한 스크립트와 샘플 파일은 다음 깃허브 주소에서 다운로드할 수 있습니다. 책에서 추가 정보와 각주로 제시한 링크 정보도 깃허브에서 제공합니다.

깃허브 주소

- https://github.com/steelflea/EasyToLearn-Azure-2nd

정오표와 피드백

원고를 쓰고 편집과 교정을 거치면서 여러 번 오탈자를 확인했지만, 오탈자를 찾았거나 내용 개선을 위한 제언을 하고 싶다면 출판사 책 정보 페이지에 등록할 수 있으며 저자의 메일로도 제보할 수 있습니다.

독자들의 피드백은 소중합니다. 확인된 오류와 개선 요청사항은 다음 판에 반영하겠습니다.

저자 메일 주소

- kimdokyun@outlook.com

저자 블로그

- https://www.dokyun.pe.kr

CONTENTS

PART **I** Azure로 시작하는 클라우드 컴퓨팅

CHAPTER **1** 클라우드 컴퓨팅 전성시대

CHAPTER **2** Azure 시작하기

CONTENTS

CHAPTER 3 Hello Azure

CHAPTER 4 Azure 사용자와 그룹, 액세스 관리

CONTENTS

PART III 고가용성 및 부하 분산

CHAPTER 8 가상 머신 크기 조정과 가용성 구현

CHAPTER 9 Azure의 부하 분산 서비스

CHAPTER 10 가상 머신 탄력성 구현

CONTENTS

Azure로 시작하는
클라우드 컴퓨팅

1부는 더 이상 선택이 아닌 필수가 된 클라우드 컴퓨팅의 개념과 Microsoft Azure를 소개합니다. Azure 글로벌 인프라 이해를 위한 필수 개념, 기술 문서를 참조하는 방법, 구독을 준비하는 방법을 자세히 설명합니다.

Hello Azure 프로젝트를 통해 Azure의 기본 사용법을 익히며 Microsoft Entra ID의 목적과 역할을 이해하고 사용자와 그룹을 통한 액세스 제어 및 역할 기반 액세스 관리를 실습합니다.

Part I

Azure로 시작하는
클라우드 컴퓨팅

## CHAPTER 1

클라우드 컴퓨팅 전성시대

이 장의 내용

- 클라우드 컴퓨팅의 등장 배경과 컴퓨팅 패러다임 변화
- 클라우드 컴퓨팅 서비스의 특성과 3가지 주요 특징
- 3가지 클라우드 컴퓨팅 모델과 서비스 유형

현재 대한민국은 4차 산업혁명을 기치로 한국형 디지털 뉴딜을 통해 새로운 고용을 창출하고 견고한 경제 성장을 위해 기술 개발과 시스템 전반에 혁신을 일으키는 데 집중하고 있습니다. 4차 산업혁명을 위한 기술로는 클라우드, 빅데이터, 인공지능, 사물인터넷 등이 언급됩니다. 이 중에서 클라우드는 나머지 3가지를 구현하는 데 있어 꼭 필요한 요소 기술이자 인프라입니다.

이 장은 4차 산업혁명을 견인하는 핵심일 뿐만 아니라 코로나19와 같은 팬데믹 상황과 챗GPT와 같은 생성형 AI 개발 경쟁으로 인해 더 주목받게 된 클라우드 컴퓨팅의 등장 배경, 개념, 특징, 특성, 서비스 모델, 유형을 간단히 소개합니다.

1.1 클라우드 컴퓨팅 등장과 컴퓨팅 패러다임 변화

클라우드 컴퓨팅이라는 개념은 1965년 미국의 컴퓨터학자 존 매카시가 언급한 "컴퓨팅 환경은 공공시설을 쓰는 것과 같을 것"이라고 말한 데서 유래했습니다. 클라우드 컴퓨팅이라는 용어의 대중화는 2006년 구글 직원인 크리스토프 비시글리아가 유휴 컴퓨팅 자원의 재활용을 제안하면서 시작되었고 같은 해 아마존이 AWS EC2 클라우드 사업을 개시하면서 클라우드 컴퓨팅이 주목받기 시작했습니다.

1979년 미국에서 설립된 정보기술 컨설팅 회사인 가트너Gartner는 새로운 기술이 등장해서 시장에 안착되어 주류가 될지, 중간에 거품 논란과 함께 사라질지 시장의 기대를 경험적으로 분석 정리한 차트인 하이프 사이클Hype Cycle과 10대 전략 기술을 매년 발표합니다. 클라우드 컴퓨팅이란 용어가 하이프 사이클에 처음 등장한 시기는 2008년 무렵입니다. 그리고 하이프 사이클상의 광란의 정점The Peak of Inflated Expectations에 있었던 시기는 2009~2011년입니다. 클라우드 컴퓨팅은 가트너가 2009년 선정한 10대 전략 기술 2위에 선정되었고 2010, 2011년 연속 1위에 선정되었습니다.

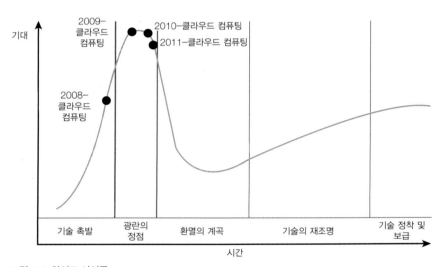

그림 1-1 하이프 사이클

2008년부터 주목받기 시작한 클라우드 컴퓨팅은 서비스 공급자 입장에서는 컴퓨팅 자원을 효율적으로 재활용할 수 있고, 서비스 이용자 입장에서는 원하는 시점에 즉시 필요한 만큼 컴퓨팅 자원을 빌려 쓸 수 있습니다.

클라우드 컴퓨팅은 기업이 컴퓨팅 자원을 구입하고 유지보수하는 데 들어가는 비용과 시간을 아껴주며 컴퓨팅 자원을 배치하는 공간과 운영, 관리에 필요한 기술 인력을 최소화해줍니다. 특히 시간이라는 자원 측면에서 보면 비즈니스 개시의 타이밍을 맞출 수 있고 필요한 자원을 즉시 사용할 수 있게 합니다.

이처럼 클라우드 컴퓨팅은 자원의 효율적 활용과 비즈니스 민첩성 측면에서 서비스를 배포한 후 관리해왔던 기존의 컴퓨팅 패러다임을 획기적으로 바꾸고 있습니다. 클라우드 컴퓨팅 인프라를 사용하는 사물인터넷과 빅데이터, 인공지능 기술의 확산은 전례 없는 새로운 도전에 직면한 현 인류에게 문제 해결 방법의 근본적인 변화를 제시하고 있습니다.

1.2 클라우드 컴퓨팅의 특성과 특징

클라우드 컴퓨팅은 어디서나 네트워크(인터넷) 연결을 통해 컴퓨터와 소프트웨어 서비스를 액세스하는 기술을 뜻합니다. 주로 광대역 네트워킹(WAN)이나 인터넷 연결을 사용해 데이터 센터에 액세스합니다. 상용 소프트웨어나 플랫폼 서비스, 서버 및 스토리지, 네트워크와 같은 거의 모든 IT 자원이 클라우드에서 동작 가능합니다. 지금까지 기업이 IT 자원을 도입하고 직접 관리해오던 관점에서 클라우드 컴퓨팅으로 이동할 때 고려하는 12가지 특성이 있습니다(표 1-1). 클라우드 컴퓨팅 서비스라면 이러한 특성을 갖춰야 합니다.

표 1-1 클라우드 컴퓨팅 특성

특성	설명
고가용성	운영 중지 없이 장시간 서비스 가동 시간을 보장합니다.
확장성	작업 부하에 따라 직접 자원을 늘리거나 줄일 수 있습니다.
탄력성	작업 요구사항에 따라 자원을 자동으로 늘리거나 줄일 수 있습니다.
민첩성	컴퓨팅 자원 요구에 빠르게 응답합니다.
내결함성	구성요소나 서비스 일부에 문제가 생겨도 클라우드 서비스 아키텍처가 이러한 문제에 대응해 지속적인 서비스를 가능하게 합니다.
재해복구	클라우드 서비스를 중단시킨 이벤트가 발생했을 때 이를 자동으로 복구하거나 빠르게 서비스를 다시 사용하게 합니다.
글로벌 서비스	전 세계에 배치된 데이터 센터를 통해 고객이 어디 있든지 가까운 곳에 서비스를 배포하고 고객은 보다 편리하게 서비스를 이용할 수 있습니다.
짧은 서비스 대기 시간	한정적인 위치에 있는 데이터 센터로 인해 사용자가 서비스를 제공받는 데 시간이 걸리는 경우를 극복할 수 있습니다.
비용 예측	사용자는 클라우드 서비스에서 발생하는 비용을 예측하고 분석할 수 있습니다.
낮은 기술 요구사항	물리적 인프라 구축과 유지 관리에 필요한 기술 요구사항이 낮거나 없으므로 서비스 개발과 개선, 유지에 집중할 수 있습니다.
생산성 향상	하드웨어 설정, 운영체제 및 소프트웨어 업데이트나 패치 등 시간이 많이 드는 IT 운영 작업이 필요 없으므로 비즈니스 목표를 달성하는 데 집중할 수 있습니다.
보안	조직이 IT 서비스 인프라 전반에 직접 보안을 제공하고 일정한 수준을 달성하고 유지하는 데 드는 노력보다 더 적은 노력으로 보안 정책과 기술, 접근 제어 등의 전문 기술 역량을 제공하므로 더 빠르고 편리하게 보안을 강화할 수 있습니다.

클라우드 컴퓨팅은 기존 IT 자원 투자와 관리 면에서 두드러지는 3가지 주요 특징이 있습니다. 규모의 경제, 투자 관점, 소비 기반 모델이라는 특징입니다.

규모의 경제

서버와 스토리지, 네트워크와 같은 인프라를 도입할 때 대량으로 구매할 경우 더 저렴하고 좋은 서비스를 받을 수 있습니다. 현재 가장 인기 있는 Microsoft Azure와 아마존 AWS 같은 클라우드 공급자는 한 해 투자하는 IT 인프라 비용이 엄청나서 이들 회사에 장비를 공급하는 회사는 소규모 조직이나 개인이 도입하는 비용보다 훨씬 저렴하게 제공합니다. 이러한 클라우드 공급자의 서비스를 이용하는 고객들도 동일한 비용과 서비스 혜택을 누릴 수 있습니다.

자본 지출과 운영 비용

클라우드 컴퓨팅이 시장에서 각광을 받기 전에 기업은 비즈니스를 위해 직접 건물을 매입하고 IT 인프라 자원을 도입해야 했기 때문에 초기 자본이 많이 필요했으며 이러한 자산을 유지하는 비용과 자산의 감가상각도 고려해야 했습니다.

클라우드 컴퓨팅은 이런 초기 투자 비용을 없애주며 유지 관리 비용을 낮춥니다. 인프라 투자에 드는 비용을 자본 지출이라 하며, 서비스나 제품에 직접 지출하는 비용을 운영 비용이라고 합니다. 기업은 자본 지출을 낮추고 싶어 하며 비즈니스 성장에 따라 운영 비용을 탄력적으로 조정하고 싶어 합니다.

소비 기반 모델

클라우드 컴퓨팅 서비스는 사용한 자원에 대해서만 비용을 지불하는 방식입니다. 소비 기반 모델은 초기 가입 비용이나 사전 결제가 필요 없습니다. 인프라 구매와 관리가 필요 없으며 사용한 자원과 추가한 자원에 대해서만 비용을 지불합니다. 무엇보다 더 이상 사용하지 않기로 결정하는 경우 즉시 비용 지불을 종료할 수 있어 포기 비용을 최소화할 수 있습니다.

1.3 클라우드 컴퓨팅 모델과 서비스 유형

클라우드 컴퓨팅은 서비스나 인프라에 액세스하는 사람과 소유권을 기준으로 퍼블릭(Public) 클라우드와 프라이빗(Private) 클라우드, 하이브리드(Hybrid) 클라우드라는 3가지 모델로 나눌 수 있습니다.

표 1-2 클라우드 컴퓨팅 모델

클라우드 모델	설명
퍼블릭(Public)	누구나 서비스를 사용할 수 있지만, 인프라는 클라우드 서비스 공급자가 소유합니다. 사용자는 일반적으로 인터넷을 통해 연결합니다.
프라이빗(Private)	주로 조직의 구성원과 파트너만 사용합니다. 기업이 자체 데이터 센터에 클라우드 컴퓨팅 인프라를 만들고 소유하며 직접 관리합니다. 기업 내부의 네트워크나 안전한 보안 네트워크를 통한 외부 연결만 허용합니다. 이 모델은 기업 내 전문 기술과 지식을 갖춘 직원이 있어야 합니다.
하이브리드(Hybrid)	퍼블릭 및 프라이빗 클라우드의 사용 경험을 모두 제공할 수 있으며 적합한 위치에서 서비스를 제공할 수 있기 때문에 비용과 효율성, 확장성을 어느 정도 상호보완할 수 있습니다. 의료 정보처럼 조직이 법적 이유로 퍼블릭 클라우드로 모든 IT 자원을 배치할 수 없는 경우에 유용합니다. 기업은 퍼블릭 및 프라이빗 클라우드 모두를 관리하고 제어할 수 있지만 퍼블릭과 프라이빗 두 가지 모델에 대한 이해와 지식이 필요합니다.

클라우드 컴퓨팅을 사용해 서비스를 개발하고 사용자에게 제공할 때 비용과 소유 및 책임 범위, 시나리오를 고려해야 합니다. 클라우드 컴퓨팅 서비스는 소유와 공유 자원 책임 모델에 따라 서비스로서의 인프라(IaaS), 서비스로서의 플랫폼(PaaS), 서비스로서의 소프트웨어(SaaS)라는 3가지 유형으로 나눕니다. [표 1-3]에서 각 유형을 간단히 비교했고 [그림 1-2]에서 유형별 서비스 제공 범위를 나타냈습니다.

표 1-3 클라우드 컴퓨팅 서비스 유형

클라우드 모델과 서비스 유형	설명
IaaS(Infrastructure as a Service)	서버, 운영체제, 가상 머신, 네트워크, 스토리지와 같은 인프라를 임대 기반으로 제공합니다.
PaaS(Platform as a Service)	애플리케이션이나 서비스를 개발 및 테스트, 배포하는 환경을 제공합니다. 인프라 관리 없이 애플리케이션을 빠르게 만들어 배포할 수 있습니다.
SaaS(Software as a Service)	클라우드 공급자가 중앙에서 소프트웨어 서비스를 호스팅하고 관리하며, 사용자는 구독 기반으로 인터넷을 통해 클라우드 기반 서비스를 연결해 바로 사용할 수 있습니다.

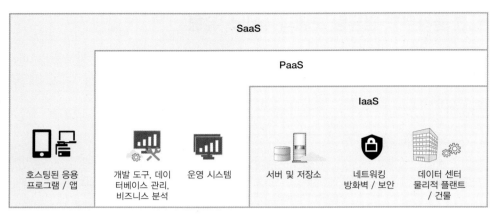

그림 1-2 클라우드 컴퓨팅 유형별 서비스 제공 범위 비교

IaaS, PaaS, SaaS로 이뤄지는 클라우드 컴퓨팅 유형에서 사용자와 클라우드 공급자 간의 책임 모델을 [그림 1-3]에 나타냈습니다. IaaS는 사용자의 관리와 책임이 가장 많이 부여되는 유형이며, PaaS는 사용자가 애플리케이션 개발과 실행, 데이터 관리에 해당하는 부분을 책임지는 유형입니다. SaaS는 클라우드 공급자가 모든 부분을 제공하고 관리하며 최종 사용자는 자신의 데이터만 관리하면 되는 가장 책임이 적은 유형입니다.

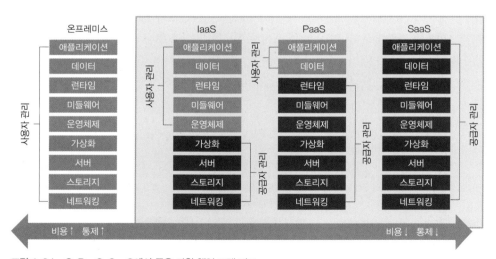

그림 1-3 IaaS, PaaS, SaaS에서 공유 자원 책임 모델 비교

우리는 매일 다양한 유형의 클라우드 서비스를 사용하고 있습니다. 넷플릭스와 같은 영상 스트리밍 서비스나 애플 뮤직 등의 음악 스트리밍 서비스를 사용합니다. 원드라이브나 구글 드라이브, 드롭박스와 같은 저장소 서비스를 사용해 문서나 사진, 비디오 및 오디오 파일을 저장해 여러 디바이스에서 공유하기도 합니다. 아웃룩이나 지메일 같은 메시징 서비스로 메일을 주고받고 팀즈로 화상 회의나 온라인 라이브 이벤트, 채팅 등을 통해 언제 어디서나 일하고 결과를 낼 수 있게 되었습니다. 이 모든 서비스는 클라우드 컴퓨팅 공급자가 있기에 가능합니다.

현재 시장에서 가장 인기 있는 클라우드 컴퓨팅 플랫폼은 Microsoft Azure와 아마존의 AWS입니다.

- **Microsoft Azure**
  마이크로소프트에서 개발한 클라우드 컴퓨팅 서비스입니다. 처음엔 Windows Azure라는 이름으로 등장했으며 지금은 Microsoft Azure로 변경되었습니다. Azure는 마이크로소프트가 관리하는 데이터 센터를 통해 사용할 수 있으며, 인프라 구현, 애플리케이션 및 서비스 개발, 테스트, 배포, 관리를 위한 솔루션입니다. Azure는 인프라부터 서비스의 개발과 관리, 보안을 지원하는 완벽한 올인원 서비스입니다.

- **AWS(아마존 웹 서비스)**
  전자상거래로 비즈니스를 시작한 아마존의 자회사인 AWS는 스토리지와 데이터 분석 등을 제공하는 온디맨드 클라우드 컴퓨팅 플랫폼을 최초로 서비스했습니다. 아마존은 오랫동안 전자상거래 서비스를 훌륭하게 운영해온 경험을 바탕으로 개인과 기업, 정부에 유휴 컴퓨팅 자원을 빌려주는 클라우드 컴퓨팅 아이디어를 시장에 일찍 선보였습니다. 당시 인터넷을 통해 완벽히 준비된 가상 컴퓨터 클러스터와 스토리지를 이용할 수 있다는 사실은 사용자들에게 깊은 인상을 주었습니다.

이 외에도 구글, IBM, 오라클^{Oracle}, 세일즈포스^{Salesforce}, SAP, 드롭박스, 네이버^{NBP}, NHN Cloud와 같은 많은 클라우드 서비스 공급자들이 있습니다.

1.4 마치며

Microsoft Azure를 학습하기 전에 클라우드 컴퓨팅의 핵심을 간단히 소개했습니다. 클라우드 컴퓨팅의 등장 배경과 컴퓨팅 패러다임의 변화를 소개하고 클라우드 컴퓨팅이 기존 컴퓨팅 개념과 어떤 점에서 다른지 설명했습니다. 또한 클라우드 컴퓨팅 서비스를 액세스하는 주체, 소유, 책임의 범위를 클라우드 컴퓨팅 모델과 서비스 유형의 관점에서 정리해보았습니다. 2장부터 퍼블릭 클라우드 시장을 휩쓸고 있는 Microsoft Azure를 본격적으로 탐험해보겠습니다.

## CHAPTER 2

Azure 시작하기

> **이 장의 내용**
>
> • Azure 서비스의 이해를 돕는 주요 개념과 용어 정리, 유용한 리소스 소개
>
> • Azure 리소스 배포와 수명 주기의 일관성 있는 관리를 제공하는 리소스 관리자 모델
>
> • Azure 구독을 만드는 4가지 방법

Azure의 글로벌 인프라는 지금도 확장되고 있으며, 최근에는 Open AI와 협력해 생성형 AI 기술을 자사 제품에 적용 중인 Copilot의 예에서 보듯이 시대를 이끄는 새로운 기술을 계속해서 시장에 선보이고 있습니다. Azure를 시작하기에 앞서 현재까지 공개된 많은 Azure 서비스를 한눈에 살펴볼 수 있는 위치와 각 서비스의 기술 문서를 찾는 방법을 알아야 합니다. Azure 서비스를 잘 다루기 위해 Azure가 제공하는 리소스(서비스) 관리 모델의 이해도 필수입니다.

Azure 서비스를 이해하는 개념적 토대를 마련하는 과정과 더불어 Azure를 실제로 만져보고 확실하게 이해하려면 Azure 구독이 반드시 필요합니다. 2장은 Azure를 본격적으로 다루기 위한 준비를 합니다.

2.1 Azure 서비스 개요

Microsoft Azure는 기업의 비즈니스를 지원하기 위해 마이크로소프트가 지속적으로 기술 개발과 투자를 확장 중인 클라우드 컴퓨팅 서비스입니다. Azure에서는 지금까지 사용했던 익숙한 도구와 프레임워크를 통해 전 세계 네트워크에서 실행되는 애플리케이션과 서비스를 빠르고 편리하게 구축하고 관리할 수 있습니다.

2.1.1 Azure 글로벌 인프라 용어와 개념

새롭게 배우는 모든 기술이 그렇듯 배움을 힘들게 하는 첫 번째 장벽은 처음 접하는 낯선 용어와 이미 알고 있는 용어의 다른 쓰임새입니다. 이 책을 통해 Azure 세계를 여행할 때 자주 등장하는 용어는 필요할 때마다 개념을 정리하고 넘어가겠습니다.

Azure의 글로벌 인프라를 이해할 때 중요한 5가지 용어는 지리, 지역, 지역 쌍, 영역, 데이터 센터입니다. 이들 용어의 개념 관계를 [그림 2-1]에 나타냈습니다.

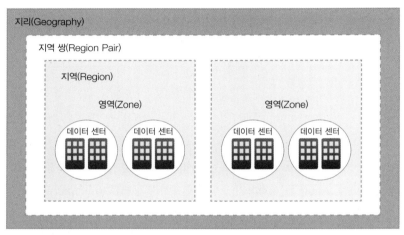

그림 2-1 Azure 글로벌 인프라 범위 개념

지리(Geography)

지리는 2개 이상의 지역을 포함하며, 데이터와 애플리케이션을 동일한 지리적 위치에 유지해야 하는 데이터 유지 및 규정 준수의 경계를 말합니다. 전용 고속 네트워크 인프라를 갖추고 지역에서 발생하는 장애에 내결함성을 제공합니다. 주로 나라별로 구분되지만, 더 큰 범주의 지리적 위치도 포함합니다. 예를 들면 한국, 오스트레일리아, 뉴질랜드, 인도 등의 나라별 지리 구분과 더불어 아시아 태평양과 아프리카와 같은 지리 구분도 포함합니다. 전체 지리적 경계는 Azure 기술 문서에서 확인할 수 있습니다.[1]

---

1 https://azure.microsoft.com/ko-kr/explore/global-infrastructure/geographies/#geographies

지역(Region)

지역은 최상의 성능과 보안을 제공하기 위해 고속 네트워크로 연결된 데이터 센터의 집합을 뜻하며 일정한 대기 시간(< 2ms)을 정의한 경계입니다. 현재 Azure는 82개 이상의 지역, 140개 국가에서 사용할 수 있으며 계속 확장되고 있습니다.[2] 한국은 현재 중부와 남부 2개의 지역을 제공합니다. Azure 지오그래피에서 지리별 사용 가능한 지역을 확인할 수 있습니다.[3]

지역 쌍(Region Pair)

지역 쌍은 일반적으로 동일한 지리적 위치 내에 있는 2개의 지역을 말합니다. 하지만 예외도 있습니다. 예를 들어, 브라질 남부는 미국 중남부와 쌍을 이룹니다. Azure는 계획된 유지 관리를 통해 쌍을 이루는 지역 중에서 한 번에 한 지역만 업데이트하여 비즈니스의 연속성을 보장하고 데이터 손실을 방지하며 데이터 가용성을 보장합니다. 또한 자연재해, 내란, 정전, 물리적 네트워크 중단과 같은 문제로 인한 서비스 중단 가능성을 최소화합니다. 한국은 2017년에 오픈한 중부 지역을 시작으로 이후에 추가로 오픈한 남부 지역과 지역 쌍을 이루며 리전^{Region} 간 재해복구 옵션을 제공합니다. 지역 쌍의 전체 목록은 Azure 기술 문서에서 확인할 수 있습니다.[4]

영역(Zone)

하나 이상의 데이터 센터를 가진 지역 내의 물리적인 별도 위치를 가용성 영역^{Availability Zone}이라고 합니다. 데이터 센터의 오류나 손상을 대비해 서비스의 논리적 격리와 중복성, 내결함성을 제공합니다. 한 지역에는 3개 이상의 가용성 영역이 있을 수 있으며 각 영역 간의 대기 시간은 2ms 이하를 보장합니다. 현재 한국도 중부(korea central)에 3개의 영역을 제공하기 때문에 가용성 영역을 지원합니다. Azure 기술 문서에서 가용성 영역을 통한 비즈니스 워크로드의 안정성 제공에 관한 추가 설명을 확인할 수 있습니다.[5]

[그림 2-2]는 고가용성 및 탄력적인 서비스로 복원력과 유연성을 제공하고, 지역 재해로부터 비즈니스 연속성 및 재해복구를 제공하는 Azure 인프라의 가용성 영역과 지역 복제 개념을 나타냈습니다.

----

2 2판 작업 시점에 Azure CLI 명령을 통해 확인한 개수 → 명령 프롬프트에서 실행: az account list-locations -o table | find /C /V ""
3 https://azure.microsoft.com/ko-kr/explore/global-infrastructure/geographies/#overview
4 https://learn.microsoft.com/ko-kr/azure/reliability/cross-region-replication-azure
5 https://learn.microsoft.com/ko-kr/azure/reliability/availability-zones-overview

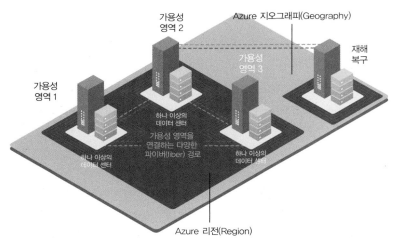

그림 2-2 Azure 인프라의 가용성 영역과 지역 복제

데이터 센터

독립적인 전원 및 냉각 장치, 네트워크를 갖춘 별도의 시설^{Facility}을 말합니다. 한국 중부와 남부에 위치한 각 데이터 센터는 마이크로소프트가 LG U+와 KT의 데이터 센터를 임차해 사용 중이며, 현재 부산의 미음 산업단지에 새로운 데이터 센터를 구축했습니다. 마이크로소프트의 글로벌 Azure 데이터 센터에 관한 정보는 웹사이트 'https://datacenters.microsoft.com/'를 방문해보세요. 가상 투어를 통해 지구본 인터페이스로 전 세계의 데이터 센터 현황을 살펴볼 수 있습니다.

2.1.2 Azure 기술 문서

Azure가 제공하는 전체 서비스는 현재 23개의 범주에 600개 이상의 클라우드 서비스를 제공합니다.

방대한 Azure 서비스를 사용할 때 참조할 수 있는 서적과 전문가들의 블로그 글이나 온라인 기사는 제한적이며, 게다가 한글로 된 기술 기사도 많지 않은 터라 클라우드 공급자들이 제공하는 기술 문서는 그 무엇보다 중요합니다. 마이크로소프트는 Azure의 서비스를 다루는 데 필요한 많은 기술 문서를 제공합니다.

예를 들어, Microsoft Bing과 같은 검색 엔진에서 Azure Cosmos DB에 관해 검색하고 검색 결과를 클릭하면 [그림 2–3]처럼 'Azure Cosmos DB 설명서'와 같은 기술 문서를 만날 수 있습니다. 영문 사이트가 열린 경우 좌측 하단의 표시 언어 변경을 클릭해 원하는 언어로 바꿀 수 있습니다.

그림 2-3 Azure Cosmos DB 기술 문서(좌: 영문, 우: 한글)

NOTE_ 기계 번역의 한계로 인해 오히려 한국어로 바꿨을 때 내용을 이해하기 더 어려울 수도 있습니다. 이 경우 영문 기술 문서를 동시에 참조하길 권장합니다.

이 설명서 사이트에서 개념에서 시작하기, 방법 가이드, 인증과 관련한 자세한 내용을 찾아볼 수 있습니다. 예를 들어, Azure Cosmos DB 설명서의 [개념 – Azure Cosmos DB 소개] 타일을 클릭하면, [그림 2–4]처럼 자세한 설명이 제공되는 기술 문서를 표시합니다.

왼쪽의 주제 탐색 영역에서 제목을 검색할 수 있고, 하단의 [PDF 다운로드]를 클릭하면 오프라인에서도 읽을 수 있도록 PDF 파일로 변환해줍니다. 또 오른편 [추가 리소스] 영역은 학습과 관련된 추가 설명서에 관한 참조 리소스를 제공하기 때문에 연관 자료를 쉽게 찾아볼 수 있습니다.

그림 2-4 Azure 기술 문서 상세 페이지 샘플

2.1.3 Azure 서비스 업데이트 현황

마이크로소프트는 Azure 서비스 업데이트와 로드맵에 관해 웹사이트에 공지하고 있습니다. 마이크로소프트가 공식적으로 제공하는 업데이트 현황 사이트는 전체 서비스를 한눈에 확인하기 쉽지 않으므로 Azure 차트(https://azurecharts.com)를 이용하면 전체 Azure 서비스 현황을 시각적으로 쉽게 확인할 수 있습니다. Azure 차트는 마이크로소프트 공식 사이트는 아니며 마이크로소프트에서 클라우드 솔루션 아키텍트로 근무하는 알렉시 풀코브니코프의 개인 프로젝트입니다.

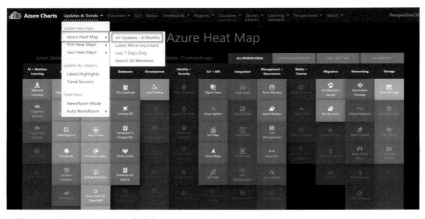

그림 2-5 Azure Heat Map 페이지

[그림 2-5]에서 보듯이 Azure 차트의 Azure Heat Map 페이지(Azure 차트 메인 페이지 상단의 [Updates & Trends] 메뉴에서 [Azure Heat Map]-[All Updates - 6 Months] 클릭)에서 서비스에 마우스를 올리면 6개월 내에 업데이트 정보가 있는 경우 다음과 같은 4가지 업데이트 정보가 표시됩니다.

- 최근 6개월간 업데이트
- 최근 7일간 업데이트
- 마지막 업데이트 시점
- 마지막 업데이트 정보

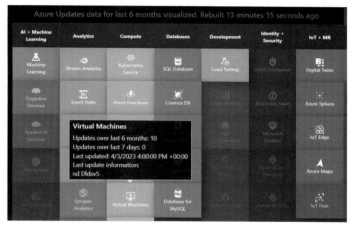

그림 2-6 Azure Heat Map 페이지의 서비스 업데이트 정보

예를 들어 [Virtual Machines]를 클릭하면 Azure 차트에서 본 가상 머신 관련 최근 업데이트 정보를 '지금 이용 가능', '미리 보기', '개발 중' 3개의 상태로 표시합니다. 각 업데이트 목록을 클릭하면 세부 내용을 확인할 수 있습니다(그림 2-7).

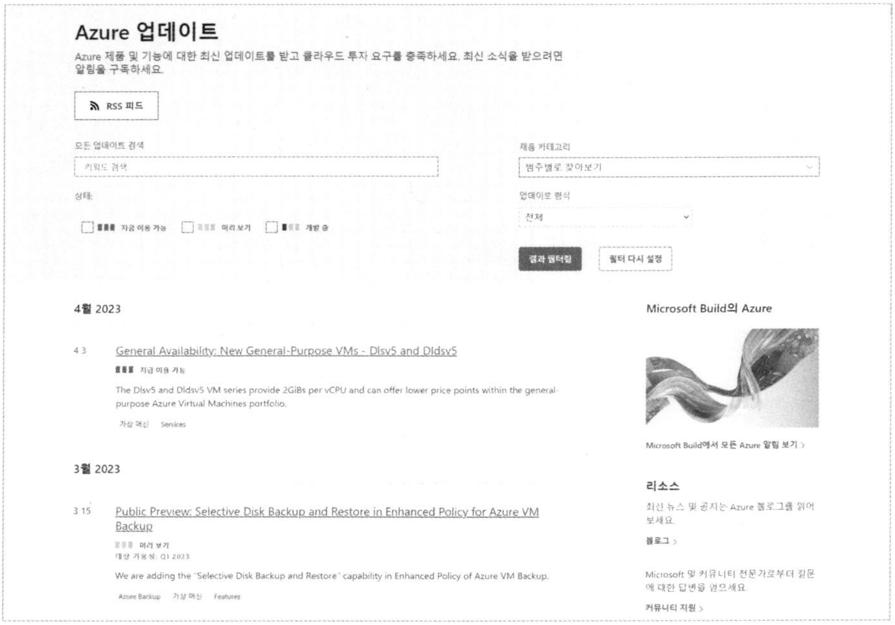

그림 2-7 Azure 업데이트(예: 가상 머신)

Azure 차트의 상단 메뉴에서 전체 Azure 서비스 개요와 서비스별 SLA(서비스 수준 계약), 상태(미리 보기, 사용 가능)별 Azure 서비스 현황, 시기별 Azure 서비스 업데이트를 확인할 수 있습니다. Azure 차트는 주제와 지역, 고객 스토리와 산업 및 규모별 Azure 서비스, 학습을 위한 자료, 학습 경로 등의 다양한 정보를 제공하기 때문에 Azure 서비스에 대한 정보 허브 역할을 합니다.

2.2 Azure 리소스 관리자 모델

Azure 서비스는 리소스 관리자$^{Resource\ Manager}$ 방식을 따릅니다. 리소스 관리자는 클라우드 거버넌스 5가지 규칙 중 리소스 액세스 거버넌스를 준수해 Azure의 리소스를 배포하고 관리하는 서비스입니다. 즉, 리소스 만들기 및 수정, 삭제, 액세스 제어, 잠금, 태그 설정 등의 유지 관리를 위한 일관된 관리 계층을 제공합니다.

Azure 서비스 스택에서 리소스 관리자 계층의 위치와 역할을 [그림 2-8]에 나타냈습니다. 사용자는 Azure 도구를 사용해 Azure 리소스 관리자 API를 호출합니다. Azure 리소스 관리자 서비스는 Microsoft Entra ID를 통해 인증을 처리하고 리소스 관리자 API 호출에 필요한 권한을 부여합니다. 이후 리소스 관리자 API에 대해 인증된 호출은 리소스 공급자 계층의 해당 리소스 공급자로 전달되어 필요한 리소스를 제공하게 합니다.

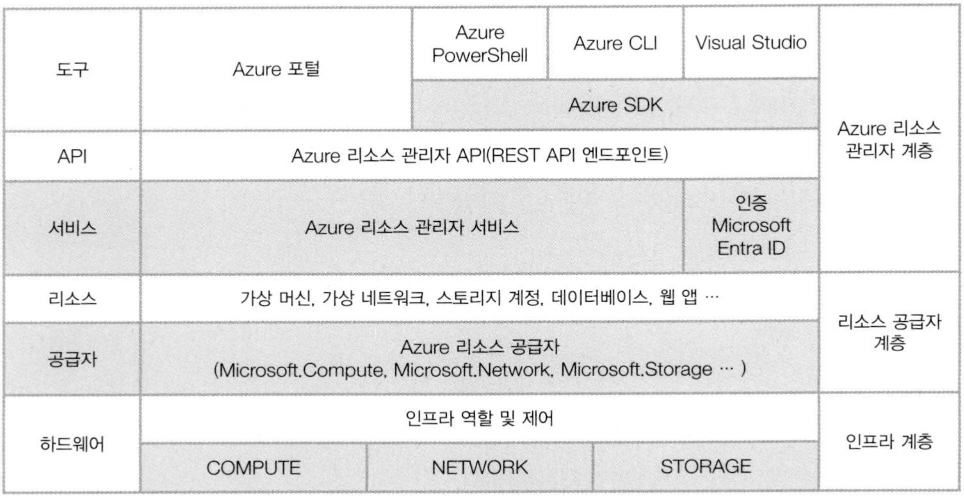

도구	Azure 포털	Azure PowerShell	Azure CLI	Visual Studio	Azure 리소스 관리자 계층
		Azure SDK			
API	Azure 리소스 관리자 API(REST API 엔드포인트)				
서비스	Azure 리소스 관리자 서비스			인증 Microsoft Entra ID	
리소스	가상 머신, 가상 네트워크, 스토리지 계정, 데이터베이스, 웹 앱 …				리소스 공급자 계층
공급자	Azure 리소스 공급자 (Microsoft.Compute, Microsoft.Network, Microsoft.Storage …)				
하드웨어	인프라 역할 및 제어				인프라 계층
	COMPUTE	NETWORK		STORAGE	

그림 2-8 Azure 서비스 스택 리소스 관리자 계층

예를 들어, 어떤 조직이 가상화 환경에서 새로운 웹 서비스를 구현하려고 계획하는데 여기에는 웹 프런트 엔드를 호스팅하는 2대의 가상 머신과 데이터베이스 서버, 가상 네트워크, 스토리지가 필요하다고 가정해봅시다. 전통적인 IT 인프라 구현에서는 각 리소스를 만들 때 인터페이스가 다른 별도의 전용 웹 콘솔이 제공되고 다른 형태의 셸 환경이 제공되기도 합니다. 심지어 동일한 작업에 웹 콘솔용 API와 셸용 API가 별도로 제공되고, 개발을 위한 SDK마저 제각각인 데다가 사용법도 달랐습니다. Azure 리소스 관리자 서비스는 Azure 포털과 Azure CLI, Azure PowerShell, Visual Studio와 같은 Azure 도구 모두가 Azure 리소스 관리자 API 계층과 상호작용하므로 어느 도구를 사용하더라도 예상 가능한 범위 내에서 일관성 있게 사용할 수 있으며, 향후 기능이 추가되더라도 쉽게 이해하고 사용할 수 있습니다.

리소스 관리자 모델에 등장하는 몇 가지 용어를 정리하겠습니다. Azure를 사용할 때 자주 만나는 용어이므로 간단히 정리해두기 바랍니다. 3장에서 본격적으로 Azure 리소스를 만들 때 지금 설명한 Azure 리소스 관리자 모델이 리소스 관리 작업을 어떻게 구현했는지 알게 됩니다.

- **리소스**

  리소스 관리자가 관리하는 가상 머신이나 데이터베이스, 가상 네트워크, 스토리지 계정 등의 구성요소를 리소스라고 합니다. 리소스는 반드시 리소스 그룹에 속해야 합니다.

- **리소스 그룹**

  동일한 수명을 갖거나 동일한 프로젝트에 속하는 리소스를 함께 묶은 논리적인 그룹을 말합니다. 리소스는 하나의 리소스 그룹에만 속해야 합니다. 하지만 필요에 따라 다른 리소스 그룹으로 이동할 수도 있습니다. 리소스 그룹도 리소스입니다.

- **리소스 공급자**

  필요한 리소스를 제공하는 서비스를 말합니다. Azure에서 리소스 공급자는 네임스페이스로 식별할 수 있는데, 예를 들어 가상 머신이라는 리소스를 만들 경우 해당 리소스 공급자 네임스페이스는 Microsoft. Compute입니다.

지금까지의 내용이 처음 클라우드를 배우기 시작한 독자에게는 낯선 용어와 개념일 수도 있습니다. 새로운 분야가 등장할 때 주도권을 가지고 영향력을 행사하기 원하는 단체는 진입장벽을 높이기 위해 용어를 어렵게 만들고 자격시험을 만듭니다. 부동산 거래를 하거나 소송을 위해 변호사를 만나 법적 문제를 처리하는 등의 전문 분야에서 비용을 지불하고 의뢰하는 이유는, 결국 그들이 쓰는 용어가 어렵고 자신들의 카르텔을 지키기 위해 전문 자격을 가진 사람에게 의뢰하는 제도를 만들어 여러분이 직접 진행하는 경우의 불안함을 파고들었기 때문입니다. 직접 할 때 걸리는 시간과 올바른 절차와 방식으로 일을 처리하고 있는가에 대한 불안함을 비용으로 상쇄하는 것입니다. 이를 클라우드에 적용하면 당장 내부의 클라우드 기술 역량을 키우는 데 드는 비용과 시간, 새로운 기술 환경에 대한 저항을 고민하다가 클라우드 서비스의 SaaS 모델을 이용하거나 클라우드 기반 서비스를 만들고 관리해주는 외주 모델을 채택하는 경우입니다. 클라우드 컴퓨팅이 현재의 비즈니스에 끼치는 영향을 좀 더 적극적으로 파악하고, 개인 및 조직의 미래를 내다보고 클라우드를 직접 다뤄 서비스를 만들고 운영하기 위해 기술 역량을 쌓기로 결정했다면 먼저 용어와 개념을 이해해야 합니다. 기술 진입장벽으로 쌓아 놓은 용어와 개념을 넘어서지 않고는 견고한 학습 토대를 갖출 수 없습니다.

2.3 Azure 구독 만들기

학습이 목적이든 상용 서비스 개발이 목적이든 Azure를 사용하려면 Azure 구독이 필요합니다. Azure 구독은 무료 구독(체험 계정, Visual Studio Dev Essentials 구독, 학생용 구독)

과 유료 구독으로 나뉩니다. 구독은 Azure에서 리소스를 만들고 관리하는 경계이며 비용을 지불하는 경계입니다.

구독을 만들 때 제일 먼저 준비해야 할 것은 Azure 가입을 위한 메일 계정입니다. 학생용 계정은 해당 학교 학생임을 인증하기 위해 학교의 메일 주소가 필요합니다. 다른 무료 구독은 유효한 전자 메일 주소라면 어떤 것이든 상관없지만 편리한 가입 및 구독 생성, 이 책의 실습을 원활하게 할 수 있도록 마이크로소프트 무료 메일 계정을 권장합니다. 과거 마이크로소프트는 @hotmail.com, @hotmail.co.kr, @live.com과 같은 무료 전자 메일 계정을 제공했으며, 지금은 @outlook.com, @hotmail.com을 만들 수 있습니다. 아직 메일 계정이 없다면 다음 링크를 방문해 마이크로소프트 계정을 만들기 바랍니다.

- https://outlook.live.com/owa/

2.3.1 Azure 체험 계정 만들기

Azure를 학습할 때 가장 쉽게 구독을 얻는 방법은 Azure 체험 계정을 만드는 것입니다. Azure 체험 계정이 제공하는 혜택은 다음 3가지입니다.

- **30일 사용 크레딧(USD 200 상당)**
  30일 전에 크레딧을 모두 소진하거나 남았더라도 30일이 지나면 계정과 제품이 비활성화됩니다. 비활성화 전에는 지출 한도를 제거하고 계속 사용할 수 있으며 이때 등록한 신용카드로 요금이 부과됩니다. 비활성화된 경우 업그레이드 옵션을 통해 다시 시작할 수 있습니다.

- **인기 있는 서비스 12개월 무료 제공**
  윈도우/리눅스 가상 머신을 포함해 27개의 서비스로 만든 리소스의 일정한 사용량을 무료로 사용할 수 있습니다. 이 중에서 9개는 요즘 주목받고 있는 AI 서비스입니다. 앞서 30일 사용 기간이 끝난 후에 계속 사용 옵션을 선택한 경우에 사용할 수 있습니다.

- **항상 무료 제공 서비스**
  Azure Cosmos DB와 앱 서비스를 포함해 55개 이상의 서비스로 만든 리소스의 일정한 사용량을 항상 무료로 사용할 수 있습니다.

Azure 체험 계정을 만들기 전에 앞서 언급한 마이크로소프트 계정과 더불어 신용카드를 준비해야 합니다. 이제 체험 계정을 만들어보겠습니다.

1단계 – 체험 계정을 만드는 사이트 방문

다음 URL을 브라우저에 입력해 체험 계정 사이트에 접속한 후 [무료 체험 시작하기]를 클릭합니다.

• https://azure.microsoft.com/ko-kr/free/

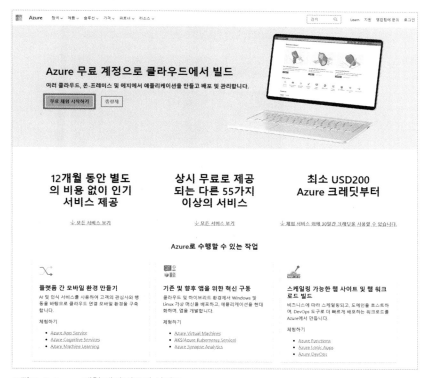

그림 2-9 Azure 체험 계정 만들기 사이트

2단계 – 마이크로소프트 계정으로 로그인

앞서 준비한 마이크로소프트 전자 메일 계정으로 로그인합니다.

3단계 – 사용자 정보 입력

국가/지역, 성과 이름, 전자 메일, 우편번호, BRN(사업자등록번호, 개인은 입력 안 함), 주소 등의 기본 사용자 정보를 입력합니다.

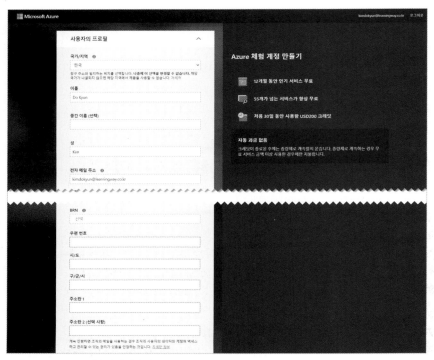

그림 2-10 Azure 체험 계정 사용자 프로필 기본 정보 입력

4단계 – 전화 번호를 사용한 ID 검증

자신의 휴대폰 번호를 입력하고 문자나 전화를 통해 본인 확인을 완료합니다. 국가 코드는 입력하지 않습니다.

그림 2-11 전화로 ID 검증

5단계 - 계약 옵션 선택

첫 번째와 두 번째 체크 상자는 필수입니다. 세 번째 체크 상자는 Azure 관련 뉴스나 제품 정보, 교육/세미나 정보 등을 받아 보고 싶은 경우 선택합니다. 내용을 잘 읽어보고 체크 상자를 선택한 후 [다음] 버튼을 클릭합니다.

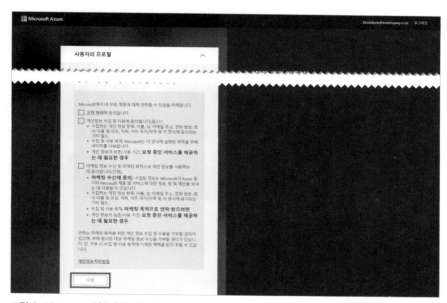

그림 2-12 Azure 체험 계정 계약 옵션 선택

6단계 - 카드로 ID 검증

신용카드 또는 직불카드로 신원을 확인합니다. 무료 사용 기간 이후에 종량제로 업그레이드하지 않으면 자동으로 과금되지 않습니다. Azure 포털(portal.azure.com)의 [비용 관리 + 청구] 메뉴에서 등록한 카드를 편집하거나 삭제할 수 있습니다.

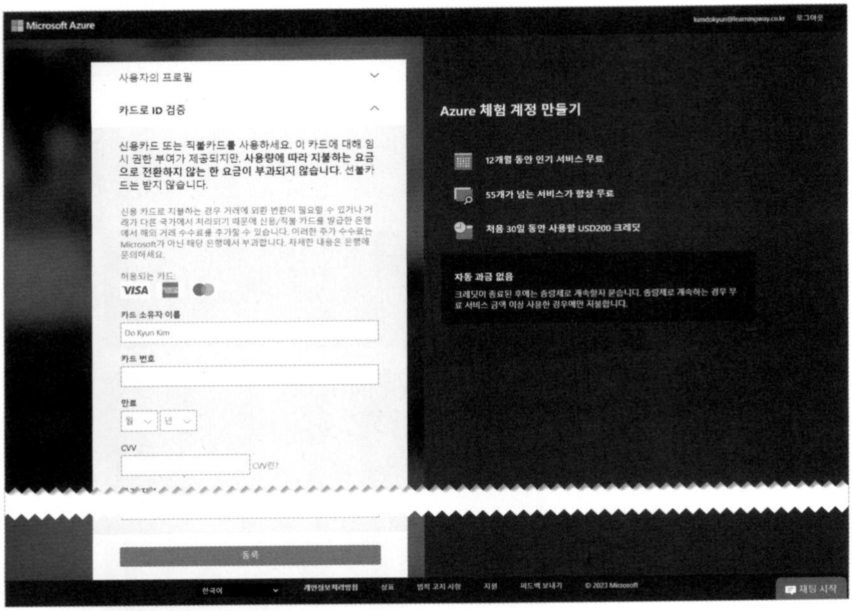

그림 2-13 신용카드로 ID 검증

7단계 – 계정 등록 완료

계정 등록에 성공하면 'Azure를 시작할 준비 완료' 페이지로 갑니다. 여기서 [포털로 이동]을
클릭합니다.

그림 2-14 Azure 체험 계정 등록 완료

모든 단계를 잘 마쳤다면 Azure 포털 화면으로 진입하고 크레딧 정보가 알림으로 표시됩니다.

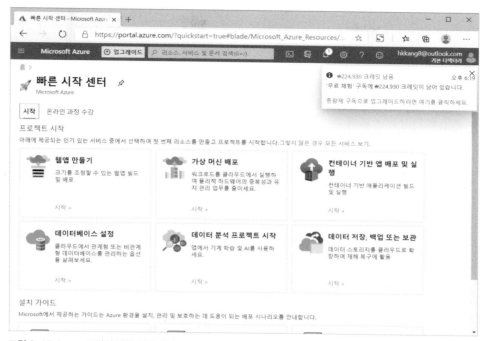

그림 2-15 Azure 포털의 빠른 시작 센터

2.3.2 Visual Studio Dev Essentials 구독 만들기

Azure 무료 구독 2번째 방법은 Visual Studio(VS) Dev Essentials에 가입하는 것입니다. 개발자라면 애플리케이션을 빌드하고 배포하는 데 필요한 최신 도구와 교육, 지원과 함께 클라우드 서비스까지 무료 종합선물세트를 받을 수 있습니다.

VS Dev Essentials에서 제공하는 클라우드 서비스는 앞서 소개한 Azure 체험 계정과 Azure DevOps, Visual Studio App Center, 앱 서비스 무료 계층, 애플리케이션 인사이트 무료 계층입니다. 여기서 당장 우리에게 필요한 서비스는 Azure 체험 계정입니다. 그럼 VS Dev Essentials 가입을 시작해보겠습니다. Azure 체험 계정과 마찬가지로 마이크로소프트 전자메일과 신용카드가 필요합니다.

NOTE_ Azure 체험 계정은 한 번만!

Azure 체험 계정 사이트에서 이미 체험 계정을 만들었다면 VS Dev Essentials을 가입하고 Azure 체험 계정 활성화를 시도하면 Azure 계정이 이미 있다는 안내를 받습니다.

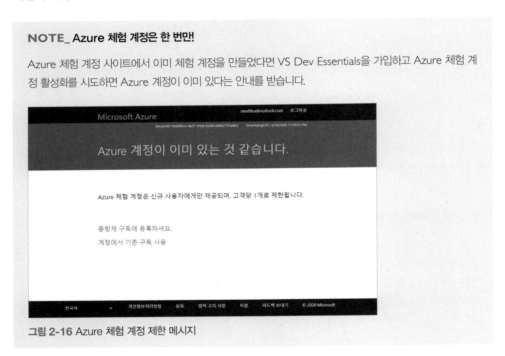

그림 2-16 Azure 체험 계정 제한 메시지

1단계 – VS Dev Essentials 사이트 방문

다음 사이트에 접속한 후 [지금 가입 또는 액세스]를 클릭합니다.

- https://visualstudio.microsoft.com/ko/dev-essentials/

그림 2-17 VS Dev Essentials 사이트

2단계 – 추가 정보 입력

마이크로소프트 계정으로 로그인한 후 추가 정보를 입력하거나 수정합니다. 이 화면은 여러분이 로그인한 메일 계정으로 이전에 다른 유형의 Azure 구독이나 Azure DevOps를 사용한 적이 있는 경우 표시되지 않을 수도 있습니다.

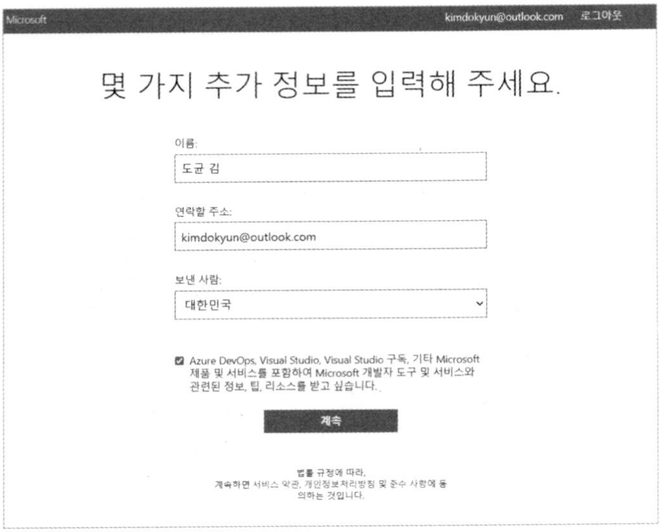

그림 2-18 추가 정보 입력

3단계 – 혜택 확인 및 사용 약관 동의

'Visual Studio Dev Essentials에 오신 것을 환영합니다.' 창에서 [확인] 버튼을 클릭합니다.

그림 2-19 VS Dev Essentials 사용 약관 동의

4단계 – Visual Studio Dev Essentials 구독 시작

'Dev Essentials 시작' 페이지에서 사용할 수 있는 구독 혜택을 확인할 수 있습니다.

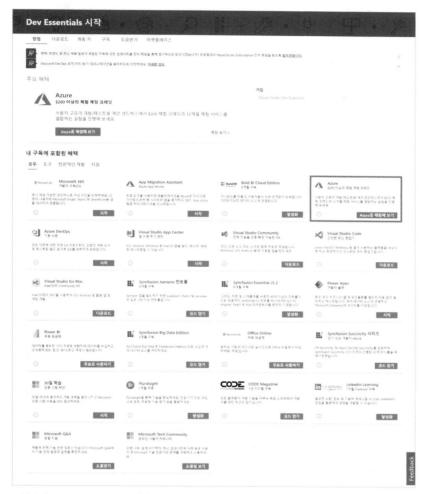

그림 2-20 Dev Essentials 시작

5단계 – Azure 체험 계정 활성화

내 구독에 포함된 혜택 섹션의 **Azure** 타일에서 [Azure를 체험해보기] 버튼을 클릭합니다. 이후 과정은 2.3.1절의 체험 계정 만들기와 동일하므로 3단계부터 참고합니다.

2.3.3 학생용 Azure(Azure for Students) 구독 만들기

여러분이 학생이라면(18세 이상 공인된 학위를 부여하는 2/4년제 교육 기관에 다니는 학생) 매달 100달러의 무료 크레딧을 1년간 제공받을 수 있습니다. 또한, 앞서 설명한 체험 계정처럼 크레딧을 다 사용한 후 주요 인기 서비스와 55개 이상의 기타 무료 서비스를 즐길 수 있습니다. 이 구독을 만들 때는 학생임을 증명할 수 있는 학교 전자 메일 계정이 필요하며 신용카드는 필요 없습니다. 따라서 Azure 학습자 입장에서는 앞서 설명한 2가지 방법보다 편하고 쉬우며 비용 측면에서 안전함을 느낄 수 있습니다.

학생용 Azure 구독은 'Azure for Students – 체험 계정' 사이트에서 만들 수 있습니다. 그럼 학생용 Azure 구독을 만들어보겠습니다.

> **NOTE**_ 중학생 및 고등학생에게는 'Azure for Students Starter'라는 체험 프로그램이 있습니다. 이 구독은 연령 제한이 적용되므로 관련 FAQ를 참고하세요.
>
> • https://azure.microsoft.com/ko-kr/pricing/offers/students/

1단계 – Azure for Students – 체험 계정 사이트 방문

다음 사이트에 접속한 후 [무료 체험 시작하기] 버튼을 클릭합니다.

• https://azure.microsoft.com/ko-kr/free/students/

그림 2-21 Azure for Students – 체험 계정 사이트

2단계 – 계정 만들기

사용자 계정 로그인 페이지에서 로그인에 사용할 전자 메일을 입력하면(마이크로소프트 무료 전자 메일 계정이 아닌 경우) [그림 2-22]처럼 ❶ 개인 정보 동의 요청을 수락한 뒤, 입력한 전자 메일을 사용해 마이크로소프트 계정을 만드는 데 필요한 정보를 입력하고 ❷ [다음] 버튼을 클릭합니다.

그림 2-22 계정 만들기

3단계 – 전자 메일 인증을 위한 코드 입력

마이크로소프트가 여러분이 입력한 전자 메일로 발송한 ❶ 4자리 확인 코드를 코드 입력 상자에 입력하고 ❷ [동의하고 계정 만들기] 버튼을 클릭하면 ❸ 실제 사용자가 계정을 만들고 있는지 확인합니다.

★ 전자 메일 주소 확인

✉ 보낸 사람 Microsoft 계정 팀 <account-security-noreply@accountprotection.microsoft.com>
연관 메일 보기 | 주소 등록 | 수신거부

받는사람 <y▒▒@▒▒▒▒▒▒.ac.kr>

Microsoft 계정

전자 메일 주소 확인

Microsoft 계정 설정을 마치려면 귀하가 이 전자 메일 주소의 소유자인지 확인해야 합니다.

전자 메일 주소를 확인하려면 다음 보안 코드를 사용하세요. 1280

이 코드를 요청하지 않았다면 이 전자 메일을 무시해 주세요. 누군가 귀하의 전자 메일 주소를 잘못 입력한 것일 수 있습니다.

감사합니다.
Microsoft 계정 팀

그림 2-23 전자 메일로 발송된 확인 코드 입력

4단계 – 전화로 ID 확인

다음은 가입된 통신사의 전화 번호로 문자나 전화 통화를 사용해 본인 확인을 진행합니다.

그림 2-24 전화로 ID 확인

5단계 – 교육 인증

Azure 계정을 만드는 과정이 잘 진행되었다면, 이제 여러분의 학교 메일 주소를 통해 학업 상태를 확인하는 교육 인증 과정을 진행합니다. 일반적으로 **확인 방법**은 '학교 메일 주소'를 선택하고 메일 확인이 가능한 자신의 학교 메일 주소를 정확하게 두 번 입력하고 ❶ [학업 상태 확인] 버튼을 클릭합니다. 이후 학교 메일 주소로 발송된 메일에서 ❷ 확인 링크를 클릭해 교육 인증을 완료합니다. 학교 메일 주소는 학생 여부를 확인하는 용도로만 사용됩니다.

안녕하십니까?

귀하께서 최근에 Microsoft의 교육용 인증 서비스를 통해 인증을 요청하셔서 이 전자 메일을 보내드립니다. 이 프로그램에 대한 전자 메일을 보낸 적이 없다면 이 전자 메일을 무시하십시오.

재학/재적 상태 확인을 완료하려면 아래의 링크를 클릭하십시오. 이 링크는 5일 내에 사용하지 않을 경우 자동 삭제됩니다.

링크를 클릭하면 인증 상태가 확인되고 사이트로 돌아갑니다.

다음의 이렇습시오: https://verifyemail.microsoft.com/v1.0/element/verify/
-signature-3qfOC6oV9w49d002%2FAysdn0wfdV3UNGDJD0zGcLj4uSGGNJTvZXnAkeHm9cUu3x0thwcINCYzUn7?%21V4su0GDSt49bQMOrdrcheeV3L?roN0rqbcUri5fkJB79vvMMzUkShr9Bz2eobegNZH61cyclaD0cw?J.2tIJt.rUCogErWerSInnU%20Bff%21 UK13CeWVg38CzHYuzdr c1dvWKv07aRKqi523Hw+H%2f1zthvvg?ThTo2Z5al

감사합니다.
Microsoft 교육용 인증 팀 드림

이 사서함은 메일을 수신을 위한것이 않습니다. 이 메일에 직접 회신하지 마십시오.
교육용 사용자 요약문이 교환을 배경에 대해 작동 서비스에 문의해 주십시오.
마이크로소프트의 양식을 이 메시지를 교육을 제고 교육요로 표어하여 고려하는 프로그램 자격이 참여하는 프로그램 서비스 작품과 참여한 참조된 나와있니다.
마이크로소프트는 고객님의 Proxy를 준심으로나 마이크로소프트의 가만정보보호 규정을 회사하 주십시오.
교직부운라미 1577-9700, 서울송광시 강남구 역삼동 862번지 82소요전화 사용 2 동.   45135-777

그림 2-25 학업 상태 확인

6단계 – 사용자 프로필 설정

교육 인증까지 완료했다면, 세부 정보를 추가해야 합니다. 이 과정은 앞서 무료 체험 계정에서 사용자 프로필 정보를 입력하고 계약 옵션을 선택했던 과정과 동일하므로 생략합니다.

7단계 – Azure 포털 확인

지금까지 모든 과정이 잘 진행되었다면, 여러분은 Azure 포털로 리디렉션되고 **Education** 페이지를 확인할 수 있습니다.

그림 2-26 Azure 포털의 Education 페이지

2.3.4 Azure 오픈 라이선스 구독 만들기

Azure 오픈 라이선스는 Azure 재판매를 위임받은 마이크로소프트 파트너에게서 'Azure in Open' 크레딧을 구매한 경우를 말합니다. 파트너에게서 구매한 크레딧은 온라인 서비스 활성화(OSA) 키 형식으로 받게 되고 이 키를 해당 오픈 라이선스 사이트에서 활성화하면 활성화 시점으로부터 12개월 동안 크레딧 한도 내에서 사용할 수 있습니다. Azure 서비스 크레딧의 구매 단위는 약 112,465원입니다.

마이크로소프트는 Azure 고객의 위치에서 가까운 Azure 재판매 솔루션 공급자를 쉽게 찾을 수 있도록 사이트를 제공합니다.

- https://appsource.microsoft.com/ko-kr/marketplace/partner-dir

'Azure in Open' 구독을 만들 때도 마이크로소프트 계정(또는 조직 계정)은 필요하지만 신용카드는 필요 없습니다. 마지막으로 Azure in Open 볼륨 라이선스 'Azure in Open' 구독을 만들어보겠습니다.

1단계 – Azure 오픈 라이선스 사이트 방문

다음 사이트에 접속합니다.

- https://azure.microsoft.com/ko-kr/pricing/offers/ms-azr-0111p/

그림 2-27 Azure 오픈 라이선스 사이트

2단계 – 구독 옵션 선택 및 로그인

[그림 2-27]에서 **새 구독** 섹션의 [활성화] 버튼을 클릭합니다. 준비한 마이크로소프트 계정 ID
와 비밀번호를 입력해 로그인합니다.

3단계 – 계약 옵션 선택

계약 조건 동의와 개인 정보 수집 관련 필수 선택을 체크하고 마케팅 정보 수신 여부를 선택한
후 [다음] 버튼을 클릭합니다.

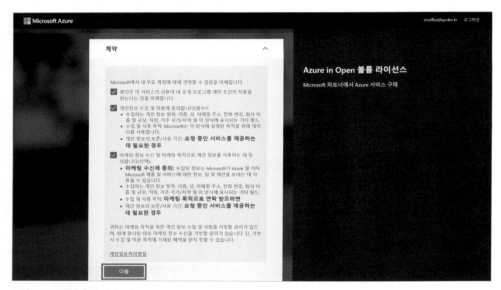

그림 2-28 계약 옵션 선택

4단계 – 전화로 ID 검증

문자 또는 전화로 본인 확인을 진행합니다.

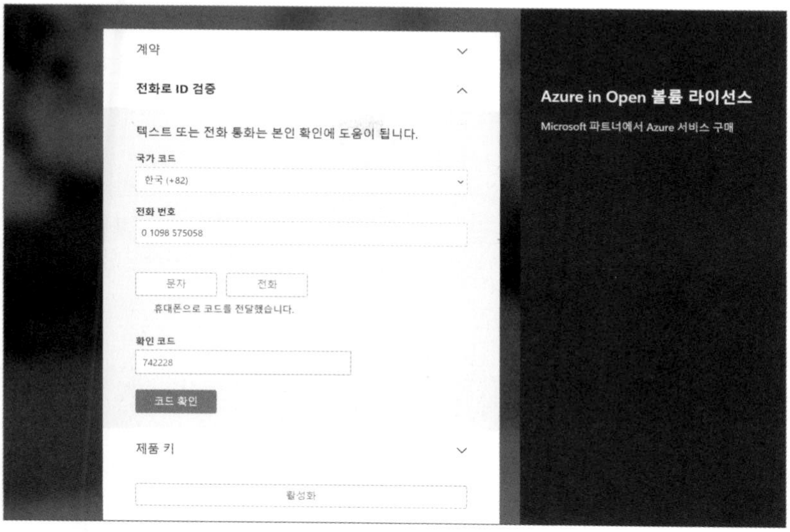

그림 2-29 문자로 ID 검증

5단계 - 제품 키 입력

제품 키 입력 상자에 준비한 25자리 온라인 서비스 활성화(OSA) 키를 입력하고 [유효성 검사] 버튼을 클릭한 다음 [활성화] 버튼을 클릭합니다. **파트너 연락처 전자 메일**은 입력하지 않아도 됩니다.

그림 2-30 Azure 오픈 라이선스 제품 키 입력

6단계 – 'Azure in Open' 구독 활성화 및 Azure 포털 진입

[그림 2-30] 아랫부분에 보이는 [활성화] 버튼을 클릭하면 구독 활성화가 진행되고 잠시 뒤 Azure 포털 화면으로 진입해 **빠른 시작 센터**를 표시합니다.

그림 2-31 Azure 포털 진입과 빠른 시작 센터 표시

7단계 – Azure 구독 확인

6단계의 Azure 포털 화면 왼쪽 맨 위에 있는 **Microsoft Azure**를 클릭해 홈 화면으로 돌아갑니다. 열쇠 모양 아이콘을 클릭해 Azure in Open 구독이 '활성'으로 표시되는지 확인합니다.

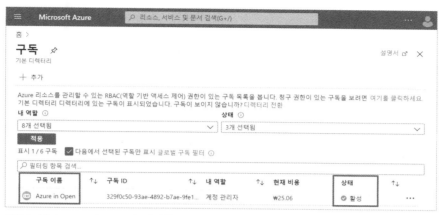

그림 2-32 Azure in Open 구독 상태 확인

2.4 마치며

2장은 Microsoft Azure를 시작하기 전에 필요한 개념을 정립하고 구독을 준비하는 방법을 다뤘습니다. Azure 서비스를 이해하는 데 필요한 핵심 용어 몇 가지를 설명했으며 기술 문서 액세스 방법, 서비스 업데이트 현황을 살펴볼 수 있는 사이트를 소개했습니다.

이 장에서 설명한 Azure 리소스 관리자 모델은 Azure가 발전하고 확장됨에 따라 사용자에게 계속해서 일관성 있는 관리 및 거버넌스 모델을 제공하는 토대입니다.

마지막으로 Azure 실습에 필요한 구독을 얻을 수 있는 방법 4가지를 단계별로 설명했으므로 다음 장을 진행하기 전에 자신에게 맞는 구독을 미리 준비하길 바랍니다.

## CHAPTER 3

Hello Azure

이 장의 내용

• Hello Azure 프로젝트로 배우는 Azure 포털 기초 사용법

• Azure 포털 인터페이스 구조와 각 요소의 기능

• 리소스 및 리소스 그룹 계획과 관리

3장은 Azure에서 필요한 서비스를 만들 때 사용하는 도구를 이해하고 기본 사용법을 익힙니다. 이 책은 Azure를 처음 사용하는 사람들이 가장 먼저 만나는 GUI 도구인 'Azure 포털'을 중심으로 설명합니다.

> **NOTE_** Azure 포털 외에도 Azure PowerShell이나 Azure CLI와 같은 명령줄 도구, Visual Studio나 Visual Studio Code와 같은 개발 도구 등에서 직접 Azure를 다룰 수도 있습니다. 이 책은 입문자를 위한 책이어서 Azure 포털을 사용합니다. 점차 Azure 전문가로 성장하게 되면서 셸과 개발 도구, 리소스 관리자 템플릿(ARM 템플릿)으로 서비스를 만들고 관리할 수 있습니다.

프로그래밍 언어를 처음 배울 때 구문 작성 방법과 빌드 후 실행하는 과정을 빠르게 경험해보기 위해 'Hello World!'를 출력하는 간단한 프로그램을 만들어보듯이 Hello Azure 프로젝트로 Azure 포털의 기본 사용법을 배워보겠습니다.

3.1 초간단 Hello Azure 프로젝트

우리가 프로그래밍 언어를 배울 때 제일 처음 작성하는 'Hello World!' 출력 코드는 브라이언 커니핸의 B언어 매뉴얼에서 유래했습니다. 당시 브라이언은 병아리가 껍질을 깨고 나오며 'Hello World!'라고 말하는 애니메이션에서 아이디어를 얻었다고 합니다.

Hello World 프로젝트처럼 Azure를 학습할 때도 일단 클라우드에서 리소스를 만들어보면서 전체 과정을 빠르게 경험하면 좋습니다. 그래서 Azure를 처음 경험해보는 과정에 'Hello Azure'라는 이름을 붙였습니다. 지금부터 생애 처음 Azure 리소스를 만들어보겠습니다. 그리고 리소스를 만드는 과정에서 경험했던 Azure 포털의 구조를 설명합니다.

3.1.1 Hello Azure 리소스 그룹 만들기

Azure에서 서비스를 구현하는 데 필요한 리소스를 만들 때 제일 먼저 만들어야 하는 리소스가 리소스 그룹입니다. 리소스 그룹은 리소스들을 관리하는 경계이며 리소스 그룹의 수명은 곧 리소스의 수명입니다. Hello Azure 프로젝트에서 사용할 리소스 그룹을 만들어보겠습니다.

실전 연습 1 - 리소스 그룹 만들기

1. 2장에서 만들었던 Microsoft Azure 구독 계정으로 Azure 포털(portal.azure.com)에 로그인합니다. Azure 포털 상단의 [＋리소스 만들기]를 클릭합니다.

그림 3-1 Azure 포털

2. [그림 3-2] **리소스 만들기** 화면에서 서비스 및 마켓플레이스^{Marketplace} 검색 상자에 'Resource'
라고 입력하면 나타나는 자동 완성 키워드 목록에서 'Resource group'을 선택합니다.

그림 3-2 리소스 그룹 검색

3. 마켓플레이스 검색 결과 목록에서 **리소스 그룹** 타일 하단의 [만들기]–[리소스 그룹]을 클릭합니다.

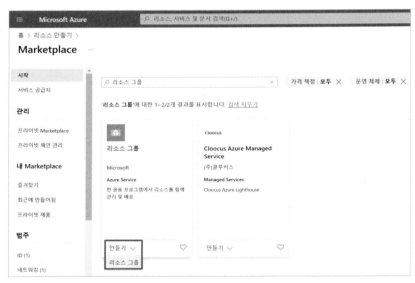

그림 3-3 마켓플레이스의 리소스 그룹 리소스

4. **리소스 그룹 만들기** 페이지에서 [그림 3-4]와 같이 필요한 정보를 입력합니다. 입력할 항목 레이블 옆에 표시된 ⚹는 필수 항목을 나타냅니다. ❶ 구독은 2장에서 만든 구독을 선택하고 ❷ 리소스 그룹 이름은 'rg-helloazure' ❸ 영역은 '한국 중부'를 선택한 다음 [검토 + 만들기]를 클릭합니다.

그림 3-4 리소스 그룹 세부 정보 입력

5. 입력한 정보에 대한 유효성 검사를 통과하면 [만들기] 버튼을 클릭합니다.

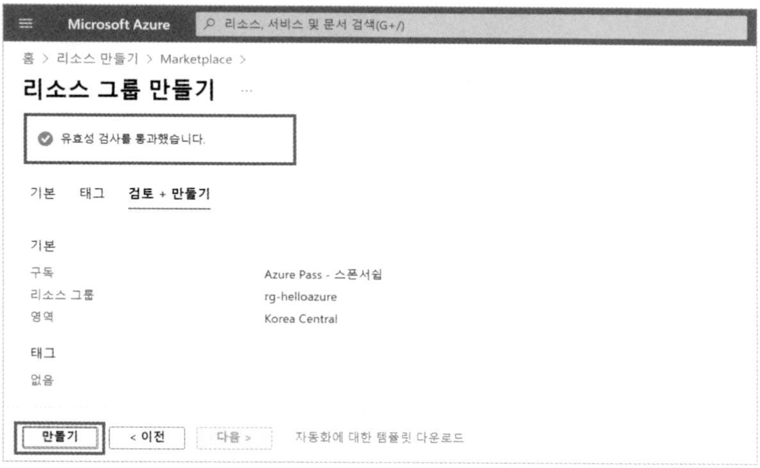

그림 3-5 리소스 그룹 만들기 유효성 검사

6. 리소스 그룹 만들기가 완료되면 포털 오른쪽 상단의 **만든 리소스 그룹** 알림 팝업(그림 3-6)에서 [리소스 그룹으로 이동] 버튼을 클릭하면 만들어진 리소스 그룹으로 이동합니다(그림 3-7).

그림 3-6 리소스 그룹 만들기 성공 알림

그림 3-7 만들어진 리소스 그룹

리소스 그룹 만들기 페이지 구조

실전 연습을 잘 따라왔다면 리소스 그룹을 성공적으로 만들었을 겁니다. 앞서 보았던 리소스 그룹 만들기 페이지의 구조는 앞으로 우리가 리소스를 만들 때 거의 공통적으로 보게 되는 레이아웃입니다. 탭의 수는 리소스에 따라 달라지겠지만, 기본 개념은 동일합니다. [그림 3-8]의 리소스 그룹 만들기 화면에서 구성요소를 확인해보겠습니다.

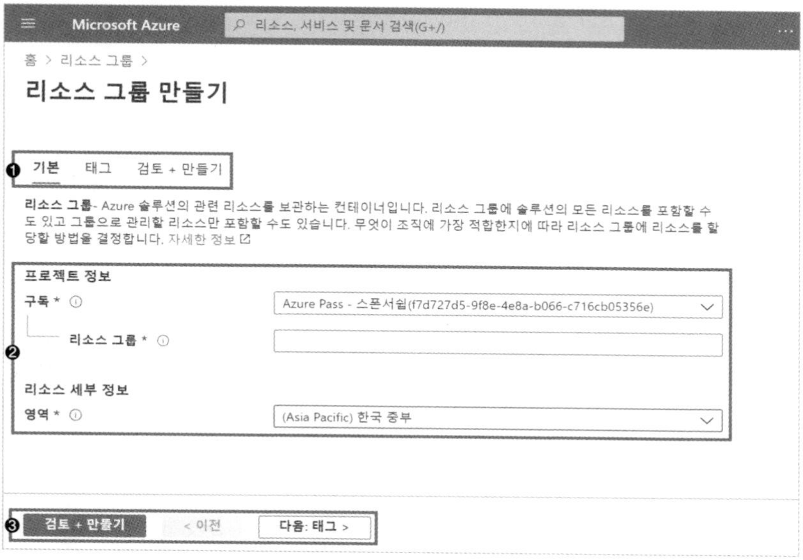

그림 3-8 리소스 그룹 만들기 페이지 구조

❶ 리소스 정보 입력 탭 메뉴

만드는 리소스에 따라 여러 가지 탭 메뉴가 나올 수 있습니다. **기본**, **태그**, **검토 + 만들기** 탭은 거의 공통으로 나옵니다. **기본** 탭은 리소스를 만들 때 꼭 입력해야 하는 기본 필수 정보가 있는 섹션입니다.

❷ 리소스 정보 입력 섹션

필수 항목과 선택 항목이 있고 필수 항목을 입력하지 않으면 리소스를 만들 수 없습니다. 선택 항목은 입력하지 않아도 리소스를 만들 수 있으며 리소스를 만든 뒤 수정할 수도 있습니다. 입력 항목 옆에 있는 느낌표(ⓘ)를 클릭하면 [그림 3-9]처럼 해당 입력 항목에 대한 설명을 확인할 수 있으며 더 자세한 정보를 제공하는 링크를 안내하기도 합니다.

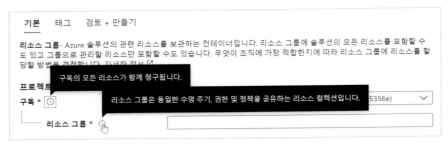

그림 3-9 입력 항목 설명

❸ 리소스 만들기 진행 버튼

하단의 진행 버튼은 마법사 단계 진행처럼 탭 메뉴 항목을 순서대로 돌아가면서 정보를 입력하도록 안내합니다. [이전] 버튼을 클릭하면 언제든지 이전 단계로 돌아갈 수 있고 필수 정보를 모두 입력한 후 [검토 + 만들기] 버튼을 클릭하면 유효성 검사로 넘어갈 수 있습니다.

리소스 만들기 유효성 검사의 패턴

리소스 그룹을 만들면서 입력한 정보가 올바르지 않은 경우나 필수 정보를 입력하지 않았을 때 문제를 바로 알려주는 작업을 유효성 검사라고 합니다. 여기서 2가지 유효성 검사 패턴을 먼저 설명하고 다음 절에서 나머지 한 가지 패턴을 설명합니다.

1. 첫 번째 유효성 검사 패턴은 입력해야 하는 정보의 형식이 틀린 경우 빨간색 글씨로 올바른 형식으로 입력하도록 안내합니다.

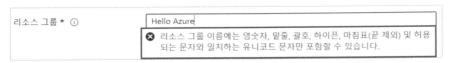

그림 3-10 입력 정보의 형식이 잘못된 경우

2. 두 번째 유효성 검사 패턴은 **검토 + 만들기** 단계에서 지금까지 입력한 모든 정보의 유효성을 검사하고 문제가 있는 경우 표시합니다. 빠트린 정보나 잘못 입력한 정보가 있으면 [그림 3-11]처럼 유효성 검사 실패 메시지와 함께 문제가 있는 해당 탭 메뉴 옆에 표시합니다.

그림 3-11 검토 + 만들기 단계의 유효성 검사 실패

3.1.2 Hello Azure 리소스 만들기

리소스 그룹을 만들었으니 이제 리소스를 만들어보겠습니다. 리소스를 만들 때 리소스 그룹이 꼭 필요하지만, 항상 리소스 그룹을 먼저 만들어야 하는 것은 아닙니다. 리소스를 만들면서 필요한 경우 리소스 그룹을 만들 수도 있습니다. 여기서는 공용(Public) IP 주소를 나타내는 간단한 리소스를 만들면서 그 과정을 확인해보겠습니다.

실전 연습 2 – 리소스 만들기

1. 이제부터는 항상 Azure 포털에 로그인한 상태라고 가정합니다. Azure 포털 상단 [⊞리소스 만들기]를 클릭합니다. [그림 3-12]에서 **리소스 만들기** 화면의 마켓플레이스 검색 상자에 '공용 IP'를 입력하면 나타나는 자동 완성 키워드 목록에서 '공용 IP 주소'를 선택합니다.

그림 3-12 공용 IP 주소 리소스 검색

2. 마켓플레이스 검색 결과 목록에서 **공용 IP 주소** 타일 하단의 [만들기]–[공용 IP 주소]를 클릭합니다.

그림 3-13 마켓플레이스의 공용 IP 주소 리소스

3. **공용 IP 주소 만들기** 페이지에서 [그림 3-14]와 같이 필요한 정보를 입력합니다. 리소스 그룹을 만들지 않았다면 ❶ 리소스 그룹 항목 아래 [새로 만들기]를 클릭한 다음 rg-helloazure를 입력해 새로 만들 수 있습니다(그림 3-15). 여기서 ❷ 지역은 'Korea Central', ❸ 이름은 'pip-helloazure'를 지정한 다음 [검토 + 만들기] 버튼을 클릭합니다.

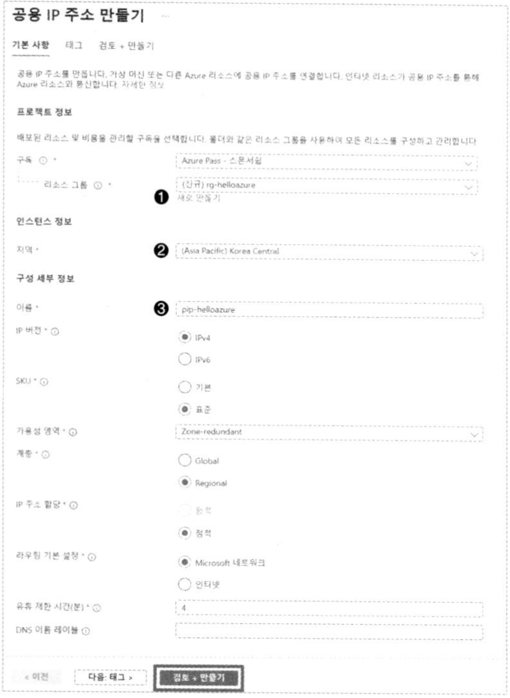

그림 3-14 공용 IP 주소 세부 정보 입력

그림 3-15 리소스 그룹 항목 아래 새로 만들기

4. 입력한 정보에 대한 유효성 검사를 진행하고 문제가 없다면 **검토 + 만들기** 페이지 하단의 [만들기] 버튼을 클릭합니다. 리소스 만들기가 성공하면 포털 오른쪽 상단에 알림 팝업이 나타납니다. 알림 팝업은 곧 사라지지만, [그림 3-16]처럼 포털 상단의 종 모양 아이콘을 클릭하면 확인할 수 있습니다.

그림 3-16 리소스 만들기 성공 알림

5. [그림 3-16]의 [리소스로 이동] 버튼을 클릭하면 만들어진 리소스로 이동합니다.

그림 3-17 만들어진 리소스 확인

3.2 Azure 포털의 구조

Azure 포털은 웹 인터페이스(GUI)를 제공하는 통합 콘솔입니다. Azure 포털의 인터페이스는 편리하고 직관적이기 때문에 리소스를 손쉽게 만들고 관리하며 모니터링할 수 있습니다. Azure 포털의 인터페이스는 사용자 중심의 사용자 경험을 오랫동안 고민해온 결과입니다. 마이크로소프트는 사용자들의 피드백과 다양한 경로로 수집한 사용성 조사를 바탕으로 Azure 포털 인터페이스를 지속적으로 개선하고 있습니다. 여러분도 이러한 피드백을 통해 Azure 포털 인터페이스 개선에 참여할 수 있습니다.

3.1절 Hello Azure 프로젝트를 진행하면서 생애 처음으로 Azure 포털 인터페이스를 잠깐 사용했습니다. 이제 Azure 포털의 인터페이스를 요모조모 뜯어보고 각 요소의 이름과 기능에 익숙해질 시간입니다.

그림 3-18 Azure 포털 기본 인터페이스

Azure 포털 인터페이스 기본 구조를 설명하기 위한 [그림 3-18]은 앞서 만든 Hello Azure 프로젝트의 **공용 IP 주소** 리소스(pip-helloazure)를 선택한 화면입니다.

포털의 기본 인터페이스는 크게 세 부분으로 나눕니다.

❶ 페이지 머리글

❷ 포털 메뉴

❸ 리소스 구성 페이지(블레이드)

3.2.1 Azure 포털 페이지 머리글

Azure 포털 기본 인터페이스의 머리글은 6가지로 나눕니다. [표 3-1]은 각각의 명칭과 기능을 나타냈습니다.

그림 3-19 Azure 포털 페이지 머리글

표 3-1 Azure 포털 머리글의 6가지 요소

번호	명칭	기능
❶	포털 메뉴 표시	포털 메뉴를 표시하거나 숨깁니다.
❷	홈/대시보드 이동 링크	포털의 메인 화면으로 이동합니다. 메인 페이지 화면은 홈 화면 또는 대시보드 화면일 수 있으며 [포털 설정]에서 설정합니다.
❸	전역 검색	Azure의 리소스와 서비스를 모두 검색합니다.
❹	전역 컨트롤	포털 어디서나 항상 사용할 수 있는 클라우드 셸, 디렉터리+구독, 알림, 포털 설정, 지원 및 문제 해결, 피드백을 제공합니다.
❺	계정	포털에 로그인한 계정 정보를 확인하거나 디렉터리 전환, 다른 계정으로 로그인, 현재 계정 로그아웃을 할 수 있습니다.
❻	브레드크럼	작업 흐름 단계에서 이전 단계로 이동할 수 있는 링크를 제공합니다.

> **NOTE_** 브레드크럼(Breadcrumb)이라는 용어는 동화 『헨젤과 그레텔』에서 계모의 손에 이끌려 산속으로 들어가는 아이들이 다시 집으로 돌아올 수 있게 길에 빵 부스러기를 떨어뜨려 놓은 데서 유래했습니다. 웹사이트에서는 사용자의 현재 위치를 보여주는 내비게이션 흔적입니다.

[표 3-1]의 머리글 구성요소 중 전역 컨트롤 부분은 설명이 더 필요합니다. 각 컨트롤을 살펴보겠습니다.

클라우드 셸

Azure는 클라우드 작업의 생산성을 높일 수 있는 Azure PowerShell과 Azure CLI라는 2가지 셸 환경을 제공합니다. 이 셸 환경을 사용하면 반복적인 작업을 자동화할 수 있습니다. 클라우드 셸은 별도의 셸 환경을 구성할 필요 없이 브라우저 내에서 바로 사용할 수 있어 인터넷에 연결할 수 있고 브라우저만 사용할 수 있다면 언제든지 쉽게 사용할 수 있습니다.[1]

처음 클라우드 셸을 사용하면 [그림 3-20]처럼 Azure 포털 사이트가 분할되면서 스토리지 계정이 필요하다는 팝업을 표시합니다. 이때 [스토리지 만들기] 버튼을 클릭하면 셸을 위한 계정 초기화(그림 3-21 ❶)를 거친 다음 Bash 환경의 셸 명령 프롬프트를 표시합니다(그림 3-21 ❷). 이 환경을 Azure CLI라고 하며 상단의 [Bash]라고 표시된 드롭다운 버튼을 클릭하면 PowerShell로 전환할 수 있습니다(그림 3-21 ❸).

그림 3-20 클라우드 셸 만들기

---

1 최신 브라우저 사용을 권장합니다. 마이크로소프트는 공식적으로 인터넷 익스플로러를 지원하지 않는다고 공지했습니다.

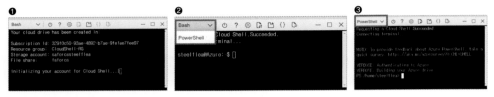

그림 3-21 클라우드 셸 초기화 및 Bash/PowerShell 환경

> **NOTE_** 이 책은 Azure 포털을 중심으로 학습합니다. 클라우드 셸과 로컬 셸 환경을 이용해 Azure를 다루는 방법은 별도의 책으로 다룰 예정입니다. 나중에 더 강력하고 빠른 작업을 위해 Azure PowerShell을 사용할 경우가 많으므로 마이크로소프트의 범용 오픈소스 셸 환경인 PowerShell의 핵심 원리와 사용법에 관해 미리 학습해두는 것이 좋습니다. PowerShell 사용자층을 늘리고 셸의 강력함을 알리고 싶어 쓴 저자의 책 『실무에서 바로 쓰는 파워셸』(인사이트, 2018)을 참고하세요.

디렉터리 + 구독

이 컨트롤은 디렉터리 전환과 구독 필터링을 제공하는 기능인데, 현재 설정 컨트롤과 통합되었습니다. Azure 계정 하나에 여러 개의 구독을 사용할 수도 있습니다. **기본 구독 필터** 섹션에서 구독을 하나 이상 선택할 수 있습니다(그림 3-22 ❶). 또한 **디렉터리** 섹션에서 디렉터리가 여럿인 경우 사용할 디렉터리를 전환할 수 있습니다(그림 3-22 ❷). 이 디렉터리가 Microsoft Entra ID이며 4장에서 다시 설명합니다.

그림 3-22 디렉터리 + 구독에서 제공하는 구독 필터와 디렉터리 전환

알림

종 모양 아이콘(🔔)으로 표시되는 전역 컨트롤로 가장 최근에 수행한 작업의 성공이나 실패 등의 상태를 표시합니다(그림 3-23). Azure 포털에서 작업을 수행하면 작업이 진행되면서 알림 팝업 메시지로 상태를 표시하고 조금 있다가 사라집니다. 사라진 알림 내용을 다시 확인하고 관련 세부 정보를 액세스할 수 있는 링크를 확인하고 싶으면 **알림** 전역 컨트롤을 사용합니다.

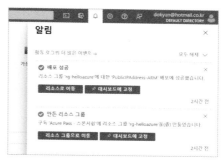

그림 3-23 알림 전역 컨트롤을 통해 작업 상태 확인

포털 설정

기어 모양 아이콘(⚙)으로 표시되는 전역 컨트롤로, 앞서 설명한 **디렉터리 + 구독** 외에 **모양 + 시작 보기**와 **언어 + 지역**, **내 정보**, **로그아웃 중 + 알림** 메뉴가 있습니다. [그림 3-24]의 **모양 + 시작 보기** 메뉴에서 제공하는 기능을 [표 3-2]에 정리했습니다.

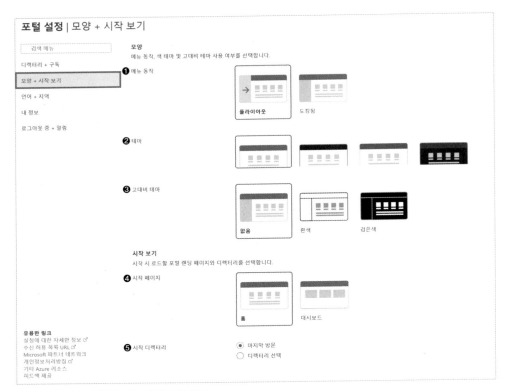

그림 3-24 포털 설정의 '모양 + 시작 보기' 설정

표 3-2 포털 설정의 '모양 + 시작 보기' 항목

번호	설정 항목	기능
❶	메뉴 동작	포털 메뉴를 숨김/표시(플라이아웃)로 다룰 것인지 항상 Azure 포털 페이지의 왼편 사이드에 고정(도킹)할지 결정합니다.
❷	테마	취향에 따라 Azure, 파랑, 밝게, 어둡게라는 4가지 테마 중에서 고를 수 있습니다.
❸	고대비 테마	강력한 대비 색을 통해 더 빠르고 쉽게 읽을 수 있도록 다른 테마를 재정의할 수 있습니다.
❹	시작 페이지	Azure 포털 시작 페이지를 홈과 대시보드 중에서 선택합니다. 기본 시작 페이지는 홈입니다.
❺	시작 디렉터리	디렉터리가 여러 개인 경우 시작 디렉터리를 선택할 수 있습니다. 기본값은 마지막 방문 디렉터리입니다.

[그림 3-25]의 **언어 + 지역** 설정은 포털에 표시되는 언어를 설정하고 날짜/시간, 숫자, 통화 표시 방법을 기준으로 삼는 지역별 형식을 설정합니다. 언어 설정에 따라 앱의 이름도 달라질 수

있습니다(예, logic app → 논리 앱). **로그아웃 중 + 알림** 설정은 3가지 옵션을 제공합니다.

1. 디렉터리 수준 유휴 시간 제한 사용 – 전역 관리자가 Azure 포털의 모든 사용자에 대해 비활성 상태로 있을 수 있는 유휴 시간 제한 설정을 적용합니다. 이 옵션을 사용하면 [비활성화 시 로그아웃 옵션]은 사용할 수 없습니다.

2. 비활성화 시 로그아웃 – 지정한 시간 동안 포털 비활성화 시 로그아웃합니다.

3. 팝업 알림 사용 – Azure 포털 페이지 오른쪽 위에 알림 표시 팝업 여부를 결정합니다.

그림 3-25 포털 설정의 '언어 + 지역'과 '로그아웃 중 + 알림' 설정

지원 및 문제 해결

지원 및 문제 해결 페이지에서 기본 도움말 설명서와 함께 청구 요금 관련 FAQ, 다양한 커뮤니티를 통해 전문가들의 질문과 답변을 찾아볼 수 있고, 직접 질문하여 원하는 답변을 얻을 수도 있습니다. [도움말 + 지원] 버튼을 클릭하면 **도움말 + 지원** 페이지에서 [⧉지원 요청 만들기]를 클릭해 Azure 기술 지원 티켓을 열 수 있습니다. 지원 요청 가능 여부와 지원 수준은 구독이 제공하는 지원 범위 옵션에 따라 다를 수 있습니다.

그림 3-26 지원 및 문제 해결

지원 및 문제 해결 전역 컨트롤은 Azure 서비스에 관한 풍부한 기술 문서와 튜토리얼을 제공하는 Azure 설명서, 처음 Azure 포털을 사용하는 사람을 위한 빠른 시작 센터, Azure 서비스 문제를 확인하는 서비스 상태 보기 링크도 확인할 수 있습니다. 잠깐 시간을 내어 각 링크를 확인해보세요.

마이크로소프트에 사용자 의견 보내기

말풍선 있는 사람 모양 아이콘(📮)으로 표시되는 피드백 전역 컨트롤은 Azure를 사용하면서 불편한 점이나 개선할 점이 있는 경우 마이크로소프트에 피드백을 보낼 수 있습니다. 이때 마이크로소프트가 사용자에게 메일을 보낼 수 있는지도 선택할 수 있습니다.

그림 3-27 마이크로소프트에 사용자 의견 보내기

3.2.2 Azure 포털 메뉴

포털 메뉴는 사이드 바 또는 허브 메뉴라고도 하며 4가지 전역 서비스 메뉴와 즐겨찾기 섹션으로 구성돼 있습니다(그림 3-28).

전역 서비스 메뉴

❶ 리소스 만들기

마스터 컨트롤이라고 합니다. Azure 포털 페이지 어디서나 이 메뉴를 클릭해 **리소스 만들기** 페이지로 이동할 수 있습니다. **리소스 만들기** 페이지에서는 마켓플레이스 제품도 제공합니다.

Azure 마켓플레이스는 Azure 인증을 받은 전 세계 다양한 서비스 기업에서 공급하는 솔루션을 범주별로 제공합니다. 현재 8,000개가 넘는 솔루션이 등록되어 있습니다.

❷ 홈

최근 사용한 Azure 서비스와 리소스 목록, Azure 온라인 무료 학습과 모니터링, 보안과 비용 관리 등의 도구, 기술 문서와 전문가 찾기 등에 관한 유용한 링크와 같은 섹션을 제공하는 홈 화면으로 이동합니다.

❸ 대시보드

자주 사용하는 리소스를 다양한 크기로 배치해 하나의 뷰에서 집중적으로 다룰 수 있는 대시보드로 이동합니다(그림 3-29). 대시보드는 마치 윈도우에서 빠르게 액세스하기 위해 바탕화면에 바로 가기 아이콘을 배치하고 작업 표시줄에 자주 사용하는 프로그램을 고정하는 것과 비슷합니다. 이런 대시보드는 필요에 따라 추가할 수도 있습니다. 대시보드가 여러 개인 경우 가장 최근에 방문했던 대시보드가 표시됩니다.

그림 3-28 포털 메뉴

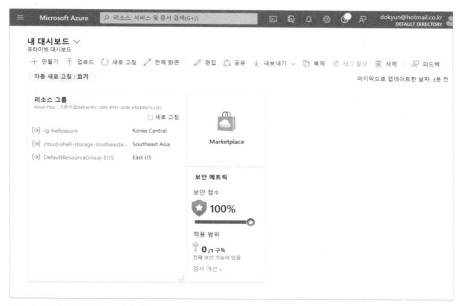

그림 3-29 포털 대시보드 페이지

❹ 모든 서비스

서비스 검색 상자와 함께 범주별로 리소스를 쉽게 찾을 수 있도록 만들어진 **모든 서비스** 페이지로 이동합니다(그림 3-30).

그림 3-30 포털의 모든 서비스 페이지

즐겨찾기

자주 사용하는 서비스로 빠르게 이동하기 위한 바로가기 목록입니다. 예를 들어 **모든 서비스**의 **컴퓨팅** 범주에서 **가상 머신** 항목에 마우스를 올리면 정보 카드 화면이 표시됩니다(그림 3-31). 해당 정보 카드의 오른쪽 상단에 있는 별 모양 아이콘을 토글해 즐겨찾기에 추가(색이 채워진 별)하거나 제거(색이 채워져 있지 않은 별)할 수 있습니다.

그림 3-31 서비스의 정보 카드와 즐겨찾기 표시

실전 연습 3 - 대시보드 만들기

1. 포털 메뉴에서 [대시보드]를 클릭합니다.

2. 대시보드 이름 옆에 있는 명령 모음에서 [⊞ 만들기]를 클릭하고 **Create a dashboard** 페이지에서 **Custom** 타일을 선택합니다.

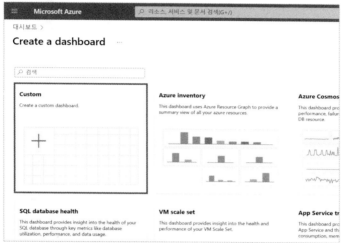

그림 3-32 대시보드 만들기

3. 대시보드 편집 페이지에서 편집 작업을 합니다.

❶ 대시보드 이름으로 'Hello Azure'를 입력합니다.

❷ 타일 갤러리에서 **리소스 그룹** 타일을 대시보드로 끌어다 놓습니다.

❸ 대시보드에 추가된 **리소스 그룹** 타일의 상단 오른쪽에 있는 상황에 맞는 메뉴[⋯] 버튼을 클릭하고 4×2를 선택합니다.

❹ 추가된 **리소스 그룹** 타일을 끌어서 위치를 가로세로 한 칸씩 옮겨봅니다.

❺ 편집을 완료하면 [저장] 버튼을 클릭합니다.

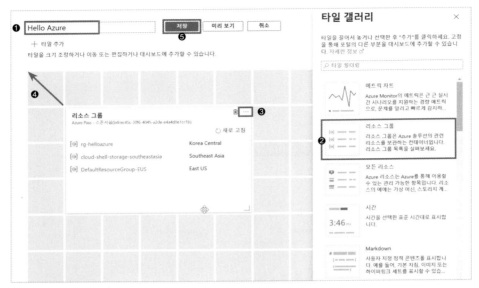

그림 3-33 대시보드 편집

4. 완성된 대시보드를 확인합니다.

그림 3-34 Hello Azure 대시보드

5. 앞서 만든 pip-helloazure 리소스를 찾아서 선택합니다. pip-helloazure 작업 창 상단
의 핀 모양 아이콘을 클릭하고 **대시보드에 고정** 블레이드에서 방금 만든 Hello Azure 대시보
드를 선택한 다음 [고정] 버튼을 클릭합니다.

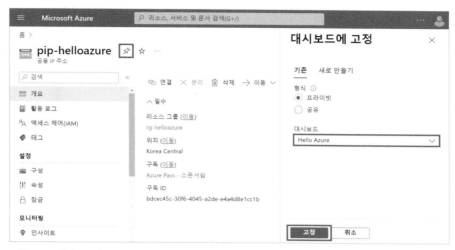

그림 3-35 대시보드에 pip-helloazure 리소스 고정하기

6. Hello Azure 대시보드를 다시 확인합니다.

그림 3-36 업데이트된 Hello Azure 대시보드

실전 연습 4 – 즐겨찾기 다루기

1. Azure 포털 메뉴에서 **즐겨찾기** 섹션의 [가상 머신]에 마우스를 올립니다.

그림 3-37 포털 메뉴 즐겨찾기 섹션의 가상 머신 정보 카드 표시

2. [그림 3-37]에서 팝업으로 표시된 정보 카드의 오른쪽 상단 색이 채워진 별 모양 아이콘을 클릭합니다.

3. 포털 메뉴의 **즐겨찾기** 섹션에서 [가상 머신] 항목이 제거되었는지 확인합니다.

그림 3-38 즐겨찾기에 추가된 리소스 그룹

4. 즐겨찾기에 있는 Microsoft Entra ID를 마우스 왼쪽 버튼으로 누른 채 [모든 리소스] 항목 다음으로 이동합니다([그림 3-39]는 이동 중인 화면입니다).

그림 3-39 즐겨찾기에 추가된 리소스 그룹 이동

5. Azure 포털 홈 화면에서 Azure 서비스 섹션의 [가상 머신]에 마우스를 올리고 팝업된 정보 카드의 오른쪽 상단 별 모양 아이콘을 클릭해 즐겨찾기에 추가합니다.

그림 3-40 즐겨찾기에 추가한 가상 머신 서비스

3.2.3 리소스 구성 페이지

Azure 포털 인터페이스의 마지막 구성요소는 앞서 우리가 만든 pip-helloazure라는 리소스를 선택했을 때 표시되는 구성 페이지입니다. 이러한 구성 페이지를 블레이드^{Blade}라고 부르는데 영문 기술 자료나 영어 커뮤니티에서 이 용어로 지칭할 때가 많으므로 기억하길 바랍니다. 이 구성 페이지는 3개의 부분으로 구성되어 있습니다(그림 3-41).

❶ 리소스 메뉴 또는 서비스 메뉴

❷ 명령 모음(명령 바)

❸ 작업 창

그림 3-41 리소스 구성 페이지 레이아웃

리소스 메뉴는 Azure 서비스에서 만든 리소스를 관리할 수 있는 다양한 기능을 제공합니다. 리소스 메뉴의 수는 만든 서비스에 따라 차이가 있습니다. 보통 작업 범주에 따라 섹션을 나누는데 상단에 있는 개요와 활동 로그, 액세스 제어, 태그는 거의 모든 서비스에서 공통으로 등장합니다. 또한 설정과 모니터링, 지원 및 문제 해결 섹션도 공통으로 등장하며 섹션 안에 제공되는 메뉴는 조금 다를 수 있습니다.

특정 리소스 메뉴를 선택하면 오른쪽에 해당 메뉴와 관련된 작업을 수행할 수 있는 명령 모음을 표시합니다. 명령 모음에서 명령의 종류와 기능은 Azure 서비스에 따라 동일한 리소스 메뉴라도 다를 수 있습니다.

명령 모음 아랫부분에 선택한 리소스 메뉴의 세부 정보를 표시하는 작업 창이 있습니다. 작업 창의 내용은 리소스 메뉴에 따라 단순 정보를 보여주는 경우부터 세부적인 작업을 수행할 수 있는 내용까지 다양합니다. 작업 창의 내용도 Azure 서비스에 따라 동일한 리소스 메뉴라도 다를 수 있습니다.

3.3 리소스와 리소스 그룹 관리

리소스 그룹은 가상 머신이나 가상 네트워크, 스토리지 계정과 같은 리소스를 목적에 따라 논리적으로 그룹화합니다. 구독, 리소스 그룹, 리소스의 계층 구조 관계는 [그림 3-42]를 참고하세요.

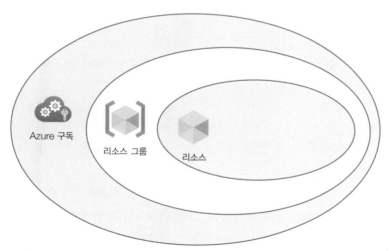

그림 3-42 구독, 리소스 그룹, 리소스의 관계

리소스 그룹을 배포할 때는 계획, 구현, 관리의 3단계 전략을 고려합니다.

3.3.1 리소스와 리소스 그룹 계획하기

리소스와 리소스 그룹을 계획할 때 제일 먼저 이름을 붙이는 규칙을 정의합니다. 조직의 이름 규칙 지침을 따르거나 클라우드 서비스와 관련한 별도의 이름 규칙 지침을 만드는 것도 좋습니다. 이름 규칙의 가장 중요한 지침은 일관성입니다. 마이크로소프트가 제안하는 이름 규칙은 Azure 기술 문서에서 확인할 수 있습니다.[2]

다음으로 리소스와 리소스 그룹 간의 관계가 갖는 특성을 고려해야 합니다.

- 리소스는 하나의 리소스 그룹에만 존재해야 합니다.
- 리소스와 리소스 그룹의 이름은 변경하지 못합니다.
- 동일한 구독 안에서 리소스 그룹의 이름은 고유해야 합니다.
- 리소스 그룹과 리소스의 위치(지역)가 다를 수도 있습니다.
- 리소스 그룹의 수명이 곧 리소스의 수명입니다.
- 한 리소스 그룹의 리소스가 다른 리소스 그룹의 리소스와 상호작용할 수 있습니다.
- 한 리소스 그룹의 리소스를 다른 리소스 그룹으로 이동할 수 있습니다.
- 리소스 그룹과 리소스의 관리를 위임할 수 있고 관리 수준을 정의할 수 있습니다.

> **NOTE_ 리소스 그룹을 만들 때 위치가 필요한 이유**
>
> Hello Azure 프로젝트의 리소스 그룹을 만들 때 입력하는 정보에 영역(위치) 항목이 있었습니다. 다른 리소스와 달리 리소스 그룹은 단지 논리적인 개념일 뿐이고 리소스 그룹과 리소스의 위치가 달라도 된다면 리소스 그룹을 만들 때 위치는 왜 필요할까요?
>
> 우리가 리소스 그룹에서 확인하는 리소스 목록은 실제로 그 리소스의 메타데이터입니다. 즉 리소스 그룹은 리소스의 메타데이터를 저장하는 것이며 리소스 그룹의 위치는 바로 그 메타데이터가 저장되는 위치입니다. 데이터의 존재 위치에 대한 규정 준수 문제가 있다면 이 위치가 중요합니다.

마지막으로 클라우드에서 서비스의 구현을 위해 리소스 그룹을 계획할 때는 조직의 구조를 고려해 리소스를 어떻게 분류할지 계획을 세워야 합니다. 일반적으로 프로젝트 중심과 역할(계층) 중심 계획 2가지 접근 방식을 사용하거나 시나리오에 맞는 접근 방식을 개발합니다.

---

2 https://learn.microsoft.com/en-us/azure/cloud-adoption-framework/ready/azure-best-practices/resource-naming

- **프로젝트 중심 계획**

  프로젝트 단위로 리소스 그룹과 리소스를 배치합니다. 예를 들어 Phrygia라는 회사의 oasys라는 사내 포털 프로젝트를 구현하는 경우를 가정해봅시다. 이 경우 리소스 그룹은 프로젝트 이름(예: rg-phrygia-oasys) 으로 지정할 수 있습니다. 하지만 여러 프로젝트에서 사용 중인 동일한 유형의 리소스나 역할별, 관리 주체별 로 리소스를 분류하고 비용이나 사용량을 확인하는 작업 등에 또 다른 많은 노력이 들어갑니다.

- **역할(계층) 중심 계획**

  서비스의 계층에 따라 리소스 그룹을 나누고 관련 리소스를 배치합니다. 예를 들어 조직에서 A사 쇼핑몰, B 사 학사 시스템 웹 서비스 프로젝트를 진행한다고 할 때 리소스 그룹을 프런트 엔드(예: rg-frontend-phrygia)와 백 엔드(예: rg-backend-phrygia)와 같은 식으로 만드는 방식입니다. 하지만 이 방식은 프 로젝트 단위로 리소스를 분류하고 비용이나 사용량을 확인하는 작업 등에 또 다른 많은 노력이 들어갑니다.

3.3.2 태그 활용하기

리소스 그룹을 계획할 때 어떤 접근 방식을 사용하든 분류 체계를 논리적으로 구성하는 방법이 필요합니다. 이를 위해 Azure는 '태그'라는 메타데이터 요소를 제공합니다. 태그는 리소스를 보다 정교하게 필터링하고 리소스 사용량 보고서를 생성하게 합니다. 예를 들어 리소스 이름에 모두 포함할 수 없는 정보가 있는 경우 태그를 이용합니다.

워크로드나 애플리케이션, 기능, 환경(개발, 운영, 테스트)처럼 IT 조직에 필요한 정보나 비용 관리, 비용 최적화나 비즈니스 소유권, 비즈니스 중요성처럼 비즈니스 조직에 필요한 정보를 태그로 정의하면 리소스를 수평적이고 체계적으로 분류할 수 있습니다.

태그를 지원하지 않는 리소스 유형도 있습니다. 예를 들면 온프레미스의 Hyper-V와 같은 가 상화 환경의 가상 머신을 일반화된 가상 머신으로 Azure에 올리면 태그를 붙일 수 없습니다. Azure 리소스의 자세한 태그 지원 여부는 Azure 기술 문서에서 살펴볼 수 있습니다.[3]

태그는 이름과 값의 문자열 쌍으로 구성하며 다음과 같은 제한이 있습니다.

- 태그 이름/값의 쌍은 최대 50개까지 부여할 수 있지만, 태그 값에 JSON 문자열을 사용하면 더 많은 태그를 적용할 수 있습니다.

- 태그 이름의 길이는 최대 512자, 값은 최대 256자까지 허용하지만, 리소스의 유형에 따라 더 적을 수도 있습 니다.(예. 스토리지 계정은 이름 128자, 값 256자).

---

3 https://learn.microsoft.com/ko-kr/azure/azure-resource-manager/management/tag-support

- 〈 〉, %, &, ₩, ?, /과 같은 특수 문자는 태그 이름에 포함할 수 없습니다.
- 태그는 상속되지 않습니다. 다만 Azure 정책을 이용하면 상속 효과를 구현할 수 있습니다.

마이크로소프트가 제안하는 태그 지정 의사 결정 가이드는 Azure 기술 문서를 참고하세요.[4]

실전 연습 5 – 리소스와 리소스 그룹에 태그 적용하기

이번 연습을 진행하기 전에, 실전 연습 2를 참고하여 공용 IP 주소 리소스를 만듭니다. 이때 이름은 'pip-newhelloazure'로 하고 나머지는 동일하게 설정합니다.

1. Azure 포털에서 rg-helloazure 리소스 그룹을 선택합니다.

그림 3-43 rg-helloazure 리소스 그룹

2. 리소스 메뉴에서 **태그**를 선택하고 작업 창에서 다음과 같이 2가지 태그 이름/값 쌍을 입력한 후 명령 바에서 [적용] 버튼을 클릭합니다.
   - 이름: ApplicationName, 값: HelloAzure
   - 이름: Owner, 값: Tony Stark

---

4 https://learn.microsoft.com/ko-kr/azure/cloud-adoption-framework/ready/azure-best-practices/
resource-naming-and-tagging-decision-guide

그림 3-44 rg-helloazure에 태그 추가하기

3. rg-helloazure 리소스 그룹의 리소스 메뉴에서 **개요**를 선택하고 다음 작업을 수행합니다.

- 작업 창의 **태그** 섹션에 추가된 태그를 확인합니다.
- 작업 창 하단에 보이는 2개의 리소스를 선택합니다.

그림 3-45 추가된 태그 확인과 리소스 선택

4. [그림 3-45]의 명령 바에서 [태그 지정] 메뉴를 클릭하고 **태그 지정** 블레이드에서 다음과 같이 2가지 태그 이름/값 쌍을 입력한 후 [저장] 버튼을 클릭합니다.

- 이름: ApplicationName, 값: HelloAzure
- 이름: Env, 값: Production

그림 3-46 rg-helloazure의 리소스에 태그 추가하기

5. Azure 포털 홈 화면의 전역 검색 상자에 '태그'를 입력하고 결과에서 '🏷️태그'를 선택합니다.

그림 3-47 Azure 포털 홈의 전역 검색에서 태그 검색

6. **태그** 블레이드 목록에서 'Env : Production'을 클릭합니다.

그림 3-48 태그 블레이드와 태그 목록

7. **Env 태그가 Production인 리소스** 블레이드가 표시되고 해당 태그가 부여된 리소스 목록이 나타납니다.

그림 3-49 지정한 태그의 리소스를 표시하는 블레이드

3.3.3 리소스 이동하기

리소스 그룹의 리소스는 필요에 따라 다른 리소스 그룹, 다른 구독, 다른 지역으로 이동할 수 있습니다. 예를 들어 Azure는 리소스 그룹의 이름 변경을 허용하지 않지만, 리소스 그룹 이름을 바꿔야 하는 경우 원하는 이름의 리소스 그룹을 만들어 기존 리소스를 이동해야 합니다. 특정 구독에서 더 이상 비용을 지불할 수 없는 경우 리소스를 비용을 지불할 수 있는 다른 구독으로 이동할 수도 있습니다. 그 외에도 다양한 이유로 리소스 이동은 필요합니다.

리소스 이동 기능은 리소스를 포함하고 있는 리소스 그룹을 선택하면 표시되는 **개요** 페이지의 명령 바에서 [→이동] 버튼을 사용합니다.

그림 3-50 리소스 이동 옵션

리소스 이동 시 고려할 점

리소스를 이동할 때 문제가 발생되지 않도록 하려면 다음 몇 가지 사항을 꼭 확인해야 합니다.

1. 구독 간 이동은 양쪽 구독이 동일한 Microsoft Entra ID 테넌트(뒤에서 설명)에 연결된 경우만 가능합니다.

2. 리소스 이동 작업 중에는 원본 그룹과 대상 그룹은 모두 잠금 상태가 되어 해당 리소스의 쓰기와 삭제 작업은 차단됩니다.

3. 이동하는 리소스와 종속성이 있는 리소스가 있다면 함께 이동해야 합니다. 예를 들어 가상 머신을 구성하는 가상 디스크, 가상 네트워크 등의 다른 리소스들은 모두 함께 이동해야 합니다.

4. 다른 구독으로 이동하려는 리소스와 종속 리소스의 리소스 그룹이 다른 경우 먼저 하나의 리소스 그룹으로 모은 뒤 다른 구독의 리소스 그룹으로 이동합니다. 그다음 필요에 따라 해당 구독에서 리소스들을 다른 리소스 그룹으로 이동합니다.

5. Microsoft Entra ID나 ExpressRoute(전용선 서비스)처럼 이동할 수 없는 리소스도 있습니다. 전체 리소스의 이동 가능 여부는 Azure 기술 문서를 참고하세요.[5]

6. 이동하는 리소스에 대한 리소스 공급자를 다른 구독에서도 사용할 수 있어야 합니다. [그림 3-51]처럼 해당 공급자의 상태가 Registered로 되어야 합니다.

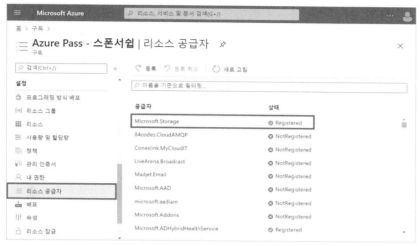

그림 3-51 리소스 공급자 등록 확인

실전 연습 6 – 다른 그룹으로 리소스 이동하기

1. [그림 3-51]을 참고해 리소스 그룹에서 이동할 공용 IP 주소 리소스로 pip-newhello azure를 선택하고 [다른 리소스 그룹으로 이동]을 클릭합니다.

2. **리소스 이동** 블레이드에서 대상 섹션의 **리소스 그룹** 드롭다운 상자 아래의 [새로 만들기]를 클릭하고 리소스 그룹 이름으로 'rg-newhelloazure'를 입력한 다음 [확인] 버튼을 클릭합니다. [다음] 버튼을 클릭해 **이동할 리소스** 단계로 이동합니다.

....
5 https://learn.microsoft.com/ko-kr/azure/azure-resource-manager/management/move-support-resources

그림 3-52 대상 리소스 그룹 만들기/선택

3. **이동할 리소스** 단계에서 선택한 리소스를 이동할 수 있는지 유효성을 확인한 다음 **검토** 단계로 이동해 요약 정보를 확인합니다. 하단의 '새 리소스 ID ~ 이해합니다.' 체크 상자를 선택한 후 [이동] 버튼을 클릭합니다.

그림 3-53 리소스 이동 유효성 검사 및 검토

4. 유효성 검사를 마친 뒤 리소스 이동이 끝날 때까지 기다립니다. 리소스의 이동은 약 30분 또는 그 이상 걸릴 수도 있습니다.

그림 3-54 리소스 이동

5. 새로 만든 rg-newhelloazure 리소스 그룹에서 이동한 리소스를 확인합니다.

그림 3-55 rg-newhelloazure 리소스 그룹의 이동된 리소스 확인

실전 연습 7 – 다른 구독으로 리소스 이동하기

실전 연습 7은 2개 이상의 구독을 소유한 경우만 실습이 가능합니다. 이번 연습을 진행하기 전에, 실전 연습 2를 참고하여 공용 IP 주소 리소스를 만듭니다. 이때 이름은 'pip-helloazure2'로 하고 SKU를 '기본'으로 선택한 다음 나머지는 동일하게 설정합니다.

1. rg-helloazure 리소스 그룹에서 이동할 pip-helloazure2 리소스를 선택하고 [다른 구독으로 이동] 버튼을 클릭합니다.

그림 3-56 rg-helloazure의 리소스를 다른 구독으로 이동

2. **리소스 이동** 블레이드에서 **원본 + 대상** 단계의 대상 섹션에서 이동할 구독을 선택하고 리소스 그룹은 'rg-helloazure'라는 이름으로 새로 만듭니다. [다음] 버튼을 클릭해 **이동할 리소스** 단계로 이동합니다.

그림 3-57 대상 구독과 리소스 그룹 선택

3. **이동할 리소스** 단계에서 선택한 리소스를 이동할 수 있는지 유효성을 확인한 다음 **검토** 단계로 이동해 선택 요약을 확인합니다. 하단의 '새 리소스 ID ~ 이해합니다.' 체크 상자를 선택한 후 [이동] 버튼을 클릭합니다.

그림 3-58 리소스 이동 유효성 검사 및 검토

4. 다른 구독으로 리소스 이동이 끝날 때까지 기다립니다.

5. 포털의 **디렉터리 + 구독** 전역 컨트롤에서 리소스를 이동한 구독을 선택합니다. 그다음 새로 만든 해당 구독의 rg-helloazure 리소스 그룹에서 이동한 리소스를 확인합니다.

그림 3-59 다른 구독으로 이동한 rg-helloazure 리소스 확인

3.3.4 리소스와 리소스 그룹 보호하기

리소스와 리소스 그룹은 운명 공동체이며 리소스 그룹은 리소스 관리에 편리하고 강력한 기능을 제공합니다. 편리한 만큼 리소스 그룹을 쉽게 제거할 수 있기 때문에 조심하지 않으면 심혈을 기울여 작업한 리소스를 몽땅 잃을 수도 있습니다.

물론 리소스 그룹을 단 한 번의 작업으로 바로 삭제할 수는 없습니다. 실수를 방지하기 위해 리소스 그룹 이름을 한 번 더 입력하는 안전장치가 있기 때문입니다(그림 3-60).

그림 3-60 리소스 그룹 삭제

하지만 한 번 더 리소스 그룹 이름을 입력하는 절차는 간단히 복사해서 붙여넣기로 무력화할 수 있습니다. 더구나 리소스 그룹이 많고 이름이 유사한 경우 리소스 그룹 이름을 잘못 복사할 가능성도 있습니다.

중요한 리소스라면 쉽게 제거하지 못하도록 보호하는 추가적인 예방 절차가 필요합니다. 이런 목적으로 Azure는 잠금 기능을 제공합니다. 잠금을 사용할 수 있는 대상은 구독, 리소스 그룹, 리소스입니다. 잠금 유형은 **읽기 전용 잠금**과 **삭제 잠금** 2가지이며, 읽기 전용 잠금이 더 강력합니다. 즉, 삭제 잠금은 삭제만 불가능하고 수정은 가능하지만 읽기 전용 잠금은 수정과 삭제 모두 불가능합니다.

그림 3-61 구독 잠금과 잠금 유형

상위 잠금은 하위 리소스로 상속됩니다. 예를 들어 구독에서 설정한 잠금은 구독에 속한 모든 리소스 그룹에 상속됩니다. [그림 3-62]는 구독 잠금이 리소스 그룹에 상속되어 리소스 그룹 잠금에 표시되고 삭제를 시도할 때 실패하는 경우를 나타냈습니다.

그림 3-62 잠금 상속과 리소스 그룹 삭제 실패

실전 연습 8 – 리소스 및 리소스 그룹 잠금

1. rg-helloazure 리소스 그룹을 찾아서 pip-helloazure 리소스를 선택합니다. 리소스 메뉴에서 **잠금**을 클릭합니다.

그림 3-63 pip-helloazure 리소스의 잠금 메뉴

2. 명령 바에서 [➕추가]를 클릭하고 다음 내용을 입력한 다음 [확인] 버튼을 클릭합니다.

   - 잠금 이름: delLock_pip
   - 잠금 유형: 삭제
   - 메모: Hello Azure 서비스 종료 시점까지 유지

그림 3-64 pip-helloazure 리소스의 삭제 잠금 추가

3. 만들어진 잠금 목록이 표시됩니다.

그림 3-65 pip-helloazure의 잠금 목록

4. pip-helloazure 블레이드의 리소스 메뉴에서 **개요**를 선택하고 명령 모음에서 [🗑삭제]를 클릭합니다. 앞에서 삭제 잠금을 했기 때문에 삭제하지 못한다는 알림이 표시됩니다.

그림 3-66 pip-helloazure 삭제 시도

5. 알림 팝업 창에서 pip-helloazure 리소스를 삭제하지 못한다는 경고를 확인합니다.

그림 3-67 pip-helloazure 삭제 실패

6. 다시 rg-helloazure 리소스 그룹 구성 페이지로 돌아가서 이번엔 명령 바의 [🗑 리소스 그룹 삭제]를 클릭해 리소스 그룹 전체를 삭제해봅니다.

그림 3-68 리소스 그룹 삭제 시도

7. 알림 팝업 창에서 rg-helloazure 리소스 그룹을 삭제하지 못한다는 경고를 확인합니다.

그림 3-69 리소스 잠금으로 인한 리소스 그룹 삭제 실패

rg-helloazure의 리소스 중 하나가 삭제 잠금 상태이기 때문에 잠금이 없는 리소스 그룹이나 리소스도 삭제되지 않습니다.

8. **rg-helloazure** 블레이드의 리소스 메뉴에서 **잠금** 메뉴를 클릭하면 앞서 pip-helloazure 리소스에 설정한 잠금과 범위를 확인할 수 있습니다. [삭제]를 클릭해 공용 IP 주소 리소스의 잠금을 삭제합니다.

그림 3-70 pip-helloazure의 잠금 삭제

9. 명령 모음에서 [추가]를 클릭하고, 다음 내용을 입력한 다음 [확인] 버튼을 클릭합니다.

- 잠금 이름: readonlyLock_rg
- 잠금 유형: 읽기 전용
- 메모: 2023.4.23 Tony Stark

그림 3-71 rg-helloazure의 읽기 전용 잠금 추가

10. **rg-helloazure** 리소스 그룹의 pip-helloazure 리소스에서 **설정** 섹션의 [구성] 메뉴를 클릭한 다음 [유휴 제한 시간]을 '10분'으로 변경하고 [저장] 버튼을 클릭합니다. 알림 팝업 창에서 rg-helloazure 범위가 읽기 전용으로 잠겨 있어 쓰기 작업(변경)이 불가능하다는 경고를 확인합니다.

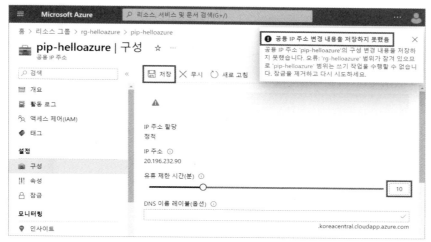

그림 3-72 리소스 그룹 읽기 전용 잠금으로 인한 공용 IP 주소 구성 변경 실패

11. rg-helloazure의 잠금을 삭제합니다.

실전 연습 9 – 리소스 및 리소스 그룹 제거

1. 리소스는 2가지 방법으로 삭제할 수 있습니다.

❶ rg-helloazure 리소스 그룹을 선택하고 작업 창의 리소스 목록 중 pip-helloazure 리소스 체크 상자를 선택한 다음 명령 바에서 [🗑 삭제]를 클릭합니다. 여기서는 한 번에 여러 개의 리소스를 삭제할 수 있습니다.

그림 3-73 리소스 그룹에서 리소스 선택 삭제

❷ pip-helloazure 리소스 블레이드에서 명령 모음의 [🗑️ 삭제]를 클릭합니다.

그림 3-74 리소스 블레이드에서 리소스 삭제

2. 첫 번째 방법으로 리소스 삭제를 시도하면 **리소스 삭제** 블레이드에서 삭제 확인을 위해 삭제 내용을 확인하고 '예'를 한 번 더 입력하고 [삭제] 버튼을 클릭합니다.

그림 3-75 리소스 삭제 진행 확인

3. **rg-newhelloazure** 리소스 그룹 블레이드의 **개요** 리소스 메뉴에서 명령 바의 [리소스 그룹 삭제]를 클릭합니다.

4. rg-newhelloazure 리소스 그룹 이름을 한 번 더 입력하고 [삭제] 버튼을 클릭합니다.

그림 3-76 rg-newhelloazure 리소스 그룹 삭제

5. 4번의 단계를 반복해 나머지 리소스 그룹도 모두 삭제합니다. 이제 Hello Azure 프로젝트와 관련된 모든 리소스 그룹이 삭제되었습니다.

그림 3-77 리소스 그룹 삭제 결과 확인

3.4 마치며

3장은 Hello Azure라는 간단한 프로젝트에 사용할 리소스 그룹과 공용 IP 주소라는 리소스를 만들면서 Azure 포털 인터페이스와 리소스를 관리하는 방법을 다뤘습니다.

Azure를 다루는 도구들이 여럿이지만, 이 책에서는 Azure 학습을 위해 Azure 포털 인터페이스의 구조를 이해하고 잘 사용할 수 있도록 세부적인 설명을 곁들였습니다. Azure에서 리소스를 만드는 인터페이스 구조와 입력 정보의 유효성 검사, 리소스와 리소스 그룹 간의 관계도 살펴봤습니다.

4장으로 넘어가기 전에 리소스 그룹과 리소스의 보호를 비롯해 리소스 관리의 여러 가지 시나리오에 맞춰 준비한 실습을 모두 해보길 바랍니다.

Azure 사용자와 그룹, 액세스 관리

이 장의 내용

- Microsoft Entra ID, 테넌트, 구독의 개념과 관계

- Azure 사용자와 그룹 구현 및 관리

- 역할 기반 액세스 제어(RBAC) 개념과 구현

3장에서 Hello Azure 프로젝트로 포털 사용법을 익혔고 리소스 그룹과 리소스의 개념과 관계를 이해했습니다.

조직이나 프로젝트 환경에서는 지금처럼 여러분 혼자 Azure를 다루기보다는 팀의 일원으로서 Azure 리소스를 다룰 때가 많습니다. 이런 경우 각자의 역할에 따라 Azure를 액세스할 수 있는 범위와 권한을 분리할 필요가 있습니다. 4장은 팀 환경을 위한 사용자와 그룹 관리, 그리고 역할에 따른 액세스 제어의 핵심인 Microsoft Entra ID와 구독(Subscription)을 살펴보고 둘 사이의 관계를 설명합니다.

4.1 Microsoft Entra ID와 구독

Microsoft Entra ID는 팀의 구성원이 로그인(인증)하고 권한에 따라(권한 부여) 리소스를 액세스할 수 있게 해주는 Microsoft Azure의 ID와 액세스 관리 서비스입니다. 반면 Azure 구독은 여러분이 만든 리소스가 존재하는 논리적인 공간이면서 리소스의 사용 비용을 지불하는 주체입니다. 인증과 권한 부여의 대상이 되는 개체를 일반적으로 보안 주체라고 합니다. Microsoft Entra ID에서 대표적인 보안 주체는 사용자와 그룹, 디바이스, 애플리케이션입니다.

4.1.1 Microsoft Entra ID와 테넌트

테넌트tenant의 사전적인 의미는 세입자나 임차인을 뜻하지만, 공간을 사용하는 사용자/그룹 등
을 대표하는 용어로 볼 수 있습니다. Azure에서 테넌트라는 용어는 Microsoft Entra ID의 사
용자와 그룹 같은 보안 주체를 제공하는 디렉터리 전용 인스턴스를 말합니다. 곧이어 자세히
설명하겠지만 Microsoft Entra ID 테넌트는 하나 이상의 구독과 연결될 수 있습니다.

그림 4-1 하나의 Microsoft Entra ID 테넌트에 2개의 구독을 가진 경우

Microsoft Entra ID는 사용자와 그룹, 디바이스, 애플리케이션 (엔터프라이즈 애플리케이션,
앱 등록) 보안 주체의 관리, 인증 및 권한 관리를 제공하며 Azure에서 만든 리소스나 외부 애
플리케이션과 서비스에 대한 액세스 제어를 제공합니다. 구독 리소스의 인증과 액세스를 관리
할 때 구독과 연결된 Microsoft Entra ID 테넌트를 통해 처리합니다.

현재 Microsoft Entra ID는 4가지 종류의 라이선스를 제공합니다. 각 라이선스 차이점은 [표
4-1]에 정리했습니다. 이 책에서는 기본 디렉터리로 제공하는 Microsoft Entra ID Free 라이선
스를 기준으로 설명합니다.

표 4-1 Microsoft Entra ID 라이선스

라이선스	특징	가격
Microsoft Entra ID Free	− 클라우드 인증(통과 인증, 암호 해시 동기화 등) − 페더레이션 인증(AD FS 등) − 무제한 SSO(Single Sign-On) − 최신 인증(SAML, OAUTH 2.0 등)을 사용한 SaaS 앱 지원 − 보안 하이브리드 액세스(Kerberos, NTLM, LDAP, RDP, SSH 등) − 사용자 로그인 페이지 사용자 지정 가능 − RBAC(역할 기반 액세스 제어) − 사용자 및 그룹 − AD DS와 동기화 − 위임된 관리 − 응용 프로그램 시작 포털 − 내 앱의 사용자 애플리케이션 컬렉션 − 셀프 서비스 계정 관리 포털 − 셀프 서비스 암호 변경 − 다단계 인증(MFA) − 암호 없는 인증(Windows Hello, FIDO2, Authenticator, 보안 키 통합) − 전체 암호 보호 및 관리 − 기본 보안 및 사용 보고서 − SaaS 앱에 대한 자동화된 사용자 프로비저닝	무료
Microsoft Entra ID Governance	− Microsoft Entra ID P1 및 P2 필요 − SaaS 앱에 대한 자동화된 사용자 프로비저닝 − 온프레미스 앱에 대한 자동화된 사용자 프로비저닝 − 앱에 대한 자동화된 그룹 프로비전 − HR 중심 프로비전 − 사용 약관 증명 − 기본 액세스 인증 및 검토 − 기계 학습 지원 액세스 인증 및 검토 − 기본 권한 관리 − 권한 관리 − 권한의 분리 − 확인된 ID를 통한 권한 관리 − 수명 주기 워크플로 − ID 거버넌스 대시보드 − PIM(Privileged Identity Management)	사용자당 8,700원 / 월

Microsoft Entra ID P1	– Microsoft Entra ID Free 기능 모두 포함	사용자당 7,500원 / 월
	– 애플리케이션에 대한 그룹 할당	
	– Cloud App Discovery(Microsoft Defender for Cloud Apps)	
	– 온프레미스, 헤더 기반 및 Windows 통합 인증을 위한 응용 프로그램 프록시	
	– 서비스 수준 계약(SLA)	
	– 고급 그룹 관리(동적 그룹, 명명 정책, 만료, 기본 분류)	
	– 온프레미스 서버에 대한 클라우드 모니터링 및 분석(연결 상태)	
	– Microsoft Identity Manager 사용자 CAL(클라이언트 액세스 라이선스)	
	– 테넌트 간 사용자 동기화	
	– 온프레미스 쓰기 저장을 사용하여 셀프 서비스 암호 재설정/변경/잠금 해제	
	– 셀프 서비스 로그인 활동 검색 및 보고	
	– 셀프 서비스 그룹 관리(내 그룹)	
	– 조건부 액세스	
	– 제한된 SharePoint 액세스	
	– 세션 수명 관리	
	– 지속적인 액세스 권한 평가	
	– 전체 암호 보호 및 관리(사용자 지정 금지된 암호, 온프레미스 Active Directory에서 동기화된 사용자)	
	– 사용자 지정 보안 특성	
	– 고급 보안 및 사용 보고서	
	– 온프레미스 앱에 대한 자동화된 사용자 프로비저닝	
	– 앱에 대한 자동화된 그룹 프로비전	
	– HR 중심 프로비전	

Microsoft Entra ID P2	– Microsoft Entra ID P1 기능 모두 포함	사용자당 11,200원 / 월
	– 셀프 서비스 권한 관리(내 액세스)	
	– 위험 기반의 조건부 액세스(로그인 위험, 사용자 위험)	
	– 인증 컨텍스트(스텝업 인증)	
	– 조건부 액세스에 대한 디바이스 및 응용 프로그램 필터	
	– 토큰 보호	
	– 취약성 및 위험한 계정	
	– 위험 이벤트 조사, SIEM(보안 정보 및 이벤트 관리) 연결	
	– 사용 약관 증명	
	– 기본 액세스 인증 및 검토	
	– 기본 권한 관리	
	– 권한 관리 – 권한의 분리	
	– PIM(Privileged Identity Management)	

Microsoft Entra ID 라이선스별 자세한 기능 차이는 Azure 기술 문서를 참고하길 바랍니다.[1]

기본 디렉터리

Azure 계정을 만들고 Azure에 로그인하면 자동으로 만들어지는 Microsoft Entra ID 테넌트는 '기본 디렉터리'가 됩니다. 기본 디렉터리는 제거할 수 없습니다. 별도로 도메인을 등록하지 않은 경우 기본 디렉터리의 Microsoft Entra ID 도메인은 일반적으로 onmicrosoft.com이라는 하위 도메인, Azure에 가입할 때 사용한 메일 별칭, 메일 주소 최상위 도메인으로 조합된 이름을 사용합니다. 예를 들어 Azure 계정으로 사용하는 마이크로소프트 계정이 steelflea@outlook.com이라면 Microsoft Entra ID 도메인은 steelfleaoutlook.onmicrosoft.com 과 같이 만들어집니다.

Microsoft Entra ID 도메인은 기본 디렉터리를 Azure에서 고유하게 만드는 식별자입니다. 그리고 또 하나 중요한 고유 식별자가 [그림 4-2]에서 볼 수 있는 테넌트 ID입니다. 이 테넌트 ID는 Azure PowerShell이나 Azure CLI, 프로그래밍 방식으로 Azure를 다룰 때 필요한 경우가 많으니 어디서 확인할 수 있는지 기억합시다.

---

1 https://www.microsoft.com/ko-kr/security/business/microsoft-entra-pricing

그림 4-2 기본 디렉터리의 테넌트 ID 확인

기본 디렉터리 외에 개발이나 관리 목적으로 디렉터리, 즉 Microsoft Entra ID 테넌트를 추가로 만들 수 있습니다. 이렇게 추가로 만든 테넌트는 필요하지 않으면 제거할 수도 있습니다. Microsoft Entra ID 테넌트를 추가로 만들어야 하는 몇 가지 상황이 있습니다.

- ID 공급자로 Microsoft Entra ID를 이용하는 애플리케이션을 개발하고자 할 때 조직의 Microsoft Entra ID 테넌트에 애플리케이션을 등록할 권한을 줄 수 없는 경우
- 개발 및 테스트 환경을 위한 Microsoft Entra ID가 필요할 경우
- 다른 Microsoft Entra ID 테넌트로 인증 경계를 분리하고 싶은 경우
- 온프레미스 AD DS(Active Directory Domain Service)의 ID를 동기화하는 테넌트를 구분하고 싶은 경우
- 다수의 구독을 각기 다른 테넌트와 연결해 조직의 사용자에게 독립적인 리소스 관리 및 인증 관리를 제공하고 싶은 경우

실전 연습 1 – 기본 디렉터리 확인

1. 전역 검색 창에서 Microsoft Entra ID를 입력하거나 포털 메뉴 홈 화면에서 Microsoft Entra ID를 선택합니다.

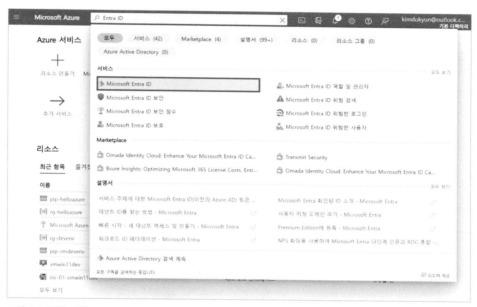

그림 4-3 전역 검색으로 Microsoft Entra ID 검색

2. **개요** 블레이드의 [개요] 탭에서 현재 라이선스와 테넌트 ID, 주 도메인을 확인합니다(그림 4-2).

3. Microsoft Entra ID 리소스 메뉴의 **관리** 섹션에서 [속성] 메뉴를 클릭했을 때 표시되는 **테넌트 속성** 블레이드에서도 테넌트 ID와 나머지 속성을 확인합니다.

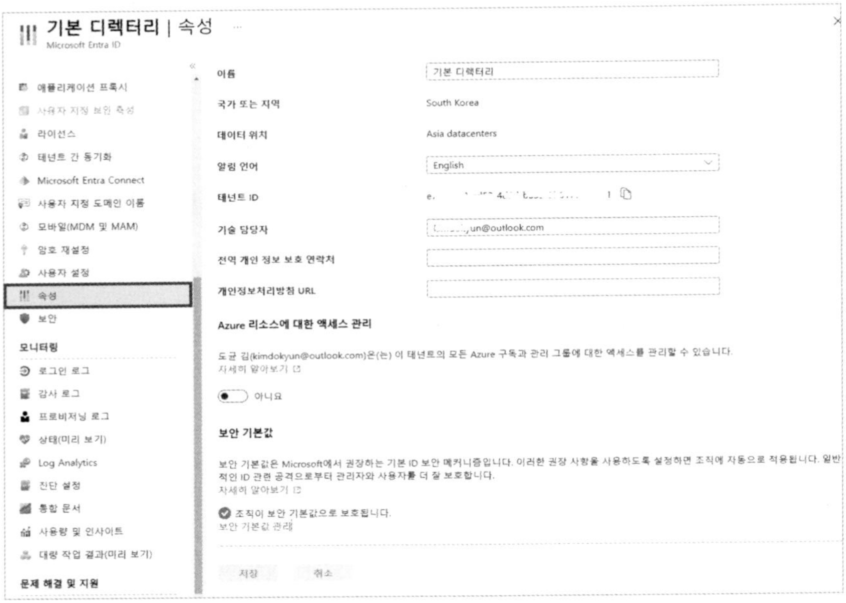

그림 4-4 테넌트 속성

4. 기본 디렉터리의 왼편 리소스 메뉴에서 **사용자 지정 도메인 이름**을 선택합니다. 현재 기본으로 표시된 주 도메인 이름을 확인하고 상단의 명령 바에 [⊞사용자 지정 도메인 추가] 버튼이 있는지 확인합니다.

그림 4-5 사용자 지정 도메인 이름

실전 연습 2 – 추가 Microsoft Entra ID 테넌트 만들기

1. Microsoft Entra ID의 기본 디렉터리에서 **개요** 블레이드를 선택하고 명령 바에서 [⚙ 테넌트 관리]를 클릭합니다.

그림 4-6 기본 디렉터리에서 개요 블레이드의 명령 바

2. **테넌트 관리** 블레이드의 명령바에서 [+ 만들기] 버튼을 클릭하고 **테넌트 만들기** 블레이드에서 테넌트 유형으로 'Microsoft Entra ID'를 선택하고 [다음: 구성 >] 버튼을 클릭합니다.

그림 4-7 만들 테넌트의 유형 선택

3. **구성** 탭에서 ❶ 조직 이름으로 'Avengers' ❷ 초기 도메인 이름으로 'avengers[SUFFIX]'를 입력하고 ❸ 위치는 '한국'을 선택합니다.

NOTE_ 초기 도메인 이름은 Azure 전체에서 고유해야 하므로 필요한 경우 접미사로 여러분의 영문 이름 이니셜을 붙입니다. 예를 들면, avengers[SUFFIX]의 [SUFFIX] 부분에 'kdk'(저자 이름 약어)를 붙여 "avengerskdk"와 같은 이름을 사용합니다. 앞으로 이 책의 예제를 실습할 때 이 방식으로 리소스 이름의 고유성을 확보하세요.

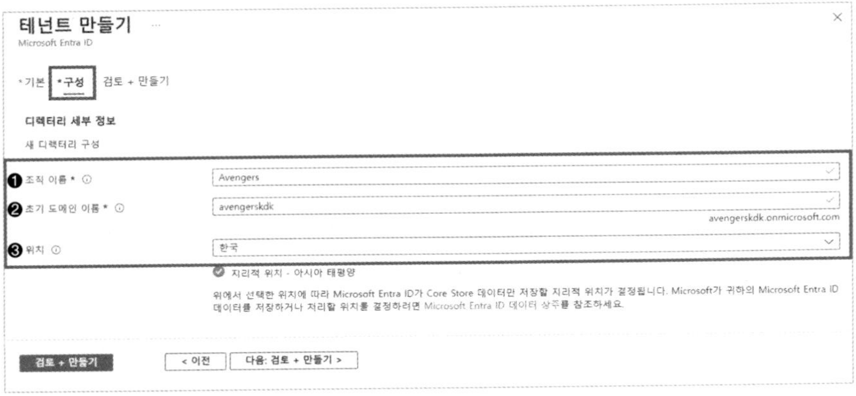

그림 4-8 구성 탭에서 테넌트 정보와 위치 입력

4. **검토 + 만들기** 탭을 눌러 유효성 검사를 끝낸 후 [만들기] 버튼을 클릭해 새로운 Microsoft Entra ID 테넌트를 만듭니다. 경우에 따라서는 로봇이 아님을 증명하도록 요청받을 수도 있습니다.

그림 4-9 유효성 검사 후 테넌트 만들기

5. Microsoft Entra ID의 기본 디렉터리의 **개요** 블레이드 명령 바에서 [⚙️테넌트 관리]를 클릭합니다(그림 4-6).

6. **테넌트 전환** 블레이드에서 조금 전에 만든 새로운 테넌트인 Avengers 디렉터리를 확인하고 선택한 다음 명령바에서 [전환] 버튼을 클릭합니다.

그림 4-10 테넌트 전환하기

7. 전환된 새로운 Microsoft Entra ID 테넌트인 Avengers의 **개요** 블레이드의 '테넌트 정보'를 확인하고, Azure 포털 페이지 머리글의 오른편에 표시된 로그인 계정 아래 있는 'AVENGERS'라는 디렉터리를 확인합니다.

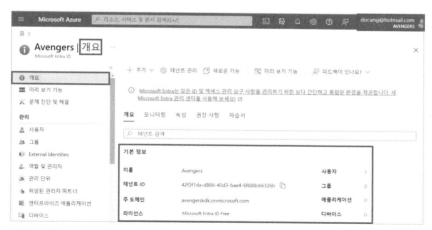

그림 4-11 Avengers 테넌트 정보 확인

8. 다시 원래 **기본 디렉터리**로 돌아갑니다. 이번엔 [⚙테넌트 관리] 명령 버튼이 아니라 Azure 포털 페이지 머리글의 **디렉터리 + 구독** 메뉴에서 '기본 디렉터리'를 선택하고 [전환] 버튼을 클릭해 다시 원래 디렉터리로 돌아갑니다.

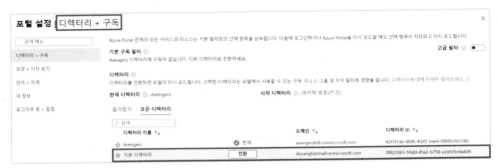

그림 4-12 디렉터리 필터를 사용해 기본 디렉터리로 전환하기

4.1.2 구독(Subscription)

신문이나 잡지 등을 받아 보고 월 단위로 비용을 지불할 때 구독이라는 용어를 사용합니다. IT 업계에서도 제품이나 서비스를 이용하거나 기술 지원을 받을 때 월 단위로 비용을 지불하는 방식을 구독이라고 부르기 시작했습니다.

Azure 구독은 Azure 계정과 연결된 클라우드 리소스의 논리적인 관리 단위이며 비용을 청구하는 단위입니다. 따라서 구독을 통해 리소스를 만들고 리소스 사용량을 확인할 수 있으며, 예산을 설정하고 비용 분석을 수행하거나 결제 방법을 변경할 수 있습니다.

Azure의 구독은 액세스 제어의 경계이기도 합니다. 이를 위해 Azure 구독은 반드시 Microsoft Entra ID 테넌트에 연결돼야 하며 하나의 Microsoft Entra ID 테넌트하고만 연결됩니다. 이 테넌트에 등록한 사용자와 그룹, 외부의 사용자에게도 구독을 액세스하도록 관리할 수 있습니다.

구독과 테넌트가 연결된 정보를 확인하려면 Azure 포털 홈 화면이나 전역 검색에서 '구독'을 검색해 열쇠 모양 아이콘을 클릭합니다. **구독** 블레이드에 표시된 구독을 선택하면 [그림 4-13]과 같은 정보를 확인할 수 있습니다.

그림 4-13 구독에 연결된 Microsoft Entra ID 테넌트 확인

구독과 테넌트가 연결되기 때문에 구독부터 하위의 리소스 계층 구조에 다양한 액세스 정책을 적용할 수 있습니다. 이렇게 정책을 기반으로 제어하는 방식을 얘기할 때 거버넌스라는 용어가 자주 등장합니다(구독의 계층 구조로 액세스 정책을 적용하는 방법에 관해서는 4.3절에서 자세히 다룹니다). 앞서 설명한 Azure 리소스 관리자와 리소스 공급자, Microsoft Entra ID 테넌트와 구독의 전체 관계를 [그림 4-14]에서 나타냈습니다.

[그림 4-14]의 이해를 돕기 위해 테넌트와 구독을 아파트와 세입자에 비유해서 설명하겠습니다. 하나의 구독은 Azure 계정으로 임대한 아파트라는 공간과 일정한 금액이 들어 있는 은행의 계좌라고 볼 수 있습니다. 아파트와 내부의 가구와 가전제품(이하 내부 제품)은 임대를 통해서만 사용할 수 있고 소유한 은행 계좌의 잔고에서 매월 비용을 지불해야 한다고 가정합시다. 이때 아파트 내부 제품이 Azure 리소스입니다. 임대한 아파트와 내부 제품 월 사용 비용을 지불하지 못하면 모두 반환해야 합니다. Azure 리소스도 비용을 내지 못하면 모두 반환해야 합니다.

여러분이 아파트의 임차인이자 세대주이며 가족이 있다고 가정해봅시다. 세대 구성원은 임대한 아파트를 출입할 수 있어야 하고 아파트 내의 물건도 같이 사용할 수 있어야 합니다. 세대원이라는 사실은 주민등록등본을 확인하면 됩니다. 세대원으로 추가하기 위해 주민센터에서 세대 구성을 등록하듯 Azure는 Microsoft Entra ID 테넌트에서 구성원을 등록합니다. 여기에 등록된 세대원은 아파트 출입 카드 또는 출입 비밀 번호를 받아 아파트에 출입(액세스)하고 세대주가 허락한 내부의 물건을 사용(액세스)할 수 있습니다. 아파트 내의 물건 중에 가스레인지나 오븐, 칼, 화학약품, 의료약품 등은 아이들에게 위험한 물건입니다. 부모는 아이들이 위험한 물건에 접근(액세스)할 수 있는 정도와 범위를 제한해야 합니다. 마찬가지로 Azure 구독에 만든 Azure 리소스도 Microsoft Entra ID에 등록된 구성원이 액세스하는 방법과 범위를 관리할 수 있습니다.

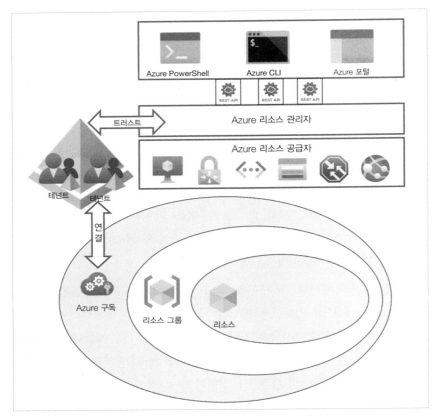

그림 4-14 Azure 리소스 관리 모델과 테넌트, 구독과의 관계

자녀가 성장해서 결혼하고 독립해야 한다고 합시다. 이제 다른 아파트 공간이 필요합니다. 가족이긴 하지만 다른 공간에 살아야 하는 것이죠. 자녀는 새로운 세대를 구성해 독립합니다. 이는 마치 새로운 Microsoft Entra ID 테넌트를 만드는 것과 비슷합니다. 자녀는 열심히 일해서 통장에 돈을 모아 아파트 공간을 새로 임차할 수도 있고, 부모가 자신의 돈을 증여해 새로운 아파트를 계약하고 자녀를 분가시킬 수도 있습니다. 이 비유는 새로 구성한 Microsoft Entra ID

테넌트에 구독을 연결하는 것과 같습니다. 이제 새 아파트가 마련되었다면, 자녀는 부모님 집에 있던 자신의 물건을 새 아파트로 옮길 텐데, 이것은 한 구독의 리소스를 다른 구독으로 이동하는 것으로 볼 수 있습니다. 그리고 자녀가 새로운 공간에 필요한 가구나 가전제품을 구매하고 관리하는 행위는 새로운 구독으로 필요한 Azure의 리소스를 만들고 새로운 Microsoft Entra ID 테넌트의 구성원에 해당 리소스를 액세스하는 역할을 할당하는 과정으로 비유할 수 있습니다.

실전 연습 3 – 구독에 연결된 테넌트를 다른 테넌트로 변경하기

이 실습을 위해서는 앞서 만든 테넌트가 필요하며 하나의 테넌트에 2개의 구독이 연결되어 있다고 가정합니다(구독이 하나인 경우도 실습이 가능합니다). 실습을 끝내고 나면 기존 테넌트에 연결된 구독과 새로운 테넌트에 연결된 구독을 확인할 수 있습니다.

1. Azure 포털에 로그인하고 전역 검색 컨트롤에서 '구독' 서비스를 검색해 선택합니다.

그림 4-15 전역 검색에서 구독 서비스 검색

2. **구독** 블레이드에서 테넌트를 변경하려는 구독을 클릭합니다.

그림 4-16 변경할 구독 선택

3. 선택한 구독의 **개요** 서비스 메뉴를 선택하고 블레이드의 명령 바에서 [→디렉터리 변경]을 클릭합니다.

그림 4-17 디렉터리 변경 메뉴가 있는 개요 블레이드

4. **디렉터리 변경** 블레이드의 **보조 사이트** 아래 '디렉터리 선택' 드롭다운 목록을 클릭해 앞서 만든 Avengers 디렉터리를 선택하고 [변경] 버튼을 클릭합니다.

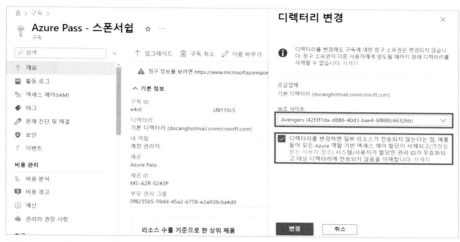

그림 4-18 디렉터리 변경 블레이드에서 Avengers 디렉터리 선택

5. 구독에 연결된 디렉터리 변경이 성공하면 알림 컨트롤이 '디렉터리가 변경되었음'을 알려줍니다. 혹시 처음에 '디렉터리를 변경할 수 없습니다.'라는 알림을 받았다면, 잠시 후 다시 시도하면 됩니다.

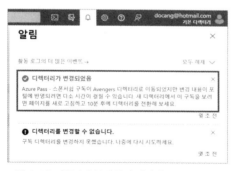

그림 4-19 디렉터리 변경 알림 메시지

6. Avengers 디렉터리로 전환하고 1번 과정처럼 구독 서비스를 검색해 '구독'을 선택합니다.

그림 4-20 Avengers 디렉터리로 전환 후 전역 검색에서 구독 검색

7. **구독** 블레이드에 조금 전에 변경한 구독 목록이 표시됩니다. 이렇게 구독이 연결된 테넌트를 다른 테넌트로 변경하면 해당 구독에서 만들었던 모든 Azure 리소스도 함께 변경됩니다.

그림 4-21 Avengers 디렉터리에 연결된 구독

4.2 사용자와 그룹

기업 환경에서 Azure를 사용한다면, 보통 여러분은 팀이나 부서의 일원으로 역할과 권한을 부여받아 Azure의 리소스를 다루게 됩니다. Azure에서 팀을 구현하는 첫 단계가 Microsoft Entra ID 테넌트에 사용자 계정을 등록하는 작업입니다. 사용자 계정을 만들면 세분화된 액세스 제어가 가능합니다. 하지만 사용자 계정만으로 권한을 제어하다 보면 사용자가 많아지거나 기업의 조직 구조가 바뀔 때마다 권한 관리가 복잡해지기 때문에 사용자 그룹을 사용할 권한 관리를 구현해야 합니다. 사용자와 그룹은 인증과 권한 부여의 대상이 되므로, 다른 용어로 '보안 주체'라고 합니다.

4.2.1 Azure 사용자

사용자 계정은 Microsoft Entra ID 테넌트에서 만든 사용자 개체입니다. 이 사용자 계정을 대상으로 Azure에서 인증과 권한 부여가 수행되고 액세스 토큰이 만들어져 Azure 내에서 사용됩니다. 여러분이 Azure에서 제일 처음 만나는 사용자 계정 유형은 관리자 계정입니다.

Azure(관리자) 계정

처음 Azure에 가입하고 무료 구독을 등록한 다음 Azure 서비스에서 리소스를 만들 때 Microsoft Entra ID에 직접 계정을 추가한 적이 없는데 어떻게 구독을 액세스할 수 있는지 궁금할 겁니다. 기본 디렉터리의 사용자 서비스 메뉴를 살펴보겠습니다(그림 4-22).

그림 4-22 기본 디렉터리에 최초로 등록된 관리자 계정

여기서 나타낸 Azure 계정은 Azure에 가입할 때 사용한 계정이며, 특히 **ID** 속성의 값은 해당 Azure 계정을 제공한 ID 공급자 원본을 가리킵니다. 마이크로소프트 계정뿐만 아니라 Microsoft Entra ID가 신뢰하는 ID 공급자라면 회사나 조직의 ID도 Azure 계정으로 신청할 수 있습니다.

앞서 추가로 만든 Avengers 테넌트를 보면 따로 계정을 추가하지 않았지만 [그림 4-23]에서 보듯이 하나의 계정이 추가된 것을 확인할 수 있습니다. Microsoft Entra ID 테넌트를 추가할 때 작업한 Azure 계정은 추가된 테넌트에 자동으로 외부 사용자로 추가되고 전역 관리자 역할을 갖습니다.

그림 4-23 테넌트를 만들면서 자동으로 추가된 Azure 계정

사용자 계정

Azure에서는 3가지 유형의 사용자 계정을 등록할 수 있습니다. 첫 번째 유형은 클라우드 ID 입니다. 이 유형은 Microsoft Entra ID 상에만 존재하는 계정을 뜻합니다. 현재 Microsoft Entra ID 도메인을 따르는 계정, 외부 Microsoft Entra ID와 연결해 추가한 계정이 여기에 속합니다.

> **NOTE_ 외부 Microsoft Entra ID 연결**
>
> Microsoft Entra ID Governance 라이선스를 통해 사용할 수 있는 [Identity Governance] 기능에서 외부 Microsoft Entra ID를 연결할 수 있습니다.

두 번째 유형은 게스트 사용자입니다. 사용자 계정이 Azure 외부의 신뢰할 수 있는 다른 ID 공급자나 다른 Microsoft Entra ID 테넌트에서 제공된 경우입니다. 예를 들어 구글이나 페이스북, 마이크로소프트에서 제공한 사용자 계정을 추가한 경우입니다. 외부 기술 지원 업체나 파트너의 도움을 받거나 프로젝트의 외주 업체에 적절한 권한을 부여할 필요가 있을 때 유용합니다.

세 번째 유형은 하이브리드 ID입니다. 이 유형은 기업 내의 ID 공급자인 Windows 서버 AD DS(Active Directory Domain Service) 등과 Microsoft Entra ID를 동기화시켜 생성한 사용자 계정입니다.

NOTE_ Microsoft Entra ID에서 사용자 계정 관리는 '전역 관리자' 또는 '사용자 관리자' 역할이 필요합니다. 사용자 계정을 삭제한 경우 30일 내 복원할 수 있습니다.

실전 연습 4 – 사용자(클라우드 ID) 추가하기

Avengers 부서의 캡틴 아메리카 팀장, 스파이더맨과 아이언맨 멤버를 Azure의 사용자 계정으로 등록하는 시나리오를 구현해보겠습니다. 자세한 정보는 [표 4-2]를 참고해 등록합니다.

NOTE_ 각 작업 단계를 수행할 때 명시적으로 입력 값을 지정하지 않은 경우는 기본값을 사용합니다.

표 **4-2** Avengers 부서의 멤버

성	이름	직함	역할	초기 암호
Rogers	Steve	Captain America	전역 관리자	(자동 생성)
Stark	Tony	Iron Man	애플리케이션 관리자	(자동 생성)
Parker	Peter	Spider Man	사용자 관리자	(자동 생성)

1. 앞서 만든 Avengers 테넌트의 서비스 메뉴에서 **관리** 섹션의 ❶ **사용자** 메뉴를 선택하고 **사용자** 블레이드의 명령 바에서 ❷ [⊞ 새 사용자]–[새 사용자 만들기]를 선택합니다.

그림 **4-24** Avengers 테넌트의 사용자 블레이드

2. **새 사용자 만들기** 블레이드의 **기초** 탭에서 [표 4–2]를 참고해 먼저 Steve Rogers 계정의 정보를 다음 내용으로 입력하고 [다음: 속성 >] 버튼을 클릭합니다.

- 사용자 계정 이름: captainamerica
- 메일 애칭: [사용자 계정 이름에서 파생] 선택
- 표시 이름: Steve Rogers
- 암호: [암호 자동 생성] 선택, 초기 암호 복사 후 [표 4–2]의 '초기 암호' 열에 기록
- 계정 사용: 선택

그림 4-25 새 사용자 만들기 블레이드에서 기초 탭 정보 입력

3. **속성** 탭에서 다음 내용을 입력하고 [다음: 할당 >] 버튼을 클릭합니다.

[ID]
- 이름: Steve
- 성: Rogers

[직업 정보]
- 직함: Captain America
- 회사 이름: Marvel
- 부서: Avengers

[설정]
- 사용량 위치: 한국

그림 4-26 새 사용자 만들기 블레이드에서 속성 탭 정보 입력

4. **할당** 탭에서 ❶ [＋역할 추가]를 클릭한 다음 **디렉터리 역할** 블레이드에서 ❷ '전역 관리자' 역
   할을 선택해 추가하고 [다음: 검토+만들기 〉] 버튼을 클릭합니다.

> **NOTE_** 간혹 계정은 만들어지지만 특별한 이유 없이 '역할을 추가할 수 없습니다.'라는 알림이 나올 수도
> 있습니다. 이때 만든 계정을 클릭하고 **관리** 섹션의 [할당된 역할] 메뉴에서 다시 추가하면 됩니다.

그림 4-27 할당 탭에서 역할 추가

5. **검토 + 만들기** 탭에서 입력한 내용을 다시 한번 확인한 후 [만들기] 버튼을 클릭해 새 사용자
   를 추가합니다.

그림 4-28 검토 + 만들기 탭에서 새 사용자 정보 확인

6. **사용자** 블레이드에서 방금 만든 Steve Rogers 계정을 확인합니다.

그림 4-29 새로 만든 Steve Rogers 계정 확인

7. [표 4-2]의 다른 멤버도 1~5번의 과정을 반복해 나머지 사용자 계정을 추가합니다. 이번에는 모든 계정의 디렉터리 역할에 '사용자' 역할을 사용합니다. 작업을 모두 끝내고 나면 전체 사용자 목록은 [그림 4-30]과 같습니다.

그림 4-30 추가된 사용자 계정 목록

실전 연습 5 – 외부 사용자 초대하기

이번엔 외부 사용자를 초대해 등록해보겠습니다. 이번 실습에서는 outlook.com 도메인의 다른 계정을 게스트로 초대해 등록하는 과정이지만, 퍼블릭 도메인을 사용하는 조직 메일 주소의 사용자를 게스트로 등록하는 경우도 마찬가지입니다.

1. Avengers 디렉터리의 서비스 메뉴에서 관리 그룹의 **사용자** 메뉴를 선택해 **사용자** 블레이드의 명령 바에서 [＋새 사용자 만들기]–[외부 사용자 초대]를 클릭합니다.

그림 4-31 사용자 블레이드에서 외부 사용자 초대 시작하기

2. **외부 사용자 초대** 블레이드의 **기초** 탭에 다음 내용을 입력하고 [검토 + 초대] 버튼을 클릭합니다.

- 전자 메일 주소: {다른 외부 메일 주소(예, outlook.com)}
- 표시 이름: Doctor Strange
- 초대 메시지 보내기: 선택
- 메시지: Avengers의 멤버가 되어 함께 세상을 구합시다.

검토 + 초대 탭에서 입력한 내용을 확인한 후 [초대] 버튼을 클릭합니다.

그림 4-32 외부 사용자 초대 블레이드에서 초대 정보 입력

3. 초대한 사용자가 추가되면 **사용자** 블레이드에서 초대한 외부 사용자가 표시되며 사용자 유형이 '게스트'이고 만들기 유형은 '초대'임을 확인합니다.

그림 4-33 사용자 블레이드에 추가된 외부 사용자 계정

4. 초대받은 외부 사용자는 자신의 메일 사서함에서 초대 메일을 확인하고 [초대 수락] 링크를 클릭합니다.

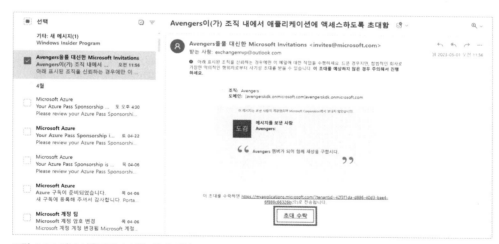

그림 4-34 외부 사용자가 수신한 초대 메일

5. Avengers 디렉터리가 원하는 작업에 필요한 '권한 요청' 창을 표시하면 [수락] 버튼을 클릭합니다.

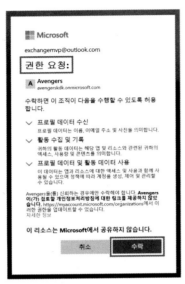

그림 4-35 Avengers 디렉터리의 권한 요청 검토

6. 내 앱 포털(https://myapplications.microsoft.com/)이 열리고 앱 대시보드가 표시됩니다. 오른편 상단의 계정 아이콘을 클릭해보면 초대된 디렉터리 이름과 등록된 계정의 표시 이름, 원본 메일 주소를 확인할 수 있습니다.

그림 4-36 내 앱 포털

7. 초대받은 외부 사용자가 Azure 포털에 로그인하고 **디렉터리 + 구독**을 선택하면 디렉터리 항목에 초대했던 Avengers 디렉터리가 표시됩니다. 외부 사용자 계정이 이미 Azure를 사용 중이었다면, **모든 디렉터리** 탭에서 Avengers 디렉터리를 확인하고 전환할 수 있습니다.

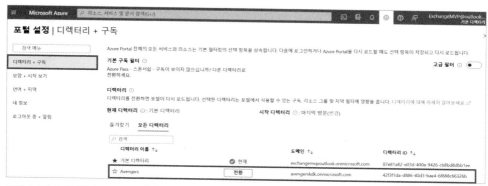

그림 4-37 초대받은 Avengers 디렉터리 확인

4.2.2 Azure 그룹

Azure 리소스에 대해 사용자 단위로 권한을 관리하다 보면 리소스와 사용자가 늘어나면서 관리 작업이 엄청나게 많아지고 관리의 사각지대도 생기게 됩니다. 더구나 기업의 경우 조직 개편과 같은 변화에 따라 사용자 권한을 재구성해야 하는 일이 빈번하기 때문에 개인 단위로 권한을 다루는 일은 바람직하지 않습니다. Azure는 이런 문제를 해결하기 위해 그룹이라는 기능으로 사용자 집합을 다룰 수 있도록 했습니다.

그룹을 통해 리소스에 권한을 할당하고 그룹 멤버십을 관리해 사용자에게 권한을 부여하거나 제거하는 방식이 바람직합니다. 일반적으로 사용자를 관리하려면 전역 관리자 역할이 필요합니다. 하지만 전역 관리자가 아니더라도 그룹 소유자가 되면 해당 그룹의 멤버십을 관리할 수 있습니다.

그룹 유형

Microsoft Entra ID가 제공하는 기본 그룹 유형은 [그림 4-38]처럼 보안 그룹과 Microsoft 365 그룹 2가지입니다.

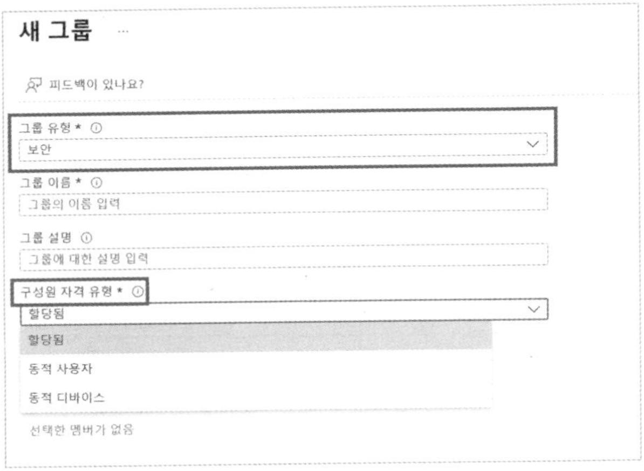

그림 **4-38** Microsoft Entra ID 그룹 계정을 만드는 새 그룹 블레이드

- **보안 그룹**

  보안 그룹은 이름에서 알 수 있듯이 주목적이 보안입니다. 이 유형의 그룹으로 멤버십을 구성하면 Azure의 구독이나 리소스 그룹, 개별 리소스의 액세스를 관리할 수 있습니다. 특정 보안 정책을 만들어 적용할 때도 이 유형의 그룹을 만들어 지정할 수 있습니다.

- **Microsoft 365**

  이 유형의 그룹은 마이크로소프트의 클라우드 기반 생산성 및 협업 서비스인 Microsoft 365 서비스에서 사용합니다. 이 그룹으로 Exchange의 공유 사서함과 일정, 파일 공유, SharePoint 사이트 등에 대한 액세스 권한을 부여합니다.

멤버십을 할당하는 방식

사용자를 그룹에 추가해 멤버십을 할당하는 방식에는 정적 방식과 동적 방식이 있습니다. [그림 4-38]의 **구성원 자격 유형**이라는 항목에서 멤버십 할당 방식을 선택하려면, Microsoft Entra ID의 라이선스 모델의 프리미엄 라이선스를 사용해야 합니다. 무료 라이선스 모델에서는 정적 방식('할당됨'이라 표시)의 기본값만 사용할 수 있습니다.

- **할당됨**

  그룹에 직접 사용자 계정을 추가하는 방법입니다. 3가지 방법이 있습니다.

  1 그룹을 만들 때 [그림 4-38]의 구성원 섹션에서 멤버 선택하기

  2 그룹을 만든 다음 그룹 계정 정보에서 사용자 추가하기

  3 사용자 계정 정보에서 그룹 선택하기

- **동적 사용자**

  멤버십이 동적으로 적용되는 사용자를 말합니다. 즉, 멤버의 특성 값에 따라 시스템이 디렉터리의 동적 그룹 규칙을 기반으로 규칙 요구사항을 만족하면 멤버십을 부여하고 만족하지 않으면 멤버십을 제거합니다.

- **동적 디바이스**

  동적 규칙을 사용해 동적으로 등록되는 디바이스를 말합니다. 디바이스의 특성 값에 따라 시스템이 동적 그룹 규칙을 기반으로 규칙 요구사항을 만족하면 디바이스를 등록하고 만족하지 않으면 디바이스를 제거합니다.

실전 연습 6 – 그룹을 만들어 소유자 및 구성원 추가하기

앞서 실전 연습 4에서 만들었던 사용자 계정을 그룹의 멤버와 소유자로 등록해보겠습니다.

1. 앞서 만든 Avengers 테넌트의 서비스 메뉴에서 **관리** 섹션의 **그룹** 메뉴를 선택하고(그림 4-39 참고) 명령 바에서 [🐾새 그룹]을 선택합니다.

그림 4-39 Avengers 테넌트의 모든 그룹 블레이드

2. **새 그룹** 블레이드에서 다음 정보를 입력합니다.

- 그룹 유형: 보안

- 그룹 이름: SHIELD

- 그룹 설명: Avengers를 지휘하는 국제 평화 유지 기구

그림 4-40 새 그룹 블레이드에서 그룹 정보 입력

3. **새 그룹** 블레이드에서 **구성원** 섹션 아래 [선택한 멤버가 없음]을 클릭합니다. **구성원 추가** 블레이드에서 ❶ 'tony'를 검색하고 검색 결과에서 ❷ 'Tony Stark'를 선택한 다음 ❸ [선택] 버튼을 클릭합니다.

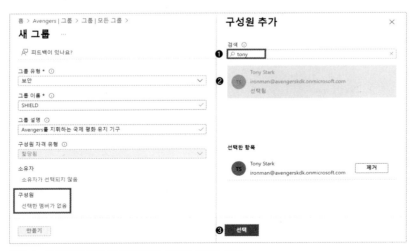

그림 4-41 구성원 추가 블레이드에서 사용자 검색과 선택

4. 입력한 그룹 정보와 구성원 섹션의 멤버 선택 결과를 확인한 다음 [만들기] 버튼을 클릭해 그룹을 만듭니다.

그림 4-42 입력한 정보 확인 및 그룹 만들기

5. **모든 그룹** 블레이드에서 방금 만든 보안 그룹 목록을 확인한 다음 해당 그룹을 클릭해 그룹 세부 정보 블레이드로 이동합니다.

그림 4-43 그룹 블레이드에서 만들어진 그룹 목록 확인

6. 방금 만든 그룹을 선택하면 SHIELD 그룹 세부 정보 블레이드가 열립니다. 서비스 메뉴의 **관리** 섹션에서 ❶ **소유자** 메뉴를 클릭하고 명령 바에서 ❷ [+ 소유자 추가]를 클릭합니다.

그림 4-44 SHIELD 그룹의 소유자 블레이드

7. **소유자 추가** 블레이드에서 ❶ Peter Parker를 선택한 다음 ❷ [선택] 버튼을 클릭합니다.

그림 4-45 소유자 추가 블레이드에서 소유자 선택

8. **소유자** 블레이드에 방금 추가한 Peter Parker가 추가되었습니다. 혹시 보이지 않으면 명령
   바에서 [↻새로 고침] 버튼을 클릭합니다.

그림 4-46 소유자 블레이드에서 추가한 소유자 확인

실전 연습 7 – 그룹 소유자 계정으로 멤버십 추가하기

이번 실습은 실전 연습 6에서 소유자로 추가한 Peter Parker 계정의 권한으로 SHIELD 그룹에 사용자 계정을 멤버로 추가하는 작업을 해봅니다. 이 실습에서 사용하는 Peter Parker의 사용자 계정은 spiderman@avengers[SUFFIX].onmicrosoft.com과 같은 형식입니다.

1. 에지^{edge} 브라우저에서 [새 InPrivate 창](크롬의 경우 [새 시크릿 창])을 열고 Azure 포털을 방문해 Peter Parker의 계정으로 로그인합니다(로그인 절차 없이 기존 계정 정보로 Azure 포털에 로그인된다면 먼저 로그아웃합니다). '암호 입력' 창에 실전 연습 4에서 사용자 계정을 만들 때 기록한 임시 암호를 입력합니다.

그림 4-47 새로 만든 사용자 계정으로 Azure 포털 첫 로그인 시도

2. '암호 업데이트' 요청 창이 열리면 앞서 사용한 ❶ 임시 암호를 현재 암호 칸에 넣고 새로 입
   력할 암호를 ❷ '새 암호'와 '암호 확인' 창에 입력한 다음 ❸ [로그인] 버튼을 클릭해 암호를
   변경합니다. 최근 마이크로소프트는 보안을 강화하면서 2단계 인증을 사용하도록 요청합니
   다. **필요한 동작** 창에서 [나중에 질문] 버튼을 클릭해 이번은 2단계 인증 없이 진행합니다.

그림 4-48 암호 업데이트

3. 암호 변경에 성공하면 로그인 절차가 수행되고 Azure 포털이 열립니다. 포털 메뉴에서
   Microsoft Entra ID를 클릭합니다.

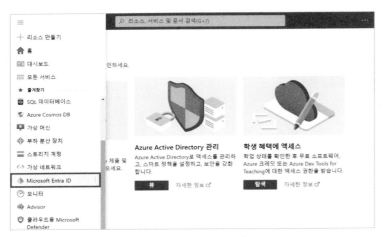

그림 4-49 Peter Parker 계정으로 로그인한 Azure 포털

4. Avengers 디렉터리가 표시되면 서비스 메뉴의 **관리** 섹션에 있는 [그룹]을 클릭해 **모든 그룹** 블레이드에서 SHIELD 그룹을 확인합니다.

그림 4-50 모든 그룹 블레이드의 그룹 목록

5. SHIELD 그룹을 선택해 그룹 세부 정보 블레이드를 표시한 후 서비스 메뉴의 **관리** 섹션에서 ❶ **구성원**을 클릭합니다. 현재 구성원은 Tony Stark뿐입니다. 명령 바에서 ❷ [＋구성원 추가] 버튼을 클릭합니다.

그림 4-51 SHIELD 그룹의 구성원 확인

6. **구성원 추가** 블레이드에서 ❶ 'Steve'를 검색합니다. 검색 결과에서 ❷ 'Steve Rogers'를 선택한 다음 ❸ [선택] 버튼을 클릭합니다.

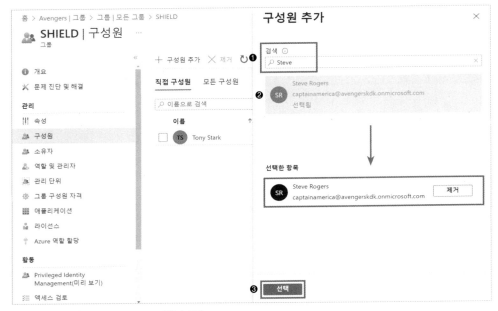

그림 4-52 구성원 Steve Rogers 검색과 선택

7. SHIELD 그룹의 구성원 목록이 업데이트되어 Tony Stark와 Steve Rogers라는 2명의 사용자가 구성원이 되었습니다. 작업을 수행한 Peter Parker는 이 그룹의 소유자이기 때문에 구성원 추가 작업이 가능했습니다.

그림 4-53 Peter Parker의 구성원 추가 작업 결과

4.3 역할 기반 액세스 제어(RBAC)

기업에서 클라우드를 사용할 경우 조직 구성원이 각자의 역할에 따라 클라우드의 리소스를 액세스해야 하는 기능이 반드시 필요합니다. 이런 기능을 역할 기반 액세스 제어, 간단히 RBAC(Role Based Access Control)라고 부릅니다. RBAC를 사용하면 사용자가 액세스할 수 있는 영역과 Azure 리소스, 이 리소스로 할 수 있는 작업을 지정할 수 있습니다.

이 RBAC를 사용하면 관리 그룹 또는 구독, 리소스 그룹, 리소스 단위로 액세스 제어를 할 수 있습니다. 예를 들어, 데이터베이스 리소스 전용 리소스 그룹을 만들고 관리 역할을 할당하거나 한 리소스 그룹 내의 가상 머신과 스토리지 등 리소스별로 관리 역할을 각각 다른 사용자에게 할당할 수 있습니다. 그리고 구독 수준에서 관리 역할을 할당해 모든 리소스 그룹과 리소스를 관리할 수도 있습니다.

지금까지 설명한 Azure 리소스에 적용하는 RBAC를 공식적으로 Azure RBAC라고 합니다. 하지만 앞서 Microsoft Entra ID에서 사용자 계정을 만들 때도 역할이라는 부분을 선택했습니다. 이 부분도 사실 RBAC 기능이지만 명칭은 Microsoft Entra ID 역할이라고 합니다.

처음 Azure를 다룰 때 어려워하는 개념 중 하나가 Microsoft Entra ID 역할과 Azure RBAC입니다. 간단히 정리하면 Microsoft Entra ID 역할은 사용자나 그룹, 도메인과 같은 테넌트 관리의 사용 권한 제어에 사용하고, Azure RBAC는 관리 그룹과 구독, 구독에서 만드는 Azure 리소스 관리의 사용 권한을 제어합니다. Azure RBAC의 사용 권한 제어 범위는 관리 그룹과 구독, 리소스 그룹, 리소스 수준이지만, Microsoft Entra ID 역할의 사용 권한 제어 범위는 테넌트 수준입니다.

Azure RBAC 기본 역할

Azure는 사전 정의한 RBAC 기본 역할을 제공합니다. 이들 기본 역할은 모든 유형의 리소스에 사용할 수 있는 역할과 특정 Azure 리소스 유형만 관리할 수 있는 역할, 사용자 액세스만 관리할 수 있는 역할로 나뉩니다. [그림 4-54]에서 보인 **역할 할당 추가** 블레이드의 [역할] 탭 아래의 [작업 기능 역할]과 [권한 있는 관리자 역할] 섹션에서 Azure RBAC 기본 역할을 선택할 수 있습니다.

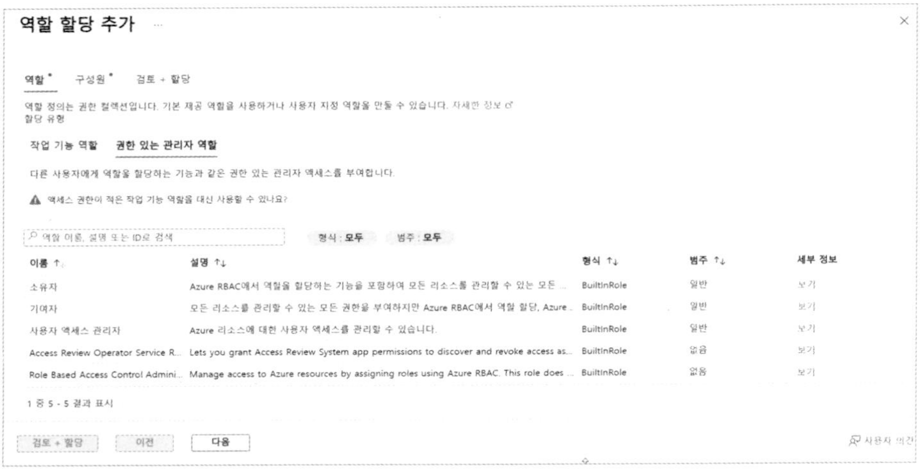

그림 4-54 Azure RBAC 기본 역할

모든 Azure 리소스 유형을 관리할 수 있는 역할은 소유자, 기여자, 독자입니다. 소유자Owner는 할당된 사용 권한 제어 범위 내에서 모든 Azure 리소스를 완전히 관리할 수 있는 권한을 가지며 다른 사용자 계정에 액세스 권한을 할당할 수도 있습니다. 기여자Contributor는 할당된 사용 권한 제어 범위 내에서 모든 Azure 리소스를 완전히 관리할 수 있지만 다른 사용자 계정에 액세스 권한을 할당하지는 못합니다. 독자Reader는 할당된 사용 권한 제어 범위 내에서 모든 Azure 리소스의 정보만 확인할 수 있으며 변경할 수는 없습니다.

사용자 액세스만 관리할 수 있는 역할은 '사용자 액세스 관리자'입니다. 이 역할은 사용자가 Azure 리소스를 액세스하는 권한만 관리할 수 있습니다. 이외의 나머지 역할은 지정한 Azure 리소스를 관리할 수 있습니다. 예를 들어 '네트워크 참가자' 역할을 통해 네트워크를 관리할 수 있습니다.

Azure RBAC를 통해 사용자 액세스 제어를 설정하려면 관리 그룹과 구독, 리소스 그룹, 리소스의 서비스 메뉴에서 **액세스 제어(IAM)**를 선택합니다. [그림 4-55]는 구독의 **액세스 제어(IAM)** 블레이드입니다. 이 블레이드에서 역할 할당이나 거부 할당을 작업할 수 있습니다.

기본 제공 역할이 조직의 요구사항을 만족시키지 못할 경우 사용자 지정 역할을 만들 수 있습니다.[2]

---

2 https://learn.microsoft.com/ko-kr/azure/role-based-access-control/custom-roles-portal

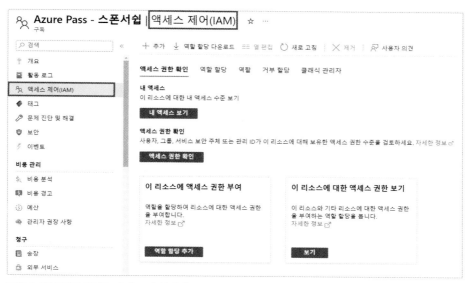

그림 4-55 구독의 액세스 제어(IAM) 블레이드

실전 연습 8 - 구독에 RBAC 사용하기

이번 연습은 Avengers의 리더인 캡틴 아메리카(Steve Rogers)에게 구독의 소유자 역할을 할당합니다.

1. Azure 계정으로 Azure 포털에 로그인한 다음 역할을 할당할 구독(여기서는 Azure Pass – 스폰서쉽)을 찾아서 서비스 메뉴의 **액세스 제어(IAM)**를 선택합니다(그림 4-55 참고).

2. **액세스 제어** 블레이드에서 역할 할당을 추가하는 2가지 방법 중 하나를 선택해 **역할 할당 추가** 블레이드로 갑니다.

   - 명령 바의 [⊞ 추가] 메뉴를 클릭한 후 역할 할당 추가
   - 이 리소스에 액세스 권한 부여 타일의 [역할 할당 추가] 버튼 클릭

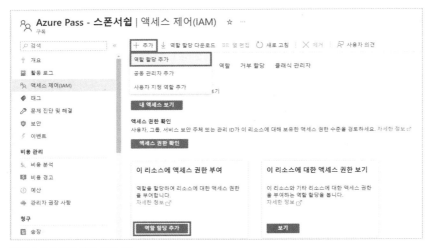

그림 4-56 역할 할당 추가 메뉴

3. **역할 할당 추가** 블레이드의 **역할** 탭의 [권한 있는 관리자 역할] 섹션에서 ❶ '소유자'를 선택한
   다음 ❷ [다음] 버튼을 클릭합니다.

그림 4-57 소유자 역할 선택

4. **구성원** 탭에서 [⊞구성원 선택]을 클릭하고 **구성원 선택** 블레이드에서 Steve Rogers를 선택한 다음 [선택] 버튼을 클릭합니다. 다시 **역할 할당 추가** 블레이드에서 [다음] 버튼을 클릭한 다음, **검토 + 할당** 탭에서 [검토 + 할당] 버튼을 클릭해 구성원 추가 작업을 완료합니다.

그림 4-58 소유자 역할을 할당할 구성원 선택

5. **액세스 제어(IAM)** 블레이드의 ❶ **역할 할당** 탭을 선택해 방금 작업한 ❷ 소유자 역할 할당 결과를 확인합니다.

그림 4-59 역할 할당 탭의 역할 할당 목록 확인

6. 에지 브라우저에서 [새 InPrivate 창]을 열고 Azure 포털을 방문해 Steve Rogers의 계정으로 로그인합니다('captainamerica@avengers[SUFFIX].onmicrosoft.com'과 같은 형식). 처음 로그인하는 경우 실전 연습 7의 1~3번 과정을 참고해 임시 비밀번호를 입력하고 새로운 비밀번호로 변경합니다.

그림 4-60 Steve Rogers 계정으로 Azure 포털 로그인

7. Azure 포털의 전역 검색에서 '구독'을 검색해 '구독' 서비스를 선택하면, **구독** 블레이드에서 앞서 설정한 구독 소유자 역할 할당으로 받은 구독(여기서는 Azure Pass – 스폰서십)을 확인할 수 있습니다.

그림 4-61 Steve Rogers에게 구독의 소유자 역할을 할당한 결과

실전 연습 9 – 리소스 그룹에 RBAC 사용하기

실전 연습 8에 이어서 Steve Rogers 계정으로 로그인한 Azure 포털에서 rg-avengers라는 리소스 그룹을 만들어 이 리소스 그룹의 기여자 역할을 Tony Stark에게 할당합니다. 그런 다음 Tony Stark 계정으로 Azure 포털을 로그인해 Azure 리소스를 하나 만들어봅니다.

1. **리소스 그룹** 블레이드에서 [⊞만들기] 버튼을 클릭합니다.

그림 4-62 Steve Rogers 계정의 리소스 그룹

2. [그림 4-63]을 참고해 ❶ 리소스 그룹 이름으로 'rg-avengers', ❷ 영역은 'Korea Central'을 선택한 다음 [검토 + 만들기]-[만들기] 버튼을 차례로 클릭합니다.

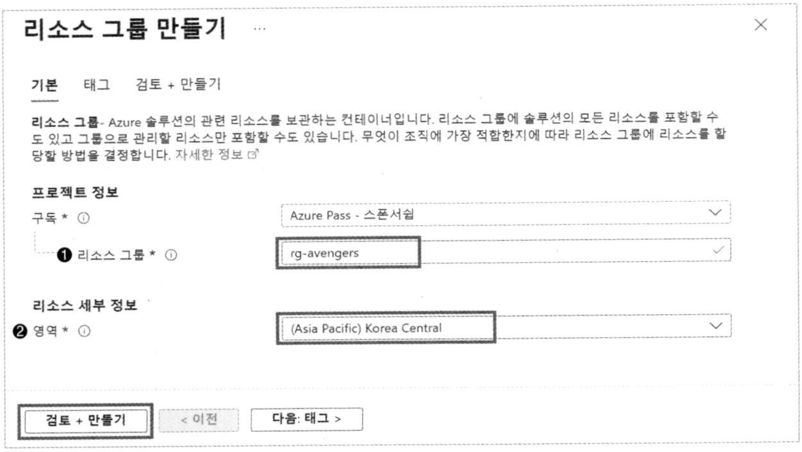

그림 4-63 리소스 그룹 만들기

3. 만든 리소스 그룹으로 이동해 서비스 메뉴에서 ❶ **액세스 제어(IAM)**를 클릭하고 **액세스 제어** 블레이드의 ❷ **이 리소스에 액세스 권한 부여** 타일의 [역할 할당 추가] 버튼을 클릭합니다.

그림 4-64 리소스 그룹의 액세스 제어 블레이드

4. **역할 할당 추가** 블레이드의 **역할**과 **구성원** 탭에서 다음 내용으로 설정하고 [검토 + 할당] 버튼을 클릭합니다.

   ❶ 선택한 역할: 기여자

   ❷ 다음에 대한 액세스 할당: 기본값

   ❸ 구성원 선택: Tony Stark

그림 4-65 기여자 역할 추가

5. **액세스 제어** 블레이드의 **역할 할당** 탭을 선택해 방금 작업한 소유자 역할 할당 결과를 확인합니다. [그림 4-66]에서 Steve Rogers 계정이 보이는 이유는 이 계정에 대해 상위의 구독 수준에서 역할을 할당했기 때문입니다.

그림 4-66 리소스 그룹 IAM 블레이드의 역할 할당 탭의 역할 할당 목록

6. 역할을 할당한 Tony 계정으로 만들 리소스에 해당하는 리소스 공급자가 등록되어 있는지 확인하고, 필요한 경우 리소스 공급자를 등록합니다. **구독** 블레이드로 가서 서비스 메뉴의 ❶ **리소스 공급자**를 클릭한 다음 **리소스 공급자** 블레이드에서 ❷ Microsoft.Network 공급자를 선택하고 명령 바에서 ❸ [↻ 등록] 버튼을 클릭합니다.

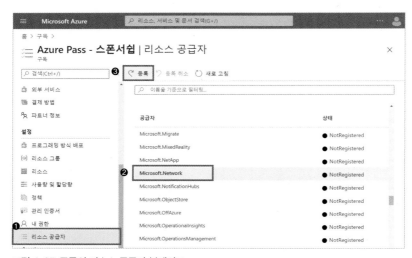

그림 4-67 구독의 리소스 공급자 블레이드

7. 캡틴 아메리카(Steve Rogers) 계정으로 로그인한 Azure 포털에서 로그아웃한 다음 Tony Stark 계정으로 로그인합니다('ironman@avengers[SUFFIX].onmicrosoft.com'과 같은 형식). 처음 로그인하는 경우 실전 연습 7의 1~3번 과정을 참고해 임시 비밀번호를 입력하고 새로운 비밀번호로 변경합니다.

그림 4-68 아이언맨(Tony Stark) 계정으로 Azure 포털 로그인

8. Azure 포털 홈 화면이나 전역 검색에서 [리소스 그룹]을 찾아 선택합니다. 리소스 그룹 서비스에서 rg-avengers 리소스 그룹을 선택하고 **rg-avengers** 리소스 그룹 블레이드의 명령 바에서 [➕만들기] 버튼을 클릭합니다.

그림 4-69 rg-avengers 리소스 그룹 블레이드

9. 3장 실전 연습 2를 참고해 리소스 그룹에 할당한 기여자 역할 공용 IP 주소를 만들어봅니다.
   다음 항목을 설정하고 나머지는 기본값으로 둡니다.

   ❶ 이름: pip-avengers

   ❷ 리소스 그룹: rg-avengers

   ❸ 위치: Korea Central

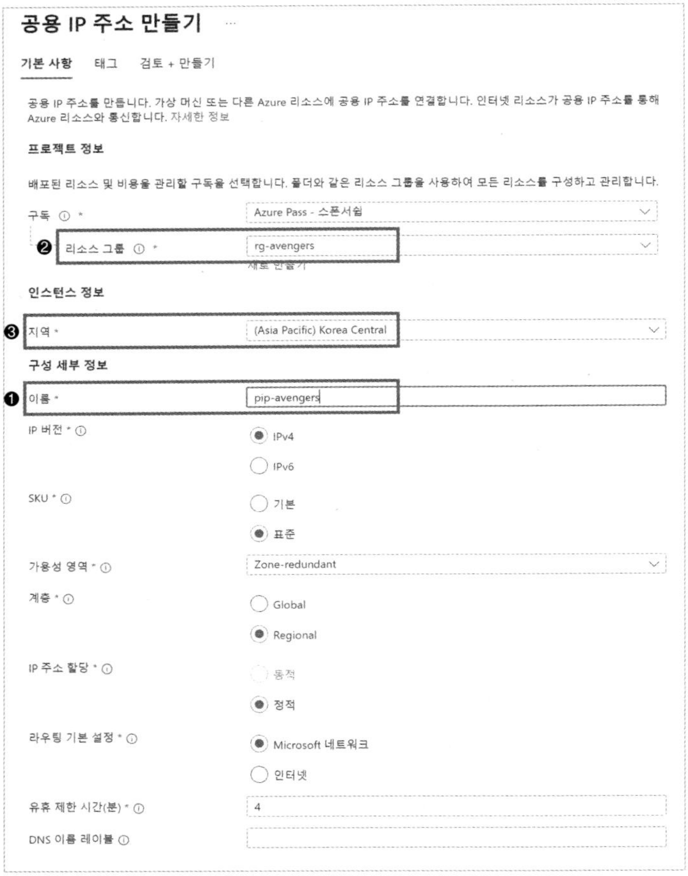

그림 4-70 공용 IP 주소 만들기

10. 해당 리소스에 대한 리소스 공급자가 등록되어 있다면, rg-avengers 리소스 그룹에 방금 만든 공용 IP 주소 리소스가 표시됩니다.

그림 4-71 아이언맨 계정으로 만든 공용 IP 주소 리소스

11. Azure 관리자 계정으로 Azure 포털을 로그온한 다음, 방금 만든 rg-avengers 리소스 그룹을 삭제합니다.

그림 4-72 rg-avengers 리소스 그룹 삭제

4.4 마치며

4장은 Azure의 리소스에 대한 인증과 권한 부여를 제어하는 Microsoft Entra ID의 ID 관리 서비스를 소개하고 구독과의 관계를 이해하는 데 필요한 개념을 설명하고 실습을 진행했습니다.

테넌트와 구독의 개념과 관계는 Azure를 처음 접하는 사람들이 가장 혼란스럽게 느끼는 부분입니다. 따라서 이 부분을 명확히 이해하도록 설명하고 관련 실습을 제공했습니다.

테넌트와 구독의 관계를 명확히 이해한 다음 Azure 리소스의 액세스 제어를 위해 Microsoft Entra ID의 ID 관리 기능 중 사용자와 그룹을 다루는 방법을 소개했습니다. 마지막으로 살펴본 RBAC 기술을 통해 사용자와 그룹에 구독을 비롯해 구독 내의 리소스에 대해 역할 기반 액세스를 할당하는 방법을 설명했습니다.

지금까지 학습한 Azure의 기본 개념과 포털 사용법, 리소스 및 액세스 관리의 공통 서비스를 바탕으로 Azure의 가장 인기 있는 핵심 IaaS 서비스로 들어가겠습니다.

Azure IaaS 핵심 서비스

2부는 Azure IaaS의 3가지 핵심 서비스인 가상 컴퓨터와 네트워크, 스토리지의 기본 사항에 대해 살펴봅니다. 3가지 핵심 서비스는 가상화 기술과 클라우드 컴퓨팅 등장 이전에도 IT 인프라 구축의 핵심 요소였습니다. 기업이 자체 IT 인프라(온프레미스)를 Azure로 옮기더라도 기존의 서버, 네트워크, 스토리지가 수행했던 기능은 여전히 필요합니다. 온프레미스 인프라를 Azure로 옮길 때(워크로드 마이그레이션) 조직의 인프라 요구사항을 구현할 수 있도록 Azure가 지원하는 기본적인 리소스 3가지를 살펴봅니다.

Part II

Azure IaaS 핵심 서비스

## CHAPTER 5

Azure 가상 네트워크

이 장의 내용

- Azure의 가상 네트워크 개요
- 가상 네트워크의 IP 주소 공간
- 서브넷의 개념, 이점, 설계 시 고려 사항

온프레미스에서 구현했던 네트워킹 기능은 Azure로 옮기더라도 여전히 필요합니다. 온프레미스에서 네트워크 구현과 트래픽 격리를 위한 작업을 수행하고, 부하 분산과 VPN 등의 네트워크 인프라 요소를 구현했던 방법과 핵심 개념은 클라우드에서도 동일합니다.

5장은 Azure에서 가상 네트워크를 구현하는 데 필요한 기본 사항을 설명하고, 부하 분산이나 네트워크 연결과 관련된 다양한 서비스는 3부와 4부에서 따로 다룹니다.

5.1 가상 네트워크 개요

Azure에서 구현하는 네트워크는 가상 네트워크(Virtual Netwrok, VNet)이며 물리적인 네트워크 구현의 논리적인 표현입니다. VNet은 기존 네트워크와 비슷하지만, 소프트웨어 정의 네트워크(Software Defined Network, SDN)와 클라우드 이점을 통해 더 뛰어난 확장성과 작업의 효율성, 가용성, 격리(다른 VNet과 격리, 인터넷과 연결을 제공하지 않는 프라이빗 네트워크)를 제공합니다. Azure의 가상 네트워크 구현 목적은 3가지입니다.

- **Azure 내 리소스 간 안전한 통신**

  Azure 가상 네트워크 내에서 (1)가상 머신과 가상 머신, (2)가상 머신과 다른 Azure 서비스, (3)서로 다른 가상 네트워크의 리소스들 간의 안전한 통신을 가능하게 합니다.

- **온프레미스 인프라 리소스와 안전한 통신**

  이미 사용 중인 온프레미스 서버와 네트워크나 데이터 센터의 용량을 Azure로 확장할 수 있습니다. 온프레미스 인프라와 Azure 사이에 보안 연결을 위해 VPN 환경(Site-to-Site, S2S VPN)이나 Azure의 전용선 서비스(Express Route, ER)를 구축하면 인프라를 확장하고 더 빠르고 안전한 네트워크 환경을 제공할 수 있습니다.

- **인터넷 아웃바운드 통신**

  예를 들어, 가상 네트워크에 가상 머신을 배포하면 인터넷으로 나가는 통신(아웃바운드)은 기본적으로 허용됩니다. 인터넷으로부터 트래픽이 Azure 리소스로 들어오도록(인바운드) 하려면 공용 IP 주소를 할당하거나 공용 부하 분산 장치를 연결해야 합니다.

Azure에서 가상 네트워크를 구현할 때 필요한 핵심 정보 2가지는 주소 공간과 서브넷입니다 (그림 5-1).

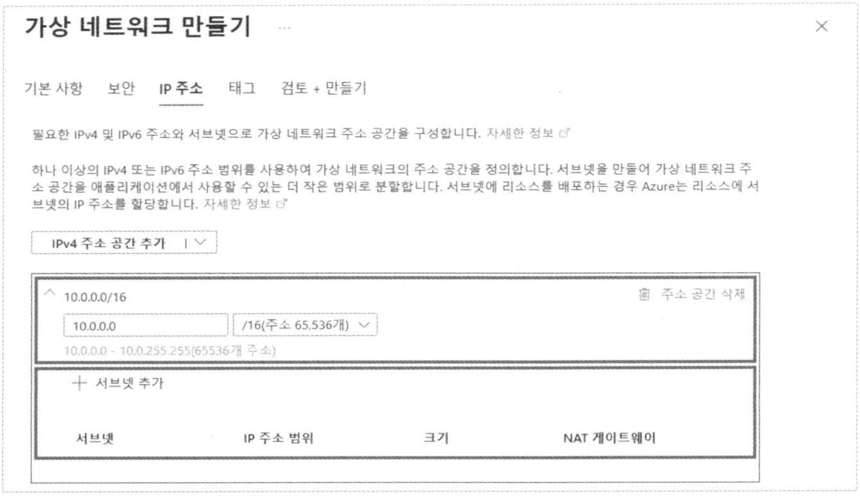

그림 5-1 Azure 가상 네트워크 IP 주소 구성

5.2 주소 공간

Azure 가상 네트워크의 IP 주소 공간으로 IPv4와 IPv6을 모두 사용할 수 있습니다. 공용 IPv4 주소 범위의 고갈로 인해 모바일과 IoT 장치 등에 IPv4 주소를 사용하는 데 문제가 있거나, 보안 및 성능 등의 이유로 IPv6 주소 공간을 사용해야 할 때 Azure의 IPv6 주소 체계 지원을 활용할 수 있습니다. 이 책은 현재 널리 사용하는 방식인 IPv4 주소 공간을 중심으로 설명합니다.

> **NOTE_** Azure 가상 네트워크의 IPv6 주소 공간 지원과 구성에 관련해 더 자세한 정보가 필요한 경우 다음 Azure 기술 문서 링크를 참고하세요.
>
> • https://learn.microsoft.com/ko-kr/azure/virtual-network/ip-services/ipv6-overview

현재 Azure는 인터넷 인바운드 통신과 가상 네트워크 통신을 위해 공인(public) 및 사설(private) IPv4 주소를 지원합니다. 인터넷 인바운드 통신을 위한 공용 IPv4는 인터넷 전역에서 고유해야 하며, 사설 IPv4는 해당 가상 네트워크에서 고유해야 합니다. 사설 IPv4 주소 체계는 국제 인터넷 표준화 기구(IETF)가 RFC 1918 문서에 작성한 표준으로 인터넷 연결을 지원하지 않는 독립 네트워크를 위한 주소 체계입니다.

Azure의 주소 공간 표기는 CIDR(Classless Inter-Domain Routing) 표기 방법을 사용합니다. CIDR은 IPv4 주소를 할당할 때 유연성과 주소 사용의 효율성을 높이기 위해 네트워크 클래스를 사용하지 않는 할당 방식입니다. 예를 들어 10.10.1.0 / 255.255.255.0과 같은 주소 표기를 10.10.1.0/24와 같이 표현합니다. 즉 /24라는 값으로 네트워크 ID 10.10.1.x(24 비트)를 표시하는 것입니다.

가상 네트워크에 연결된 Azure 리소스에 IPv4 주소를 정적 또는 동적으로 할당할 수 있습니다. 기본 할당 방식은 동적 할당입니다. 동적으로 할당한 IP 주소는 Azure 리소스의 상태 변경에 따라(예를 들어, 가상 머신 할당 해제 후 다시 시작) 바뀔 수 있습니다. 반면에 정적(고정)으로 할당한 경우 리소스를 삭제하기 전까지는 그대로 유지됩니다.

[표 5-1]에서 Azure 가상 네트워크가 지원하는 IP 주소 유형과 할당 방식을 정리했습니다.

표 5-1 Azure 가상 네트워크의 주소 유형과 할당 방식

IPv4 주소 유형	공용 IP	사설 IP
용도	Azure 리소스의 인터넷 인바운드 통신	VNet 내부 리소스 간, VNet과 VNet 간, 클라우드 서비스와 VNet 리소스 간 통신
지원 주소 범위	리소스 위치에서 사용 가능한 IP 주소 풀	10.0.0.0 ~ 10.255.255.255
		172.16.0.0 ~ 172.31.255.255
		192.168.0.0 ~ 192.169.255.255
기본 할당 방식	기본 SKU: 동적 표준 SKU: 정적 (지정 불가)	동적

> **NOTE_** Azure는 공용 IP 주소를 만드는 별도의 서비스를 제공합니다. 기본 SKU와 표준 SKU라는 가격 책정 계층이 있으며 각 계층의 동적 및 정적 할당에 따라 가격이 다릅니다. 자세한 내용은 다음 링크를 참고하세요.
>
> • https://azure.microsoft.com/ko-kr/pricing/details/ip-addresses/

공용 IP 주소를 정적으로 사용하는 경우는 주로 다음과 같은 상황입니다.

- DNS 이름 확인을 위해 A 레코드를 등록하는 경우
- Azure 리소스가 IP 기반 보안 모델을 사용하는 앱이나 서비스와 통신하는 경우
- IP 주소를 SSL 인증서에 연결하는 경우
- 방화벽 규칙에서 IP 범위를 사용해 트래픽을 제어하는 경우
- 가상 머신이 도메인 컨트롤러나 DNS 서버 등의 역할을 하는 경우

가상 네트워크를 설계할 때 염두에 둬야 할 2가지 원칙이 있습니다.

1. VNet 주소 공간(CIDR 블록)이 다른 네트워크 범위와 겹치지 않아야 합니다.

2. 관리 노력을 줄이기 위해 다수의 주소 범위를 갖는 VNet을 사용하기보다 큰 주소 범위의 VNet을 사용하는 것이 좋습니다.

5.3 서브넷(subnet)

Azure에서 가상 네트워크를 만들 때 반드시 하나 이상의 서브넷을 지정해야 합니다. 서브넷을 사용하면 필요에 따라 가상 네트워크를 적합한 세그먼트로 분할할 수 있어 주소 할당의 효율을 높여줍니다. 서브넷의 주소 범위는 가상 네트워크 주소 공간의 일부여야 합니다. 일반적으로 네트워크에서 서브넷을 나누면 얻을 수 있는 이점을 5가지로 정리할 수 있습니다.

1. 네트워크 성능과 속도가 향상됩니다.

   서브넷을 통해 네트워크에 연결된 모든 장치에 브로드캐스트 패킷이 도달하지 않도록 제한해 네트워크 전체의 성능과 네트워크 간 스위칭 장치 성능을 향상시킬 수 있습니다.

2. 네트워크 정체를 줄입니다.

   서브넷을 사용하면 트래픽을 서브넷 안으로 격리할 수 있습니다. 서브넷을 잘 배치하면 네트워크의 부하를 줄이고 트래픽을 효율적으로 라우팅할 수 있습니다.

3. 네트워크의 보안을 향상시킵니다.

   네트워크 ACL이나 QoS, 라우팅 테이블을 사용해 트래픽을 제어할 수 있어 위협을 확인하고 트래픽 대상을 쉽게 지정할 수 있습니다.

4. 네트워크가 비대해지지 않게 합니다.

   네트워크를 계획하고 설계할 때 네트워크의 크기를 고려하는데 서브넷을 적절히 사용하면 네트워크가 비대해지는 것을 막을 수 있습니다. 향후 늘어나는 호스트 수를 고려해 네트워크의 수를 적절히 계산할 수 있습니다.

5. 관리가 용이합니다.

   서브넷으로 관리할 호스트 수를 논리적으로 제한할 수 있으며 네트워크 문제 발생 시 문제의 네트워크와 장치를 확인하고 빠르게 해결할 수 있습니다.

Azure는 각 서브넷의 주소 공간에서 사전 정의된 용도로 5개의 IP 주소를 예약해놓았습니다. 예를 들어 서브넷 주소 공간이 10.1.0.0/24인 경우, 10.1.0.0~10.1.0.3과 10.1.0.255는 예약되어 있어서 사용할 수 없습니다.

- x.x.x.0: 네트워크 주소
- x.x.x.1: Azure에서 기본 게이트웨이로 예약
- x.x.x.2와 x.x.x.3: Azure DNS IP(168.63.129.16)를 VNet 공간에 매핑하기 위해 예약
- x.x.x.255: 네트워크 브로드캐스트 주소

앞서 가상 네트워크 설계 원칙처럼 서브넷을 설계할 때도 다음 2가지 원칙을 고려해야 합니다.

1. 서브넷 주소 공간이 가상 네트워크의 전체 주소 공간을 사용하지 않도록 합니다. 가상 네트워크의 주소 공간은 향후에 사용할 주소 범위를 고려해야 하고, 일부는 네트워크를 설계할 때 예약할 필요가 있습니다.
2. 가상 네트워크 보호를 위해 서브넷 구현 시 뒤에 배울 네트워크 보안 그룹을 사용한 트래픽 제어를 고려합니다.

실전 연습 1 – 가상 네트워크 만들기

이번 실습은 Avengers 조직의 아이언맨 역할을 맡은 토니 스타크가 만든 인공지능 서비스인 자비스의 인프라를 위한 가상 네트워크를 만들어보겠습니다.

> **NOTE**
>
> 1. 책의 모든 실습은 구독이 연결된 테넌트에서 작업한다고 가정합니다. Avengers 테넌트에서 실습할 경우 구독이 연결되어 있어야 합니다. 그렇지 않은 경우 구독이 연결된 다른 테넌트에서 실습하세요.
>
> 2. 리소스를 배포할 때 입력해야 할 값을 명시적으로 지시하지 않은 경우는 모두 기본값을 사용합니다.

1. Azure 포털 상단의 [전역 검색]에서 '가상 네트워크'를 입력한 다음, **서비스** 섹션의 '가상 네트워크'를 선택합니다.

2. **가상 네트워크** 블레이드의 명령 모음에서 [⊞만들기] 버튼을 클릭하거나 [가상 네트워크 만들기] 버튼을 클릭합니다.

그림 5-2 가상 네트워크 서비스 선택

3. **가상 네트워크 만들기** 블레이드의 **기본 사항** 탭에서 다음을 설정하고 [다음] 버튼을 두 번 클릭해 [IP 주소] 탭으로 이동합니다.

❶ 리소스 그룹: [새로 만들기]를 클릭한 후 rg-hallofarmor

❷ 이름: vnet-hallofarmor-kr

❸ 위치: Korea Central (한국 중부)

그림 5-3 가상 네트워크 기본 사항 입력

4. IP 주소 탭에서 IP 주소 공간 상자의 기본값을 확인하고 default 서브넷을 제거합니다.

그림 5-4 가상 네트워크 기본 IPv4 주소 공간 제거

5. IP 주소 탭의 IP 주소 공간 설정을 다음 내용으로 변경합니다.

- 시작 주소: 172.16.0.0
- 주소 공간 크기: /16

그림 5-5 가상 네트워크 기본 IPv4 주소 공간 지정

6. 앞서 변경한 IP 주소 공간에 서브넷을 추가합니다. [⊞ 서브넷 추가] 버튼을 클릭하고 다음 정보를 입력한 후 [추가] 버튼을 클릭합니다.

- IP 주소 공간: 172.16.0.0/16
- 서브넷 템플릿: Default
- 이름: snet-jarvis
- 시작 주소: 172.16.1.0
- 서브넷 크기: /24

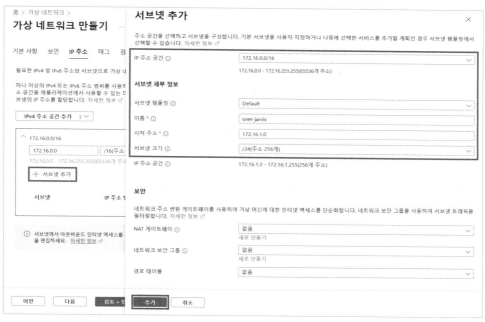

그림 5-6 서브넷 추가

7. **가상 네트워크 만들기** 블레이드에서 지정한 ❶ IPv4 주소 공간과 ❷ 서브넷이 추가된 것을 확인합니다. [검토 + 만들기] 버튼을 클릭합니다.

그림 5-7 IPv4 주소 공간 및 서브넷 확인

8. 입력한 정보의 유효성을 검사가 실행되고 유효성 검사를 통과하면 [만들기] 버튼을 클릭합니다.

그림 5-8 가상 네트워크 정보 유효성 검사 후 만들기

5.4 마치며

5장은 인프라 구성의 3가지 핵심 요소인 서버, 스토리지, 네트워크를 클라우드에서 구현할 때 제일 먼저 고려하는 가상 네트워크를 다뤘습니다.

Azure에서 가상 네트워크를 구현할 때 주소 공간 표기 방식, 주소 유형, 할당 방식을 살펴봤습니다. 가상 네트워크 구성에 필수인 서브넷을 나누는 이유와 함께 서브넷의 주소 공간에 예약된 IP 주소와 용도를 이해하고 가상 네트워크와 서브넷을 설계할 때 고려해야 할 원칙도 짚어보았습니다.

마지막으로, 실전 연습을 통해 6장의 가상 머신 실습에 필요한 가상 네트워크를 만들었습니다.

Azure 가상 머신

- Azure 가상 머신 프로비전 개요
- Azure 가상 머신 프로비전을 위한 구성요소

서버(Server)는 온프레미스 인프라 환경에서 빼놓을 수 없는 컴퓨팅 요소입니다. 물론 개인용 컴퓨터도 빼놓을 수 없습니다. 온프레미스 워크로드를 클라우드로 마이그레이션하든 처음부터 클라우드 네이티브 인프라를 구축하든 서버는 필수 요소입니다.

6.1 Azure 가상 머신 프로비전 개요

Azure는 온프레미스에서 누리던 컴퓨팅 인프라와 유사한 제어력을 제공하기 위해 '가상 머신 (Virtual Machine, VM)' 서비스를 제공합니다. 가상 머신은 인터넷을 통해 빠르게 프로비전 하고 관리할 수 있으며 사용량에 기반해 비용을 지불할 수 있는 컴퓨팅 인프라입니다.

> **NOTE_ 프로비전과 설정**
>
> 프로비전은 사용자와 비즈니스의 요구에 맞게 시스템이나 서비스를 제공할 수 있도록 미리 자원을 할당하고 배치하는 일련의 준비 과정을 뜻합니다. 프로비전과 설정은 각기 다른 작업이지만 둘 다 배포 프로세스에 포함됩니다. 순서적으로 프로비전이 먼저 완료되어야 설정 단계로 넘어갈 수 있습니다.

6장 Azure 가상 머신 **185**

가상 머신 사용 시나리오

Azure 가상 머신을 사용하면 물리적인 서버를 구매하고 설치하는 데 걸리는 시간을 절약하고 원하는 시점에 즉시 인프라를 구축하고 서비스를 빠르게 시작할 수 있으며, 비용도 최적화할 수 있습니다. 다음은 Azure 가상 머신을 사용하기에 적절한 몇 가지 상황과 누릴 수 있는 혜택을 정리했습니다.

- 기존 웹 호스팅보다 저렴하고 관리 노력이 더 적게 드는 웹 서비스 호스팅을 구현할 수 있습니다.
- 기존 데이터 센터의 용량을 확장해야 하는 경우 Azure에 가상 머신을 추가하면 추가 하드웨어를 도입하고 설치하는 데 드는 비용과 노력, 데이터 센터 공간을 점유하는 데 드는 비용을 절감할 수 있습니다.
- 기업이 데이터의 수명 주기를 관리하고 법적 규정 준수 요구사항을 충족하는 데 필요한 저장소와 관련 소프트웨어를 구매하고 유지하는 데 드는 자본 비용을 절감하고 저장소 확장 요구에 따른 대응과 백업, 복구를 계획하고 관리하는 일을 단순화할 수 있습니다.
- 데이터에서 중요한 패턴이나 추세, 관련성을 포함해 유의미한 정보를 도출하는 빅데이터 처리에는 대규모 컴퓨팅 용량이 필요합니다. Azure 가상 머신 서비스는 필요한 순간에 대규모 처리 능력을 가장 신속하고 저렴하게 제공할 수 있습니다.
- 보험 상품 개발이나 생명 공학 모델링, 기후 예측과 같은 비즈니스는 대규모 고속 연산 능력(HPC, High-Performance Computing)이 필요한 슈퍼컴퓨터나 컴퓨터 클러스터를 통해 엄청난 변수와 복잡한 계산을 처리해야 합니다. 이런 컴퓨팅 인프라를 도입하고 유지하는 비용은 매우 비쌉니다. Azure가 제공하는 HPC 가상 머신(H 시리즈)을 사용하면 필요할 때만 사용할 수 있고 시간이 지나도 더 최신의 시스템을 낮은 비용으로 계속 사용할 수 있습니다.
- 새로운 서비스와 애플리케이션을 더 빠르게 출시할 수 있도록 Azure 가상 머신으로 개발 및 테스트 환경을 신속하게 프로비전하고 설정해 바로 사용할 수 있습니다. 팀 규모가 변함에 따라 민첩하게 확장하거나 축소할 수도 있습니다.

가상 머신 이름과 호스트 이름

Azure 가상 머신 이름은 기본적으로 호스트 이름으로도 사용됩니다. 호스트 이름은 Windows VM의 경우 최대 15자, 리눅스 VM의 경우 최대 64자를 넘길 수 없습니다. 리소스 이름은 최대 64자까지 가능합니다. 가상 머신 이름이 호스트 이름의 길이 제한을 넘기는 경우 호스트 이름이 잘릴 수 있습니다. 예를 들어 VM을 만들 때 가상 머신 이름을 vmjarvismaster001이라고 한 경우 윈도우에서 호스트 이름은 vmjarvismaster0으로 설정됩니다.

호스트 이름은 변경할 수 있지만, 가상 머신 이름은 한번 정하면 변경할 수 없으므로 의미 있고 일관성 있는 이름을 사용해야 합니다. 따라서 가상 머신의 이름과 호스트 이름의 일관성을 생각한다면 호스트 이름 길이 제한에 맞춰 가상 머신의 이름을 정하는 게 좋습니다. Azure의 리소스 이름 길이 제한에 관해서는 Azure 기술 문서를 참고하세요.[1]

이름을 결정할 때는 환경(개발/테스트/프로덕션), 위치, 인스턴스 번호, 역할(웹 서버, DB 서버, 애플리케이션 서버 등) 등의 정보를 포함하면 좋습니다. 이름을 붙이는 규칙의 모범 사례는 Azure 기술 문서를 참고하세요.[2]

배포 위치와 비용

가상 머신 배포 지역(리전)을 선택할 때는 사용자 경험과 규제, 비용 등을 고려해야 합니다.

1. 실제 사용자 위치와 가까운 리전에서 서비스를 제공해 사용자 경험을 높입니다.
2. 나라별로 다르게 시행되는 규정 준수, 세금 관련 요구사항을 만족하는 위치를 고려합니다.
3. 동일한 가상 머신이라도 배포하는 위치에 따라 가격이 다를 수 있습니다. 따라서 첫 번째와 두 번째를 만족한다면 조금 더 저렴한 위치에 배치해 비용을 절약할 수 있습니다.
4. 위치에 따라 사용 가능한 VM 크기 시리즈가 다를 수 있습니다.

가상 머신의 비용은 컴퓨팅 비용과 스토리지 비용으로 나뉩니다. 컴퓨팅 비용은 사용 시간을 측정해 초 단위로 청구합니다. VM을 중지하고 할당 해제하면 컴퓨팅 비용을 부과하지 않습니다. 스토리지 비용은 VM이 사용하는 스토리지에 부과하는 비용입니다. VM을 중지했더라도 사용하는 디스크에 대해 스토리지 비용을 청구합니다. 따라서 사용하지 않는 VM은 삭제해 비용을 절감하도록 합니다.

가상 머신 유형

Azure는 4가지 유형의 가상 머신 배포를 지원합니다. [그림 6-1]은 가상 머신 서비스에서 만들 수 있는 4가지 메뉴를 나타냅니다.

---

1 https://learn.microsoft.com/ko-kr/azure/azure-resource-manager/management/resource-name-rules
2 https://learn.microsoft.com/ko-kr/azure/cloud-adoption-framework/ready/azure-best-practices/
  resource-naming

그림 6-1 Azure에서 만들 수 있는 가상 머신 유형

❶ Azure 가상 머신

Azure에서 호스팅하는 가장 많이 사용하는 일반적인 형태의 가상 머신을 만들 때 사용하는 옵션입니다. 이 책은 Azure 가상 머신 유형을 다룹니다.

❷ 사전 설정 구성이 포함된 Azure 가상 머신

워크로드에 기반한 사전 설정이 포함된 가상 머신을 만들 때 사용하는 옵션입니다. 가상 머신을 빠르게 사용자 지정할 수 있는 미리 설정된 구성을 2가지 범주로 제공합니다.

- 워크로드 환경 선택: 개발/테스트, 프로덕션
- 워크로드 유형 선택: 범용, 메모리 최적화, 컴퓨팅 최적화

❸ Azure Arc 가상 머신

리소스 브리지를 사용해 온프레미스나 다른 클라우드 환경, 에지 장치 등의 환경을 Azure Arc에 추가한 후 해당 환경에 Azure Arc에서 관리하는 가상 머신을 만들 수 있습니다. 현재 VMWare vSphere, Azure Stack HCI, SCVMM을 지원합니다.

❹ Azure VMware 솔루션 가상 머신

Azure VMware Solution 프라이빗 클라우드(vCenter Server, vSAN, vSphere, NSX-T)를 만들어 Azure Arc에 온보딩한 후 AVS 가상 머신을 만듭니다.

6.2 Azure 가상 머신 구성요소

Azure 가상 머신을 프로비전할 때 필요한 요소들이 있습니다. [그림 6-1]의 레고 제품처럼 필요한 레고 블록 모듈을 조립하고 이들 블록을 다시 연결해 하나의 완성된 결과를 만들듯이 가상 머신도 단순히 하나의 리소스만으로 만들어지지 않고 필요한 여러 리소스가 만들어져 서로 연결될 때 비로소 완성됩니다.

그림 6-2 어벤져스 헐크버스터 – 울트론 레고 에디션
(출처: https://www.lego.com/ko-kr/product/the-hulkbuster-ultron-edition-76105)

6.2.1 운영체제

현재 Azure 가상 머신은 x64 및 Arm64 아키텍처를 사용할 수 있고, 운영체제는 64비트만 지원하며 윈도우와 리눅스로 나눕니다. 윈도우는 데스크톱과 서버용 에디션으로 구분됩니다.

표 6-1 Azure 가상 머신에 사용할 수 있는 운영체제 이미지

윈도우		리눅스
서버	데스크톱	
– Windows Server 2012/R2 Datacenter – Windows Server 2016 Datacenter – Windows Server 2019 Datacenter – Windows Server 2022 Datacenter	– Windows 7 Enterprise N with SP1 – Windows 8.1 Enterprise N – Windows 10 Enterprise N (22H2) – Windows 11 Pro/N. – Windows 11 Enterprise/N/multi-session	– Ubuntu Server / Pro 14.04 LTS+, 16.04 LTS+, 18.04 LTS+, 20.04 LTS+, 22.04 LTS+ – Red Hat Enterprise Linux 6.7+, 7.0+, 8.0+ – SUSE Enterprise Linux Server 11 SP4+, 12 SP1+, 15+ – openSUSE Leap 15.0+ – CentOS 6.7+, 7.3+, 8.0+ – Debian 9+, 10+, 11+ – Oracle Linux 6.8+, 7.4+, 8.1+, 9.0

가상 머신을 만들 때 선택할 수 있는 기본 공식 이미지를 [표 6-1]에서 확인할 수 있습니다. [그림 6-3]에서 **가상 머신 만들기** 블레이드에서 선택할 수 있는 기본 운영체제 이미지 목록을 확인할 수 있으며 [모든 이미지 보기] 링크에서 더 많은 이미지를 찾을 수 있습니다.

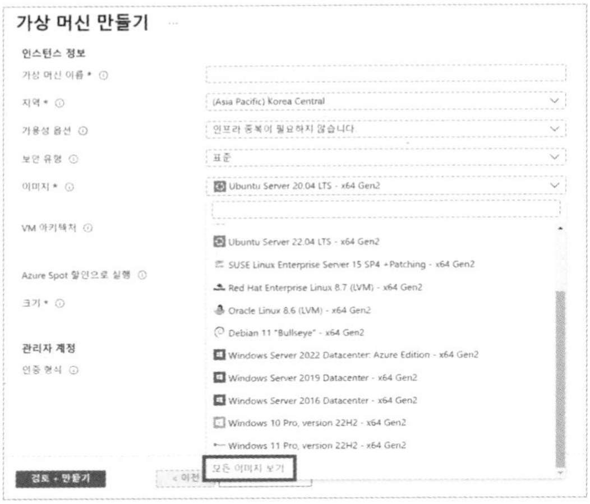

그림 6-3 가상 머신 만들기 블레이드의 기본 공식 이미지

마켓플레이스에서 윈도우 서버를 포함해 다른 공급자가 제공하는 다양한 운영체제 이미지와 마이크로소프트가 제공하는 공식 이미지를 모두 찾을 수 있습니다(그림 6-4). 마켓플레이스에 없는 운영체제가 필요한 경우 사용자가 직접 자체 이미지를 만들어 사용할 수도 있습니다.

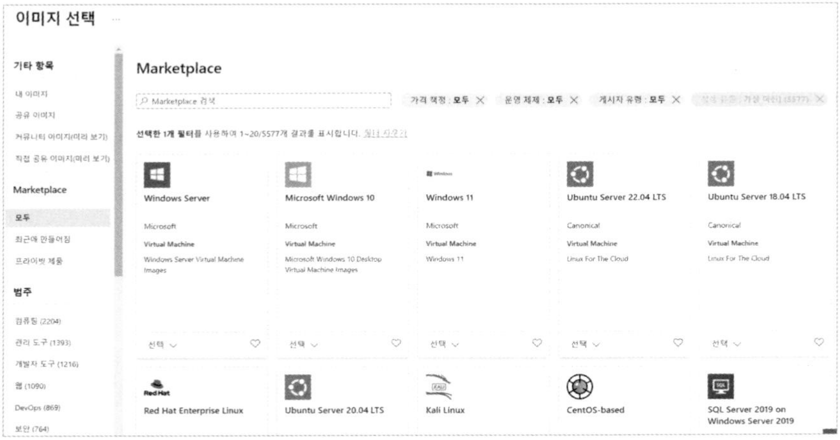

그림 6-4 마켓플레이스의 공용 및 개인 이미지

선택한 운영체제에 따라 유료 라이선스와 무료 라이선스가 있습니다. 윈도우는 모두 유료 라이선스이므로 청구서에 비용이 포함됩니다. 다만 조직에서 구매한 윈도우 서버 라이선스가 사용 조건(Software Assurance 또는 구독 라이선스)에 해당하는 경우(Azure 하이브리드 혜택) 비용을 절약할 수 있습니다. 리눅스의 경우 CentOS나 우분투 등은 무료로 제공되지만 레드햇 엔터프라이즈와 같은 유료 라이선스도 있습니다.

> **NOTE_ Azure 하이브리드 혜택 및 비용 계산 참조 웹 사이트**
>
> • https://azure.microsoft.com/ko-kr/pricing/hybrid-benefit/#overview

운영체제의 업그레이드 여부도 윈도우와 리눅스는 차이가 납니다. Azure 가상 머신의 윈도우 운영체제는 업그레이드할 수 없습니다. 따라서 필요한 경우 새로운 가상 머신을 만들고 기존 워크로드를 마이그레이션해야 합니다. 리눅스의 경우 Azure가 보증한 리눅스 배포판을 사용할 때 파트너별 규칙에 따라 운영체제를 업그레이드할 수 있습니다.

6.2.2 네트워킹 요소

Azure에서 만든 가상 머신들은 가상 네트워크를 통해 연결합니다. 뿐만 아니라 Azure의 다른 서비스를 만들 때 동일한 가상 네트워크를 지정하면 해당 네트워크에 연결된 가상 머신과 액세스할 수 있습니다. 가상 머신을 만들 때 함께 배포되는 4가지 요소를 [그림 6-5]에 나타냈습니다.

그림 6-5 가상 머신의 4가지 네트워킹 요소

❶ 공용 IP 주소

인터넷상의 장치와 서비스가 Azure 가상 머신과 인바운드 통신을 하려면 공용 IP 주소가 필요합니다. 따라서 가상 머신을 배포할 때 공용 IP 주소와 네트워크 인터페이스를 만들고 서로 연결해야 합니다. 뒤에서 다룰 공용 부하 분산 장치나 VPN 게이트웨이, 애플리케이션 게이트웨이, Azure 방화벽에도 연결합니다.

❷ 네트워크 보안 그룹

가상 머신의 인바운드 및 아웃바운드 트래픽을 필터링하는 데 사용합니다. 보안 규칙에서 프로토콜과 포트 등을 지정해 인바운드/아웃바운드 트래픽을 허용하거나 거부할 수 있습니다. 네트워크 보안 그룹은 가상 머신의 네트워크 인터페이스에 연결하거나 가상 네트워크의 서브넷에 연결할 수 있습니다. 네트워크 보안 그룹에 대한 내용은 13장에서 다룹니다.

❸ 네트워크 인터페이스

흔히 컴퓨터에서 네트워크 카드(Network Interface Card, NIC)라고 하는 부품의 역할을 하는 요소입니다. 가상 머신은 가상 네트워크에 연결되어야 하므로 네트워크 인터페이스는 필수입니다.

❹ 가상 네트워크

5.1절에서 설명한 가상 네트워크를 만들었다면 가상 머신을 만들 때 지정하면 됩니다. 미리 만들지 않았더라도 가상 머신을 만드는 과정에서 새롭게 만들 수 있습니다. 가상 네트워크는 한번 구성하면 변경할 수 있는 부분이 제한적이고 변경할 때 기존 리소스에 영향을 줄 수 있기 때문에 클라우드 인프라 계획과 설계 초기에 시간을 들여 다양한 연결 토폴로지(Topology)를 고민해야 합니다.

6.2.3 가상 머신 크기

가상 머신의 크기(스펙)를 결정할 때는 여기서 실행할 워크로드 유형을 고려해야 합니다. Azure는 워크로드 유형에 따라 형식을 나누고 CPU 성능과 메모리 양, 확장할 수 있는 데이터 디스크 수, 임시 디스크 용량, 프리미엄 디스크 지원 여부, 최대 IOPS 옵션에 따라 VM 형식(크기 시리즈)을 만들었습니다. 사용할 수 있는 VM 형식은 지역마다 다를 수 있으며, VM 형식의 VM 크기에 따라 중첩 가상화를 지원하기도 합니다.

> **NOTE_** 중첩 가상화 기술에 관한 내용은 마이크로소프트 Azure 기술 블로그를 참고하세요.
>
> • https://azure.microsoft.com/en-us/blog/nested-virtualization-in-azure/

[표 6-2]에서 VM 형식과 관련 VM 크기 시리즈를 확인할 수 있습니다.

표 6-2 Azure 가상 머신 크기 분류

형식	VM 크기 시리즈	설명
범용	B, Dsv3, Dv3, Dasv4, Dav4, DSv2, Dv2, Av2, DC, DCv2, Dpdsv5, Dpldsv5, Dpsv5, Dplsv5, Dv4, Dsv4, Ddv4, Ddsv4, Dv5, Dsv5, Ddv5, Ddsv5, Dasv5, Dadsv5	CPU와 메모리 비율이 적절한 균형을 갖습니다. 테스트와 개발이나 중소형 데이터베이스, 소규모 트래픽용 웹 서버에 적합합니다.

컴퓨팅 최적화	F, Fs, Fsv2, FX	높은 CPU와 메모리 비율을 갖습니다. 중규모 트래픽용 웹 서버와 네트워크 어플라이언스, 배치 프로세스, 애플리케이션 서버에 적합합니다.
메모리 최적화	Esv3, Ev3, Easv4, Eav4, Epdsv5, Epsv5, Ev4, Esv4, Edv4, Edsv4, Ev5, Esv5, Edv5, Edsv5, Easv5, Eadsv5, Mv2, M, DSv2, Dv2	높은 메모리와 CPU 비율을 갖습니다. 관계형 데이터베이스 서버, 중대형 캐시 서버, 인메모리 분석에 적합합니다.
스토리지 최적화	Lsv2, Lsv3, Lasv3	디스크 처리량과 IO가 높습니다. 빅데이터, SQL, NoSQL 데이터베이스, 데이터 웨어하우징, 대형 트랜잭션 데이터베이스에 적합합니다.
GPU	NC, NCv2, NCv3, NCasT4_v3, ND, NDv2, NV, NVv3, NVv4, NDasrA100_v4, NDm_A100_v4	하나 이상의 GPU를 갖습니다. 그래픽 렌더링과 비디오 편집, 딥러닝에서 모델 학습과 추론(ND)에 효율적인 옵션입니다.
고성능 컴퓨팅	HB, HBv2, HBv3, HBv4, HC, HX	가장 빠르고 강력한 CPU를 제공하고 선택적으로 처리량이 높은 네트워크 인터페이스(RDMA)를 제공하는 가상 머신입니다.
기밀 컴퓨팅 (Azure confidential computing)	Intel: DCsv2, DCsv3, DCdsv3 AMD: DCasv5, DCadsv5, ECasv5, ECadsv5	계산을 TEE(신뢰할 수 있는 실행 환경)로 격리해 처리(사용) 중인 데이터를 보호해야 할 때 사용합니다. TEE는 보호된 환경에서 소프트웨어를 실행할 수 있도록 하드웨어의 프로세스와 메모리 일부에 대해 보호된 컨테이너를 제공해 TEE 외부에서 코드와 데이터를 보거나 수정하지 못하게 합니다.
FPGA(Field Programmable Gate Array)	NP10S, NP20S, NP40S	하나 이상의 FPGA에서 사용 가능한 특수한 가상 머신으로 계산 집약적인 작업에 적합합니다. Intel Xeon 8171M(Skylake) CPU와 Xilinx U250 FPGA를 사용합니다.

> **NOTE_** 기밀 컴퓨팅에 관한 보다 자세한 내용은 다음 Azure 기술 문서를 참고하세요.
>
> • https://learn.microsoft.com/ko-kr/azure/confidential-computing/

가상 머신을 만들 때 형식을 필터링해 원하는 VM 크기를 선택하는 인터페이스를 [그림 6-6]에서 나타냈습니다.

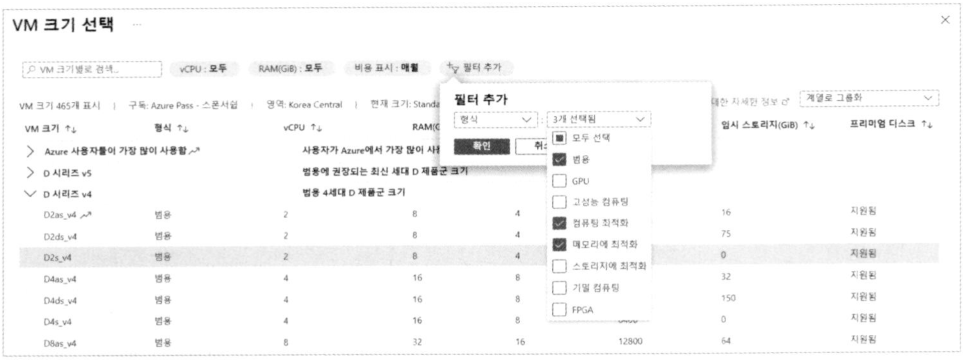

그림 6-6 가상 머신 크기 선택

6.2.4 가상 디스크

가상 머신 역시 운영체제와 애플리케이션 설치, 데이터 저장을 위한 스토리지가 필요합니다. Azure 가상 머신을 만들 때 반드시 제공해야 하는 스토리지로는 운영체제 디스크와 임시 디스크가 있습니다. 데이터 저장을 위한 디스크는 가상 머신을 만드는 시점, 혹은 만든 후에 추가할 수 있습니다(그림 6-7).

그림 6-7 가상 머신의 디스크 유형

- **운영체제 디스크**

  VM을 만들 때 선택한 운영체제 이미지가 사전 설치된 디스크입니다. 부팅 볼륨이 포함되어 있으며 최대 4,095GiB 용량까지 지원하지만, 기본적으로 MBR로 파티션되기 때문에 2TiB까지 사용할 수 있습니다. OS 디스크는 SATA 드라이브로 등록됩니다.

  > **NOTE_** Azure의 스토리지 용량 표시 단위는 GiB입니다. 흔히 사용하는 GB(Gigabyte)와 GiB(Gibibyte)는 다릅니다. 1GB는 1000^3바이트이지만 1GiB는 1024^3바이트입니다. 따라서 GB를 GiB로 변환하면 더 적은 용량으로 표시될 수 있습니다. 즉, 1GB = 0.93GiB이며, 1TB = 0.91TiB = 931GiB입니다.

- **임시 디스크**

  애플리케이션과 프로세스의 동작에 필요한 단기 저장소로 사용되며 페이징 파일이나 스왑 파일, SQL Server tempdb 등의 데이터를 저장하는 데 필요합니다. VM을 정상적으로 재부팅하는 동안 데이터가 유지되지만 다른 호스트로 이동(VM 재배포)하는 경우나 VM이 계획되지 않은 하드웨어 유지 관리나 예기치 않은 가동 중지, 계획된 유지 관리 시나리오에서는 데이터가 손실될 수 있습니다. 리눅스 VM의 경우 임시 디스크는 /dev/sdb에 마운트되어 있으며, 윈도우 VM의 경우는 D 드라이브입니다. 임시 디스크는 기본적으로 암호화되지 않습니다.

- **데이터 디스크**

  성능에 민감한 애플리케이션이나 웹 서버의 웹사이트 소스나 데이터베이스 서버의 데이터베이스 파일처럼 애플리케이션 데이터나 사용자가 유지해야 하는 데이터를 저장해야 할 경우 필요한 디스크입니다. SCSI 드라이브로 등록되며 최대 용량은 32,767GiB입니다. 더 큰 용량의 드라이브가 필요한 경우 윈도우 서버는 '저장소 공간'이라는 기능을 통해 확장할 수 있습니다. 선택한 VM의 크기에 따라 사용할 수 있는 데이터 디스크의 수와 스토리지 유형이 달라질 수 있습니다.

가상 머신의 디스크는 로컬 중복 스토리지와 영역 중복 스토리지 범주에서 디스크 유형을 선택할 수 있습니다. 사용할 수 있는 디스크 유형은 3가지입니다(그림 6-8). 사용자의 시나리오에 따라 선택할 수 있도록 각 디스크 성능 유형별 특징을 [표 6-3]에 나타냈습니다.

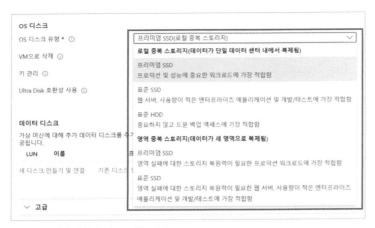

그림 6-8 가상 머신의 디스크 성능 유형

표 6-3 디스크 성능 유형 비교

	표준 HDD	표준 SSD	프리미엄 SSD	울트라 디스크
디스크 종류	OS / 데이터	OS / 데이터	OS / 데이터	데이터
성능 유형	HDD	SSD	SSD	SSD
시나리오	대기 시간에 민감하지 않은 워크로드, 개발/테스트/백업	HDD보다 나은 가용성/일관성/안정성/짧은 대기 시간이 필요한 워크로드, 웹 서버와 IOPS 요구가 높지 않은 애플리케이션 서버	IO 집약적 워크로드. 중요 업무용 프로덕션 애플리케이션	처리량 및 IOPS가 높고 대기 시간이 짧아야 하는 데이터 집약적 워크로드, SAP HANA, 고성능 데이터베이스, 트랜잭션 집약적 워크로드
디스크 크기	비관리 디스크 1GiB~4TiB 관리 디스크 S4: 32GiB S6: 64GiB S10: 128GiB S15: 256GiB S20: 512GiB	관리 디스크 E1: 4GiB E2: 8GiB E3: 16GiB E4: 32GiB E6: 64GiB E10: 128GiB E15: 256GiB E20: 512GiB	관리 디스크 P1: 4GiB P2: 8GiB P3: 16GiB P4: 32GiB P6: 64GiB P10:128GiB P15:256GiB P20:512GiB	Ultra-Disk: 4GiB 8GiB 16GiB 32GiB 64GiB 128GiB 256GiB 512GiB

	S30: 1024GiB S40: 2048GiB S50: 4095GiB S60: 8192GiB S70: 16384GiB S80: 32768GiB	E30: 1024GiB E40: 2048GiB E50: 4095GiB E60: 8192GiB E70: 16384GiB E80: 32768GiB	P30:1024GiB P40: 2048GiB P50: 4095GiB P60: 8192GiB P70: 16384GiB P80: 32768GiB	Ultra-Disk: 1,024~ 65,536GiB (1TiB씩 증가)
최대 용량	32,767GiB	32,767GiB	32,767GiB	65,536GiB
최대 처리량	500MB/s	750MB/s	900MB/s	4,000MB/s
최대 IOPS	3,000	6,000	20,000	160,000

가상 머신에 사용하는 모든 디스크의 형식은 고정 크기의 VHD입니다. 따라서 나중에 온프레미스의 가상 머신 디스크를 Azure로 업로드할 때는 *.vhd 확장자를 갖는 VHD 형식이어야 하며 그렇지 않은 경우 먼저 VHD 형식으로 변환해야 합니다.

> **NOTE_** Hyper-V의 VHDX 이미지를 VHD로 변환하는 방법과 VMWare의 VMDK 디스크 형식을 VHD로 변환하는 방법은 다음 Azure 기술 문서 링크를 참고하세요.
> - https://learn.microsoft.com/ko-kr/azure/virtual-machines/windows/prepare-for-upload-vhd-image

Azure 가상 머신에 연결된 가상 하드 디스크에 대한 읽기 및 쓰기 액세스를 최적화하는 옵션으로 디스크 캐싱(호스트 캐싱) 기능을 제공합니다. **가상 머신의 디스크** 블레이드에서 OS 디스크와 데이터 디스크에 대해 읽기/쓰기, 읽기 전용, 없음 3가지 호스트 캐싱 옵션을 선택할 수 있습니다.

1. 읽기/쓰기

   나중 쓰기 캐시입니다. 읽기/쓰기 옵션은 애플리케이션이 필요할 경우 캐시된 데이터를 영구 디스크에 적절한 쓰기를 수행할 수 있는 경우만 사용합니다. 보통 운영체제는 이런 작업이 보장됩니다.

2. 읽기 전용

   캐시에서 읽기만 수행합니다.

3. 없음

   캐시가 없습니다. 쓰기 작업이 집중적으로 일어나는 디스크인 경우 선택합니다. 보통 로그 파일이 여기에 해당합니다.

NOTE_ 캐시 즉시 쓰기와 나중 쓰기

CPU가 연산 결과를 캐시 메모리에 저장하면 캐시 메모리와 메인 메모리의 데이터 값이 달라집니다. 따라서 데이터를 갱신하는 작업으로 즉시 쓰기$^{write-though}$와 나중 쓰기$^{write-back}$방식을 사용할 수 있습니다.

즉시 쓰기 방식은 CPU에서 연산 결과를 캐시 메모리에 저장할 때 즉시 메인 메모리에도 결과를 저장하기 때문에 메인 메모리와 캐시 메모리 값이 항상 일치합니다. 하지만 쓰기 작업이 발생할 때마다 캐시 메모리와 메인 메모리에 쓰기가 발생하기 때문에 시간이 늘어납니다. 나중 쓰기 방식은 CPU 연산 결과를 캐시 메모리에만 저장하면서 변경된 캐시 메모리의 블록을 1비트의 태그로 표시한 다음 이 블록이 삭제되기 전에 메인 메모리에 저장합니다.

디스크 유형에 따른 캐싱 옵션을 [표 6-4]에 정리했습니다.

표 6-4 디스크 유형과 캐싱 옵션

	읽기/쓰기	읽기 전용	없음
OS 디스크	O(기본값)	O	O
데이터 디스크	O	O(기본값)	O
임시 디스크	X	X	X

Azure 디스크의 캐시 설정을 변경하면 캐싱 옵션은 즉시 적용됩니다.

실전 연습 1 – Windows 11 VM 만들고 연결하기

이번 실습에서는 아이언맨 연구소의 인공지능 자비스를 통제하는 가상 머신을 만듭니다. 이 가상 머신에서 자비스 엔진으로 사용하는 리눅스 서버에 액세스합니다. 이 가상 머신은 멀웨어 방지 소프트웨어를 설치하여 바이러스로부터 보호합니다.

1. Azure 포털 상단의 전역 검색창에서 'Windows 11'을 검색하고 **Marketplace** 섹션에서
'Windows 11'을 선택합니다.

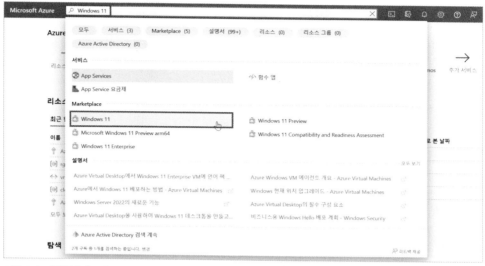

그림 6-9 마켓플레이스의 Windows 11 찾기

2. **Windows 11** 블레이드에서 Windows 11 Pro 최신 버전을 선택한 후 [만들기] 버튼을 클
릭합니다.

그림 6-10 Windows 11 블레이드에서 Windows 11 Pro 최신 버전 선택

3. **가상 머신 만들기** 블레이드의 기본 사항 탭의 **프로젝트 정보**와 **인스턴스 정보** 섹션에서 다음을 설정합니다.

❶ 구독: 드롭다운 목록에서 사용할 구독 선택

❷ 리소스 그룹: 앞서 만든 rg-hallofarmor 선택

❸ 가상 머신 이름: vmjarvismaster01

❹ 지역: Korea Central

❺ 가용성 옵션: 인프라 중복이 필요하지 않습니다.

❻ 보안 유형: 표준

❼ 이미지: Winodws 11 Pro, version 22H2 -x64 Gen2

❽ Azure Spot 할인으로 실행: 체크 안 함

❾ 크기 ([모든 크기 보기] 클릭): Standard_B2ms

그림 6-11 프로젝트 정보와 인스턴스 정보 입력

4. 가상 머신 만들기 블레이드의 기본 사항 탭의 **관리자 계정**과 **인바운드 포트 규칙, 라이선싱** 섹션에서 다음을 설정하고 [다음: 디스크 〉] 버튼을 클릭합니다.

❶ 사용자 이름: tony

❷ 암호/암호 확인: Pa55w.rd1234

❸ 공용 인바운드 포트: 선택한 포트 허용

❹ 인바운드 포트 선택: RDP (3389)

❺ 라이선싱: 체크

> **NOTE_** 이 책에서 암호로 사용한 값은 예시입니다. 이 암호는 마이크로소프트 기술 교육 실습에 자주 사용하는 널리 알려진 값이므로, 운영 환경에서 이 암호는 절대로 사용하면 안됩니다. 이 책의 실습을 따라 할 때도 가능하면 다른 값으로 변경하길 권장합니다.

그림 6-12 관리자 계정과 인바운드 포트 규칙, 라이선싱 선택

5. **디스크** 탭에서 다음을 설정하고 나머지는 기본값으로 한 후 [다음: 네트워킹 >] 버튼을 클릭합니다.

- OS 디스크 유형: 프리미엄 SSD(로컬 중복 스토리지)

그림 6-13 가상 머신의 디스크 설정

6. **네트워킹** 탭에서 다음 내용을 설정하고 나머지는 기본값으로 한 후 [다음: 관리 〉] 버튼을 클릭합니다.

❶ 가상 네트워크: vnet-hallofarmor-kr

❷ 서브넷: snet-jarvis

그림 6-14 가상 머신의 네트워킹 설정

7. **관리** 탭과 **모니터링** 탭은 기본값으로 사용하고 **고급** 탭으로 넘어갑니다. 가상 머신의 모니터링 및 관리 옵션이 필요한 경우 나중에 다시 설정할 수 있습니다.

8. **고급** 탭에서 **확장** 섹션만 구성합니다. 멀웨어 방지 프로그램 설치를 위해 [설치할 확장 선택]을 클릭합니다.

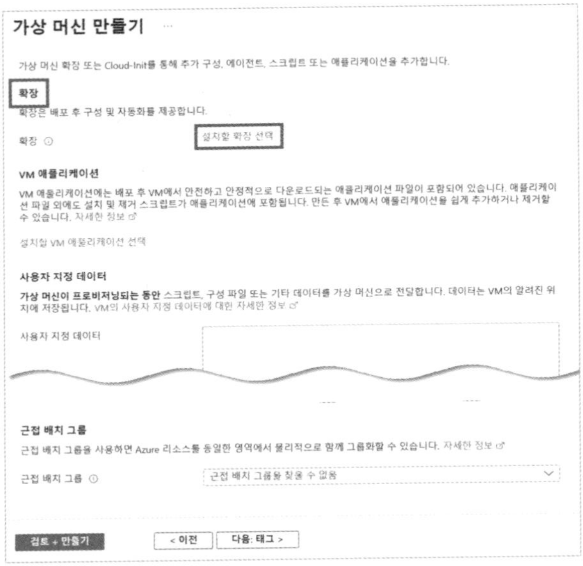

그림 6-15 가상 머신의 고급 설정

9. **확장 설치** 블레이드에서 [Microsoft Antimalware]를 선택하고([추가로드] 버튼 클릭) [다음] 버튼을 클릭합니다.

그림 6-16 Microsoft Antimalware 확장 선택

10. Microsoft Antimalware를 설정하는 **Configure Microsoft Antimalware Extension** 블레이드에서 제외할 파일과 위치, 제외할 파일 확장자, 제외할 프로세스, 실시간 보호, 예약 스캔, 스캔 유형, 스캔 일정은 기본값으로 사용하고 [만들기] 버튼을 클릭합니다.

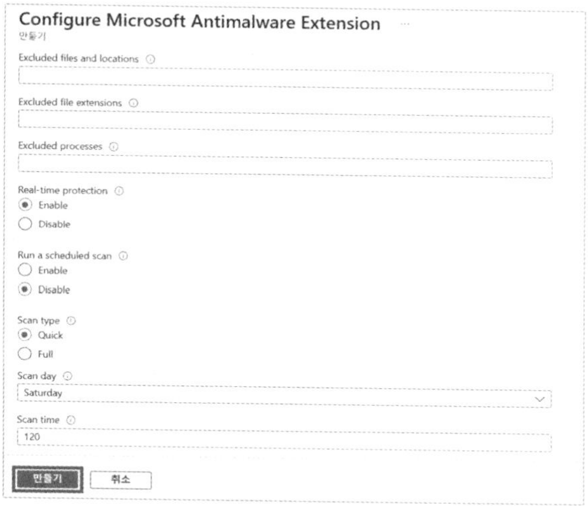

그림 **6-17** Microsoft Antimalware 확장 설치

11. **고급** 탭에서 선택한 확장이 목록에 표시되면 [검토 + 만들기] 버튼을 클릭해 유효성 검사를 합니다.

그림 **6-18** 설치할 확장 확인

12. **검토 + 만들기** 탭에서 '유효성 검
사 통과' 메시지를 확인하고 [만
들기] 버튼을 클릭합니다.

그림 6-19 유효성 검사 결과 확인 및 가상 머신 만들기

13. 가상 머신의 구성요소 배포가 진행되는 과정을 확인합니다.

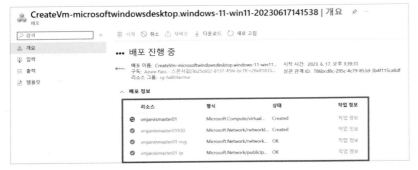

그림 6-20 배포 진행 상태 확인

14. 가상 머신 배포가 완료되면 rg-hallofarmour 리소스 그룹의 vmjarvismaster01을 선택
합니다. 서비스 메뉴의 **개요**가 선택되고 기본적인 속성을 확인할 수 있습니다. 공용 ❶ IP
주소가 보이고 ❷ DNS 이름은 아직 구성되지 않았으며 ❸ [⚡연결] 버튼이 활성화되었습
니다.

그림 6-21 vmjarvismaster001의 개요 블레이드

15. VM 서비스 메뉴의 **설정** 섹션에서 **속성**을 클릭합니다. ❶ VM의 상태, ❷ 컴퓨터 이름,
❸ 프라이빗 IP 주소, ❹ 운영체제, ❺ 만든 VM 버전 등의 정보를 확인할 수 있습니다.

그림 6-22 vmjarvismaster001의 속성 블레이드

16. vmjarvismaster01 서비스 메뉴의 **설정** 섹션의 [⚙연결] 메뉴를 클릭한 후 **연결** 블레이드
    에서 상단의 [연결 수단]을 '공용 IP 주소'로 선택하고 하단의 [원시 RDP] 타일 아래 [선택]
    버튼을 클릭합니다. 오른쪽에 **원시 RDP** 블레이드가 표시되면 아래의 [RDP 파일 다운로드]
    버튼을 클릭합니다.

그림 6-23 vmjarvismaster01의 RDP 파일 다운로드

17. 다운로드한 RDP 파일을 더블클릭하고 '사용자 자격 증명 입력' 창에서 하단의 ❶ [다른
    계정 사용]을 선택한 다음 앞서 설정한 ❷ 사용자 이름과 ❸ 암호로 원격 데스크톱에 로그
    인합니다(보안 인증서 경고 화면에서 [이 컴퓨터로의 연결을 다시 묻지 않음]을 체크하고
    [예] 버튼 클릭).

그림 6-24 RDP 연결

18. 원격 데스크톱에 로그인되면 먼저 'Choose privacy settings for your device'(디바이스에 대한 개인 설정 선택) 창에서 [Accept] 버튼을 클릭합니다.

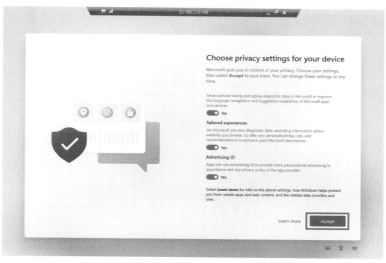

그림 6-25 디바이스에 대한 개인 설정 선택

19. 원격 데스크톱을 연결한 Windows 11 VM의 검색 창에 'Terminal'를 입력해 검색 결과에서 Terminal을 선택합니다.

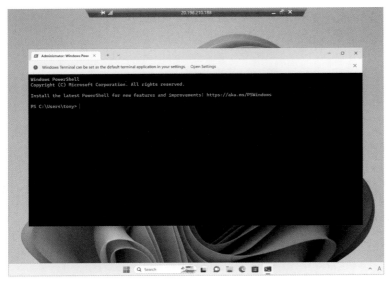

그림 6-26 터미널(Terminal) 실행

실전 연습 2 – 윈도우 서버 VM 만들고 연결하기

이번 실습은 Windows Server 2022로 인공지능 자비스의 프런트 엔드 서버를 만듭니다. 이 가상 머신은 웹 서비스를 위해 웹 서버(IIS) 역할과 바이러스로부터 보호를 위해 멀웨어 방지 소프트웨어를 설치합니다.

1. Azure 포털 상단의 [⊞리소스 만들기]를 클릭한 다음, **리소스 만들기** 블레이드의 검색 상자에서 'windows server'를 검색합니다. 검색 결과에서 'windows server'를 클릭합니다.

그림 6-27 windows server 검색 및 선택

2. Marketplace 블레이드에서 [Windows Server]를 선택합니다.

그림 6-28 Marketplace 블레이드에서 Windows Server 선택

3. Windows Server 블레이드에서 'Windows Server 2022 Datacenter'를 선택하고 [만들기] 버튼을 클릭합니다.

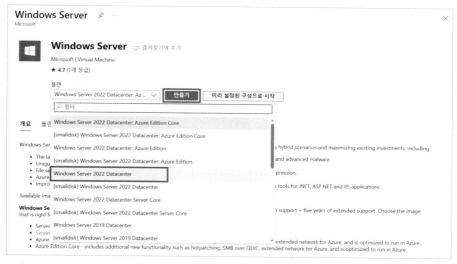

그림 6-29 Windows Server 2022 Datacenter 플랜 선택

4. **가상 머신 만들기** 블레이드의 **기본 사항** 탭에서 다음을 설정하고 [다음: 디스크 >]를 클릭합니다.

  ❶ 구독: 드롭다운 목록에서 사용할 구독 선택

  ❷ 리소스 그룹: 앞서 만든 rg-hallofarmor 선택

  ❸ 가상 머신 이름: vmjarvisfe

  ❹ 지역: Korea Central

  ❺ 가용성 옵션: 인프라 중복이 필요하지 않습니다.

  ❻ 보안 유형: 표준

  ❼ 이미지: Windows Server 2022 Datacenter - x64 Gen2

  ❽ Azure Spot 할인으로 실행: 아니오

  ❾ 크기: Standard_B2ms

  ❿ 사용자 이름: tony

  ⓫ 암호/암호 확인: Pa55w.rd1234

  ⓬ 공용 인바운드 포트: 선택한 포트 허용

  ⓭ 인바운드 포트 선택: 드롭다운 목록에서 RDP (3389), HTTP(80), HTTPS(443) 선택

  ⓮ 라이선싱: 체크 안 함

가상 머신 만들기 ...

기본 사항 디스크 네트워킹 관리 모니터링 고급 태그 검토 + 만들기

Linux 또는 Windows를 실행하는 가상 머신을 만듭니다. Azure Marketplace에서 이미지를 선택하거나 고유한 사용자 지정 이미지를 사용합니다. [기본] 탭을 완료하고 [검토 + 만들기]하여 기본 매개 변수로 가상 머신을 프로비전하거나, 전체 사용자 지정에 대해 각 탭을 검토합니다. 자세한 정보 ☞

프로젝트 정보

배포된 리소스와 비용을 관리할 구독을 선택합니다. 폴더 같은 리소스 그룹을 사용하여 모든 리소스를 정리 및 관리합니다.

❶ 구독 * ⓘ   [Azure Pass - 스폰서십(3b25c692-8137-45fe-bc78-c28e818352fe)   ⌄]

❷ └ 리소스 그룹 * ⓘ   [rg-hallofarmor   ⌄]
                              새로 만들기

인스턴스 정보

❸ 가상 머신 이름 * ⓘ   [vmjarvisfe   ⌄]

❹ 지역 * ⓘ   [(Asia Pacific) Korea Central   ⌄]

❺ 가용성 옵션 ⓘ   [인프라 중복이 필요하지 않습니다.   ⌄]

❻ 보안 유형 ⓘ   [표준   ⌄]

❼ 이미지 * ⓘ   [▣ Windows Server 2022 Datacenter - x64 Gen2   ⌄]
                              모든 이미지 보기 | VM 생성 구성

   VM 아키텍처 ⓘ   ◯ Arm64
                              ⦿ x64
                              ❶ Arm64는 선택한 이미지에서 지원되지 않습니다.

❽ Azure Spot 할인으로 실행 ⓘ   ☐

❾ 크기 * ⓘ   [Standard_B2ms - 2 vcpu, 8 GiB 메모리 (₩102,036/월)   ⌄]
                              모든 크기 보기

관리자 계정

❿ 사용자 이름 * ⓘ   [tony   ⌄]

⓫ 암호 * ⓘ   [••••••••••••   ⌄]

   암호 확인 * ⓘ   [••••••••••••   ⌄]

인바운드 포트 규칙

공용 인터넷에서 액세스할 수 있는 가상 머신 네트워크 포트를 선택하세요. [네트워킹] 탭에서 더 제한되거나 세분화된 네트워크 액세스를 지정할 수 있습니다.

⓬ 공용 인바운드 포트 * ⓘ   ◯ 없음
                              ⦿ 선택한 포트 허용

⓭ 인바운드 포트 선택 *   [HTTP (80), HTTPS (443), RDP (3389)   ⌄]

⓮ 라이선싱

Azure 하이브리드 혜택을 사용하여 이미 소유한 라이선스로 최대 49%를 절약하세요. 자세한 정보 ☞

기존 Windows Server 라이선스를 사용하   ☐
시겠습니까? ⓘ

Azure 하이브리드 혜택 준수 검토 ☞

[**검토 + 만들기**]   [< 이전]   [**다음: 디스크 >**]

그림 6-30 윈도우 서버 VM의 기본 사항 설정

5. **디스크** 탭에서 다음 내용을 설정합니다.

❶ OS 디스크 유형: 표준 SSD

❷ 키 관리: 플랫폼 관리형 키

❸ vmjarvis용 데이터 디스크: [새 디스크 만들기 및 연결] 클릭

그림 6-31 윈도우 서버 VM의 디스크 설정

6. **새 디스크 만들기** 블레이드에서 다음 내용을 설정하고 [확인] 버튼을 클릭해 [디스크] 탭으로
   다시 돌아와서 [다음: 네트워킹 〉] 버튼을 클릭합니다.

❶ 이름: jvDataDisk1

❷ 원본 유형: 없음(빈 디스크)

❸ 크기: [크기 변경] 링크를 클릭해 128GiB 선택

❹ 키 관리: 플랫폼 관리형 키

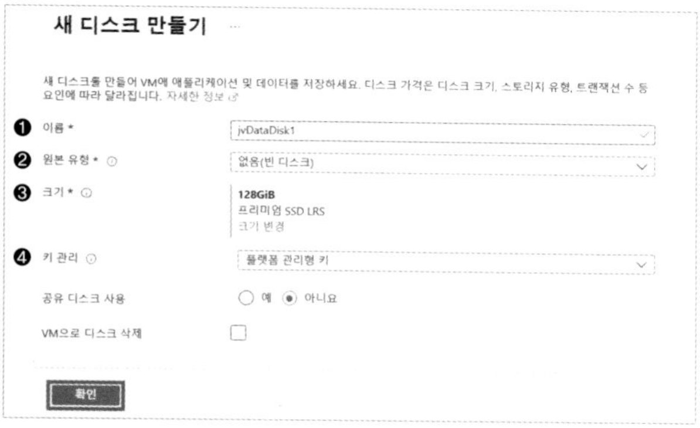

그림 6-32 새 디스크 만들기

7. **네트워킹** 탭에서 다음을 설정하고 나머지는 기본값으로 한 후 [다음: 관리 〉] 버튼을 클릭합니다.

❶ 가상 네트워크: vnet-hallofarmor-kr

❷ 서브넷: snet-jarvis

그림 6-33 윈도우 서버 VM의 네트워킹 설정

8. **관리** 탭은 기본값으로 남겨두고 [다음: 모니터링] 버튼을 클릭합니다. **모니터링** 탭은 다음 내용을 설정한 후 [다음: 고급 >] 버튼을 클릭합니다.

- 권장 경고 규칙 사용: 체크 안 함
- 부트 진단: 사용 안 함
- OS 게스트 진단 사용: 체크 안 함

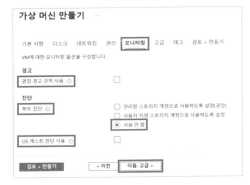

그림 6-34 윈도우 서버 VM의 모니터링 설정

9. 실전 연습 1의 8~10번 과정과 같이 고급 탭의 **확장** 섹션에서 [설치할 확장 선택] 링크를 클릭해 멀웨어 방지를 위한 Microsoft Antimalware를 설치합니다.

10. **고급** 탭에서 선택한 확장이 목록에 표시되면 [다음: 태그 >] 버튼을 클릭합니다. **태그** 탭에서 다음 내용을 설정한 후 [검토 + 만들기] 버튼을 클릭합니다.

- 이름: ApplicationName, 값: JARVIS1st
- 이름: ServiceClass, 값: Bronze
- 이름: Owner, 값: Tony Stark

그림 6-35 윈도우 서버 VM의 태그 설정

11. **검토 + 만들기** 탭에서 '유효성 검사 통과' 메시지를 확인한 후 [만들기] 버튼을 클릭합니다. 배포 진행 과정을 확인합니다.

그림 6-36 Windows Server 2022 배포 진행

12. '배포가 완료됨'으로 상태로 바뀌면 [리소스로 이동] 버튼을 클릭합니다.

그림 6-37 Windows Server 2022 배포 완료

13. **개요** 블레이드에서 공용 IP 주소를 확인하고 [연결]을 클릭한 다음 **연결** 블레이드에서 상단의 [연결 수단]을 '공용 IP 주소'로 선택하고 하단의 **원시 RDP** 타일 아래 [선택] 버튼을 클릭합니다. 오른쪽에 **원시 RDP** 블레이드가 표시되면 아래의 [RDP 파일 다운로드] 버튼을 클릭합니다.

14. 다운로드한 RDP 파일을 더블클릭하고 '사용자 자격 증명 입력' 창에서 하단의 [다른 계정 사용]을 선택한 다음 앞서 설정한 사용자 이름과 암호로(실전 연습 1의 17번 과정 참고) 원격 데스크톱에 로그인합니다.

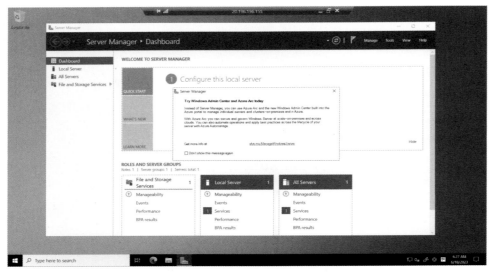

그림 6-38 Windows Server 2022 원격 데스크톱 로그인

15. 작업 표시줄의 [검색] 아이콘을 클릭하고 'powershell'을 입력합니다. 검색 결과에서
Windows PowerShell ISE의 마우스 오른쪽 버튼을 클릭한 다음 '관리자 권한으로 실행'을
선택합니다.

그림 6-39 관리자 권한으로 PowerShell ISE 실행

16. PowerShell ISE의 [File] 메뉴에서 [New]를 클릭하거나 [New Script] 아이콘을 선택해
스크립트 창을 표시합니다.

그림 6-40 PowerShell ISE의 스크립트 편집 창 열기

17. 스크립트 창에 다음 코드를 입력합니다. **PowerShell ISE** 도구 모음의 [Run Script] 아이
콘을 클릭하거나 단축키 F8을 눌러 실행합니다.

- 사용 스크립트: setup_vmjarvisfe.ps1 참고(예제 소스의 source/chap06)
- 웹 서버(IIS) 역할 설치

```
Install-WindowsFeature -Name Web-Server -IncludeManagementTools
```

- Default.html 만들기

```
Set-Content -Path "C:\inetpub\wwwroot\Default.htm" -Value "Running Jarvis built
on Copilot from host $($env:computername) ! "
```

그림 6-41 PowerShell 스크립트 실행

18. 사용자의 로컬 컴퓨터에서 브라우저를 실행한 다음 13번 과정에서 확인한 공용 IP 주소를 입력해 기본 웹사이트에 접속되는지 확인합니다.

그림 6-42 Javis 프런트 엔드 웹 서비스 동작 확인

실전 연습 3 – 리눅스 VM 만들고 연결하기

이번 실습은 인공지능 자비스의 파운데이션 모델 백 엔드 서비스를 리눅스 서버(Ubuntu Server 22.04 LTS 버전)로 배포합니다. 이 서버는 자비스의 백 엔드 데이터를 별도의 데이터 디스크에 저장합니다. 백 엔드 서버는 실전 연습 1에서 만든 vmjarvismaster01(Windows 11 Pro)에서만 SSH 접속으로 연결할 수 있습니다.

1. Azure 포털 상단의 [➕ 리소스 만들기]를 클릭합니다.

2. **리소스 만들기** 블레이드의 검색창에서 'Ubuntu'를 검색하고 결과에서 [Ubuntu Server 22.04 LTS]를 선택한 다음 **Ubuntu Server 22.04 LTS** 블레이드에서 [만들기] 버튼을 클릭합니다.

그림 6-43 Ubuntu Server 22.04 LTS 선택

3. **가상 머신 만들기** 블레이드의 **기본 사항** 탭에서 다음을 설정하고 [다음: 디스크 〉] 버튼을 클릭합니다.

❶ 구독: 드롭다운 목록에서 사용할 구독 선택

❷ 리소스 그룹: 앞서 만든 rg-hallofarmor 선택

❸ 가상 머신 이름: vmjarvisbe

❹ 지역: Korea Central

❺ 가용성 옵션: 인프라 중복이 필요하지 않습니다.

❻ 보안 유형: 표준

❼ 이미지: Ubuntu Server 22.04 LTS – (x64) Gen2

❽ Azure Spot 할인으로 실행: 체크 안 함

❾ 크기: [모든 크기 보기] 링크를 클릭해 Standard_DS1_v2 선택

❿ 인증 형식: SSH 공개 키

⓫ 사용자 이름: tony

⓬ SSH 공개 키 원본: 새 키 쌍 생성

⓭ 키 쌍 이름: vmjarvisbe_key

⓮ 공용 인바운드 포트: 없음

가상 머신 만들기

기본 사항　디스크　네트워킹　관리　모니터링　고급　태그　검토 + 만들기

Linux 또는 Windows를 실행하는 가상 머신을 만듭니다. Azure Marketplace에서 이미지를 선택하거나 고유한 사용자 지정 이미지를 사용합니다. [기본] 탭을 완료하고 [검토 + 만들기]하여 기본 매개 변수로 가상 머신을 프로비전하거나, 전체 사용자 지정에 대해 각 탭을 검토합니다. 자세한 정보 ⬀

프로젝트 정보

배포된 리소스와 비용을 관리할 구독을 선택합니다. 폴더 같은 리소스 그룹을 사용하여 모든 리소스를 정리 및 관리합니다.

❶ 구독 * ⓘ	Azure in Open	⌄
└ ❷ 리소스 그룹 * ⓘ	rg-hallofarmor	⌄
	새로 만들기	

인스턴스 정보

❸ 가상 머신 이름 * ⓘ	vmjarvisbe	⌄
❹ 지역 * ⓘ	(Asia Pacific) Korea Central	⌄
❺ 가용성 옵션 ⓘ	인프라 중복이 필요하지 않습니다.	⌄
❻ 보안 유형 ⓘ	표준	⌄
❼ 이미지 * ⓘ	Ubuntu Server 22.04 LTS - Gen2	⌄
	모든 이미지 보기	
❽ Azure Spot 할인으로 실행 ⓘ	☐	
❾ 크기 * ⓘ	Standard_DS1_v2 - 1 vcpu, 3.5 GiB 메모리 (₩75,161/월)	⌄
	모든 크기 보기	

관리자 계정

❿ 인증 형식 ⓘ
　◉ SSH 공개 키
　○ 암호

　ⓘ 이제 Azure에서 자동으로 SSH 키 쌍을 생성하고 사용자가 나중에 사용할 수 있도록 저장할 수 있습니다. 가상 머신에 연결하는 빠르고 간단하며 안전한 방법입니다.

⓫ 사용자 이름 * ⓘ	tony	⌄
⓬ SSH 공개 키 원본	새 키 쌍 생성	⌄
⓭ 키 쌍 이름 *	vmjarvisbe_key	⌄

인바운드 포트 규칙

공용 인터넷에서 액세스할 수 있는 가상 머신 네트워크 포트를 선택하세요. [네트워킹] 탭에서 더 제한되거나 세분화된 네트워크 액세스를 지정할 수 있습니다.

⓮ 공용 인바운드 포트 * ⓘ
　◉ 없음
　○ 선택한 포트 허용

인바운드 포트 선택　　하나 이상의 포트 선택　⌄

　ⓘ 인터넷의 모든 트래픽이 기본적으로 차단합니다. [VM] > [네트워킹] 페이지에서 인바운드 포트 규칙을 변경할 수 있습니다.

검토 + 만들기　　« 이전　　다음: 디스크 »　　　　　　　　　　⌕ 피드백 제공

그림 6-44 리눅스 VM 기본 사항 설정

4. **디스크** 탭에서 다음 내용을 설정하고 나머지는 기본값으로 한 후 [다음: 네트워킹 〉] 버튼을 클릭합니다.

- OS 디스크 유형: 표준 SSD(로컬 중복 스토리지)

그림 6-45 리눅스 VM의 디스크 설정

5. **네트워킹** 탭에서 다음을 설정하고 나머지는 기본값으로 한 후 [다음: 관리 〉] 버튼을 클릭합니다.

❶ 가상 네트워크: vnet-hallofarmor-kr   ❷ 서브넷: snet-jarvis

❸ 공용 IP: 없음   ❹ 공용 인바운드 포트: 없음

그림 6-46 리눅스 VM의 네트워킹 설정

6. [관리] 탭과 [모니터링] 탭, [고급] 탭 모두 기본값을 사용합니다. **태그** 탭으로 넘어 갑니다.

7. **태그** 탭에서 다음을 설정하고 [검토 + 만들기] 버튼을 클릭합니다.

   - 이름: ApplicationName, 값: JARVIS1st
   - 이름: ServiceClass, 값: Bronze
   - 이름: Layer, 값: Back–End

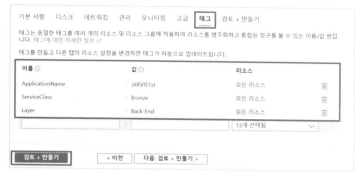

그림 6-47 리눅스 VM의 태그 설정

8. **검토 + 만들기** 탭에서 '유효성 검사 통과' 메시지를 확인한 후 [만들기] 버튼을 클릭한 후 배포 과정을 진행합니다. **새 키 쌍 생성** 팝업 창에서 [프라이빗 키 다운로드 및 리소스 만들기] 버튼을 클릭해 vmjarvisbe를 SSH 접속하는 데 필요한 개인 키를 다운로드합니다.

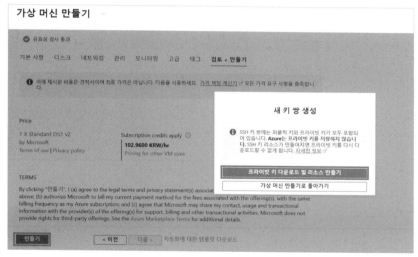

그림 6-48 vmjarvisbe 배포 유효성 검사 프라이빗 키 다운로드

9. '배포가 완료됨'으로 바뀌면 [리소스로 이동] 버튼을 클릭합니다.

그림 6-49 Ubuntu Server 22.04 LTS 배포 완료

10. **개요** 서비스 메뉴를 선택한 후 **개요** 블레이드의 [속성] 탭에서 프라이빗 IP 주소를 확인한 후 **설정** 섹션의 [🔗연결]을 클릭합니다. 다음의 단계를 이어서 진행합니다.

   ❶ **연결** 블레이드에서 상단의 [연결 수단]을 '프라이빗 IP 주소'로 선택합니다.

   ❷ 하단의 [원시 SSH] 타일 아래 [선택] 버튼을 클릭합니다.

   ❸ 오른쪽에 **원시 SSH** 블레이드가 표시되면, [로컬 컴퓨터 OS 전환] 명령 버튼을 클릭해 SSH 접속을 수행할 컴퓨터 운영체제를 선택합니다.

그림 6-50 리눅스 VM SSH 연결 옵션 선택

11. [그림 6-50]에 나타낸 **원시 SSH** 블레이드의 3번 항목의 'SSH 명령 복사 및 실행' 아래의 SSH 명령 상자 오른쪽에 있는 [클립보드로 복사] 아이콘을 클릭합니다.

12. vmjarvismaster01에 원격 데스크톱으로 접속한 후, 작업 표시줄의 검색 상자에서 'terminal'을 검색하고 실행합니다.

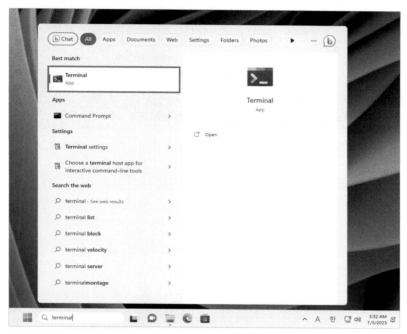

그림 6-51 Windows Terminal(터미널) 실행

13. Windows Terminal에서 다음 명령을 실행해 '.ssh' 폴더를 만듭니다.

```
mkdir .ssh
```

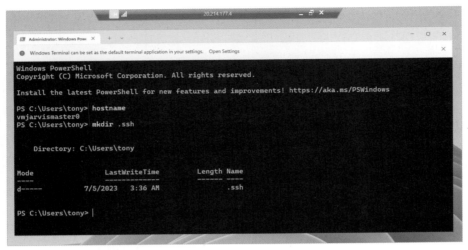

그림 6-52 Windows Terminal에서 .ssh 폴더 만들기

14. 8번 단계에서 다운로드한 *pem 파일을 앞서 실전 연습 1에서 배포한 vmjarvismaster01
의 'c:₩Users₩tony₩.ssh' 경로에 복사해 넣습니다.

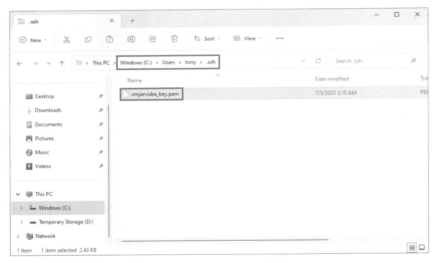

그림 6-53 vmjarvisbe_key.pem 복사

15. 11단계에서 복사한 명령을 적절한 키 파일 위치와 사용자 이름으로 먼저 수정합니다. vmjarvismaster01의 윈도우 터미널에서 백 엔드 리눅스 서버 VM인 vmjarvisbe에 액세스할 수 있는지 확인합니다(계속 연결할지 여부에 'yes'를 입력합니다). Windows 10 버전(1809 이상)의 명령 프롬프트(CMD)에서 SSH 클라이언트를 사용할 수 있습니다.

```
ssh -i .ssh\vmjarvisbe_key.pem tony@<YOUR VM PRIVATE IP>
```

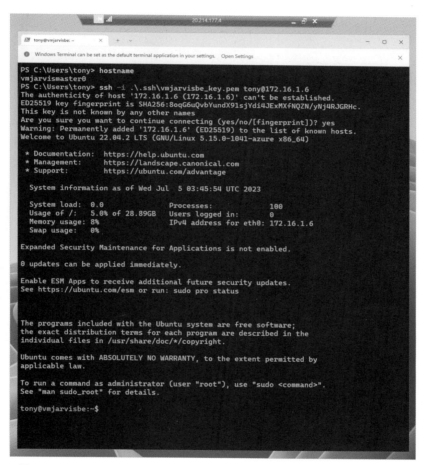

그림 6-54 vmjarvismaster01에서 vmjarvisbe에 SSH 접속

16. vmjarvisbe의 서비스 메뉴에서 디스크를 선택하고 **디스크** 블레이드의 **데이터 디스크** 섹션
에서 [⊞ 새 디스크 만들기 및 연결] 버튼을 클릭합니다.

그림 6-55 리눅스 VM의 디스크 블레이드

17. **디스크** 블레이드의 **데이터 디스크** 섹션에 다음 내용을 설정하고 [적용] 버튼을 클릭합니다.

❶ 디스크 이름: jvbeDataDisk1

❷ 스토리지 유형: 프리미엄 SSD

❸ 크기: 256GiB

❹ 암호화: 플랫폼 관리형 키

❺ 호스트 캐싱: 읽기 전용

그림 6-56 추가 데이터 디스크 만들기

18. vmjarvismaster01에서 vmjarvisbe에 SSH 접속 후 dmesg를 사용해 SCSI 디스크를 확인합니다. sda는 OS 디스크, sdb는 임시 디스크, sdc는 데이터 디스크입니다.

```
sudo dmesg | grep SCSI
```

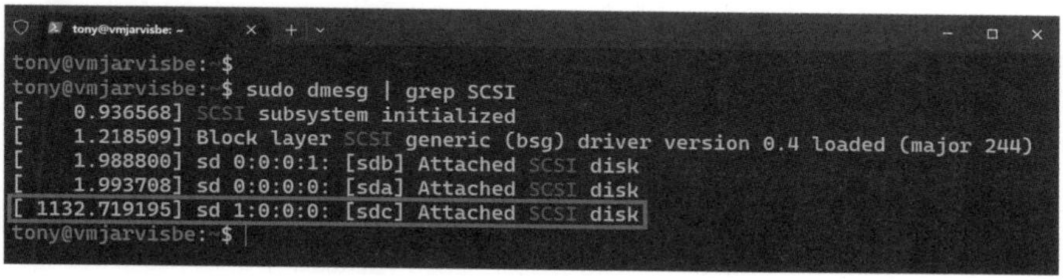

그림 6-57 vmjarvisbe에 연결한 데이터 디스크 정보 확인

19. 새 디스크를 연결했기 때문에 디스크를 파티션해야 합니다. 2TiB 이상이면 GPT를, 미만이라면 MBR 또는 GPT 파티션을 사용할 수 있습니다. 파티션 도구로는 최신 버전의 fdisk나 parted를 사용합니다. fdisk는 대화형으로 실행하므로 자동화에 적합하지 않으며, parted는 스크립팅할 수 있어 자동화에 적합합니다. 여기서는 parted를 사용합니다. 새 데이터 디스크인 /dev/sdc를 파티셔닝하기 위해 다음 명령을 실행합니다.

❶ sudo parted /dev/sdc --script mklabel gpt mkpart xfspart xfs 0% 100%

다음 명령을 실행해 XFS 파일 시스템으로 포맷합니다.

❷ sudo mkfs.xfs /dev/sdc1

partprobe 유틸리티를 사용하여 커널이 새 파티션 및 파일 시스템을 바로 인식하는지 확인합니다.

❸ sudo partprobe /dev/sdc1

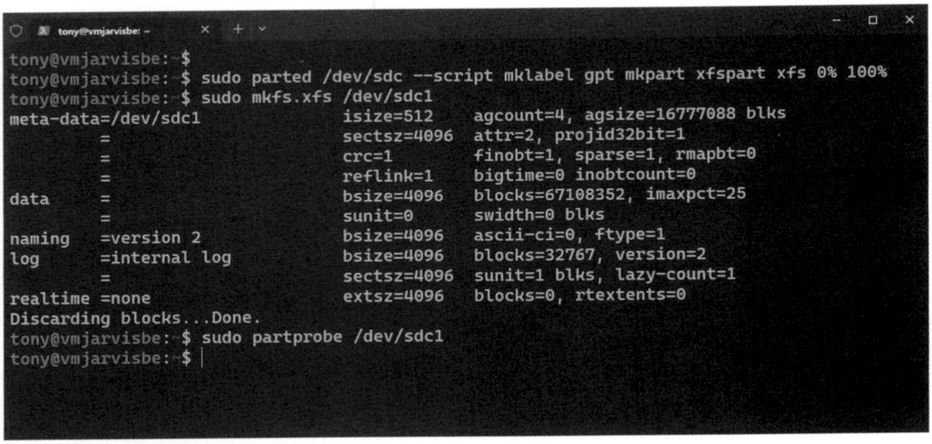

그림 6-58 데이터 디스크 파티션 및 포맷

20. 'jvbedata'라는 디렉터리를 만들어 mount 명령으로 파일 시스템을 탑재합니다.

```
sudo mkdir /jvbedata
sudo mount /dev/sdc1 /jvbedata
```

21. 다음 명령으로 /jvbedata 디렉터리에서 샘플 파일 readme.txt를 만들고 파일 목록을 확인합니다.

```
cd /jvbedata
sudo touch readme.txt
ls
```

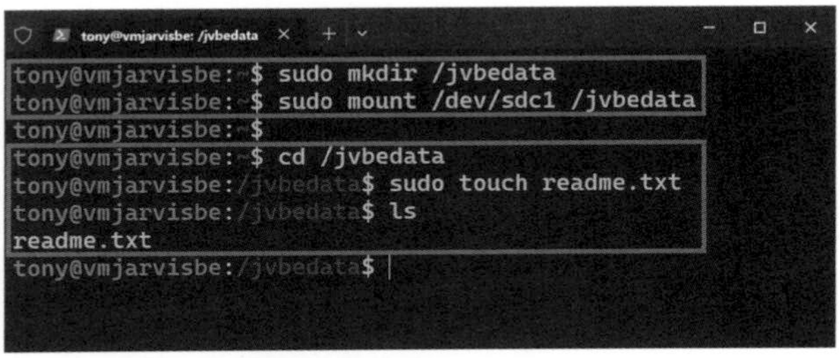

그림 6-59 데이터 디스크 마운트와 테스트

22. vmjarvisbe SSH 접속 터미널에서 다음 스크립트를 입력하고 실행한 다음, vmjarvis master01의 웹 브라우저에서 vmjarvisbe의 프라이빗 IP 주소를 입력해 결과를 확인합니다.

- 사용 스크립트: setup_vmjarvisbe.sh 참고(예제 소스의 source/chap06)

```
# NGINX 설치
apt-get update
apt-get -y install nginx
```

```
# index.html 파일 만들기
sudo sh -c ' echo " Running Jarvis Foundation Models from host $(hostname) " > /
var/www/html/index.html '
```

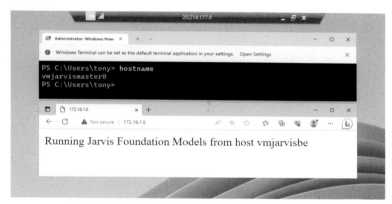

그림 6-60 vmjarvisbe의 백 엔드 웹 서비스 동작 확인

6.3 마치며

지금까지 인프라 구성의 3가지 핵심 요소인 서버, 스토리지, 네트워크 중에서 서버에 해당하는 기본 가상 머신을 만들고 구성하는 방법을 다뤘습니다.

Azure 포털에서 가상 머신을 만들 때 필요한 구성요소를 자세히 살펴보고 실전 연습에서 윈도우 클라이언트, 윈도우 서버, 리눅스 가상 머신을 만들어 연결해보았습니다. 특히 앞으로 각 장에서 중요한 작업 컴퓨터의 역할을 수행할 Windows 11 Pro를 먼저 만들고 원격 데스크톱으로 접속해보았습니다. 윈도우 서버는 PowerShell을 통해 웹 서버 역할을 구성했습니다. 그리고 리눅스 가상 머신은 데이터 디스크를 추가하고 SSH 접속 후 디스크 관리 작업을 수행하는 방법, NGINX를 설치해 웹 서비스를 제공하는 방법을 실습해보았습니다.

지금까지 가상 네트워크와 가상 머신을 만들었으므로 다음 장에서는 IaaS 핵심 요소 세 번째인 스토리지를 다루겠습니다.

## CHAPTER 7

Azure 스토리지

이 장의 내용

- Azure 스토리지 특징과 다루는 데이터 유형
- Azure 스토리지 계정의 구성 정보와 복제 옵션
- Azure 스토리지 서비스의 종류와 사용법

6.2.4절에서 설명한 가상 머신의 디스크는 Azure 스토리지에 저장되는 파일(*.vhd)이면서 가상 머신에서는 데이터 저장소이기도 합니다. 이외에도 Azure 스토리지는 파일 서버 없이 파일 공유 서비스를 제공하거나 NoSQL 데이터, 비동기 메시징 처리를 위한 데이터, 멀티미디어 파일 등의 성격에 맞는 최적의 스토리지 서비스를 제공합니다.

7.1 Azure 스토리지 개요

모든 데이터는 비정형(비구조적) 데이터, 반정형(반구조적) 데이터, 정형(구조적) 데이터라는 3가지 유형으로 나눌 수 있습니다(표 7-1).

표 7-1 데이터 유형

데이터의 유형	설명	예
비정형 데이터	데이터가 개체로 존재하며 구조화되지 않아서 연산이 불가능한 데이터	문서, 동영상, 이미지 등의 이진 파일
반정형 데이터	스키마에 해당하는 메타데이터와 데이터가 함께 제공되며 연산 불가능	HTML이나 XML, JSON, YAML 형식 데이터

| 정형 데이터 | 고정된 칼럼에 저장되거나 행과 열에 의해 데이터 속성이 구분되는 데이터 | RDBMS 테이블, 스프레드시트 |
| | 데이터의 스키마를 관리하는 DBMS와 데이터 저장소가 분리되어 있어 연산 가능 | |

Azure 스토리지는 3가지 데이터 유형의 저장소일 뿐만 아니라 빅데이터 분석에 필요한 최신 데이터 저장소 시나리오를 지원하는 솔루션입니다. Azure 스토리지가 지원하는 시나리오는 총 4가지로 분류할 수 있습니다.

1. 가상 컴퓨터의 디스크와 공유 폴더용 스토리지
2. 정의된 데이터 모델을 가지고 있지 않은 비정형 데이터(Blob 데이터)용 스토리지
3. 관계형 DB 데이터나 스프레드시트처럼 스키마 구조를 따르는 정형 데이터(구조화된 데이터)용 스토리지
4. 반정형 데이터(반 구조화된 데이터)용 스토리지

Azure 스토리지는 클라우드의 에너지원과도 같은 데이터 서비스의 핵심입니다. 따라서 Azure 스토리지는 데이터의 안전성, 접근성, 확장성을 고려해 설계되었습니다. Azure 스토리지의 특징을 6가지로 정리할 수 있습니다.

1. 중복성 보장

   하드웨어 오류에서 데이터를 안전하게 유지합니다. 데이터 센터 사고나 정전, 자연재해에서 데이터를 보호할 수 있도록 다른 데이터 센터나 지역에 복제할 수 있는 옵션을 제공합니다.

2. 보안

   스토리지에 저장하는 데이터를 암호화해 저장하며 데이터 액세스 권한을 세분화해서 제어할 수 있습니다.

3. 확장성

   데이터나 액세스가 급격하게 늘어나더라도 대규모로 확장하고 크기를 조정할 수 있기 때문에 스토리지 용량과 성능 요구사항을 만족시킬 수 있습니다.

4. 마이크로소프트가 관리

   Microsoft Azure가 스토리지 하드웨어를 유지 관리하며 업데이트와 문제를 처리합니다.

5. 유연한 접근성

   Azure의 다른 서비스에서 액세스하거나 HTTP/HTTPS를 사용하는 애플리케이션에서 Azure 스토리지 데이터에 액세스할 수 있습니다.

6. 개발과 관리의 편리성

Azure 스토리지 활용 애플리케이션을 쉽고 빠르게 개발할 수 있도록 파이썬(Python)과 닷넷(.NET), 자바(Java), 자바스크립트(JavaScript/TypeScript)와 같은 주요 프로그래밍 언어용 라이브러리와 REST API를 제공합니다. Azure PowerShell과 Azure CLI라는 셸 환경도 제공하므로 자동화 스크립트 작성이 가능하며, GUI 도구인 Azure 포털과 Azure 스토리지 탐색기로 간편하게 데이터 작업을 할 수 있습니다.

그림 7-1 클라이언트 라이브러리와 관리도구

> **NOTE_** Azure 스토리지 서비스를 위한 REST API는 개발 환경의 Azure 스토리지 에뮬레이터를 프로그래밍 방식으로 액세스하는 데도 사용됩니다. Azure REST API에 관한 자세한 설명은 다음 Azure 기술 문서에서 살펴볼 수 있습니다.
>
> • https://learn.microsoft.com/ko-kr/rest/api/storageservices/

7.2 Azure 스토리지 계정

Azure 스토리지 서비스는 스토리지 계정을 통해 관리합니다. 즉 스토리지 계정이 Azure 스토리지 서비스의 최상위 네임스페이스이며 하위의 스토리지 서비스들을 사용할 수 있도록 인증과 권한을 부여하는 기반이 됩니다. 따라서 Azure 스토리지를 사용하기 위해 해야 할 첫 번째 작업은 스토리지 계정을 만드는 것입니다. Azure 포털에서 스토리지 계정을 만드는 과정을 자세히 살펴보겠습니다.

7.2.1 스토리지 계정 기본 정보

스토리지 계정의 기본 정보는 구독과 리소스 그룹을 지정하는 프로젝트 정보와 스토리지 계정 이름, 지역, 성능, 중복(복제) 옵션을 지정하는 인스턴스 정보로 나눕니다. [그림 7-2]는 **스토리지 계정 만들기** 블레이드에서 기본 탭의 **인스턴스 정보** 섹션을 나타냈습니다.

그림 7-2 스토리지 계정의 인스턴스 정보

인스턴스 정보의 각 부분을 하나씩 살펴보겠습니다.

❶ 스토리지 계정 이름

계정 이름은 다음 3가지 조건을 만족해야 합니다.

- Azure 전체에서 고유한 이름
- 이름의 길이는 3~24자
- 소문자 및 숫자(소문자로 시작해야 함)

❷ 성능

스토리지 계정을 만들 때 지정하는 성능 계층으로 만든 후에는 변경할 수 없습니다. '표준'은 HDD로 대표되는 자기 드라이브이며 GB당 비용이 가장 저렴합니다. 대용량 스토리지가 필요하고 대기 시간에 영향을 덜 받는 워크로드를 비용 효율적으로 실행하는 대부분의 시나리오에 적당합니다. '표준' 성능 계층으로 만들어진 계정은 '범용 v2 계정'입니다. '범용(General

Purpose)'이라는 용어를 사용하는 것은 이 계정이 Blob 및 파일, 큐, 테이블을 모두 지원하기 때문입니다.

'프리미엄'은 SSD(반도체 드라이브)만 사용합니다. 대규모의 작은 트랜잭션을 빠르게 처리하고 성능의 일관성과 처리량이 높으며 대기 시간이 짧습니다. 데이터베이스처럼 I/O 중심 애플리케이션에 최적입니다. VM 디스크에서 프리미엄 스토리지를 사용하면 가용성 집합(8장에서 설명)을 사용하지 않더라도 99.9%의 SLA를 보장받습니다.

'프리미엄' 성능 계층은 아래 3가지 계정 유형 중에서 선택할 수 있습니다.

- 블록 Blob: 더 작은 개체 데이터를 저장하는 블록 Blob과 추가 Blob 전용 스토리지 계정. 더 빠른 트랜잭션 속도가 필요하거나 일관성 높은 짧은 대기 시간이 필요한 시나리오에 적합
- 파일 공유: 엔터프라이즈 또는 고성능 애플리케이션에 적합하며 SMB 및 NFS 파일 공유를 모두 지원해야 하는 경우 사용.
- 페이지 Blob: 임의 읽기/쓰기 작업이 필요하거나 범위 기반 업데이트가 포함된 파일에 대해 대기 시간이 짧고, 일관적인 높은 성능을 제공해야 할 경우 사용.

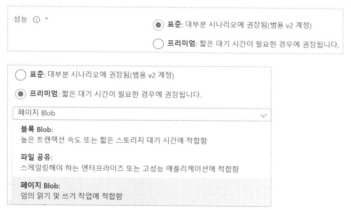

그림 7-3 성능 계층에 따라 지원하는 계정 유형

계정 유형별로 지원하는 기능이 다르고, 가격과 모델도 모두 다릅니다. 따라서 애플리케이션이나 서비스에 Azure 스토리지를 사용할 계획이라면 계정 종류에 따른 차이점을 먼저 이해해야 합니다.

❸ 중복(복제) 옵션

Azure 스토리지는 일시적인 하드웨어 오류나 네트워크 중단, 자연재해 등의 계획되지 않은 이벤트, 보안 패치, 업데이트와 같은 계획된 이벤트가 발생할 때 데이터를 보호하기 위해 항상 복사본을 여러 개 저장합니다. 중복(복제) 옵션에 따라 다양한 수준의 스토리지 SLA를 충족시킬 수 있습니다.

[그림 7-4]는 스토리지 계정 성능 계층에 따라 선택할 수 있는 중복 옵션으로, 계정을 만드는 지역에 따라 중복 옵션이 달라질 수 있습니다. 예를 들어, Poland Central(폴란드 중부)은 LRS와 ZRS 옵션만 지원합니다. 또한 '지역 가용성이 없는 ~ 만듭니다' 체크 상자를 선택하면 복제된 데이터를 읽을 수 있습니다. 이 옵션은 GRS와 GZRS를 선택하면 표시됩니다.

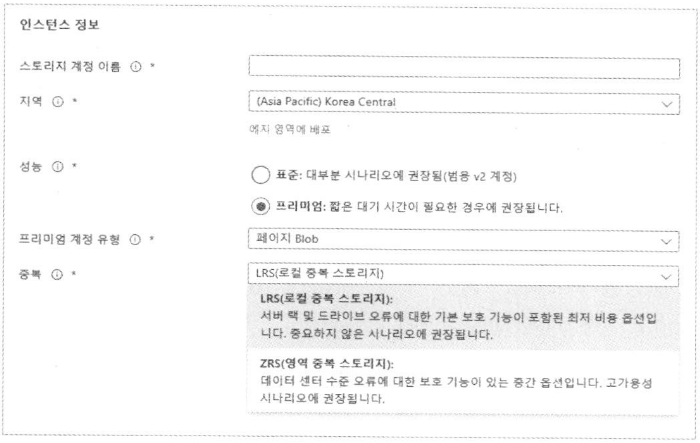

그림 7-4 스토리지 계정 성능 유형에 따른 가능한 중복 옵션

중복 옵션을 결정할 때는 비용과 고가용성, 내구성 사이의 균형을 고려해 다음 3가지를 차례대로 고민해볼 필요가 있습니다.

- 주(Primary) 지역 내에서만 데이터 중복이 필요한지 여부와 그런 경우 중복 옵션을 결정합니다.
- 주 지역에 재해가 발생한 경우 보조 지역에 데이터를 중복(복제)시킬지 여부를 결정합니다.
- 애플리케이션이 보조(Secondary) 지역의 중복 데이터에 대한 읽기 액세스가 필요한지 여부를 결정합니다.

주 지역에서 사용할 수 있는 복제 옵션은 LRS(로컬 중복 저장소)와 ZRS(영역 중복 저장소)가 있습니다. 보조 지역으로 데이터를 복제하는 옵션은 GRS(지역 중복 저장소)와 GZRS(지역 영역 중복 저장소), 읽기 액세스(Read Access)가 가능한 GRS(RA-GRS)와 GZRS(RA-GZRS)가 있습니다.

복제 범위에 따른 중복 옵션과 시나리오에 관해 [표 7-2]에 정리했습니다.

표 7-2 주 지역과 보조 지역의 복제 옵션 비교

복제 범위	중복 옵션	설명	시나리오
주 지역	LRS	– 데이터 센터 내에 3번 동기 복사 – 하드웨어 오류에서 데이터 보호 – 1년 동안 개체에 99.99999999999%(11개의 9) 내구성 제공	– 데이터 손실이 발생해도 쉽게 재구성 가능한 데이터 – 데이터 거버넌스 요구사항으로 국가/지역 내 복제로 제한 – Azure 비관리 디스크를 사용하는 경우
	ZRS	– 3개의 가용성 영역에서 동기 복사 – 데이터 센터의 장애의 경우 탁월한 성능 및 낮은 대기 시간, 복원력 제공 – 1년 동안 개체에 99.999999999999%(12개의 9) 내구성 제공	– 일관성 및 내구성, 고가용성이 필요한 데이터 – 데이터 거버넌스 요구사항으로 국가/지역 내 복제로 제한 – Azure Files 워크로드에 사용 권장
보조 지역	GRS	– LRS + 보조 지역 데이터 센터 내에 비동기 복사 후, 보조 지역 내에서 LRS를 사용해 3번 동기 복사 – 1년 동안 개체에 99.99999999999999%(16개의 9) 내구성 제공	– 고가용성이 필요한 애플리케이션 – 전체 지역 중단 또는 복구 불가능한 주 지역 재해 대비
	GZRS	– ZRS + 보조 지역(수백 마일 거리) 데이터 센터 내에 비동기 복사 후, 보조 지역 내에서 LRS를 사용해 3번 동기 복사 – 가용성 영역 중복성과 지역 복제 결합 – 1년 동안 개체에 99.99999999999999%(16개의 9) 내구성 제공	– 최상의 일관성, 내구성 및 가용성, 뛰어난 성능 및 복원력이 필요한 애플리케이션 – 전체 지역 중단 또는 복구 불가능한 주 지역 재해 대비 – 가용성 영역 사용 불능 또는 복구 불능 대비
	RA-GRS, RA-GZRS	– RA-GRS와 RA-GZRS는 보조 지역(수백 마일 거리)에서 읽기 액세스 허용 – Azure 파일 공유에는 사용 불가	– 가동이 중단되어 보조 지역으로 전환이 발생할 때 애플리케이션이 보조 지역 데이터베이스를 읽도록 전환

한국 중부와 한국 남부의 LRS와 GRS 중복 옵션의 스토리지 계정 데이터 복제 과정을 [그림 7-5]에 나타냈습니다.

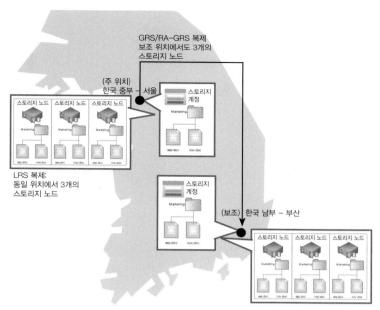

그림 7-5 한국 중부와 한국 남부의 스토리지 계정 데이터 복제 예시

예를 들어 쓰기 작업은 먼저 주 지역에 커밋되고 LRS를 사용해 복제됩니다. 그다음 보조 지역은 비동기로 업데이트가 복제됩니다. 데이터가 보조 지역에 업데이트될 때 LRS를 사용해 보조 지역 내에서 3번의 동기 복제가 이뤄집니다.

지금까지 설명한 스토리지 계정 종류와 서비스, 성능 계층, 액세스 계층, 복제 옵션을 [표 7-3]에 정리했습니다.

표 7-3 스토리지 계정 유형에 따른 기능 비교

계정 유형	지원 서비스	성능	액세스 계층	중복 옵션
범용 v2 계정	Blob, 파일 공유, 큐, 테이블, 디스크	표준	핫, 쿨, 보관	LRS, ZRS, GRS, RA-GRS, RA-GZRS
블록 Blob	블록 Blob, 추가 Blob	프리미엄	N/A	LRS, ZRS
페이지 Blob	페이지 Blob	프리미엄	핫, 쿨	LRS, ZRS
파일 공유	Azure Files	프리미엄	N/A	LRS, ZRS

7.2.2 네트워킹 설정

스토리지 계정 만들기 블레이드의 [네트워킹] 탭은 네트워크 연결 방법과 네트워크 라우팅 기본 설정을 제공합니다. **네트워크 연결** 섹션에서 네트워크에서 스토리지 계정을 액세스하는 방법을 제어할 수 있습니다. [그림 7-6]은 **스토리지 계정 만들기** 블레이드의 **네트워킹** 탭에서 제공하는 설정 옵션을 나타냈습니다. 각 옵션을 하나씩 살펴보겠습니다.

그림 7-6 스토리지 계정 네트워크 설정

❶ 연결 방법

기본값은 모든 네트워크에서 스토리지 서비스에 접근할 수 있는 '모든 네트워크에서 퍼블릭 액세스 사용'입니다. 두 번째 값인 '선택한 가상 네트워크 및 IP 주소에서 퍼블릭 액세스 사용'은 [그림 7-7]에서 보듯이 스토리지 계정을 액세스할 수 있는 네트워크를 지정할 수 있습니다.

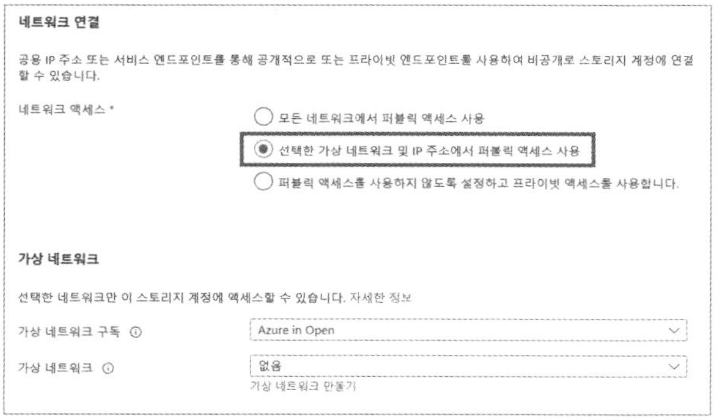

그림 7-7 공용 엔드포인트(선택한 네트워크)

세 번째 선택지인 '퍼블릭 액세스를 사용하지 않도록 설정하고 프라이빗 액세스를 사용합니다.'는 VNet에서 스토리지 계정에 사설 IP를 할당하고 프라이빗 연결을 수립해 VNet과 스토리지 계정 간 모든 트래픽을 보호할 수 있습니다.

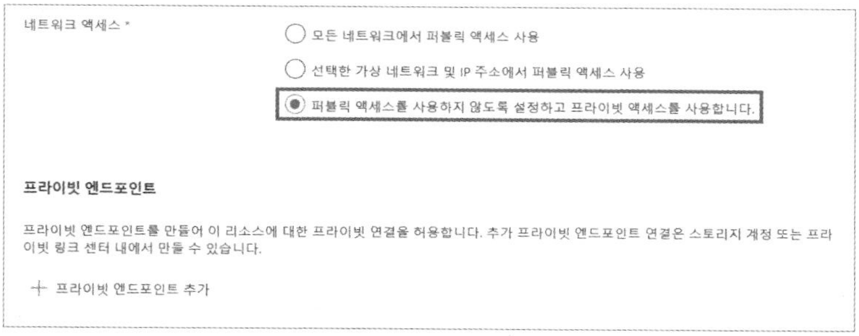

그림 7-8 프라이빗 액세스

❷ 네트워크 라우팅

기본값인 'Microsoft 네트워크 라우팅'은 사용자에게 가장 가까운 마이크로소프트 POP(Point of Presence)를 통해 마이크로소프트 글로벌 네트워크로 진입해 트래픽을 Azure 서비스로 라우팅합니다.

'인터넷 라우팅' 옵션은 ISP 네트워크를 사용해 연결할 서비스에 가장 가까운 마이크로소프트 POP로 트래픽을 보내 Azure 서비스로 라우팅합니다.

7.2.3 액세스 계층

저장소 계정 만들기 블레이드의 [고급] 탭에서 Blob 데이터의 액세스 계층을 지정합니다. 이 설정은 Blob 데이터를 저장할 때 명시적으로 액세스 계층을 설정하지 않을 경우 기본으로 유추하는 계층을 지정합니다. Blob 데이터에 대한 액세스 계층은 핫(Hot)과 쿨(Cool), 콜드 (Cold), 보관(Archive) 4가지입니다. 핫과 쿨은 계정 수준에서 지정할 수 있지만(그림 7-9 ❶), 콜드와 보관은 Blob 수준에서만(그림 7-9 ❷) 설정할 수 있습니다.

- 핫(Hot): 가장 일반적인 시나리오로 자주 액세스하거나 수정하는 데이터에 적합합니다. 다른 계층보다 저장소 비용은 높지만 액세스 비용은 가장 낮습니다.

- 쿨(Cool): 핫 계층에 비해 저장소 비용은 낮지만 액세스 비용은 높습니다. 최소 30일 동안 쿨 계층에 저장하는 데이터에 적합합니다. 주로 단기 백업, 재해복구 데이터 세트, 오래되었지만 액세스할 때 바로 사용해야 하는 미디어 콘텐츠, 장비의 원시 원격 분석 데이터 등 자주 액세스하지만 수정하지 않는 데이터에 적합합니다.

- 콜드(Cold): 쿨 계층에 비해 저장소 비용은 낮고 액세스 비용은 높습니다. 최소 90일 동안 저장해야 하는, 자주 액세스하지만 수정하지 않는 데이터에 적합합니다.

- 보관(Archive): 저장소 비용은 가장 낮으나 데이터 검색 비용은 더 높습니다. 최소 180일 동안 오프라인 계층에 보관하는 데이터에 적합합니다. 주로 장기 백업 및 보조 백업, 보관 데이터 세트, 장기간 저장해야 하거나 거의 액세스하지 않는 규정 준수 관련 데이터 및 대기 시간이 유연한 데이터를 저장하는 데 사용합니다.

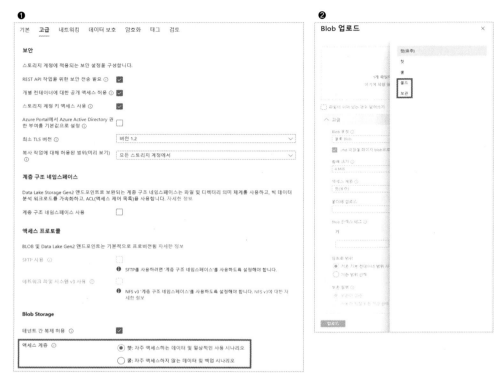

그림 7-9 계정 수준 및 Blob 수준에서 액세스 계층 지정

실전 연습 1 – 스토리지 계정 만들기

이번 실습에서는 인공지능 자비스의 데이터를 저장할 스토리지 계정을 만듭니다.

1. Azure 포털 상단의 전역 검색 창에서 '스토리지 계정'을 찾아 검색한 후 **서비스** 섹션에서 '스토리지 계정'을 선택합니다.

2. **스토리지 계정** 블레이드의 명령 모음에서 [⊞ 만들기] 버튼을 클릭합니다.

3. **저장소 계정 만들기** 블레이드의 **기본 사항** 탭에서 다음을 설정하고 **네트워킹** 탭으로 이동합니다.

❶ 구독: 사용 중인 구독

❷ 리소스 그룹: rg-hallofarmor

❸ 스토리지 계정 이름: stjvdata[SUFFIX]

❹ 위치: Korea Central

❺ 성능: 표준

❻ 중복: LRS(로컬 중복 스토리지)

> **NOTE_** 스토리지 이름처럼 Azure 전역에서 고유해야 하는 리소스의 이름 마지막에 표시한 'SUFFIX'는 여러분의 영문 이름 이니셜로 대체하세요. 저의 경우 영문 이름 이니셜인 'kdk'를 붙입니다.

그림 7-10 스토리지 계정의 기본 사항 설정

4. [고급] 탭에서 **보안** 섹션에 '개별 컨테이너에 대한 익명 액세스 허용' 항목을 선택합니다.

그림 7-11 Blob 컨테이너의 익명 액세스 설정

5. **네트워킹** 탭에서 ❶ 네트워크 연결과 ❷ 네트워크 라우팅 설정에 기본값을 사용하고 [검토] 버튼을 클릭합니다.

그림 7-12 스토리지 계정의 네트워킹 설정

6. 유효성 검사가 진행된 후 설정한 정보를 다시 한번 검토한 후 [만들기] 버튼을 클릭해 스토리지 계정을 만듭니다.

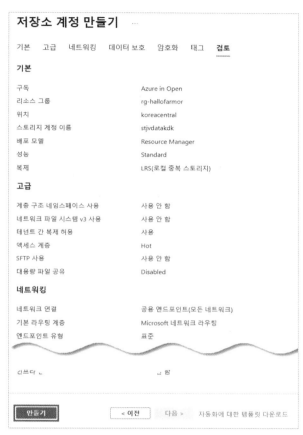

그림 7-13 저장소 계정 만들기 설정 내용 검토

7. 배포가 완료되면 스토리지 계정 리소스로 이동해 **개요** 서비스 메뉴의 블레이드에서 ❶ **필수** 섹션의 성능과 복제, 계정 종류, 위치 등을 확인합니다. 그리고 하단의 ❷ 4가지 스토리지 서비스인 Blob service(컨테이너)와 파일 서비스(파일 공유), 큐 서비스, Table service (테이블)를 확인합니다.

그림 7-14 스토리지 계정의 개요 블레이드

8. 스토리지 계정 서비스 메뉴의 **보안 + 네트워킹** 섹션 아래 ❶ **액세스 키** 메뉴를 선택하고 오른쪽 블레이드에서 ❷ 스토리지 계정 이름과 ❸ 2개의 키를 확인합니다. [표시] 버튼을 클릭하면 실제 데이터를 확인할 수 있습니다.

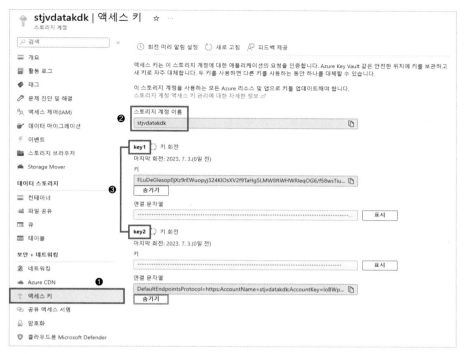

그림 7-15 스토리지 계정의 액세스 키 블레이드

액세스 키와 연결 문자열

[그림 7-15]에서 확인했듯이 스토리지 계정을 만들 때 512비트 크기의 스토리지 계정 액세스 키와 연결 문자열이 만들어졌습니다. 액세스 키는 저장소 계정의 루트 암호와 같아서 저장소 전체에 강력한 권한을 가집니다. 이 키가 노출되면 데이터 보안에 심각한 위협이 발생할 수 있으므로 평문으로 저장하거나 코드 내에 직접 포함하지 않아야 합니다.

혹시 키가 노출되거나 손상된 경우라면 키를 다시 생성할 수 있습니다(그림 7-16 [키 회전]). 보안을 고려하면 액세스 키를 정기적으로 새로 생성하는 것을 권장하지만, 키를 다시 생성하면 영향을 받는 애플리케이션이나 서비스는 반드시 바뀐 키로 업데이트해야 합니다.

그림 7-16 액세스 키 다시 생성

보통 스토리지 액세스에 주 액세스 키를 일관성 있게 사용하고 주 키를 다시 생성할 때 보조 키를 예비로 사용할 수 있도록 준비하는 것이 좋습니다.

계정 액세스 키는 강력한 권한을 가지므로 이 키를 안전하게 관리해야 합니다. Azure 키 자격 증명 모음(Key Vault)을 사용해 키를 안전하게 관리하고 주기적으로 새로 생성하거나 RBAC를 통해 Microsoft Entra ID 계정에 리소스 액세스 권한을 부여하는 것이 좋습니다.

[그림 7-16]에 나타낸 키와 함께 쌍으로 제공되는 연결 문자열은 애플리케이션 실행 중에 스토리지 계정의 데이터를 액세스하는 데 필요한 인증 정보를 제공하거나 스토리지 탐색기와 같은 별도의 스토리지 클라이언트 도구나 스토리지 에뮬레이터(Azurite)의 연결 정보로 사용할 수 있습니다.

> **NOTE_** 로컬에서 Azure Storage 개발에 Azurite 오픈소스 에뮬레이터를 사용하는 자세한 방법은 다음 기술 문서를 참고하세요.
>
> • https://learn.microsoft.com/ko-kr/azure/storage/common/storage-use-azurite

7.3 Azure 스토리지 서비스

표준 성능(Storage V2(범용 v2)) 계정을 만들었다면 기본적으로 컨테이너(Blob)와 파일 공유(Azure Files), 큐, 테이블 서비스를 모두 제공합니다. 각 스토리지 서비스는 모두 HTTP/HTTPS를 통해 어디서나 액세스할 수 있습니다. 따라서 스토리지 서비스마다 고유한 엔드포인트(액세스 URL)를 제공합니다.

- Blob 서비스(컨테이너)

  `http://<스토리지_계정_이름>.blob.core.windows.net/`
- 파일 서비스

  `https://<스토리지_계정_이름>.file.core.windows.net/`
- 큐 서비스

  `https://<스토리지_계정_이름>.queue.core.windows.net/`
- 테이블 서비스

  `https://<스토리지_계정_이름>.table.core.windows.net/`

이제 각 스토리지 서비스에 대해 살펴보고 실습을 통해 사용법을 익혀보겠습니다.

7.3.1 컨테이너(Blob) 서비스

구조화되지 않은 대량의 비정형 데이터를 저장하기 위한 개체 스토리지 솔루션입니다. 원래는 Blobs라는 이름을 사용했는데 컨테이너로 변경되었습니다. 아마도 Blob 스토리지의 리소스 관계가 [그림 7-17]에서처럼 논리적인 컨테이너를 만들어 Blob 데이터를 저장하는 방식 때문에 바꾸지 않았을까 생각합니다. 개인적으로 이전 이름이 더 명확한 것 같습니다.

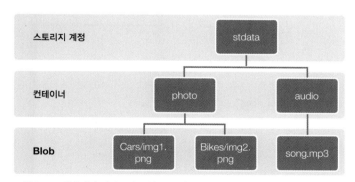

그림 7-17 컨테이너 서비스의 구성요소 관계

컨테이너 서비스에 폴더라는 개념은 없습니다. 폴더는 사용 편의를 위한 가상의 단위이기 때문에 파일이나 폴더는 모두 평면적으로 동일한 수준입니다. [그림 7-17]으로 예를 들면 'photo/Cars/img1.jpg' 경로에서 컨테이너의 이름은 'photo', Blob 이름은 'Cars/img1.jpg'입니다. 컨테이너 서비스는 브라우저를 통해 이미지나 문서 파일에 직접 액세스하거나 파일을 저장하고 분산 액세스해야 할 경우 동영상이나 오디오 스트리밍, 로그 파일, 데이터 백업 및 복원(재해복구), 온프레미스나 클라우드 서비스에서 분석하기 위한 데이터 저장 시나리오에 적합합니다.

컨테이너

컨테이너에 Blob 데이터를 저장하려면 [그림 7-18]과 같은 화면에서 제일 먼저 컨테이너를 만들어야 합니다.

컨테이너는 다수의 Blob을 그룹화하는 논리적인 개념입니다. 마이크로소프트 기술 문서에는 폴더와 비슷하다고 하지만 컨테이너 내에서 다시 폴더를 만들 수 있으므로 Blob을 일정한 기준으로 구분해 모으기 위한 논리적 개념으로 봐야 합니다.

그림 7-18 컨테이너 만들기

❶ 이름
- 저장하는 Blob을 잘 나타낼 수 있는 의미 있는 이름을 소문자로 작성합니다.
- 문자와 숫자, 하이픈(–)만 포함하며 하이픈으로 시작하거나 연속해서 사용할 수 없습니다.
- 이름의 길이는 3~63자 이내로 작성합니다.

❷ 공용 액세스 수준
컨테이너와 Blob에 대한 익명 공용 읽기 액세스를 지정하거나 익명 액세스를 차단할 수 있습니다.

- '프라이빗(익명 액세스 없음)'이 기본값이며 익명 액세스를 제공하지 않으므로 Blob을 요청할 때는 권한이 필요합니다.
- 'Blob(Blob에 대한 익명 읽기 전용 액세스)'은 인증 절차 없이 Blob 데이터를 읽을 수 있지만 컨테이너 내의 Blob 목록을 나열할 수는 없습니다.
- '컨테이너(컨테이너와 Blob에 대한 익명 읽기 액세스)'는 Blob 데이터와 컨테이너의 Blob 목록을 읽을 수 있습니다. 컨테이너의 권한 설정과 컨테이너 메타데이터는 액세스할 수 없습니다.

컨테이너 수준에서 공용 액세스를 지정하더라도 [그림 7-19]의 저장소 계정의 **구성** 블레이드의 **Blob 익명 액세스 허용** 항목이 '사용'으로 설정되지 않으면 익명 액세스를 할 수 없습니다.

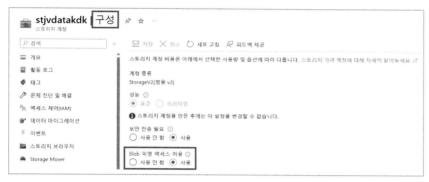

그림 7-19 Blob 익명 액세스 허용

NOTE_ Blob 리소스를 익명으로 액세스하기 위해 Blob 익명 액세스를 허용하면 휴먼 에러(인적 오류)나 악의적인 공격 등 보안 위험에 노출될 수 있습니다. 프로덕션 환경에서는 익명 공개 가능한 데이터에 대한 철저한 보안 평가를 통해 익명 액세스 범위를 최소화하거나 Microsoft Entra ID 계정을 통한 인증이나 뒤에서 다룰 공유 액세스 서명 사용을 권장합니다.

Blob 데이터 관리

컨테이너를 만들고 나면 컨테이너의 루트에 파일을 저장하거나 폴더를 만들어 그 안에 파일을 저장하는 2가지 방법으로 Blob을 업로드할 수 있습니다. [그림 7-20]을 참고해서 **Blob 업로드** 블레이드의 각 부분을 살펴보겠습니다.

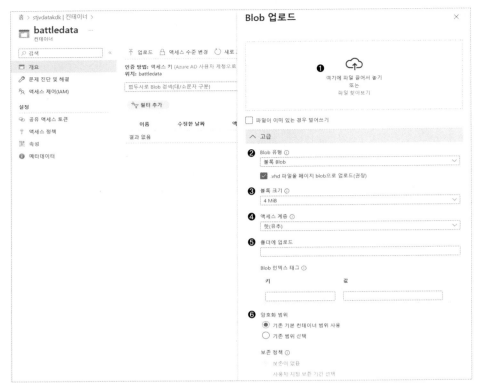

그림 7-20 Blob 업로드 블레이드

❶ 하나 이상의 파일을 끌어서 놓거나 [파일 찾아보기] 링크를 클릭해 선택할 수 있습니다. 아래 체크 상자를 선택하면 파일이 이미 있는 경우 덮어쓰기를 허용합니다.

❷ Blob 유형: 3가지 유형이 있으며 Blob 유형은 만들고 나면 변경하지 못합니다.

- 블록 Blob: 텍스트나 이진 데이터 저장에 적합합니다. 데이터 블록이 관리 단위이며 데이터의 최대 크기는 190.7TiB입니다.

- 페이지 Blob: 512바이트 페이지의 컬렉션으로 임의 읽기 및 쓰기 작업에 최적화되어 있어서 임의 액세스 파일인 가상 하드 디스크(VHD) 파일 저장에 적합합니다. Azure VM의 디스크를 제공하는 스토리지로 사용됩니다. 파일의 최대 크기는 8TiB입니다.

- 추가 Blob: 데이터 블록이 관리 단위이지만 로그 파일처럼 데이터를 추가하는 작업에 최적화되어 있습니다. 각 블록은 최대 4MiB까지 다양한 크기일 수 있으며 최대 크기는 195GiB보다 약간 큽니다.

❸ 블록 크기: 블록 Blob과 추가 Blob은 데이터 블록으로 구성되며 Blob당 최대 50,000개의 블록을 지원합니다. 기본값은 4MiB이며 64KiB~100MiB 사이의 값을 선택할 수 있습니다(그림 7-21).

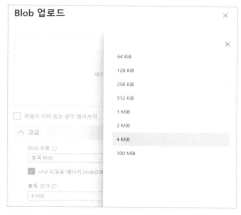

그림 7-21 Blob 블록 크기

❹ 액세스 계층: 블록 Blob에 대해서만 핫, 쿨, 콜드, 보관 계층 중에서 선택할 수 있습니다(보관 계층으로 데이터를 저장하고 빈번한 읽기를 하면 큰 비용이 발생할 수 있습니다).

❺ 폴더에 업로드: 업로드하는 Blob 데이터가 특정 폴더에 들어가길 원하는 경우 여기서 폴더명을 지정합니다. 업로드를 진행할 때 폴더가 만들어지며 Blob 데이터는 그 폴더 내에 존재합니다.

❻ 암호화 범위: Blob을 만들 때 암호화 범위를 지정할 수 있습니다. 기본값인 '기존 기본 컨테이너 범위 사용'은 마이크로소프트 관리 키를 사용해 기본 컨테이너 범위를 암호화합니다. 사용자가 관리하는 고유의 키를 사용해 암호화할 수도 있는데, 이때는 Azure 키 자격 증명 모음(Key Vault)에 저장한 사용자의 관리 키를 사용합니다.[1]

'기존 범위 선택' 옵션은 암호화 범위를 선택하려는 경우 먼저 마이크로소프트 관리 키나 사용자가 관리하는 키를 사용해 암호화 범위를 만들어야 합니다.[2]

실전 연습 2 – 컨테이너 스토리지 만들기

이번 실습은 아이언맨의 전투 데이터를 수집해 자비스가 분석하고 전투 능력을 업그레이드시키는 데 사용할 컨테이너를 만든 다음 샘플 Blob 데이터를 업로드합니다.

1. 앞서 실전 연습1에서 만든 스토리지 계정의 **개요** 블레이드에서 **속성** 탭 아래의 **Blob service**를 선택합니다(그림 7–14 참고).

---

1 https://learn.microsoft.com/ko-kr/azure/storage/common/storage-service-encryption#encryptionscopes-for-blob-storage-preview

2 https://learn.microsoft.com/ko-kr/azure/storage/blobs/encryption-scope-manage?tabs=portal

2. **컨테이너** 블레이드에서 [＋컨테이너] 버튼을 클릭하면 **새 컨테이너** 블레이드가 열립니다. 다음을 설정하고 [만들기] 버튼을 클릭합니다.

❶ 이름: battledata

❷ 공용 액세스 수준: 프라이빗(익명 액세스 없음)

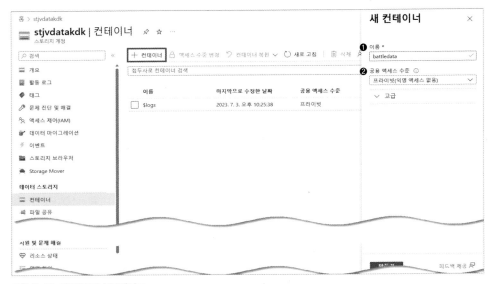

그림 7-22 새 컨테이너 블레이드

3. **컨테이너** 블레이드에서 방금 만든 [battledata] 컨테이너를 클릭합니다. **battledata** 블레이드가 열리면 명령 바에서 [⬆업로드] 버튼을 클릭합니다.

그림 7-23 battledata 컨테이너 블레이드

4. Blob 업로드 블레이드에서 다음을 설정하고 나머지는 기본값으로 한 후 [업로드] 버튼을 클릭합니다.

❶ 파일: "battlefield_kor_20230830.txt"라는 샘플 텍스트 파일을 만들어 선택합니다(파일 내용은 임의 데이터로 채움).

❷ 블록 크기: 256KiB   ❸ 액세스 계층: 핫   ❹ 폴더에 업로드: Korea

그림 7-24 Blob 업로드

5. battledata 컨테이너에 'Korea'라는 폴더가 만들어진 것을 확인하고 폴더를 클릭해 앞서 업로드한 Blob 데이터를 클릭합니다.

그림 7-25 Blob 데이터 업로드 결과

6. 방금 업로드한 Blob 데이터의 블레이드가 열리면 **개요** 탭에서 속성 정보를 확인할 수 있으며 **버전, 스냅샷, 편집, SAS 생성** 탭을 제공합니다.

❶ 스냅샷: 스냅샷을 만들고 관리할 수 있으며 다운로드하거나 복원할 수 있습니다.

❷ 편집: Blob 데이터 내용을 확인하고 편집할 수 있습니다.

❸ SAS 생성: 공유 액세스 서명이라고 하며 리소스 액세스를 위임할 수 있습니다. 13장에서 설명합니다.

그림 7-26 저장된 Blob 데이터의 블레이드

7. [그림 7-26]의 **개요** 탭에서 URL 속성의 값을 복사해 브라우저의 주소 창에 입력하고 접속합니다. [그림 7-27]처럼 리소스를 찾을 수 없다는 메시지를 표시합니다. 이유는 앞서 컨테이너를 만들 때 공용 액세스 수준을 '프라이빗'으로 했기 때문입니다.

그림 7-27 저장된 Blob 데이터의 URL 액세스 불가 메시지

8. battledata 컨테이너의 서비스 메뉴의 **개요**를 선택하고 명령 모음에서 ❶ [🔒액세스 수준 변경]을 클릭합니다. **액세스 수준 변경** 팝업에서 ❷ 'Blob(Blob에 대한 익명 읽기 전용 액세스)'를 선택하고 ❸ [확인] 버튼을 클릭합니다.

그림 7-28 공용 액세스 수준 변경

9. 다시 업로드한 Blob 데이터 블레이드의 **개요** 탭에서 URL을 복사해 브라우저에서 확인하면 이제 Blob 데이터의 내용이 브라우저에서 표시됩니다.

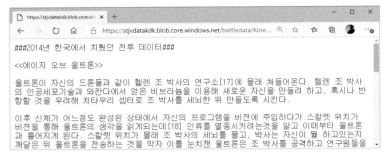

그림 7-29 Blob 데이터 익명 액세스 허용 후 Blob 데이터 URL 액세스

7.3.2 파일 공유(Azure Files) 스토리지

Azure는 업계 표준인 SMB(Server Message Block) 프로토콜을 사용하는 관리되는 파일 공유를 제공합니다. 쉽게 생각하면 온프레미스에서 구현했던 파일 서버의 역할을 제공한다고 볼수 있습니다. 따라서 여러 VM이 동일한 네트워크 드라이브를 공유하고 파일에 대한 읽기/쓰기를 해야 할 때 사용할 수 있습니다. 온프레미스의 파일 서버와 다른 점 한 가지는 공유 액세스 서명(SAS, Shared Access Signiture) 토큰을 포함하는 URL을 통해 전 세계 어디서나 안전하게 액세스할 수 있는 파일 공유를 제공한다는 점입니다.

파일 공유 스토리지를 사용하는 전형적인 시나리오를 몇 가지 소개합니다.

- 파일 공유를 사용하는 온프레미스 애플리케이션을 Azure로 마이그레이션할 때 변경을 최소화할 수 있습니다.
- 구성 파일이나 도구 및 유틸리티를 파일 공유에 저장해 Azure VM을 사용하는 모든 사용자가 쉽게 동일한 버전을 사용하게 할 수 있습니다.
- 로그나 충돌 덤프와 같은 파일을 파일 공유에 저장한 다음 분석할 수 있습니다.

파일 공유는 표준 파일 공유와 프리미엄 파일 공유 2가지를 제공합니다. 프리미엄 파일 공유는 스토리지 계정을 만들 때 성능 계층을 '프리미엄'으로 설정하고 프리미엄 계정 유형을 '파일 공유'로 지정한 경우 사용할 수 있습니다.

파일 공유를 만드는 과정은 간단합니다. 이름만 지정하면 됩니다(그림 7-30). 이름은 모두 소문자로 작성하고 할당량은 최대 5TiB(대용량 파일 공유를 설정한 경우 100TiB)로 기본 설정되지만 나중에 변경할 수 있습니다. 계층 옵션을 통해 트랜잭션 최적화됨 및 핫, 쿨 옵션을 선택할 수 있습니다.

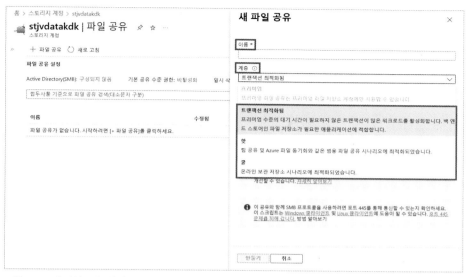

그림 7-30 새 파일 공유 만들기

파일 공유는 윈도우, 리눅스, 맥OS에서 연결할 수 있습니다. Azure VM에서 파일 공유를 사용할 때는 특별히 문제될 경우가 적지만, 온프레미스의 컴퓨터나 다른 클라우드의 VM에서 파일 공유를 사용할 경우 SMB 프로토콜이 사용하는 TCP 445번 포트가 열려있어야 합니다.

스토리지 계정이 '보안 전송 필요' 옵션(기본값)을 사용하면 파일 공유를 사용하는 클라이언트는 암호화된 SMB 3.0을 지원해야 합니다.

[그림 7-31]에서 나타낸 파일 공유의 **연결** 블레이드에서 운영체제별 연결 방법과 관련 스크립트를 제공합니다.

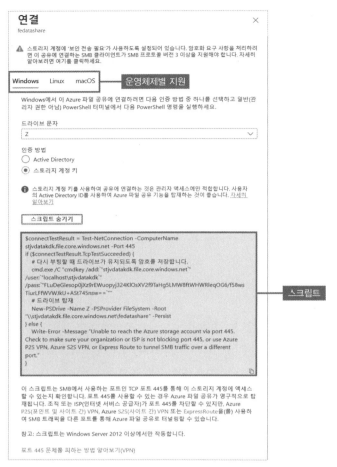

그림 7-31 파일 공유 연결하기

실전 연습 3 – 파일 공유 만들고 연결하기

이번 실습은 자비스의 프런트 엔드 윈도우 서버와 백 엔드 리눅스 서버 각각에 연결할 파일 공유 스토리지를 만듭니다.

1. 스토리지 계정의 서비스 메뉴 중 **데이터 스토리지** 섹션의 **파일 공유**를 선택한 다음 **파일 공유** 블레이드의 명령 모음에서 [⊞ 파일 공유] 버튼을 클릭합니다.

그림 7-32 파일 공유 블레이드

2. 먼저 윈도우 서버에 사용할 파일 공유를 만듭니다. **새 파일 공유** 블레이드에서 다음 내용을 설정하고 [검토 + 만들기] 버튼 클릭 후 [만들기] 버튼을 클릭합니다.

[기본 사항]

❶ 이름: fedatashare

❷ 계층: 트랜잭션 최적화됨

[백업]

❸ 백업 사용: 선택 안 함

그림 7-33 새 파일 공유 블레이드

3. 1~2번 과정을 반복해 리눅스 서버에 사용할 파일 공유를 만듭니다.

- 이름: bedatashare
- 계층: 트랜잭션 최적화됨

그림 7-34 파일 공유 블레이드의 파일 공유 목록

4. 앞서 만든 윈도우 서버 VM(vmjarvisfe)에 원격 데스크톱 연결을 수립한 후 'Windows PowerShell ISE'를 실행합니다(VM을 할당 해제한 경우 먼저 VM의 **개요** 블레이드에서 명령 모음의 [시작] 버튼을 클릭합니다).

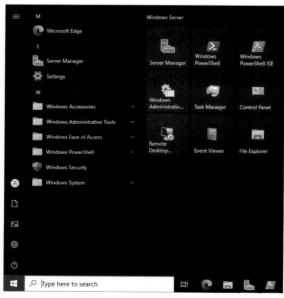

그림 7-35 윈도우 서버 VM의 Windows PowerShell ISE 실행

5. 2번 과정에서 만든 파일 공유(fedatashare)의 **개요** 서비스 메뉴를 선택하고 블레이드의 명령 모음에서 [🖉 연결] 버튼을 클릭합니다.

그림 7-36 fedatashare 파일 공유 개요 블레이드의 명령 모음

6. **연결** 블레이드에서 Windows 탭에서 ❶ **드라이브 문자**를 선택하고 ❷ [스크립트 표시] 버튼을 클릭하면 바로 아래 ❸ 업데이트된 스크립트를 표시합니다. 스크립트 상자 오른쪽 하단의 ❹ [🗐 클립보드로 복사] 버튼을 클릭합니다.

그림 7-37 연결 블레이드에서 윈도우용 스크립트 복사

7. 4번 과정에서 실행한 PowerShell ISE의 스크립트 창에 6번에서 복사한 스크립트를 붙여 넣은 다음 ❶ 전체 스크립트를 선택하고 ❷ [F8] 키를 눌러 선택한 영역을 실행합니다. ❸ 먼저 445번 포트가 열렸는지 검사하고 그 결과에 따라 나머지 스크립트가 실행됩니다.

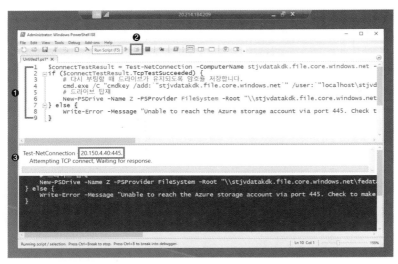

그림 7-38 PowerShell ISE에서 파일 공유 스크립트 실행

8. 스크립트가 잘 실행되었다면 PowerShell ISE의 명령 창에 다음과 같은 결과가 출력됩니다.

그림 7-39 파일 공유 스크립트 실행 결과

9. 윈도우 서버 VM의 **파일 탐색기**를 열면 스토리지 계정에서 만든 파일 공유 fedatashare가 네트워크 드라이브 Z로 연결된 것을 알 수 있습니다.

그림 7-40 파일 탐색기에서 네트워크 드라이브 연결 확인

10. 앞서 만든 vmjarvismaster01 VM에 원격 데스크톱 연결을 수립한 후 Windows Terminal을 실행합니다. 다음 명령을 셸에서 실행해 자비스의 백 엔드 리눅스 서버 VM으로 SSH 연결합니다(그림 6-54 참고).

```
ssh -i .ssh\vmjarvisbe_key.pem tony@<YOUR PRIVATE IP>
```

11. 3번 과정에서 만든 리눅스 VM에 쓸 파일 공유(bedatashare)의 **연결** 블레이드에서 **Linux** 탭 아래의 [스크립트 표시] 버튼을 클릭한 후 스크립트를 클립보드로 복사합니다.

그림 7-41 연결 블레이드의 리눅스용 스크립트 복사

12. vmjarvisbe에 SSH 접속을 수립한 vmjarvismaster01 VM의 Windows Terminal에 리눅스용 연결 스크립트를 붙여 넣고 실행합니다.

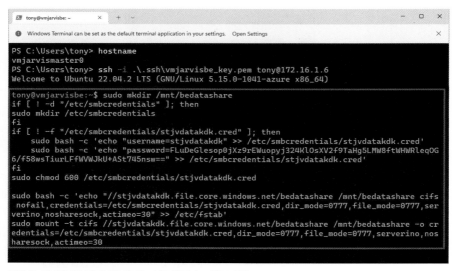

그림 7-42 우분투 터미널에서 리눅스용 연결 스크립트 실행

13. ❶ 마운트 위치로 이동해 ❷ readme.txt라는 파일을 만들고 확인합니다. ❸ 파일이 생성되었다면 파일 공유를 리눅스 서버에 성공적으로 마운트한 것입니다.

- 마운트 위치 이동

  cd /mnt/bedatashare

- 빈 파일 만들기

  touch readme.txt

그림 7-43 리눅스에 마운트한 파일 공유 동작 확인

14. 3번 과정에서 만든 bedatashare 파일 공유의 [찾아보기] 메뉴를 선택하면 방금 만든 readme.txt 파일을 확인할 수 있습니다.

그림 7-44 bedatashare 파일 공유의 파일 목록 확인

7.3.3 테이블 서비스

테이블은 스키마 없는 키/값 저장소로 설계되었으며 구조화된 NoSQL 데이터(반정형 데이터)용 저장소입니다. 스키마가 없기 때문에 애플리케이션의 데이터 요구사항이 변하더라도 유연하게 적응시킬 수 있습니다. 일반적인 SQL과 비교해 테이블은 대량의 구조화된 비관계형 데이터를 더 저렴하게 저장할 수 있습니다.

한 스토리지 계정에서 만들 수 있는 테이블의 수는 최대 스토리지 계정 용량에 따릅니다. 테이블에 저장하는 데이터 레코드를 엔터티라 부르는데 한 테이블에 저장할 수 있는 엔터티 수는 제한이 없습니다.

테이블은 웹 애플리케이션의 데이터 테이블처럼 사용자 정보나 디바이스 정보, 메타데이터와 같은 다양한 구조화된 대용량의 비관계형 데이터 집합을 저장하고 쿼리하는 시나리오에 적합합니다.

테이블은 [그림 7-45]와 같은 저장소 계정과 테이블, 엔터티, 속성의 관계를 가집니다.

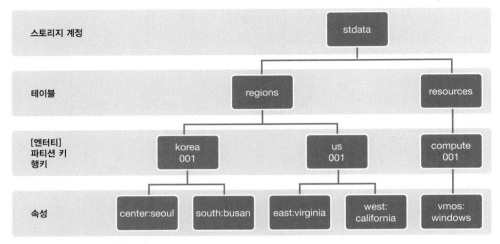

그림 7-45 테이블 스토리지 구성

- 속성: 키/값의 쌍입니다.
- 엔터티: 데이터베이스 레코드와 비슷하며 속성의 집합입니다. 최대 252개의 속성을 포함할 수 있으며 엔터티마다 포함하는 속성의 집합이 다를 수 있습니다. 엔터티는 파티션 키와 행 키, 타임스탬프라는 시스템 속성 3가지가 기본으로 포함됩니다. 파티션 키가 같은 엔터티는 더 빠르게 처리하고 삽입/업데이트가 가능합니다. 행 키는 동일한 파티션 내의 고유한 식별자입니다. 엔터티의 최대 크기는 1MB입니다.
- 테이블: 엔터티의 컬렉션이지만 스키마가 없기 때문에 다른 속성 집합을 갖는 엔터티를 포함할 수 있습니다.

테이블을 만드는 과정은 간단합니다. **테이블 이름**만 넣으면 됩니다(그림 7-46). 테이블 이름에 대한 규칙은 다음과 같습니다.

- 알파벳과 숫자만 사용하며 숫자로 시작하면 안 됩니다.
- 테이블 이름은 대소문자를 구분합니다.
- 이름의 길이는 3~63자입니다.

그림 7-46 테이블 만들기

실전 연습 4 - 테이블 스토리지 만들고 샘플 데이터 입력하기

이번 실습은 자비스의 백 엔드 리눅스 서버에서 돌아가는 엔진에서 전투 경험 데이터로그를 저장하고 관리할 테이블 스토리지를 만듭니다.

1. 스토리지 계정의 **개요** 블레이드의 속성 탭에서 **Table service**를 선택하거나 스토리지 계정 서비스 메뉴의 **데이터 스토리지** 섹션에서 **테이블**을 선택한 다음 **테이블** 블레이드의 명령 바에서 [⊞ 테이블] 버튼을 클릭합니다.

그림 7-47 테이블 블레이드

2. **테이블 추가** 팝업에서 다음을 설정하고 [확인] 버튼을 클릭합니다.

   - 테이블 이름: BattleFieldKOR

그림 7-48 테이블 추가 팝업

3. **테이블** 블레이드에서 방금 추가한 테이블과 테이블의 URL을 확인합니다.

그림 7-49 테이블 블레이드의 테이블 목록

4. 스토리지 계정의 서비스 메뉴에서 ❶ **스토리지 브라우저**를 선택하고 테이블 노드를 확장합니다. 방금 만든 ❷ 'BattleFieldKOR' 테이블을 선택하고 오른쪽 창 상단의 ❸ [+엔터티 추가] 버튼을 클릭합니다.

그림 7-50 스토리지 브라우저의 테이블 노드

5. **엔터티 추가** 블레이드에서 [속성 추가] 버튼을 2번 클릭하고 다음 값을 입력합니다. [Insert] 버튼을 클릭합니다.

❶ PartitionKey: battleSeoul

❷ RowKey: 001

❸ 첫 번째 속성: description / Battle with 3 robots in Gangnam(string)

❹ 두 번째 속성: destroy / 2(Int32)

그림 7-51 엔터티 추가 블레이드 작업

6. [그림 7-52]처럼 BattleFieldKOR 테이블에 2개의 속성을 가진 엔터티가 추가됐는지 확인합니다. 시스템 속성 중 하나인 타임스탬프는 자동으로 채워집니다.

그림 7-52 BattleFieldKOR 테이블에 추가된 엔터티

7.3.4 큐 스토리지

흔히 선입선출(First In First Out, FIFO) 자료 구조를 큐^{Queue}라고 합니다. 이런 큐의 특징을 가진 스토리지 서비스가 '큐 서비스'이지만, 항상 FIFO 순서를 보장하지는 않습니다. 항상 순서를 보장해야 하는 경우는 'Service Bus'를 사용해야 합니다. 스토리지 계정의 큐 서비스와 Service Bus의 자세한 비교는 Azure 기술 문서를 참고하길 바랍니다.[3] Azure의 큐 서비스는 대규모 비동기 메시지 처리가 필요한 서비스나 애플리케이션에 사용할 수 있습니다. 큐에 저장하

---

3 https://learn.microsoft.com/ko-kr/azure/service-bus-messaging/service-bus-azure-and-service-bus-queues-compared-contrasted#foundational-capabilities

는 메시지의 최대 크기는 64KB입니다. 큐 서비스는 HTTP/HTTPS 프로토콜을 사용한 인증된
호출을 통해 메시지를 액세스할 수 있습니다. 큐 서비스 액세스 URL 형식은 다음과 같습니다.

```
https://<스토리지 계정 이름>.queue.core.windows.net/<큐 이름>
```

큐 서비스의 구조는 [그림 7-53]에 나타낸 저장소 계정과 큐, 메시지의 계층적 관계입니다.

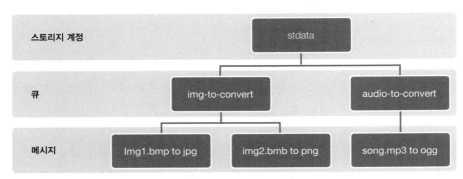

그림 7-53 큐 스토리지의 구성

큐를 만드는 과정도 테이블처럼 간단합니다. **큐 이름**만 넣으면 됩니다(그림 7-54). 큐 이름 규
칙은 다음과 같습니다.

- 문자와 숫자, 하이픈(-)을 포함할 수 있지만 문자 또는 숫자로 시작하고 끝나야 합니다. 하이픈은 연속해서 사
  용할 수 없습니다.
- 모두 소문자를 사용해야 합니다.
- 이름의 길이는 3~63자입니다.

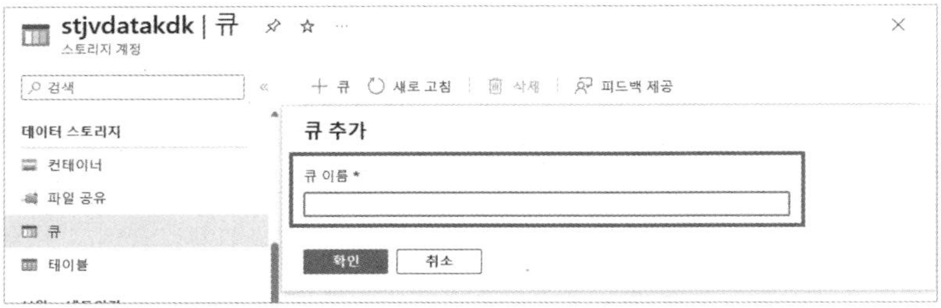

그림 7-54 큐 만들기

보통 큐는 프로그래밍 방식으로 다룹니다. 하지만 필요한 경우 Azure 포털에서 직접 메시지를 추가하고 제거할 수 있습니다. 포털에서 직접 메시지를 다루는 인터페이스는 [그림 7-55]와 같습니다.

그림 7-55 큐에 메시지 추가하기

❶ 메시지 텍스트: 최대 64KB로 어떤 형식이든 입력 가능합니다.

❷ 만료일: 메시지 만료일(TTL, Time to Live)은 1초~7일까지 지정할 수 있습니다.

❸ 메시지가 만료되지 않음: 체크하면 명시적으로 제거될 때까지 메시지를 큐에 남깁니다.

❹ Base64로 메시지 본문 인코딩: 영어권 국가들이 사용하는 Latin1 문자 세트의 메시지일 경우 체크합니다. 이진 데이터는 인코딩하는 게 좋습니다.

실전 연습 5 - 큐 스토리지 만들고 메시지 추가하기

이번 실습은 자비스의 프런트 엔드 웹 서비스에서 주요 전투 장면 영상을 업로드할 때마다 큐에 메시지를 추가하는 시나리오를 가정합니다. 예를 들어 애플리케이션이 큐에서 메시지를 하나씩 꺼내면서 영상을 암호 압축 영상(가상의 AVE 포맷)으로 변환하는 비동기 처리를 수행한다고 가정합니다.

1. 스토리지 계정의 서비스 메뉴 중 **데이터 스토리지** 섹션의 큐를 선택한 다음 **큐** 블레이드의 명령 바에서 [⊞ 큐] 버튼을 클릭합니다.

그림 7-56 큐 블레이드

2. **큐 추가** 팝업에서 다음을 설정하고 [확인] 버튼을 클릭합니다.

- 큐 이름: video-to-convert

그림 7-57 큐 추가 팝업

3. **큐** 블레이드에서 방금 추가한 큐와 큐 URL을 확인합니다.

그림 7-58 큐 블레이드의 큐 목록

4. 방금 만든 큐를 선택하고 **video-to-convert** 큐 블레이드의 명령 바에서 [⊞ 메시지 추가]를
   클릭합니다.

그림 7-59 video-to-convert 큐 블레이드

5. **큐에 메시지 추가** 팝업 창에 다음 내용을 설정하고 [확인] 버튼을 클릭합니다.

   ❶ 메시지 텍스트: start korea battle scene

   ❷ 메시지가 만료되지 않음: 체크

   ❸ Base64로 메시지 본문 인코딩: 체크

그림 7-60 큐에 메시지 추가 블레이드

6. 5번 과정을 반복해 다음 내용으로 설정합니다.

- 메시지 텍스트: korea battle scene #1
- 만료일: 10분
- 메시지가 만료되지 않음: 체크 해제
- Base64로 메시지 본문 인코딩: 체크

7. 6번 과정을 반복해 다음 내용으로 설정합니다.

- 메시지 텍스트: korea battle scene #2
- 만료일: 1시간
- 메시지가 만료되지 않음: 체크 해제
- Base64로 메시지 본문 인코딩: 체크

그림 7-61 video-to-convert 큐 블레이드의 메시지 목록

8. **video-to-convert** 큐 블레이드의 명령 바에서 [🗑큐에서 메시지 제거]를 클릭하면 처음 입력한 메시지가 제거됩니다.

그림 7-62 큐에서 첫 번째 메시지 제거하기

9. 8번 과정에서 첫 번째 메시지를 제거했고 6번 과정에서 입력한 메시지는 만든 후 10분이 지나면 만료되어 메시지는 하나만 남습니다.

| 새로 고침 | + 메시지 추가 | 큐에서 메시지 제거 | × 큐 삭제 | 피드백 제공 |

인증 방법: 액세스 키 (Azure AD 사용자 계정으로 전환)

필터링 항목 검색...

ID	메시지 텍스트	삽입 시간	만료 시간	큐에서 개수 제거
91c357a7-9364-4cbf...	korea battle scene #2	2023. 7. 5. 오후 6:02:28	2023. 7. 5. 오후 7:02:28	0

그림 7-63 큐에서 시간 만료된 메시지 제거

7.3.5 Azure Storage Explorer (스토리지 탐색기)

Azure는 스토리지 데이터를 쉽게 관리할 수 있도록 Azure Storage Explorer라는 앱을 제공합니다. 스토리지 탐색 기능은 Azure 포털에서 바로 사용할 수 있는 웹 앱 형태와, 다양한 운영체제에 설치해서 사용할 수 있는 설치형 클라이언트 애플리케이션으로 제공됩니다. 웹 앱은 Azure 포털에서 스토리지 계정의 서비스 메뉴에서 액세스할 수 있습니다(그림 7-64). 현재 웹 앱 버전은 스토리지 브라우저라는 이름으로 제공됩니다.

그림 7-64 웹 버전 스토리지 브라우저

독립 실행형 앱은 웹 앱의 모든 기능을 포함해 더 풍부한 스토리지 관리 기능을 제공하며 별도로 다운로드하여 설치하는 Azure Storage Explorer입니다. 다운로드 방법은 [그림 7-64]의 **데이터를 관리하는 다른 방법** 섹션 아래의 'Azure Storage Explorer 다운로드' 링크를 클릭하거나 브라우저에서 Azure 기술 문서를 방문합니다.[4]

현재 Azure Storage Explorer는 크로스 플랫폼을 지원합니다. 운영체제별 지원 범위는 [표 7-4]에 나타냈습니다.

표 7-4 Azure Storage Explorer 지원 운영체제 종류와 버전

윈도우	리눅스	맥OS
Windows 11	Ubuntu	macOS 10.13 High Sierra 이상
Windows 10	Red Hat Enterprise Linux	
	SUSE Linux Enterprise Server	

Azure Storage Explorer로 Azure 스토리지를 관리하려면 제일 먼저 연결하는 작업이 필요합니다. [그림 7-65]처럼 8가지 연결 방법이 있습니다.

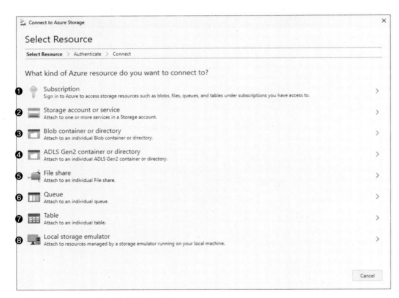

그림 7-65 Azure 스토리지 연결 옵션

----
4 https://azure.microsoft.com/ko-kr/features/storage-explorer/

❶ Subscription: Azure 구독 계정으로 인증하면 해당 구독에서 사용 중인 모든 스토리지 계정을 확인할 수 있습니다.

❷ Storage account or service: 스토리지 계정 이름과 키, 연결 문자열, 공유 액세스 서명(SAS) URL 정보를 입력해 연결할 수 있습니다. SAS는 스토리지 계정 액세스 범위를 제한하기 위해 사용합니다.

❸ Blob container or directory: 스토리지 계정에 권한을 가진 Microsoft Entra ID 계정으로 인증하거나 공유 액세스 서명, 익명으로 Blob 컨테이너 또는 디렉터리에 연결할 수 있습니다.

❹ ADLS Gen2 container or directory or directory: Microsoft Entra ID 또는 공유 액세스 서명, 익명으로 Azure Data Lake Storage Gen2 컨테이너 또는 디렉터리에 연결할 수 있습니다.

❺ File share: 파일 공유 SAS(공유 액세스 서명) URL을 사용해 파일 공유에 연결할 수 있습니다.

❻ Queue: Microsoft Entra ID 또는 공유 액세스 서명(Shared access signature, SAS) URL을 사용해 큐에 연결할 수 있습니다.

❼ Table: Microsoft Entra ID 또는 테이블 SAS URL을 사용해 테이블 스토리지에 연결할 수 있습니다.

❽ Local storage emulator: 로컬 컴퓨터에서 스토리지 계정을 애뮬레이션해줍니다. Azure 스토리지 계정을 만들지 않고 로컬에서 스토리지 계정을 이용해 개발할 수 있습니다.

Azure 스토리지에 연결하고 나면 스토리지 계정과 스토리지 서비스, 가상 머신에 사용된 디스크를 관리할 수 있는 화면을 표시합니다(그림 7-66). Azure Storage Explorer에서 작업 인터페이스는 크게 5가지로 구분할 수 있습니다.

❶ [EXPLORER] 창에서 구독 하위로 스토리지 계정과 디스크 확인

❷ 각 노드에서 마우스 오른쪽 버튼을 클릭하면 표시되는 컨텍스트 메뉴를 사용해 노드 관리 작업

❸ 각 노드의 리프 노드를 선택하면 [기본 창]에 해당 노드 내용 표시

❹ [기본 창]의 도구 모음을 통해 콘텐츠 관리 작업

❺ [기본 창] 콘텐츠를 마우스 오른쪽 버튼으로 클릭하면 표시되는 컨텍스트 메뉴를 사용해 해당 콘텐츠 항목 작업

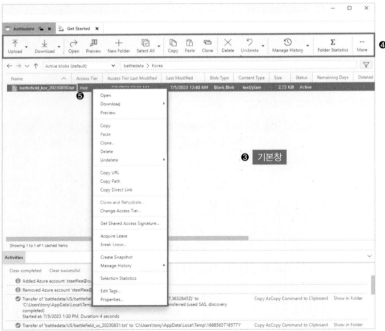

그림 7-66 Azure 구독 계정으로 연결한 Azure Storage Explorer

실전 연습 6 - Azure Storage Explorer 사용하기

이번 실습에서는 vmjarvismaster01 VM에서 스토리지 탐색기를 설치하고 자비스의 스토리지 계정을 연결합니다.

1. 다음 URL을 방문해서 [운영체제] 버튼을 눌러 Windows를 선택해 Azure Storage Explorer를 다운로드합니다.

   - https://azure.microsoft.com/ko-kr/features/storage-explorer/

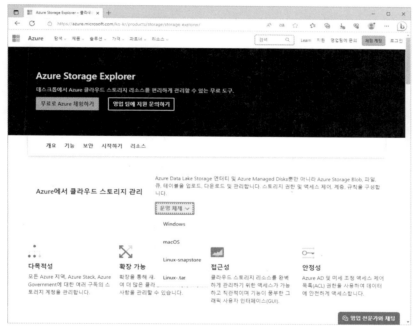

그림 7-67 Azure Storage Explorer 다운로드 페이지

2. 다운로드한 설치 파일을 실행합니다. ❶ 라이선스에 동의하고 ❷ [Install] 버튼을 클릭한 다음 설치가 시작될 때까지 [Next] 버튼을 클릭합니다. 이 책을 쓰는 시점의 버전은 1.30.0입니다. 설치는 대략 1~2분이면 끝납니다.

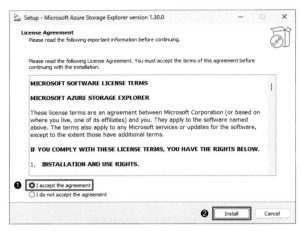

그림 7-68 Azure Storage Explorer 설치

3. 설치가 완료되면 Microsoft Azure Storage Explorer가 실행되고 'Get Started'를 표시합니다.

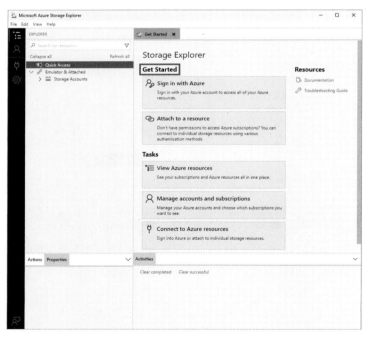

그림 7-69 Azure Storage Explorer 실행

4. [그림 7-69]의 **Get Started** 섹션 아래의 'Sign in with Azure'를 클릭합니다. **Select Azure Environment** 화면에서 'Azure'를 선택하고 [Next] 버튼을 클릭한 다음 Azure 구독 계정을 입력하면 해당 계정의 모든 테넌트와 구독을 표시합니다. ❶ 사용할 테넌트와 구독을 선택하고 ❷ [Open Explorer] 버튼을 클릭합니다.

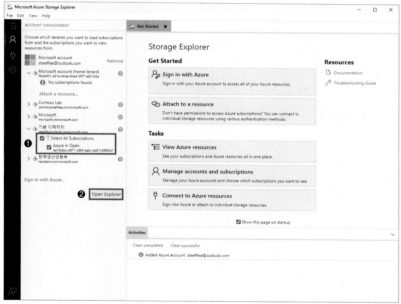

그림 7-70 Azure Storage Explorer에 사용할 구독 선택

5. **EXPLORER** 창에서 사용 중인 구독을 클릭하고 자비스의 스토리지 계정 노드(여기서는 stjvdatakdk)를 확장하고 앞서 만든 컨테이너, 파일 공유, 테이블 노드 아래 스토리지를 확인합니다.

그림 7-71 자비스용으로 만든 스토리지 계정 노드를 확장해 스토리지 확인

6. Blob Container 노드 아래 ❶ **battledata** 노드를 선택하고 기본 창의 도구 모음에서 ❷ [New Folder]를 클릭합니다. ❸ Create New Virtual Directory 창에서 다음을 설정하고 ❹ [OK] 버튼을 클릭합니다.

- Name: US

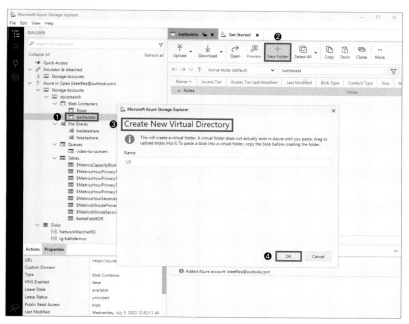

그림 7-72 새 가상 디렉터리 만들기

7. US 디렉터리를 만들어 기본 창이 US 디렉터리 창으로 바뀌면 도구 모음에서 [Uplaod]
   버튼을 클릭하고 'Upload Files'를 선택합니다. Upload Files 창에서 다음을 설정하고
   [Upload] 버튼을 클릭합니다.

❶ Selected Files: battlefield_us_20230831.txt(미리 빈 파일을 만들어 둡니다)

❷ Blob type: Block Blob

❸ Target Access Tier: Hot

그림 7-73 Blob 데이터 업로드

8. 기본 창에서 방금 업로드한 Blob 데이터를 마우스 오른쪽 버튼으로 클릭한 다음 'Open' 메뉴를 선택합니다. 텍스트 파일이므로 메모장이 실행됩니다. 간단하게 다음 내용을 입력하고 저장한 후 메모장을 닫습니다.

- 입력할 내용: Start logging battle data in Seattle

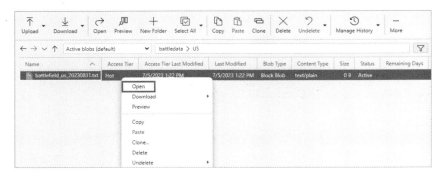

그림 7-74 Blob 데이터 편집

9. 파일의 내용이 변경되었으므로 스토리지 탐색기가 이를 감지하고 ❶ **File Changes Detected** 창을 실행합니다. 원본을 보존하기 위해 ❷ 'Snapshot original blob then upload'를 선택하고 ❸ [Apply] 버튼을 클릭합니다.

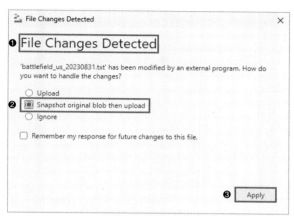

그림 7-75 파일 변경 감지와 처리

10. 기본 창에서 battlefield_us_20230831.txt 파일을 더블클릭해 변경된 내용을 확인하고 도구 모음의 ❶ **Manage History**를 선택한 다음 ❷ [Manage Snapshots]을 클릭합니다. 스냅샷 파일이 목록에 표시되면 더블클릭해 원본 빈 파일인지 확인합니다.

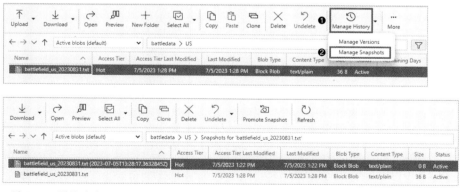

그림 7-76 스냅샷 관리

11. 이제 연결한 구독 계정을 제거합니다. ❶ 사람 모양 아이콘을 클릭합니다. 로그인한 모든 ❷ Azure 계정이 표시되고 ❸ [Remove] 링크를 클릭하면 사용자 계정 제거를 원하는지 물어보는 대화 상자가 표시됩니다. ❹ [Yes] 버튼을 클릭합니다.

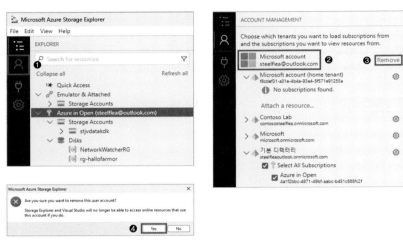

그림 7-77 구독 계정 제거

12. 이번엔 스토리지 계정 이름과 키를 사용해 스토리지 탐색기를 연결합니다. ❶ 플러그 모양 아이콘을 클릭한 다음 **Select Resource** 화면에서 **Storage account or service**를 클릭합니다. ❷ **Select Connection Method** 화면에서 ❸ 'Account name and key'를 선택하고 ❹ [Next] 버튼을 클릭합니다.

그림 7-78 스토리지 계정 이름과 키 연결 옵션

13. 스토리지 계정 서비스 메뉴의 **보안 + 네트워킹** 섹션의 액세스 키를 선택하고 **액세스 키** 블레이드의 명령바에서 [표시] 버튼을 클릭한 다음 ❶ 스토리지 계정 이름과 ❷ 주 키(key1)를 메모장에 복사합니다.

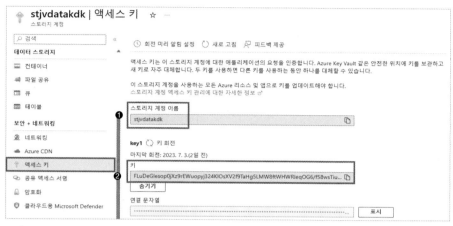

그림 7-79 스토리지 계정 이름과 키 복사

14. Connect to Azure Storage 화면에 다음 내용을 설정하고 [Next] 버튼을 클릭한 다음 **Summary** 화면에서 [Connect] 버튼을 클릭합니다.

❶ Display name: 원하는 이름

❷ Account name: 13번 과정의 스토리지 계정 이름

❸ Account key: 13번 과정에서 복사한 계정 키

❹ Use HTTP: 선택 안 함

그림 7-80 스토리지 계정 이름과 키로 연결하기

15. EXPLORER 창은 해당 스토리지 계정 이름과 키에 맞는 스토리지 계정만 표시합니다.
❶ 연결된 스토리지 계정 이름을 마우스 오른쪽 버튼으로 클릭하고 콘텍스트 메뉴에서
❷ **Detach** 메뉴를 선택합니다. 분리 경고 팝업 창이 뜨면 [Yes] 버튼을 클릭해 연결을 분리합니다.

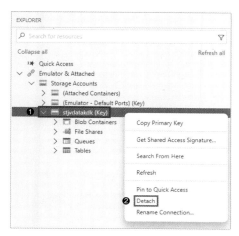

그림 7-81 연결된 스토리지 계정 확인 및 분리

16. 이번엔 스토리지 계정 연결 문자열을 사용해 Azure Storage Explorer를 연결합니다.
플러그 모양 아이콘을 클릭한 다음 **Select Resource** 화면에서 [Storage account or service]를 클릭합니다. **Select Connection Method** 화면에서 **Connection string(Key or SAS)**을 선택하고 [Next] 버튼을 클릭합니다.

그림 7-82 스토리지 계정 연결 문자열 옵션

17. 13번 과정의 **액세스 키** 블레이드에서 주 키(key1)를 표시하고 연결 문자열을 클립보드에 복사합니다. **Enter Connection Info** 화면에 다음을 설정하고 [Next] 버튼을 클릭한 후 **Summary** 창에서 [Connect] 버튼을 클릭합니다.

❶ Display name: 자동으로 채워진 이름 사용(바꿀 수 있음)

❷ Connection string: 클립보드로 복사한 연결 문자열

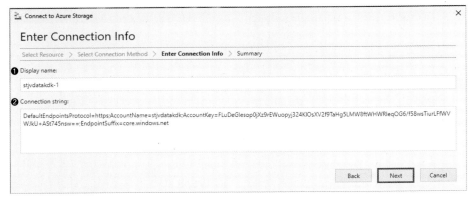

그림 7-83 스토리지 계정 연결 문자열로 연결하기

18. EXPLORER 창은 해당 스토리지 계정 연결 문자열에 맞는 스토리지 계정만 표시합니다.

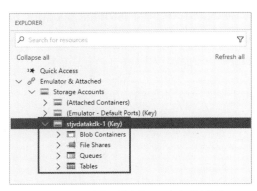

그림 7-84 연결 문자열로 연결된 스토리지 계정 확인

19. 스토리지 탐색기의 **EXPLORER** 창에서 연결된 스토리지 계정 이름을 마우스 오른쪽 버튼으로 클릭하고 콘텍스트 메뉴에서 **Detach** 메뉴를 선택합니다. 분리 경고 팝업 창이 뜨면 [Yes] 버튼을 클릭해 연결을 분리합니다.

7.4 마치며

7장은 인프라 구성의 3가지 핵심 요소인 네트워크, 서버, 스토리지 중에서 스토리지 서비스를 Azure에서 구현하는 방법을 다뤘습니다.

Azure 스토리지 서비스에서 다룰 수 있는 데이터 유형과 시나리오를 먼저 살펴보고, Azure 포털에서 스토리지 계정을 만들 때 필요한 구성요소를 자세히 알아보았습니다. 이어서 바로 실전 연습을 통해 자비스 서비스에서 사용할 스토리지 계정을 만들었습니다.

스토리지에서 지원하는 컨테이너 및 테이블, 큐, 파일 공유 서비스 구성 방법을 살펴보고 실습을 통해 해당 서비스의 사용법을 익혔습니다. 또한 이들 서비스를 편리하고 효율적으로 다룰 수 있는 Azure Storage Explorer를 다루는 방법을 소개했습니다.

이제 3부로 넘어가서 지금까지 설명한 IaaS의 핵심 서비스에 대한 이해를 바탕으로 서비스의 가용성과 안정성, 신뢰도를 높여주는 고가용성 및 부하 분산을 지원하는 Azure의 서비스를 살펴보겠습니다.

고가용성 및 부하 분산

미국 블랙프라이데이 시즌에는 온라인 쇼핑몰에 엄청난 접속자가 몰리기 때문에 이를 대비해 트래픽을 예측하고 처리할 수 있는 규모의 인프라를 준비하는 일은 IT 담당자에게 중요한 업무입니다.

트래픽 규모를 예측해 인프라의 규모를 준비하는 일은 크기 조정(Scale-Up/Down)과 확장(Scale-In/Out)으로 구분할 수 있습니다. 크기 조정은 대상 서버의 CPU나 메모리 등을 증설하거나 고성능 장치로 교체해 성능을 높이는 작업입니다. 확장은 서비스를 안정적으로 제공하기 위해 다수의 서버를 배포하고 트래픽을 분산 처리할 목적으로 부하 분산 장치(Load Balancer)와 함께 배치하는 작업입니다. 3부에서는 이와 같은 상황을 해결하는 Azure의 솔루션을 소개하고 실습합니다.

Part III

고가용성 및 부하 분산

가상 머신 크기 조정과 가용성 구현

이 장의 내용

- 서비스 요청 증감에 대응하는 간단한 방법, 가상 머신 크기 조정
- 데이터 센터 내의 가용성 구현 기술, 가용성 집합
- 영역(Zone) 간의 가용성 구현 기술, 가용성 영역

지금까지 구현했던 자비스의 인프라는 치명적인 2가지 단점이 있습니다. 첫 번째는 프런트 엔드와 백 엔드 서버가 각각 1대로 이루어져 있어 각 서비스가 단일 실패 지점(Single Point of Failure, SPF)이 되어 서비스 중단을 일으킬 가능성이 높다는 점입니다. 두 번째는 각 서버에 요청이 급격히 증가하는 워크로드를 제대로 대응하기 쉽지 않다는 점입니다.

이와 같은 2가지 단점을 극복할 수 있는 Azure의 솔루션은 가용성과 부하 분산입니다. 여기서는 가상 머신의 안정성과 성능을 높이는 방법을 설명합니다(부하 분산 솔루션은 9장에서 다룹니다).

8.1 가상 머신의 크기 조정

크기 조정은 현재 배포된 가상 머신의 CPU와 메모리, 디스크 성능, 데이터 디스크의 수, 임시 디스크 용량 등의 규격을 더 높은 규격(Scale-Up)이나 더 낮은 규격(Scale-Down)으로 변경하는 작업입니다.

다음과 같은 시나리오에서 크기 조정이 유용합니다.

- 서비스를 제공하는 가상 머신의 사용률이 전반적으로 낮은 경우(크기를 줄여 비용을 절약할 수 있음)
- 가상 머신을 늘리지 않고도 크기를 상향 조정해서 서비스 요청을 충분히 소화할 수 있는 경우

가상 머신의 크기를 조정하는 일반적인 프로세스는 다음 3단계를 따릅니다.

1. 가상 머신의 할당 해제(게스트 OS 종료 아님)
2. 가상 머신의 크기 조정 수행
3. 가상 머신 재시작

가상 머신을 실행 중일 때 크기를 조정하면 현재 호스트 클러스터가 지원하는 시리즈로만 변경할 수 있습니다. 할당을 해제해야 현재 지역에서 사용 가능한 모든 옵션을 볼 수 있으며 크기 조정 프로세스가 새로운 호스트 클러스터로 마이그레이션합니다.

가상 머신에서 가속화된 네트워킹이나 프리미엄 스토리지를 사용 중이라면 크기 조정의 호환성에 제약이 있으므로 변경 가능한 크기가 목록에 표시되더라도 크기 조정에 실패할 수 있습니다.

실행 중인 가상 머신의 크기를 변경하면 가상 컴퓨터가 다시 시작됩니다. 따라서 이 경우에는 사용자에게 미리 알려주어 진행 중인 작업을 모두 완료하거나 저장하게 해야 합니다.

실전 연습 1 – 가상 머신의 크기 조정

2부까지 진행하면서 구현했던 인프라를 자비스 1.0이라고 하겠습니다. 프런트 엔드 윈도우 VM의 성능을 모니터링하여 CPU 코어 수가 부족하고 디스크의 성능이 떨어진다는 사실을 파악했습니다. 또한 백 엔드 리눅스 VM은 일반적인 상황에서 메모리 사용률과 디스크 IOPS가 높다는 점을 알았습니다. 이러한 결과로 프런트 엔드 서버(vmjarvisfe)와 백 엔드 서버(vmjarvisbe)의 크기를 변경하기로 했습니다.

1. 프런트 엔드 윈도우 서버 VM인 vmjarvisfe의 할당을 해제합니다(운영체제의 종료Shutdown가 아닙니다). vmjarvisfe 가상 머신의 **개요** 서비스 메뉴를 선택한 다음 블레이드의 명령 바에서 [□중지] 버튼을 클릭합니다.

그림 8-1 vmjarvisfe VM 할당 해제

2. vmjarvisfe의 서비스 메뉴에서 **설정** 섹션의 크기를 선택하고 **크기** 블레이드에서 **필터**를 다음과 같이 설정합니다.

❶ vCPU: 4

❷ RAM(GiB): 8

❸ 프리미엄 디스크: 지원함

그림 8-2 vmjarvisfe VM 크기 필터링

3. **크기** 블레이드의 필터링된 목록에서 **VM 크기** 필드의 ❶ 'F4s_v2'를 선택한 다음 ❷ [크기 조정] 버튼을 클릭합니다.

그림 8-3 vmjarvisfe VM 크기 조정

4. **개요** 블레이드의 ❶ **크기** 항목에서 VM 크기가 조정된 것을 확인하고 명령 바에서 ❷ [▷ 시작] 버튼을 클릭합니다.

그림 8-4 조정된 vmjarvisfe VM 크기 확인

5. vmjarvisfe 가상 머신을 원격 데스크톱으로 접속해 Task Manager(작업 관리자)의 **Performance(성능)** 탭에서 정보를 확인합니다.

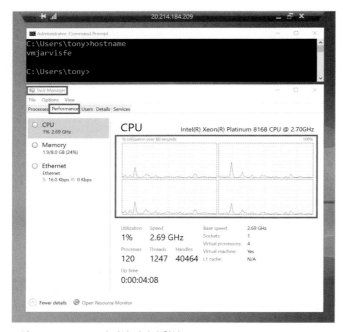

그림 8-5 vmjarvisfe의 작업 관리자 확인

6. 백 엔드 vmjarvisbe 가상 머신의 할당을 해제합니다.

7. vmjarvisbe의 서비스 메뉴에서 설정 섹션의 **크기**를 선택하고 **크기** 블레이드에서 **필터**를 다음과 같이 설정합니다.

❶ vCPU: 모두

❷ RAM(GiB): 사용자 지정(0~8)

❸ 프리미엄 디스크: 지원함

그림 8-6 vmjarvisbe VM 크기 필터링

8. **크기** 블레이드의 필터링된 목록에서 **VM 크기** 필드에서 ❶ 'DS2_v2'를 찾아서 선택하고 ❷ [크기 조정] 버튼을 클릭합니다.

그림 8-7 vmjarvisbe VM 크기 조정

9. 개요 서비스 메뉴의 블레이드에서 ❶ 크기 항목에서 VM 크기가 조정된 것을 확인하고 명령 바에서 ❷ [▷시작] 버튼을 클릭합니다.

그림 8-8 조정된 vmjarvisbe VM 크기 확인

10. 6장의 실전 연습 1에서 만든 vmjarvismaster01의 Windows Terminal에서 백 엔드 VM인 vmjarvisbe에 SSH 연결을 수립한 후 다음 명령을 실행해 전체 메모리 정보와 CPU 코어 수를 확인합니다.

• 전체 메모리

❶ cat /proc/meminfo ¦ grep 'MemTotal'

• CPU 코어 수

❷ cat /proc/cpuinfo ¦ grep 'processor' ¦ wc -l

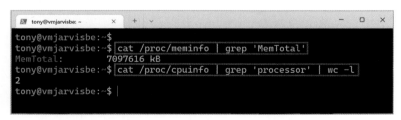

그림 8-9 vmjarvisbe VM의 메모리 크기와 CPU 코어 수 확인

8.2 가상 머신 가용성 구현

'가용성'에 관한 정의는 위키피디아에 나와 있는 다음의 문구가 가장 적절한 설명일 것 같습니다.

"가용성은 서버와 네트워크, 프로그램 등의 정보 시스템이 정상적으로 사용 가능한 정도를 말한다. 가동률과 비슷한 의미이다. 가용성을 수식으로 표현할 경우, 가용성이란 정상적인 사용 시간(uptime)을 전체 사용 시간(uptime + downtime)으로 나눈 값을 말한다."

Azure는 다운타임을 최소화시켜 가용성을 높이는 데 필요한 여러 가지 서비스를 제공합니다. Azure 가상 머신의 가용성이 영향받을 수 있는 3가지 다운타임 시나리오가 있습니다.

계획되지 않은 하드웨어 유지 관리

Azure 인프라에서 구성요소(하드웨어나 플랫폼)에 문제가 발생하는 경우입니다. 이 경우 사용자의 연결을 유지하면서 실행 중인 가상 머신을 다른 정상 물리 서버로 실시간 마이그레이션합니다. 즉, 서비스를 계속 제공하면서(메모리, 열린 파일, 네트워크 연결 유지) 정상 운영 중인 물리 서버로 이관합니다.

계획된 유지 관리

가상 머신을 제공하는 인프라의 안정성과 보안, 성능을 향상시키기 위해 마이크로소프트가 정기적인 업데이트와 보안 패치 작업을 수행하는 경우입니다.

재부팅이 필요하지 않은 경우 호스트를 업데이트하는 동안 VM이 일시 중지되거나 이미 업데이트된 호스트로 마이그레이션됩니다. 재부팅이 필요한 경우 알림이 제공되어 사용자가 편리한 시간에 유지 관리를 직접 시작할 수 있는 최대 35일의 시간을 제공합니다.

예측하지 못한 다운타임

Azure 인프라에 예상치 못한 문제가 발생하면 Azure 가상 머신은 자동으로 동일한 데이터센터의 물리 서버로 복구(마이그레이션)됩니다. 복구 과정에서 재부팅이 일어날 수 있고 기존 임시 드라이브를 잃어버릴 수도 있으므로 서비스 중단이나 데이터 손실을 일으킬 수 있습니다. 이 경우를 예방하려면 Azure의 가용성 집합이나 가용성 영역을 구성하거나 쌍을 이루는 지역에 사이트 복구를 구성합니다. 필요하다면 스토리지나 네트워크의 경우도 이런 다운타임을 대비해야 합니다.

Azure는 다운타임을 최소화시켜 가용성을 높일 수 있는 여러 가지 서비스를 제공합니다. 고가용성 클라우드 솔루션을 만들기 위해서는 다음의 원칙들을 고려해야 합니다.

- 가상 머신의 고가용성 구현에 가용성 집합을 사용합니다.
- 서비스 계층별로 가용성 집합을 따로 구성합니다.
- 가용성 영역으로 데이터 센터 수준 장애에서 서비스 가용성을 유지합니다.
- 가용성 영역이나 가용성 집합과 부하 분산 장치를 결합합니다.

단일 가상 머신 구현과 가용성 집합, 가용성 영역, 지역 쌍 구현에 따라 대비 가능한 실패 유형과 SLA(서비스 수준 계약) 충족 비율의 비교를 [그림 8-10]에 나타냈습니다.(https://uptime.is에서 SLA에 따른 다운타임 예시 참조). 가용성 집합과 가용성 영역은 가상 머신을 대상으로 합니다.

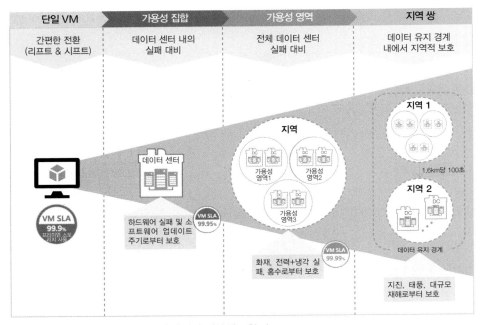

그림 8-10 단일 VM, 가용성 집합, 가용성 영역, 지역 쌍 구현 비교

8.2.1 가용성 집합

가용성 집합은 단일 데이터 센터에서 가상 머신의 중복성과 가용성을 제공하는 서비스입니다. Azure VM을 배포할 때 서비스의 고가용성을 고려해 다수의 VM을 프로비저닝하더라도 특정 물리 서버에 집중적으로 호스팅되거나 물리 서버가 특정 컴퓨팅 랙에 모두 들어 있다면 각각이 단일 실패 지점이 될 수 있습니다.

Azure가 제공하는 가용성 집합은 가상 머신을 프로비저닝할 때만 구성할 수 있습니다. 가용성 집합 없이 만든 가상 머신은 다시 생성해야 합니다. 가용성 집합의 핵심은 [그림 8-11]에서 나타낸 **가용성 집합 만들기** 블레이드에서 **장애 도메인**Fault Domain과 **업데이트 도메인**Update Domain 설정입니다.

그림 8-11 가용성 집합의 장애 도메인과 업데이트 도메인 설정

❶ 이름: Azure 리소스 이름 규칙을 참고해 가용성 집합의 이름을 작성합니다. avail-, avs-, avset-을 접두 사로 사용하면 좋습니다.

❷ 장애 도메인: 전원과 네트워크 스위치를 공유하는 가상 머신들은 동일한 장애 도메인을 공유합니다. 보통 컴 퓨팅 랙이 해당됩니다. 잠재적인 하드웨어 오류나 네트워크 중단, 정전 등의 영향을 최소화합니다. 최대 3개의 장애 도메인을 지정할 수 있지만 구독과 선택한 위치에 따라 제한될 수 있습니다.

❸ 업데이트 도메인: 동시에 재부팅할 수 있는 가상 머신과 물리 서버 그룹을 나타냅니다. 동일 서비스 계층의 물 리 서버들에 운영체제 업그레이드나 보안 패치가 동시에 진행되지 않도록 관리해 가상 머신의 호스트가 단일 실패 지점이 될 수 있는 상황을 피하게 합니다. 최대 20개의 업데이트 도메인을 지정할 수 있습니다.

NOTE_ 가용성 집합과 리소스 그룹

동일한 가용성 집합에 포함되는 가상 머신을 만들 경우, 가상 머신의 리소스 그룹은 가용성 집합의 리소스 그 룹과 동일해야 합니다.

예를 들어 장애 도메인이 2개이고, 업데이트 도메인이 3개인 경우 [그림 8-12]와 같이 구성될 수 있습니다.

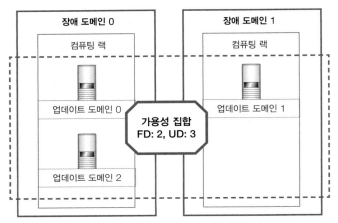

그림 8-12 장애 도메인(FD) 2개, 업데이트 도메인(UD) 3개의 구성

애플리케이션이 웹 서비스와 데이터베이스 계층으로 나눠지고 각 계층별 장애 도메인이 2개, 업데이트 도메인이 2개인 경우 [그림 8-13]처럼 가용성 집합을 계층별로 따로 구성합니다.

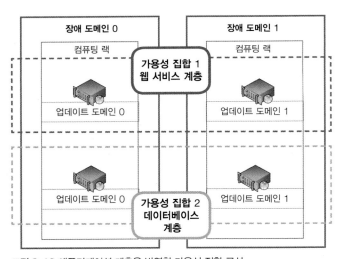

그림 8-13 애플리케이션 계층을 반영한 가용성 집합 구성

가용성 집합을 구성하면 Azure는 가상 머신 동작에 대해 99.95%의 SLA를 제공합니다. 따라서 다운타임 발생 상황에서 최소 하나의 가상 머신은 동작하며 장애가 발생한 가상 머신은 자동 복구됩니다.

실전 연습 2 – 가용성 집합 만들기

이번 실습은 앞서 만든 자비스 1.0 시스템에 존재하는 단일 실패 지점을 해소하기 위해 새로 개발한 자비스 2.0 시스템의 프런트 엔드 웹 서비스를 가용성 집합으로 배포합니다. 새 시스템은 East US에 배치합니다.

1. 새로운 자비스 2.0에 필요한 가상 네트워크와 서브넷을 추가합니다. 5장의 실전 연습 1을 참고해 다음 정보로 가상 네트워크와 서브넷을 만듭니다. [그림 8-14]에서 모든 설정을 완료한 후 유효성 검사 결과를 나타냈습니다.

   ❶ 기본 사항
   - 리소스 그룹: rg-hallofarmor
   - 이름: vnet-hallofarmor-us
   - 지역: East US(미국 동부)

   ❷ IP 주소
   - IPv4 주소 공간: 10.16.0.0/16
   - 서브넷 1 이름: snet-jarvis2-fe
   - 서브넷 1의 주소 범위: 10.16.2.0/24
   - 서브넷 2 이름: snet-jarvis2-be
   - 서브넷 2의 주소 범위: 10.16.3.0/24

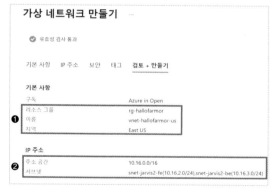

그림 8-14 자비스 2.0을 위한 가상 네트워크 만들기

2. 6장의 실전 연습 2를 참고해 첫 번째 Windows Server 2022 VM을 배포합니다. 우선 [기본 사항]의 [프로젝트 정보]에 다음을 설정합니다.

   - 구독: 사용 중인 구독
   - 리소스 그룹: rg-hallofarmor

3. 가상 머신은 가용성 집합으로 배포합니다. **가상 머신 만들기** 블레이드에서 가용성 집합에 필요한 다음 내용을 먼저 설정합니다.

❶ 지역: East US

❷ 가용성 옵션: 가용성 집합

❸ 가용성 집합: [새로 만들기] 링크를 클릭합니다.

그림 8-15 가용성 옵션을 가용성 집합으로 설정

4. **가용성 집합 만들기** 블레이드에서 다음 내용을 설정하고 [확인] 버튼을 클릭합니다.

❶ 이름: avail-jarvis2fe

❷ 장애 도메인: 3

❸ 업데이트 도메인: 7

그림 8-16 가용성 집합 새로 만들기 블레이드

5. **가상 머신 만들기** 블레이드의 나머지 내용은 다음과 같이 설정하고 유효성 검사를 마친 후 [만들기] 버튼을 클릭해 첫 번째 윈도우 서버 VM을 만듭니다. 지정하지 않은 항목은 기본 설정을 사용합니다. [그림 8-17]에서 유효성 검사 결과를 나타냈습니다.

❶ 기본 사항

- 가상 머신 이름: vmjarvis2fe01
- 보안 유형: 표준
- 이미지: Windows Server 2022 Datacenter: Azure Edition −x64 Gen2
- 크기: Standard_DS1_v2
- 사용자 이름: tony
- 암호/암호 확인: Pa55w.rd1234
- 공용 인바운드 포트: 선택한 포트 허용
- 인바운드 포트 선택: 드롭다운 목록 에서 RDP (3389), HTTP(80), HTTPS(443) 선택
- 이미 Windows 라이선스가 있나요?: 아니요

❷ 디스크

- OS 디스크 유형: 표준 SSD

❸ 네트워킹

- 가상 네트워크: vnet−hallofarmor−us
- 서브넷: snet−jarvis2−fe

❹ 관리/모니터링

- 모두 기본값 사용

❺ 고급

- 확장: Microsoft Antimalware(설정은 모두 기본값 사용)

❻ 태그

- 이름: ApplicationName, 값: JARVIS2nd
- 이름: ServiceClass, 값: Silver
- 이름: Owner, 값: Tony Stark

그림 8-17 가용성 집합을 사용하는 프런트 엔드용 윈도우 서버 VM 만들기

6. 4번 과정을 반복해 두 번째 윈도우 서버 VM을 가용성 집합으로 배포합니다. 다음 설정 외의 내용은 4번 과정의 설정을 사용합니다.

기본 사항
- 가상 머신 이름: vmjarvis2fe02
- 가용성 옵션: 가용성 집합
- 가용성 집합: avail-jarvis2fe

7. 배포를 완료한 첫 번째 가상 머신(vmjarvis2fe01)의 서비스 메뉴에서 설정 섹션 아래 가용성 + 크기 조정을 선택합니다. **가용성 + 크기 조정** 블레이드의 가용성 집합 정보를 확인합니다. [그림 8-18]은 vmjarvis2fe01의 가용성 집합 정보를 나타냈습니다. 장애/업데이트 도메인의 인덱스 번호는 0부터 시작합니다.

그림 8-18 첫 번째 윈도우 서버 VM의 가용성 집합 설정

8. [그림 8-18]에서 **가용성 집합** 섹션 아래 가용성 집합 이름의 링크(AVAIL-JARVIS2FE)를 클릭합니다. **가용성 집합**(여기서는 avail-jarvis2fe) 블레이드가 열리고 ❶ **개요** 메뉴의 블레이드에서 ❷ 가용성 집합 기본 정보와 ❸ 가상 머신 배치 상태를 확인할 수 있습니다.

그림 8-19 가용성 집합 블레이드

8.2.2 가용성 영역(Availability Zone)

가용성 영역은 하나 이상의 데이터 센터로 구성된 3개 이상의 영역(Zone)을 왕복 대기 시간이 2ms 미만인 고성능 네트워크로 연결합니다. 가상 머신을 배포할 때 가용성 영역을 지정하면 데이터 센터에 '자동'으로 장애 도메인과 업데이트 도메인 조합을 구성합니다. 가용성 영역을 구성하면 데이터 센터 장애가 발생할 때 데이터를 동기화하고 액세스할 수 있도록 지원해 서비스의 가용성을 유지할 수 있습니다. [그림 8-20]에서 가용성 영역의 개념을 나타냈습니다.

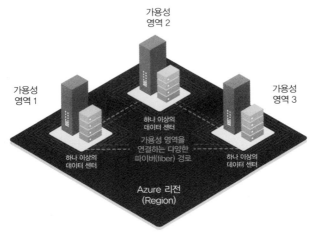

그림 8-20 가용성 영역

예를 들어 가상 머신을 3대 배포하면서 각각 다른 가용성 영역에 하나씩 배포하면 자동으로 장애 도메인 3개와 업데이트 도메인 3개를 각 가용성 영역에 분산합니다. 정상적인 서비스를 위해 2대의 VM이 항상 실행돼야 한다고 합시다. 그러면 가용성 영역 2개를 사용하는 경우 각 영역에 2대씩 4대를 배포해야 하며, 가용성 영역 3개를 사용하는 경우 최소 3대를 배포해야 합니다.

가용성 영역을 구성하면 데이터 센터 장애나 영역에 손상이 발생하는 경우 Azure는 가상 머신 작동 시간에 대해 99.99%의 SLA를 지원합니다. 따라서 가용성 영역으로 배포한 VM을 사용할 수 있도록 애플리케이션을 설계했다면 애플리케이션과 데이터를 바로 사용할 수 있습니다.

지역에 따라 가용성 영역의 지원 여부가 다르므로 가상 머신을 배포할 위치가 가용성 영역을 지원하는지 확인해야 합니다. 가용성 영역을 지원하는 지역인 경우 [그림 8-21]처럼 가상 머신을 배포할 가용성 영역 번호를 하나 이상 선택할 수 있습니다. 예를 들어 가용성 영역 1과 2를 선택하는 경우 각 영역당 하나의 VM이 배포됩니다.

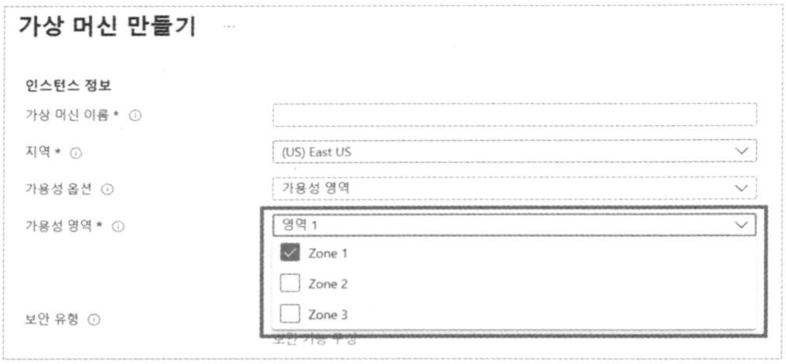

그림 8-21 가용성 영역 지정

실전 연습 3 – 가용성 영역에 가상 머신 배포하기

단일 실패 지점을 피할 수 있도록 새로운 자비스 2.0 엔진이 실행되는 백 엔드용 리눅스 서버를 배포합니다. 백 엔드 서버에서 실행하는 자비스 2.0의 엔진은 아주 중요하기 때문에 데이터 센터의 장애도 대비해야 합니다. 따라서 리눅스 서버를 가용성 영역으로 배포합니다.

1. 6장의 실전 연습 3을 참고해 첫 번째 백 엔드용 리눅스 VM을 만듭니다. 백 엔드용 가용성 영역으로 배포합니다. **가상 머신 만들기** 블레이드는 다음과 같이 설정하고(지정하지 않은

항목은 기본값을 사용합니다.) 유효성 검사를 마친 후 [만들기] 버튼을 클릭합니다. [그림 8-22]에서 유효성 검사 결과를 나타냈습니다.

❶ 기본 사항

- 구독: 사용 중인 구독 선택
- 리소스 그룹: rg-hallofarmor
- 가상 머신 이름: vmjarvis2be01
- 지역: East US
- 가용성 옵션: 가용성 영역
- 가용성 영역: 1
- 보안 유형: 표준
- 이미지: Ubuntu Server 22.04 LTS - x64 Gen2
- 크기: Standard_DS1_v2
- 인증 형식: SSH 공개 키
- 사용자 이름: tony
- SSH 공개 키 원본: 새 키 쌍 생성
- 키 쌍 이름: vmjarvis2be01_key
- 공용 인바운드 포트: 없음

❷ 디스크

- OS 디스크 유형: 프리미엄 SSD(로컬 중복 스토리지)
- 키 관리: 플랫폼 관리형 키

❸ 네트워킹

- 가상 네트워크: vnet-hallofarmor-us
- 서브넷: snet-jarvis2-be
- 공용 IP: 없음
- 공용 인바운드 포트: 없음

❹ 관리/모니터링/고급

- 모두 기본값 사용

❺ 태그

- 이름: ApplicationName, 값: JARVIS2nd
- 이름: ServiceClass, 값: Silver
- 이름: Layer, 값: Back-End

그림 8-22 가용성 영역을 사용하는 첫 번째 백 엔드 vmjarvis2be01 VM 만들기

2. SSH 공개 키 원본을 '새 키 쌍 생성'으로 했기 때문에 [그림 8-23]과 같은 **새 키 쌍 생성** 팝업이 표시됩니다. 가상 머신을 만들고 나면 프라이빗 키를 다운로드할 수 없으므로 [프라이빗 키 다운로드 및 리소스 만들기]를 클릭합니다.

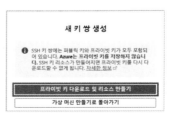

그림 8-23 새 키 쌍 생성

3. 1~2번 과정을 반복해 두 번째 리눅스 서버 VM을 가용성 영역으로 배포합니다. 다음 설정 외 나머지는 1번 과정에서 설정한 값을 사용합니다.

기본 사항
- 가상 머신 이름: vmjarvis2be02
- 가용성 옵션: 가용성 영역
- 가용성 영역: 2
- SSH 공개 키 원본: 새 키 쌍 생성
- 키 쌍 이름: vmjarvis2be02_key

네트워킹
- 가상 네트워크: vnet-hallofarmor-us
- 서브넷: snet-jarvis2-be
- 공용IP: 없음
- 공용 인바운드 포트: 없음
- 기존 부하 분산 솔루션 뒤에 이 가상 머신을 배치하시겠습니까?: 아니오

4. 배포가 완료된 백 엔드 가상 머신 vmjarvis2be01의 **개요** 서비스 메뉴를 선택하고 오른편 블레이드에서 가용성 영역 정보를 확인합니다. 리눅스 가상 머신을 배포할 때 지정한 가용성 영역 번호가 표시됩니다.

그림 8-24 첫 번째 백 엔드 서버 vmjarvis2be01 VM의 가용성 영역 확인

8.3 마치며

8장은 서비스의 단일 실패 지점을 극복하고 서비스 요청이 급증하거나 줄어들 때 빠른 대응이 가능한 기반을 제공하는 Azure의 가용성 집합과 가용성 영역을 중심으로 다뤘습니다.

가상 머신 위에 구현한 서비스의 안정성과 성능을 높이기 위해 가상 머신 크기 조정을 수행할 수 있었습니다. Azure에서 크기 조정은 가상 머신의 규격을 높이거나 줄이는 스케일 업/다운과 가상 머신 개체를 늘리거나 줄이는 스케일 인/아웃이 가능합니다. 8장은 스케일 업/다운을 먼저 다뤘습니다.

가용성 집합과 가용성 영역은 다운타임을 최소화해 가용성을 높이는 Azure의 서비스입니다. 가용성 집합으로 단일 데이터 센터 내에서 가상 머신의 중복성과 가용성을 제공할 수 있었으며, 가용성 영역을 통해 하나 이상의 데이터 센터로 구성된 3개 이상의 영역에 걸쳐 중복성과 가용성을 확장할 수 있었습니다. 가용성 구성을 바탕으로 9장에서 Azure의 대표적인 부하 분산 서비스 2가지를 살펴보겠습니다.

Azure의 부하 분산 서비스

이 장의 내용

• Azure의 L7 부하 분산 장치인 애플리케이션 게이트웨이의 이해와 배포 및 구성

• NAT 게이트웨이의 이해와 배포

• Azure의 L4 부하 분산 장치(Load Balancer)의 이해와 배포 및 구성

부하 분산 서비스는 대량의 네트워크 트래픽을 응답 가능한 여러 서버에 효율적으로 분산시켜, 안정적인 서비스를 제공해야 할 때 사용하는 필수 네트워킹 서비스입니다. 부하 분산 서비스를 제공하는 장치를 부하 분산 장치(Load Balancer)라고 하며 OSI 모델 기준으로 전송 계층(4 계층)에서 동작하는 L4 부하 분산 장치와 세션 및 프레젠테이션, 애플리케이션 계층(5~7 계층)에서 동작하는 L7 부하 분산 장치로 나뉩니다 ([그림 9-1] 참고).

TCP/IP 모델	지원 프로토콜	OSI 모델	
애플리케이션 계층	HTTP, HTTPS, SMTP, IMAP, FTP, DNS, NNTP...	애플리케이션	L7 부하 분산
		프레젠테이션	
		세션	
전송	UDP, TCP, SCTP	전송	L4 부하 분산
인터넷	IP	네트워크	
네트워크 액세스(링크)		데이터 링크	
		물리	

그림 9-1 OSI 모델과 L4 vs. L7 부하 분산

L4 부하 분산 장치는 IP 주소와 프로토콜, 포트 번호와 부하 분산 알고리즘(Round Robin, Least Connection 등)을 사용하고 최소 연결 서버나 가장 빠른 응답 시간을 제공하는 서버를 평가해 트래픽을 보냅니다. L7 부하 분산은 HTTP/HTTPS 헤더와 메시지의 내용, URL 유형,

쿠키 정보와 같은 다양한 정보를 바탕으로 트래픽의 라우팅을 결정합니다. 부하 분산 장치에 관한 더 일반적이고 자세한 내용은 네트워크 전문 서적이나 웹에서 자료를 검색해 더 깊이 공부해보시기 바랍니다. 여기서는 Azure에서 부하 분산을 처리하기 위해 마이크로소프트가 공급하는 애플리케이션 게이트웨이(L7)와 부하 분산 장치(L4)를 소개하고 활용법을 다룹니다.

> **NOTE_** 클라우드에 관한 학습은 탄탄한 기본기가 더 중요합니다. 따라서 운영체제, 네트워크, 스토리지, 보안, 셸 프로그래밍에 관한 학습이 충분히 뒷받침될 때 클라우드의 백그라운드 기술을 잘 이해할 수 있고 트러블 슈팅도 충분히 해낼 수 있습니다.

9.1 애플리케이션 게이트웨이

Azure 애플리케이션 게이트웨이는 웹 트래픽 부하 분산 장치이며 요청 URL이나 호스트 헤더 등의 HTTP 특성을 기반으로 트래픽을 웹 서버 풀로 보냅니다. 애플리케이션 게이트웨이의 웹 서버 풀에 포함될 수 있는 Azure 서비스는 가상 머신과 가상 머신 확장 집합, 앱 서비스이며 온프레미스 웹 서버도 가능합니다.

9.1.1 구성요소

애플리케이션 게이트웨이의 구성요소는 프런트 엔드 IP 주소와 HTTP/HTTPS 수신기, 라우팅 규칙, 상태 프로브, 백 엔드 풀입니다. [그림 9-2]에 애플리케이션 게이트웨이 구성요소를 나타냈습니다.

❶ 프런트 엔드 IP 주소

애플리케이션 게이트웨이는 표준 V2 및 WAF V2 계층에서 공용 IP 주소(필수)와 프라이빗 IP 주소(선택)를 모두 선택하거나 공용 IP 주소만 선택할 수 있습니다. 프라이빗 IP 주소를 단독으로 사용하려는 경우 표준(V1) 또는 WAF(V1) 계층을 사용해야 합니다. 애플리케이션 게이트웨이 위치와 가상 네트워크, 공용 IP 주소는 동일한 위치여야 합니다.

❷ HTTP/HTTPS 수신기

요청을 수신하기 위해 하나 이상을 추가합니다. 단일 도메인 사이트인 경우 기본 수신기를 사용하고 여러 사이트를 지원할 경우 다중 사이트 수신기를 만들 수 있습니다. 프로토콜(HTTP/HTTPS, HTTP/2, WebSocket)과 포트, 호스트 이름과 IP 주소의 조합으로 지정하고 일치하는 트래픽 요청을 수락합니다.

❸ 라우팅 규칙

규칙을 사용해 수신기에서 허용한 트래픽을 백 엔드 서버 풀로 라우팅하거나 다른 위치로 리디렉션합니다. 수신기 하나에 라우팅 규칙 하나를 연결합니다. 규칙은 요청 URL의 호스트 이름과 경로를 분석해 해당 백 엔드 풀로 보내는 방법을 지정합니다. 규칙에 HTTP 설정 집합을 연결할 수도 있습니다.

❹ 백 엔드 설정

애플리케이션 게이트웨이와 백 엔드 풀 간의 트래픽 암호화 여부(종단간 TLS 사용 여부)와 동일한 서버에 사용자 세션 유지 여부(쿠키 기반 세션 선호도), 백 엔드 풀 멤버의 안전한 제거(연결 드레이닝), 모니터링 및 요청 시간 타임아웃 설정, 호스트 이름 및 경로 재설정 등(사용자 지정 상태 프로브)을 지정합니다.

❺ 상태 프로브

웹 트래픽을 받아줄 백 엔드 풀의 서버를 결정합니다. 애플리케이션 게이트웨이가 상태 프로브를 사용해 서버에 요청을 보내고 반환된 상태 코드가 200~399 사이면 정상입니다. 상태 프로브를 만들지 않으면 기본 프로브를 사용해 30초간 대기합니다.

❻ 백 엔드 풀

네트워크 인터페이스(NIC)와 공용 IP 주소, 내부 IP 주소(가상 네트워크 피어링된 내부 IP 포함), FQDN, 가상 머신 확장 집합(VMSS), 전용선(Express Route) 또는 VPN으로 연결된 온프레미스 서버를 포함할 수 있습니다. 웹 서버를 풀에 추가하는 경우 각 웹 서버의 IP 주소와 수신 포트를 사용해 등록합니다. 다른 요청 유형에 대해 다른 백 엔드 풀을 추가로 만들 수 있습니다.

❼ WAF(웹 애플리케이션 방화벽)

WAF(V1) 또는 WAF V2 가격 책정 계층을 선택할 때 사용할 수 있는 요소입니다. 수신기가 요청을 받기 전에 정의된 규칙을 기반으로 요청에 위협(SQL 삽입, 교차 사이트 스크립팅, 명령 삽입, HTTP 요청 밀수 및 응답 분할, 원격 파일 포함 등)이 있는지 확인할 수 있습니다. 공격 감지를 위한 일반 규칙은 OWASP(Open Web Application Security Project)에서 정의하고 있습니다.

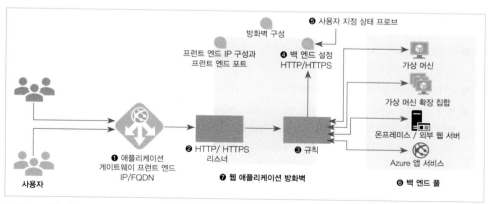

그림 9-2 애플리케이션 게이트웨이 구성요소

그럼 애플리케이션 게이트웨이를 배포할 때 지정해야 할 주요 설정을 하나씩 살펴보겠습니다.

9.1.2 애플리케이션 게이트웨이의 기본 사항

[그림 9-3]은 **애플리케이션 게이트웨이 만들기** 블레이드에서 기본 사항 탭의 **인스턴스 정보**와 **가상 네트워크 구성** 섹션을 나타냈습니다.

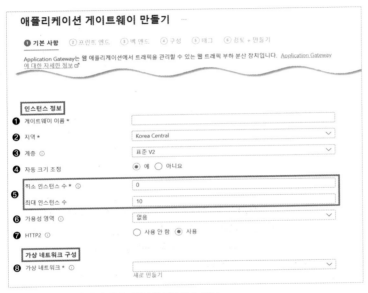

그림 9-3 애플리케이션 게이트웨이의 인스턴스 정보

❶ 게이트웨이 이름: 앞서 소개한 Azure 리소스의 이름 규칙에 관한 Azure 기술 문서를 참고합니다. 보통 agw- 접두사를 붙입니다.

❷ 지역: 애플리케이션 게이트웨이를 배포할 가상 네트워크와 같은 위치를 지정합니다.

❸ 계층: 표준(standard)과 WAF 계층으로 나뉩니다. 표준과 WAF 각각 v1과 v2 SKU를 제공하며 성능이 향상된 v2 계층은 v1 계층의 기능을 포함해 자동 크기 조정과 영역 중복성, 정적 VIP, AKS 수신 컨트롤러, Key Vault 통합, HTTP 헤더 다시 쓰기 등과 같은 새로운 기능을 지원합니다. WAF를 선택하면 애플리케이션 방화벽에 웹 애플리케이션 방화벽을 지원합니다. 표준 계층으로 만든 다음 나중에 WAF로 업그레이드할 수 있습니다. 계층 간의 자세한 기능 비교는 마이크로소프트 Azure 기술 문서를 참고하세요.[1]

---

[1] https://learn.microsoft.com/ko-kr/azure/application-gateway/overview-v2#feature-comparison-between-v1-sku-and-v2-sku

❹ 자동 크기 조정: 워크로드가 일관적이고 예측 가능한 시나리오에서는 용량을 직접 지정하는 고정 용량이 유용하고, 트래픽 패턴의 변화에 따라 확장 또는 축소가 필요한 경우 탄력성을 제공하는 자동 크기 조정 모드를 사용합니다. 이 모드는 트래픽이 자주 변동되는 경우 유용합니다.

❺ 최소/최대 인스턴스 수: 트래픽과 관계없이 항상 유지되는 용량을 지정할 수 있습니다. 최소 인스턴스 수 0을 지정하면 추가 예약 용량 없는 순수한 자동 크기 조정이 설정됩니다.

애플리케이션 게이트웨이 내에서 새로운 인스턴스를 만드는 데 약 6~7분 정도 걸립니다. 이런 다운타임을 원하지 않으면 가용성 영역 지원과 함께 최소 2개의 인스턴스를 구성하면 하나의 인스턴스에 문제가 발생해 다른 인스턴스가 생성되는 동안 두 번째 인스턴스가 트래픽을 처리합니다. 따라서 최소 인스턴스 값은 2 이상으로 구성합니다. 최대 인스턴스 수는 10 단위의 용량을 지정할 수 있습니다.

❻ 가용성 영역: 애플리케이션 게이트웨이를 가용성 영역에 배치할 경우 지정합니다. 애플리케이션 게이트웨이를 배치한 지역이 가용성 영역을 지원하면 활성화됩니다.

❼ HTTP2: 클라이언트와 애플리케이션 게이트웨이 수신기 사이의 통신이 HTTP/2를 지원하는 경우 선택합니다. 일반적으로는 사용하지 않습니다.

❽ 가상 네트워크: 애플리케이션 게이트웨이만 포함할 수 있는 가상 네트워크의 서브넷을 선택합니다. 가상 네트워크를 새로 만들 수도 있습니다. 그럴 경우 백 엔드 풀과 애플리케이션 게이트웨이 각각에 대한 서브넷을 만들어야 합니다.

9.1.3 프런트 엔드와 백 엔드

프런트 엔드 IP 주소를 구성해야 트래픽이 애플리케이션 게이트웨이로 들어올 수 있습니다. **애플리케이션 게이트웨이 만들기** 블레이드의 **프런트 엔드** 정보 구성 탭을 [그림 9-4]에 나타냈습니다.

그림 9-4 애플리케이션 게이트웨이의 프런트 엔드 정보

❶ 프런트 엔드 IP 형식: 공용 IP 주소와 프라이빗 IP 주소를 모두 지정하거나 둘 중 하나를 지정할 수 있습니다. 프라이빗 IP 주소만 지정하려면 SKU 계층을 표준이나 WAF를 사용해야 합니다. 프런트 엔드 IP는 수신기에 연결됩니다.

❷ 공용 IP 주소: 만들어놓은 공용 IP 주소를 선택하거나 [새로 추가] 링크를 클릭해 만듭니다.

프런트 엔드 설정이 끝나면 애플리케이션 게이트웨이가 수신한 트래픽을 라우팅할 백 엔드 풀을 지정해야 합니다.

그림 9-5 애플리케이션 게이트웨이의 백 엔드 풀 정보

❶ 이름: 백 엔드 풀 리소스를 나타내는 적절한 이름을 입력합니다. 종종 접미사로 −bepool을 붙이곤 합니다.

❷ 대상 없이 백 엔드 풀 추가: 애플리케이션 게이트웨이를 만든 다음 대상을 추가할 경우 '예'를 선택합니다.

❸ 백 엔드 대상: 대상 유형을 'IP 주소 또는 FQDN'으로 선택하면 직접 입력할 수 있고, 가상 머신이나 VMSS, App Services를 선택하면 대상 목록이 표시되어 선택할 수 있습니다.

9.1.4 애플리케이션 게이트웨이 구성

구성은 프런트 엔드와 백 엔드 풀을 연결하는 라우팅 규칙을 추가하는 작업입니다. 라우팅 규칙은 수신기와 대상을 1:N으로 연결할 수 있습니다. 라우팅 규칙을 추가하기 위해서는 수신기와 백 엔드 대상을 설정해야 합니다. [그림 9-6]은 수신기 설정 항목을 나타냈습니다.

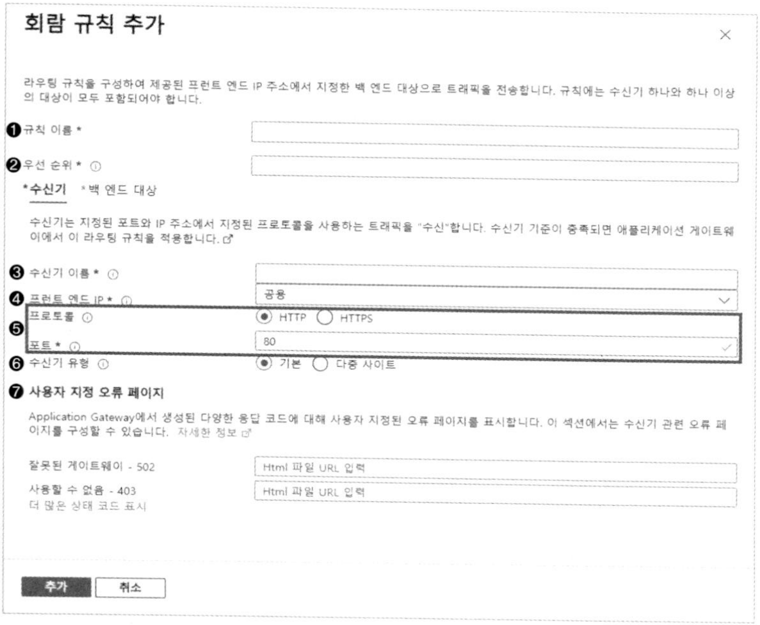

그림 9-6 라우팅 규칙의 수신기 설정

NOTE_ 한글 Azure 포털 화면이나 기술 문서에서 '회람 규칙'이라는 표현은 잘못된 번역입니다. '라우팅 규칙'이라고 해야 합니다. 기계 번역의 폐해가 자주 발견되기 때문에 포털 화면이나 기술 문서의 언어를 영어로 바꾼 뒤 꼭 비교해보세요.

❶ 규칙 이름: 애플리케이션 게이트웨이 이름에 -rule## 접미사를 붙여 규칙성을 갖도록 합니다. 예를 들면 agw-jarvis-rule01과 같은 식입니다.

❷ 우선 순위: 1~20,000 사이의 우선 순위 값을 지정합니다. 값이 낮을수록 규칙의 우선 순위는 높아집니다.

❸ 수신기 이름: 애플리케이션 게이트웨이를 만들고 나면 편집할 수 없으므로 설명적인 이름을 작성합니다.

❹ 프런트 엔드 IP: 앞서 만든 프런트 엔드 IP 유형을 지정합니다.

❺ 프로토콜과 포트: 수신기와 연결할 때 사용할 프로토콜(HTTP/HTTPS)과 포트를 지정합니다.

❻ 수신기 유형: 여러 도메인 또는 한 도메인의 여러 하위 도메인을 사용하는 다수의 웹사이트 호스팅을 구성하는 경우는 '다중 사이트', 그렇지 않은 경우는 '기본'을 지정합니다.

❼ 오류 페이지 URL: 기본 오류 페이지가 아니라 사용자가 지정한 오류 페이지를 만들어 지정할 수 있습니다. 만드는 방법에 대해서는 Azure 기술 문서를 참고하세요.[2]

---

2 https://learn.microsoft.com/ko-kr/azure/application-gateway/custom-error

[그림 9-7]은 백 엔드 대상 설정 항목을 나타냈습니다.

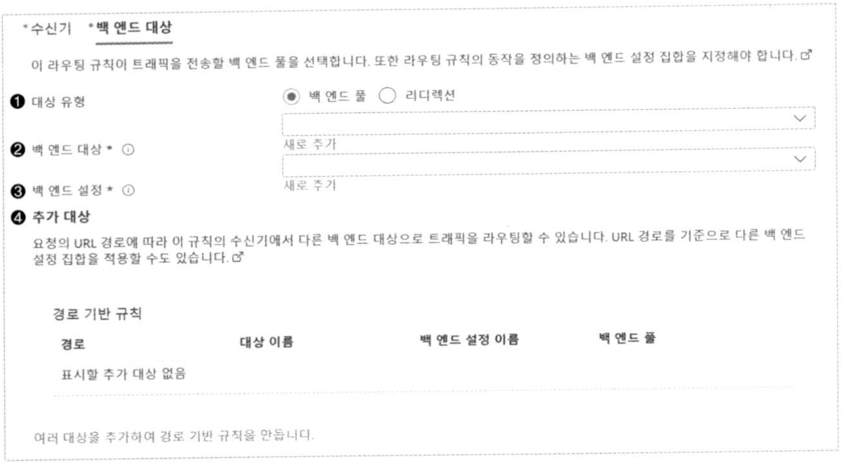

그림 9-7 라우팅 규칙의 백 엔드 대상 설정

❶ 대상 유형: 트래픽을 전송할 대상으로 '백 엔드 풀'과 '리디렉션'을 지정할 수 있습니다. '리디렉션'을 지정하는 경우 수신기 리디렉션 및 경로 기반 리디렉션(HTTP-HTTPS 리디렉션)이나 포트 간 리디렉션(수신기 포트와 백 엔드 대상의 포트를 서로 다른 포트로 설정), 외부 사이트 리디렉션을 지원합니다.

❷ 백 엔드 대상: 새로 추가하거나 만들어놓은 백 엔드 풀을 지정할 수 있습니다. 경로 기반 규칙을 지정하지 않으면 트래픽은 백 엔드 대상으로 바로 전송됩니다.

❸ 백 엔드 설정: HTTP 설정에 따라 라우팅 규칙의 동작이 결정됩니다. 다음 절에서 자세히 설명합니다.

❹ 추가 대상: 요청되는 URL의 경로에 따라 수신기에서 다른 백 엔드 대상으로 트래픽을 라우팅할 수 있으며 HTTP 설정도 각기 따로 지정할 수 있습니다. 예를 들면 `http://www.dokyun.pe.kr/mybookshop/*` 요청은 BookShopBePool로 라우팅하고 `http://www.dokyun.pe.kr/myonlineclass/*` 요청은 OnlieClassBePool로 라우팅하도록 지정할 수 있습니다.

백 엔드 설정

백 엔드에서 사용하는 포트와 프로토콜, 쿠키 기반 세션 선호도, 연결 드레이닝 등을 포함한 규칙의 동작을 정의합니다. 백 엔드 설정은 하나 이상 만들 수 있습니다.

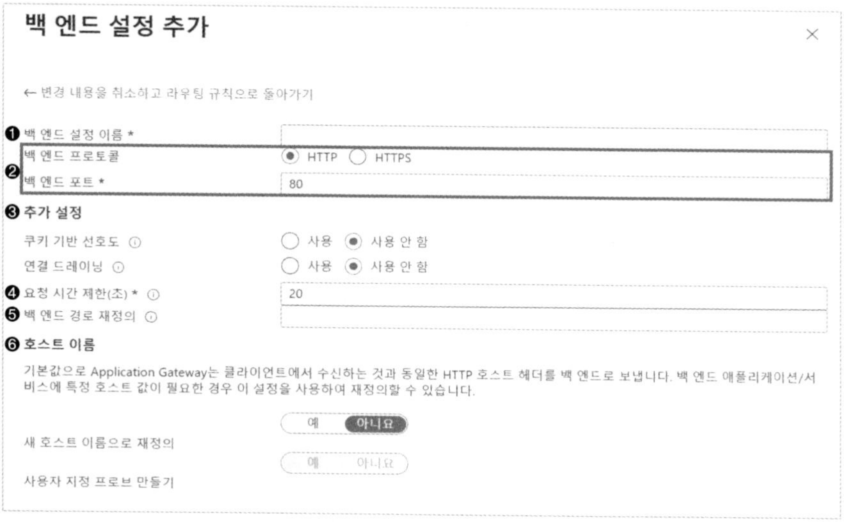

그림 9-8 백 엔드 설정

❶ 백 엔드 설정 이름: 1~80자 사이로 영문 및 숫자, 밑줄, 마침표, 하이픈을 포함할 수 있습니다. 영문자와 숫자로 시작하고 끝나도록 지정합니다.

❷ 백 엔드 프로토콜과 포트: 백 엔드 서비스가 사용하는 프로토콜과 포트를 지정합니다.

❸ 추가 설정: 쿠키를 사용해 사용자 세션을 동일한 서버에 유지하려는 경우 '쿠키 기반 선호도'를 사용합니다. 계획된 서비스 업데이트 과정에서 요청 수신을 더 이상 받지 않도록 백 엔드 풀 멤버를 제거해야 할 경우 '연결 드레이닝'을 사용합니다.

❹ 요청 시간 제한(초): 애플리케이션 게이트웨이가 백 엔드 풀에서 응답을 받기 위해 대기하는 시간을 정의합니다.

❺ 백 엔드 경로 재정의: 특정 경로에 대한 요청을 다른 경로로 라우팅하도록 URL 경로를 재정의할 수 있습니다.

❻ 호스트 이름: 기본적으로 클라이언트에서 요청한 트래픽의 HTTP 호스트 헤더를 변경하지 않고 백 엔드로 전달합니다. HTTP 호스트 헤더를 재정의해야 할 경우 이 설정을 변경합니다. 사용자 지정 프로브는 새 호스트 이름으로 재정의할 때 설정할 수 있습니다.

실전 연습 1 – 애플리케이션 게이트웨이 만들기

이번 실습은 8장 실전 연습 2에서 가용성 집합으로 배포한 자비스 2.0의 프런트 엔드 웹 서버의 웹 트래픽 제어와 부하 분산을 구성합니다. 각 과정에서 지정한 내용 외의 나머지는 모두 기본값을 사용합니다.

1. 애플리케이션 게이트웨이를 배포할 서브넷을 추가합니다. 앞서 만든 가상 네트워크, vnet-hallofarmor-us에서 다음 내용으로 서브넷을 추가합니다.

    ❶ 서브넷 3 이름: snet-jarvis2-gw

    ❷ 서브넷 3의 주소 범위: 10.16.1.0/24

그림 9-9 애플리케이션 게이트웨이용 서브넷 추가

2. Azure 포털의 [전역 검색] 상자에 '애플리케이션 게이트웨이'를 검색해 선택합니다. **부하 분산 | Application Gateway** 블레이드에서 [⊞만들기] 버튼을 클릭합니다.

3. **애플리케이션 게이트웨이 만들기** 블레이드의 **기본 사항** 탭에서 다음 내용을 설정하고 [다음: 프런트 엔드 〉] 버튼을 클릭합니다.

    ❶ 구독: 사용 중인 구독 선택

    ❷ 리소스 그룹: rg-hallofarmor 선택

    ❸ 게이트웨이 이름: agw-jarvis2fe

    ❹ 지역: East US

    ❺ 계층: 표준 V2

    ❻ 자동 크기 조정: 예

    ❼ 최소 인스턴스 수: 2

    ❽ 최대 인스턴스 수: 10

⑨ HTTP2: 사용 안 함

⑩ 가상 네트워크: vnet-hallofarmor-us

⑪ 서브넷: snet-jarvis2-gw

그림 9-10 애플리케이션 게이트웨이 기본 사항 입력

4. **프런트 엔드** 탭에서 다음 내용을 설정하고 [다음: 백 엔드 〉] 버튼을 클릭합니다.

❶ 프런트 엔드 IP 형식: 공용

❷ 공용 IP 주소: [새로 추가]를 클릭한 후 이름에 pip-agw-jarvis2fe 입력

그림 9-11 애플리케이션 게이트웨이 프런트 엔드 입력

5. **백 엔드** 탭에서 [백 엔드 풀 추가] 링크를 클릭하고 **백 엔드 풀을 추가합니다** 블레이드에서 다음 내용을 설정한 후 [추가] 버튼을 클릭합니다.

❶ 이름: agw-jarvis2fe-bepool

❷ 대상 없이 백 엔드 풀 추가: 아니오

❸ 백 엔드 대상

• 대상 유형: 가상 머신

• 대상: vmjarvis2fe01*

　　　vmjarvis2fe02*

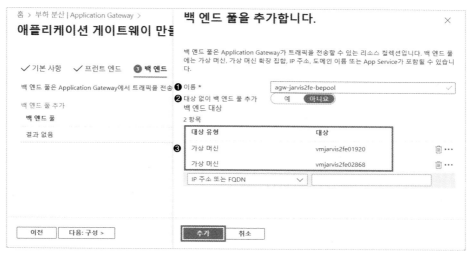

그림 9-12 애플리케이션 게이트웨이 백 엔드 풀 추가

6. 백 엔드 풀을 모두 추가하고 나면 **백 엔드** 탭에서 [다음: 구성 >] 버튼을 클릭합니다.

그림 9-13 애플리케이션 게이트웨이 백 엔드 탭

7. **구성** 탭에서 [회람(라우팅) 규칙 추가]를 클릭합니다.

그림 9-14 애플리케이션 게이트웨이 구성 탭

8. **회람(라우팅) 규칙 추가** 블레이드의 **수신기** 탭에서 다음을 설정합니다.

❶ 규칙 이름: agw-jarvis2fe-rule01   ❷ 우선 순위: 10

❸ 수신기 이름: jarvis2feListener   ❹ 프런트 엔드 IP: 공용

❺ 프로토콜과 포트: HTTP, 80   ❻ 수신기 유형: 기본

❼ 오류 페이지 URL: 지정 안 함

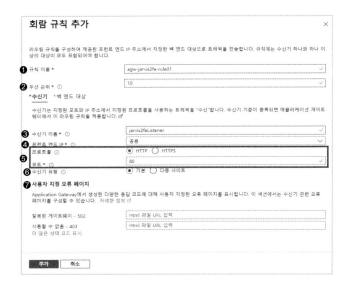

그림 9-15 라우팅 규칙 추가 – 수신기

9. **회람(라우팅) 규칙 추가** 블레이드의 **백 엔드 대상** 탭에서 다음을 설정하고 [추가] 버튼을 클릭합니다.

❶ 대상 유형: 백 엔드 풀

❷ 백 엔드 대상: agw-jarvis2fe-bepool

❸ 백 엔드 설정: 새로 추가(10번 과정 수행)

그림 9-16 라우팅 규칙 추가 – 백 엔드 대상

10. **백 엔드 설정 추가** 블레이드에서 다음을 설정하고 [추가] 버튼을 클릭합니다

   ❶ 백 엔드 설정 이름: jarvis2feSettings

   ❷ 백 엔드 프로토콜과 포트: HTTP, 80

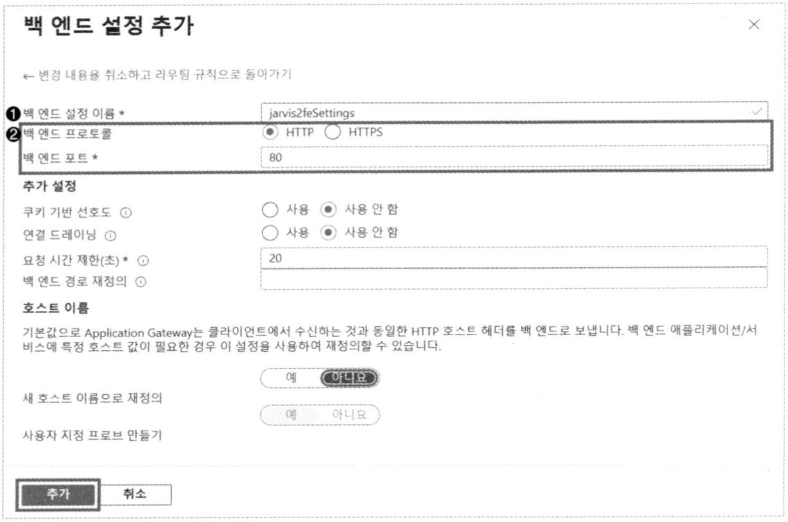

그림 9-17 백 엔드 설정 추가

11. 다시 **구성** 탭으로 돌아오면 프런트 엔드와 회람(라우팅) 규칙, 백 엔드 풀 모두 설정된 것을 확인할 수 있습니다. [다음: 태그 >]를 클릭합니다.

그림 9-18 애플리케이션 게이트웨이 구성 완료

12. **태그** 탭에서 필요한 경우 태그를 지정하고(여기서는 지정하지 않음) [다음: 검토 + 만들기 >]를 클릭합니다.

13. 유효성 검사가 성공하면 [만들기] 버튼을 클릭해 애플리케이션 게이트웨이를 배포합니다.

그림 9-19 애플리케이션 게이트웨이 배포 유효성 검사

실전 연습 2 – 애플리케이션 게이트웨이 테스트

자비스 2.0 프런트 엔드 웹 서비스를 배포하기 위해 애플리케이션 게이트웨이의 백 엔드 풀에 포함된 윈도우 서버 VM(Windows Server 2022)에 IIS를 설치하고 웹 서비스를 구성합니다.

1. 8장의 실전 연습 2에서 배포한 첫 번째 윈도우 서버 VM(vmjarvis2fe01)을 Azure 포털에서 선택합니다. (VM이 중지된 경우 시작합니다.)

2. vmjarvis2fe01 서비스 메뉴의 **작업** 섹션에서 [실행 명령]을 선택한 후, **실행 명령** 블레이드에서 [RunPowerShellScript]를 클릭합니다.

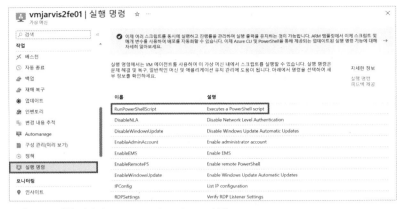

그림 9-20 실행 명령의 RunPowerShellScript 선택

3. **실행 명령 스크립트** 블레이드의 [PowerShell 스크립트] 상자에 다음 스크립트의 내용을 입력한 후, [실행] 버튼을 클릭합니다. (참고: 예제 소스의 source/chap09/setup_jarvis2fe.ps1)

- 웹 서버(IIS) 설치

---

❶ `Install-WindowsFeature -Name Web-Server -IncludeManagementTools`

- Default.html 파일 수정

---

❷ `Set-Content -Path "C:\inetpub\wwwroot\Default.htm" -`
  `Value "Running JARVIS 2.0 Web Service from host $($env:computername) !"`

그림 9-21 자비스 2.0 프런트 엔드 웹 서비스 구성 스크립트 입력

4. **실행 명령 스크립트** 블레이드의 **출력** 섹션에서 스크립트 실행 결과를 확인합니다.

그림 9-22 PowerShell 스크립트 실행 결과

5. 애플리케이션 게이트웨이, agw-jarvis2fe 서비스 메뉴의 **모니터링** 섹션에서 **백 엔드 상태**를 선택하고 IIS가 설치된 서버의 상태가 '정상'으로 표시되는 것을 확인합니다.

그림 9-23 애플리케이션 게이트웨이(agw-jarvis2fe)의 백 엔드 상태 확인

6. 8장의 실전 연습 2에서 배포한 두 번째 윈도우 서버 VM(vmjarvis2fe02)을 Azure 포털에서 선택합니다. (VM이 중지된 경우 시작합니다.)

7. vmjarvis2fe02에 대해 2~5번의 과정을 다시 한번 수행합니다.

8. 애플리케이션 게이트웨이의 서비스 메뉴에서 **백 엔드 상태**를 선택하고 모든 서버의 상태가 '정상'으로 표시되는지 확인합니다.

그림 9-24 agw-jarvis2fe의 모든 백 엔드 상태 확인

9. 애플리케이션 게이트웨이의 ❶ **개요** 서비스 메뉴를 선택하고 블레이드에서 ❷ **프런트 엔드 공**
   용 IP 주소를 확인합니다.

그림 9-25 애플리케이션 게이트웨이(agw-jarvis2fe)의 프런트 엔드 공용 IP 주소 확인

10. 웹 브라우저 주소 창에 agw-jarvis2fe의 프런트 엔드 공용 IP 주소를 입력해 애플리케이
    션 게이트웨이의 부하 분산 동작을 확인합니다. 서로 다른 브라우저를 사용하거나 브라우
    저의 보안모드(에지는 새 InPrivate 창, 크롬은 새 시크릿 창)를 사용하면 쉽게 확인할 수
    있습니다.

그림 9-26 agw-jarvis2fe의 부하 분산 동작 테스트

9.2 NAT 게이트웨이

우리는 프라이빗 IP 주소로는 인터넷의 리소스에 액세스할 수 없다는 사실을 이미 알고 있습니다. 즉, 인터넷으로 트래픽을 라우팅하려면 여러분의 컴퓨터는 인터넷에서 고유한 공용 IP 주소를 가져야 합니다. 현재 사용 중인 32비트 IPv4 체계에서 사용 가능한 공용 IP의 개수는 제한되어 있으므로 지금과 같이 개인이 다수의 인터넷 연결 장치를 사용하는 시대에 충분한 공용 IP를 제공하지 못합니다.

따라서 쉽게 생각해볼 수 있는 아이디어는, 조직 네트워크에 연결된 장비들은 프라이빗 IP를 부여하고 인터넷 통신이 필요한 경우만 지정한 공용 IP에 매핑(변환)시켜 인터넷의 대상 리소스와 통신을 가능하게 만드는 것입니다. 바로 이 아이디어를 구현한 기술이 NAT^{Network Address Translation}(네트워크 주소 변환) 기술이며, 이를 구현한 장치 또는 서비스를 NAT 게이트웨이라고 합니다.

Azure는 가상 네트워크 리소스의 아웃바운드 인터넷 액세스가 필요할 때 VNet의 프라이빗 IP를 공용 IP 주소로 변환하는 Azure NAT 게이트웨이 서비스를 제공합니다. 예를 들어 표준 SKU의 내부 부하 분산장치를 사용하는 경우 백 엔드 풀의 가상 머신에서 아웃바운드 인터넷 흐름을 차단하기 때문에 Azure NAT 게이트웨이를 사용하면 문제를 쉽게 해결할 수 있습니다.

9.2.1 Azure NAT 게이트웨이 서비스 개요

Azure NAT 게이트웨이는 하나의 물리적 게이트웨이 장치가 아닙니다. 개별 컴퓨팅 인스턴스에 의존하지 않고 여러 장애 도메인을 포함하는 복원력이 뛰어난, 관리되는 분산 NAT 서비스입니다.

NAT 게이트웨이에 표준 SKU 공용 IP나 공용 IP 접두사, 또는 두 가지를 함께 구성하고 하나 이상의 서브넷에 연결하면, 가상 네트워크에서 인터넷으로 트래픽 흐름이 만들어지고(아웃바운드), 이 흐름에 대한 응답으로 리턴 트래픽(인바운드)이 허용됩니다. 인터넷 엔드포인트에서 시작하는 NAT 게이트웨이로의 인바운드 트래픽은 차단됩니다.

가상 네트워크의 리소스와 NAT 게이트웨이 사이의 별도의 라우팅 구성은 필요하지 않습니다. NAT 게이트웨이가 연결된 가상 네트워크 서브넷의 모든 아웃바운드 인터넷 트래픽은 별도 구성 없이 NAT 게이트웨이를 통해 우선적으로 처리됩니다. 즉, 가상 네트워크 리소스의 다른 아웃바운드 시나리오가 있더라도 NAT 게이트웨이가 우선하며 연결된 서브넷의 기본 인터넷 라우팅 경로가 됩니다.

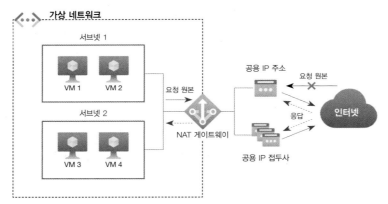

그림 9-27 Azure NAT 게이트웨이 서비스 아웃바운드 인터넷 흐름

다음은 Azure NAT 게이트웨이 서비스를 구현할 때 알아야 할 10가지 핵심 포인트입니다.

❶ Azure NAT 게이트웨이가 사용할 수 있는 공용 IP 주소는 최대 16개입니다.

❷ NAT 게이트웨이와 할당된 공용 IP 주소는 항상 같은 위치와 같은 영역에 있어야 합니다.

❸ NAT 게이트웨이에 할당하는 공용 IP는 정적이어야 하고 할당한 후 변경할 수 없습니다.

❹ 여러 개의 공용 IP를 NAT 게이트웨이에 할당할 수 있으며 아웃바운드는 이러한 공용 IP 중 하나를 사용하여 연결할 수 있습니다.

❺ NAT 게이트웨이는 표준 SKU 리소스(예: 표준 SKU 부하 분산 장치, 표준 SKU 공인 IP)에서만 동작합니다.

❻ 하나의 가상 네트워크에 하나의 NAT 게이트웨이를 할당할 수 있지만, 가상 네트워크 내에서는 NAT 게이트웨이를 여러 서브넷에 연결할 수 있습니다.

❼ 하나의 서브넷에는 하나의 NAT 게이트웨이만 연결할 수 있습니다.

❽ NAT 게이트웨이는 가용성 영역에 배포하거나 '구역 없음'일 수 있습니다. '구역 없음'에 배포한 NAT 게이트웨이는 Azure가 적합한 영역에 NAT 게이트웨이를 배포하며 중복성이 보장되지 않습니다. NAT 게이트웨이를 배포한 후 가용성 영역을 변경할 수 없습니다.

❾ NAT 게이트웨이는 가용성 영역 리소스이므로 배포한 이후 다른 지역, 구독, 리소스 그룹으로 이동할 수 없습니다.

❿ NAT 게이트웨이는 IPv6를 지원하지 않습니다.

9.2.2 Azure NAT 게이트웨이 서비스 배포

이제 Azure 포털에서 NAT 게이트웨이를 배포할 때 입력하는 인스턴스 정보와 아웃바운드 IP, 서브넷의 설정 항목을 살펴보겠습니다.

인스턴스 정보

NAT 게이트웨이 만들기 블레이드의 [기본 사항] 탭에서 입력할 [인스턴스 정보] 섹션을 [그림 9-28]에서 나타냈습니다.

그림 9-28 NAT 게이트웨이의 인스턴스 정보

❶ NAT 게이트웨이 이름: natgw나 ng 등의 일관성 있는 접두사나 접미사와 함께 설명적인 이름으로 작성합니다.

❷ 가용성 영역: '구역 없음'이나 가용성 영역 1~3을 복수로 선택할 수 있습니다. NAT 게이트웨이와 관련 있는 리소스는 영역을 일치시켜 복원력을 제공할 수 있습니다.

❸ TCP 유휴 시간 제한(분): 기존 연결에 허용할 유휴 시간 제한을 4~120분 사이로 설정합니다. 유휴 시간 제한에 도달하면 기존 연결이 제거되고 새로 시도되는 연결 흐름에 대해 NAT 게이트웨이는 TCP 재설정 패킷을 보냅니다. UDP의 경우는 4분으로 고정되고 변경할 수 없습니다.

아웃바운드 IP

[그림 9-29]에서 나타낸 [아웃바운드 IP] 탭에서 NAT 게이트웨이에 사용할 공용 IP 주소와 공용 IP 접두사를 구성하면, NAT 게이트웨이와 함께 동작하는 리소스에 매핑되는 각 공용 IP 주소 당 64,000개의 SNAT^{Source Network Address Translation} 포트를 제공합니다. 표준 SKU 공용 IP 주소를 사용해야 합니다.

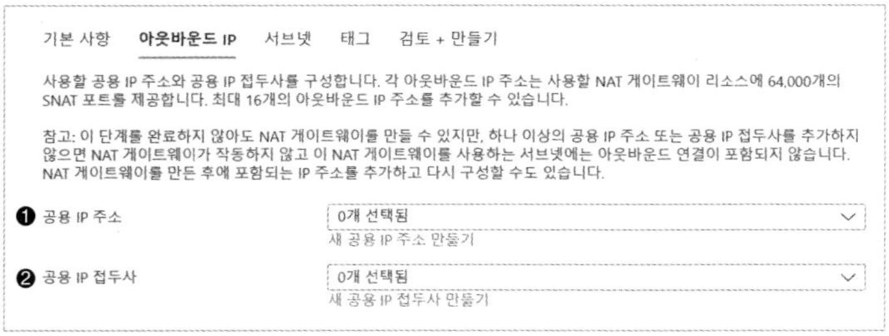

그림 9-29 NAT 게이트웨이 아웃바운드 IP 설정

❶ 공용 IP 주소: 하나 이상의 공용 IP 주소를 선택하거나 새로 만들 수 있습니다. 보통 약어로 'pip'를 사용합니다.

❷ 공용 IP 접두사: 하나 이상의 공용 IP 접두사를 선택하거나 새로 만들 수 있습니다. 보통 약어로 'ippre'를 사용합니다.

서브넷

NAT 게이트웨이는 [그림 9-30]처럼 가상 네트워크를 먼저 선택한 후 하나 이상의 서브넷을 연결할 수 있습니다. NAT 게이트웨이 배포 후에도 서브넷을 추가하거나 제거할 수 있습니다.

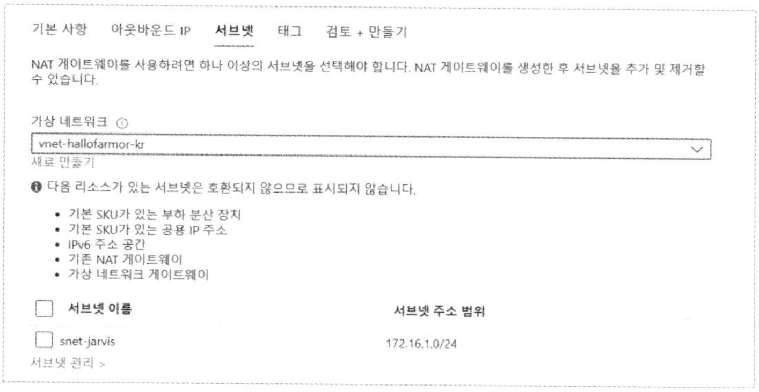

그림 9-30 NAT 게이트웨이 서브넷 연결

실전 연습 3 – NAT 게이트웨이 구현

자비스 2.0의 백 엔드 서비스에 사용할 표준 SKU 내부 부하 분산 장치는 아웃바운드 인터넷 액세스를 허용하지 않습니다. 부하 분산 장치 백 엔드 풀의 가상 머신이 온라인 상에서 특정 오픈소스 패키지를 설치해야 하거나 업데이트를 해야 할 때, 실패하게 됩니다. 따라서 인바운드 인터넷 액세스는 차단해 보안은 향상시키고 아웃바운드 인터넷 통신만 허용해 서비스 환경을 쉽게 구현하기 위해 NAT 게이트웨이를 배포하기로 했습니다.

1. Azure 포털의 전역 검색 상자에 'NAT'를 입력하면 표시되는 검색 결과의 **서비스** 섹션에서 [NAT 게이트웨이]를 선택합니다.

그림 9-31 NAT 게이트웨이 서비스 찾기

2. **NAT 게이트웨이** 블레이드의 명령 모음에서 [⊞ 만들기] 버튼을 클릭합니다.

그림 9-32 NAT 게이트웨이 블레이드

3. **NAT(Network Address Translation) 게이트웨이 만들기** 블레이드의 [기본 사항] 탭에 다음 내용을 설정하고 [다음:아웃바운드 IP 〉] 버튼을 클릭합니다.

[프로젝트 정보]
- 구독: 사용 중인 구독 선택
- 리소스 그룹: rg–hallofarmor

[인스턴스 정보]
- NAT 게이트웨이 이름: natgw–jarvis2be
- 지역: East US
- 가용성 영역: 구역 없음
- TCP 유휴 시간 제한(분): 10분

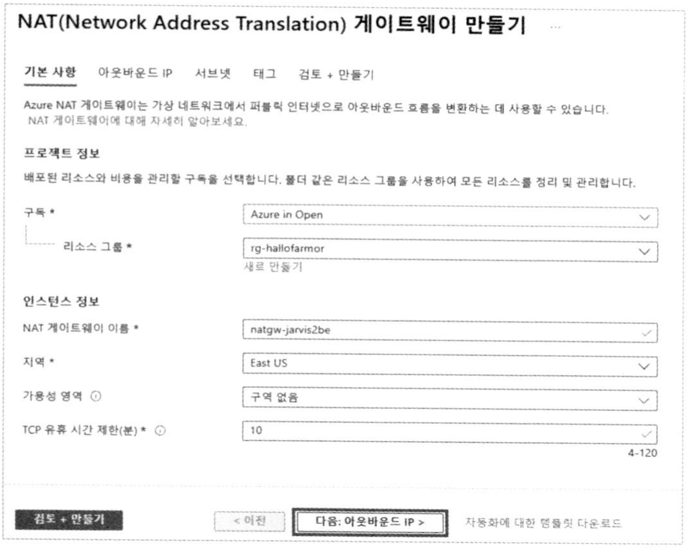

그림 9-33 기본 사항 입력

4. [아웃바운드 IP] 탭에 다음 내용을 설정하고 [다음:서브넷 >] 버튼을 클릭합니다.

- 공용 IP 주소: [새 공용 IP 주소 만들기] 클릭

[공용 IP 주소 추가]

- 이름: pip-natgw-jarvis2be

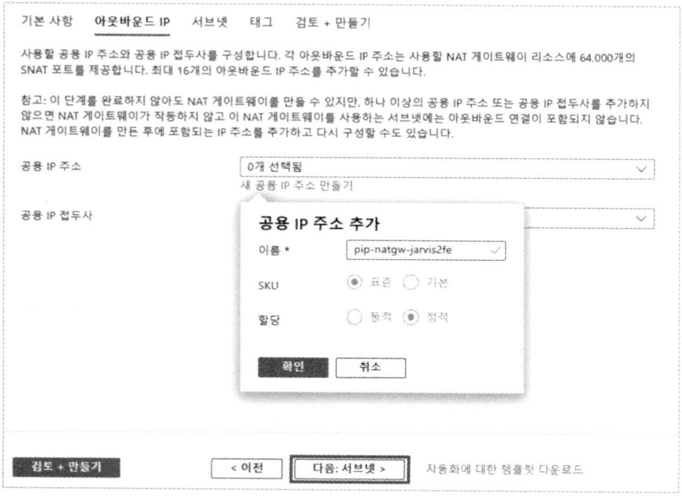

그림 9-34 아웃바운드 IP 설정

5. [서브넷] 탭에 다음 내용을 설정하고 [검토 + 만들기] 버튼을 클릭합니다

  - 가상 네트워크: vnet-hallofarmor-us

  - 서브넷: snet-jarvis2-be

그림 9-35 가상 네트워크와 서브넷 지정

6. 유효성 검사 통과 여부를 확인하고 [검토 + 만들기] 탭에서 NAT 게이트웨이 배포에 필요한 모든 설정 내용을 확인한 다음, [만들기] 버튼을 클릭해 배포합니다.

그림 9-36 유효성 검사 및 배포 설정 확인

7. 배포를 완료한 NAT 게이트웨이 리소스를 찾아서 클릭합니다. **개요** 블레이드의 정보를 확인하고 서비스 메뉴의 설정 섹션에서 아웃바운드 IP와 서브넷, 구성 메뉴를 클릭해 변경할 수 있는 정보를 확인해봅니다.

그림 9-37 NAT 게이트웨이 배포 결과 확인

9.3 Azure 부하 분산 장치

온프레미스에서 네트워크의 트래픽을 분산하기 위해 필수적으로 사용하는 부하 분산 장치처럼 Azure 부하 분산 장치(Load Balancer)도 애플리케이션의 고가용성과 트래픽 분산을 목적으로 합니다. 앞서 애플리케이션 게이트웨이처럼 프런트 엔드로 들어오는 인바운드 트래픽을 백 엔드 풀의 리소스에 분산시킵니다. 부하 분산은 분산 알고리즘과 규칙, 상태 프로브를 사용해 결정합니다. 부하 분산 알고리즘은 부하 분산 장치의 배포 모드에 따라 결정됩니다. 기본 배포 모드는 해시 기반 배포 모드로 5 튜플 해시를 사용합니다.

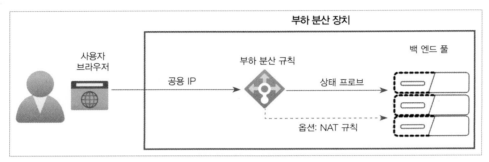

그림 9-38 Azure 부하 분산 장치 동작 기호

Azure 부하 분산 장치는 공용 프런트 엔드 IP 주소에서 수신한 트래픽을 백 엔드 풀의 프라이 빗 IP 주소를 가진 멤버 서버로 라우팅하는 NAT도 지원합니다.

9.3.1 부하 분산 장치 배포

이 절에서는 Azure 부하 분산 장치를 배포할 때 설정해야 할 주요 구성요소를 차례대로 다룹 니다.

인스턴스 정보

[그림 9-39]는 **부하 분산 장치 만들기** 블레이드에서 기본 사항 탭의 **인스턴스 정보** 섹션을 나타냈습 니다.

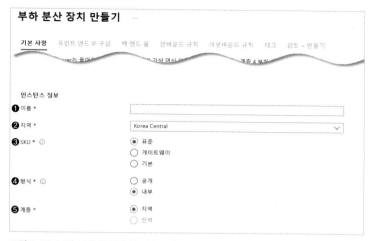

그림 9-39 부하 분산 장치의 인스턴스 정보

❶ 이름: 앞서 소개한 Azure 리소스의 이름 규칙에 관한 Azure 기술 문서 링크를 참고해 의미를 가진 이름을 붙입니다. 보통 lb- 접두사를 붙입니다.

❷ 지역: 백 엔드 풀의 가상 머신이 연결된 가상 네트워크와 같은 위치를 지정합니다.

❸ SKU(가격 책정 계층): 기본(Basic)과 표준(Standard), 게이트웨이 중에서 선택할 수 있지만, 이 책은 기본과 표준 SKU만 다룹니다. 기본 SKU에서 가능한 기능은 표준 SKU에서 모두 지원합니다. 특정 시나리오는 표준 SKU를 사용해야 합니다. 예를 들어 백 엔드 풀의 VM이 가용성 영역으로 배포된 경우는 '표준'을 선택해야 합니다. 353페이지의 [표 9-1]에서 2가지 SKU의 차이점을 비교했습니다.

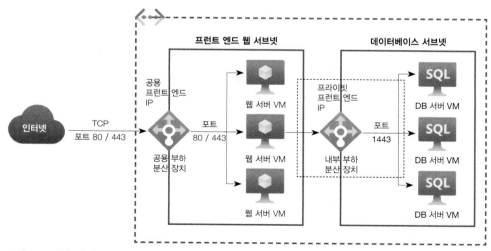

그림 9-40 공용 및 내부 부하 분산 장치가 포함된 웹 서비스 토폴로지

❹ 형식: 부하 분산 장치는 트래픽 원본이 공용 IP 주소에 발생하는지 프라이빗 IP 주소에서 발생하는지에 따라 '공개'와 '내부' 중에서 선택할 수 있습니다.

- 공개(공용) 부하 분산 장치: 인터넷 클라이언트의 웹 서비스 요청을 여러 웹 서버로 분산하고 싶다면 부하 분산 장치의 유형을 '공개'로 해야 합니다. 이처럼 인터넷에서 들어오는 특정 유형의 인바운드 트래픽에 부하 분산 규칙을 적용하고 트래픽의 공용 IP 주소/포트를 실제 VM의 프라이빗 IP 주소/포트로 매핑해 분산할 수 있습니다. 아웃바운드 트래픽은 반대로 매핑합니다.

- 내부 부하 분산 장치: 프런트 엔드 웹 서버의 요청 트래픽을 백 엔드 애플리케이션 서버에 분산 처리해야 한다면 백 엔드 서비스에 연결하는 부하 분산 장치 형식을 '내부'로 해야 합니다. 이처럼 부하 분산 장치가 직접 인터넷 엔드포인트에 노출되지 않고 백 엔드 풀의 VM에 트래픽을 분산하는 경우에 사용합니다. 3가지 시나리오를 생각해볼 수 있습니다.

  - 가상 네트워크 내의 공용 부하 분산 장치의 백 엔드 풀의 아웃바운드 트래픽이 동일 가상 네트워크 내 여러 VM으로 부하를 분산하는 다중 계층 아키텍처 시나리오

  - 온프레미스와 Azure의 가상 네트워크를 VPN으로 연결하고 온프레미스 서버에서 Azure 가상 네트워크 내 여러 VM으로 부하를 분산하는 하이브리드 아키텍처 시나리오

  - Azure 앱 서비스로 기간 업무(LOB) 애플리케이션을 프런트 엔드로 실행하면서 Azure 내의 VM이나 (하이브리드 시나리오로) 온프레미스 백 엔드 서버로 부하 분산하는 경우

❺ 계층: '표준' SKU와 '공개' 형식을 선택하면 지역(region) 또는 전역 계층 옵션을 선택할 수 있습니다. 전역 계층은 다른 말로 '지역 간(cross-region) 부하 분산'이라고 하며 지역 중복 고가용성 시나리오를 지원합니다. 전역 계층 부하 분산 장치를 구현할 경우 사용할 프런트 엔드 공용 IP 주소도 '전역' 계층으로 만들어야 합니다. 전역 계층 부하 분산 장치의 상태 프로브는 20초마다 지역 부하 분산 장치에 대한 가용성을 확인합니다. 상태 확인이 실패하면 트래픽을 다음의 가장 가까운 정상 운용 중인 지역 부하 분산 장치로 라우팅합니다.

NOTE_ 게이트웨이 SKU는 내부 형식을 선택하면 사용할 수 있습니다. 게이트웨이 부하 분산 장치를 배포하면 모든 트래픽이 서드파티 NVA(네트워크 가상 어플라이언스)로 전송되게 만들어 추가적인 고성능 및 고가용성, 보안 시나리오를 구현할 수 있습니다. 예를 들어, 사용자가 공용 IP 주소를 가진 웹 서버에 액세스를 시도하면 트래픽은 먼저 게이트웨이 부하 분산 장치로 전송되어 백 엔드 풀에 구성한 서드 파티 방화벽을 통해 처리된 후 다시 웹 서버에 액세스하게 됩니다.

더 자세한 내용은 다음의 Azure 기술 문서를 참고하세요.

- https://learn.microsoft.com/ko-kr/azure/load-balancer/gateway-overview

표 9-1 Azure 부하 분산 장치 SKU 비교

기능	기본 SKU	표준 SKU
SLA	지원 안 함	99.99%
대상	가용성 집합, VM 확장 집합	가상 네트워크의 VM 또는 VM 확장 집합, 가용성 영역
상태 프로브 지원	TCP/HTTP(IPv4)	TCP/HTTP/HTTPS(IPv4)
상태 프로브 다운 동작	특정 인스턴스 프로브 다운/모든 프로브 다운에서 TCP 연결 유지	특정 인스턴스 프로브 다운에서 TCP 연결 유지. 모든 프로브 다운에서 모든 TCP 연결 종료
유휴 상태의 TCP 재설정 지원	지원 안 함	지원(ARM이나 CLI 사용)
백 엔드 풀 크기	100	1500
다중 포트 부하 분산	지원 안 함	내부 형식에서 HA 포트 사용
다중 프런트 엔드	인바운드	인바운드/아웃바운드
모니터링	Azure 모니터 로그	Azure 모니터 다차원 메트릭
기본 보안	연결 허용. 네트워크 보안 그룹은 옵션	네트워크 보안 그룹에서 허용 필요. 내부 부하 분산 장치의 내부 트래픽 허용
아웃바운드 규칙	지원 안 함	선언적 구성 지원
관리 작업	60~90초 이상	대부분 30초 이내
가격	무료	첫 5 규칙 / 시간: $0.025 (지역/글로벌 계층) 추가 1 규칙 / 시간: $0.01 (지역/글로벌 계층) 처리된 데이터: $0.005 / GB (지역별 계층)
내부 LB의 아웃바운드 트래픽	인터넷 아웃바운드 허용	인터넷 아웃바운드 불가
시나리오	고가용성이나 이중화가 필요없는 소규모 애플리케이션	고성능의 매우 낮은 대기 시간과 지역 및 가용성 영역을 지원하는 복원력이 필요한 엔터프라이즈 애플리케이션

네트워크 구성

부하 분산 장치 형식을 공개로 선택했다면, **프런트 엔드 IP 구성** 탭의 [+ 프런트 엔드 IP 구성 추가] 버튼을 클릭하고 **프런트 엔드 IP 구성 추가** 블레이드에서 IP 유형에 따라 공용 IP 주소 또는 공용 IP 접두사(연속적인 고정 공용 IP 주소 범위)를 만들거나 선택해야 합니다.

그림 9-41 공용 프런트 엔드 IP 구성

부하 분산 장치의 형식을 '내부'로 하고 SKU를 '표준'으로 선택한 경우 [그림 9-42]에서 나타낸 항목을 설정해야 합니다.

프런트 엔드 IP 구성 추가 ✕

❶ 이름 *

프런트 엔드 IP 구성 이름

가상 네트워크
vnet-hallofarmor-kr

❷ 서브넷 *

❸ 할당
○ 동적 ● 정적

❹ IP 주소 *

❺ 가용성 영역 * ⓘ

영역 중복

그림 9-42 프라이빗 프런트 엔드 IP 구성

❶ 이름: 프런트 엔드 IP 구성의 이름을 입력합니다. 부하 분산 장치 이름과 일관성을 갖도록 만듭니다. (예, lbi-jarvis2be-feip)

❷ 서브넷: 부하 분산 장치에 할당할 프라이빗 프런트 엔드 IP 주소의 서브넷을 선택합니다.

❸ 할당 방식 결정 ❹ IP 주소: '정적'을 선택한 경우 선택한 가상 네트워크 서브넷 주소 범위의 프라이빗 IP 주소를 직접 지정합니다.

❺ 가용성 영역: '영역 중복'이나 '영역 없음(구역 없음)', '영역 프런트 엔드(한 영역에 하나의 부하 분산 장치 배포)' 옵션 중에서 선택할 수 있습니다.

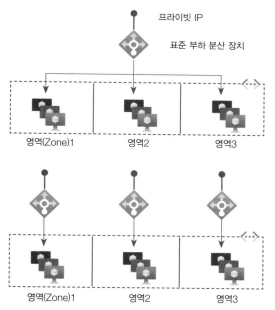

그림 9-43 부하 분산 장치의 가용성 영역 옵션(위: 영역 중복, 아래: 영역 프런트 엔드)

실전 연습 4 – 부하 분산 장치 배포

이번 실습은 8장의 실전 연습 3에서 배포한 자비스 2.0의 백 엔드 리눅스 서버를 위한 Azure 부하 분산 장치를 배포해 프런트 엔드에서 자비스 2.0 엔진으로 보내는 트래픽을 분산 처리합니다.

1. Azure Portal의 [전역 검색] 상자에서 '부하 분산 장치'를 검색해 선택합니다. **부하 분산 | 부하 분산 장치** 블레이드에서 [➕ 만들기] 버튼을 클릭합니다.

2. **부하 분산 장치 만들기** 블레이드의 **기본 사항** 탭에서 다음 내용을 설정하고 [다음 〉 프런트 엔드 IP 구성] 버튼을 클릭합니다.

❶ 구독: 사용 중인 구독 선택　　　　　　　❷ 리소스 그룹: rg-hallofarmor 선택

❸ 이름: lbi-jarvis2be　　　　　　　　　　❹ 지역: East US

❺ SKU: 표준(가용성 영역을 지원해야 하기 때문에)　❻ 형식: 내부

❼ 계층: 지역

그림 9-44 부하 분산 장치 기본 사항 입력

3. **프런트 엔드 IP 구성** 탭에서 [⊞ 프런트 엔드 IP 구성 추가] 버튼을 클릭합니다. **프런트 엔드 IP 구성 추가** 블레이드에 다음 내용을 입력하고 [추가] 버튼을 클릭한 후, [검토 + 만들기] 버튼을 클릭합니다.

❶ 이름: lbi-jarvis2be-feip

❷ 서브넷: snet-jarvis2-be

❸ 할당: 정적

❹ IP 주소: 10.16.3.99

❺ 가용성 영역: 영역 중복

그림 9-45 프런트 엔드 IP 구성

4. '유효성 검사 통과' 메시지를 확인하고 [만들기] 버튼을 클릭해 부하 분산 장치를 배포합니다.

그림 9-46 부하 분산 장치 만들기 유효성 검사

5. 부하 분산 장치 배포가 완료되면 리소스로 이동해서 **개요** 블레이드의 기본 정보를 확인하고 서비스 메뉴의 **설정** 섹션에 어떤 내용이 있는지 확인해봅니다. 다음 절에서 이 섹션 내의 항목을 설명하고 실습을 통해 구성해보겠습니다.

그림 9-47 부하 분산 장치 배포 결과 확인

9.3.2 부하 분산 장치 구성

Azure 부하 분산 장치를 배포하고 나면 이제 부하 분산 동작이 가능하도록 백 엔드 풀과 상태 프로브, 부하 분산 규칙을 반드시 구성해야 합니다. 인바운드 NAT 규칙은 부하 분산 장치 프런트 엔드 IP와 포트 매핑을 통해 백 엔드 풀의 개별 멤버 서버를 관리 목적으로 액세스해야 할 경우에 구성하면 됩니다.

백 엔드 풀

백 엔드 풀은 부하 분산 장치가 수신한 요청을 라우팅할 대상 가상 머신 세트를 추가 및 제거하는 설정입니다. 백 엔드 풀에 VM을 추가 또는 제거하면 부하 분산 장치가 다시 구성되며 인스턴스 크기를 조정하는 경우 자체적으로 즉시 재구성됩니다. 백 엔드 풀을 설계할 때는 관리 작업 최적화를 위해 개별 백 엔드 풀 리소스의 수를 최소화하도록 합니다. [그림 9-48]은 **백 엔드 풀 추가** 블레이드에서 백 엔드 풀을 구성하는 데 필요한 정보를 나타냈습니다.

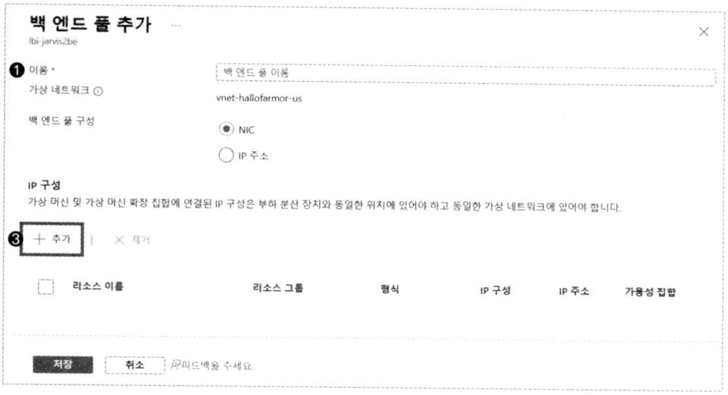

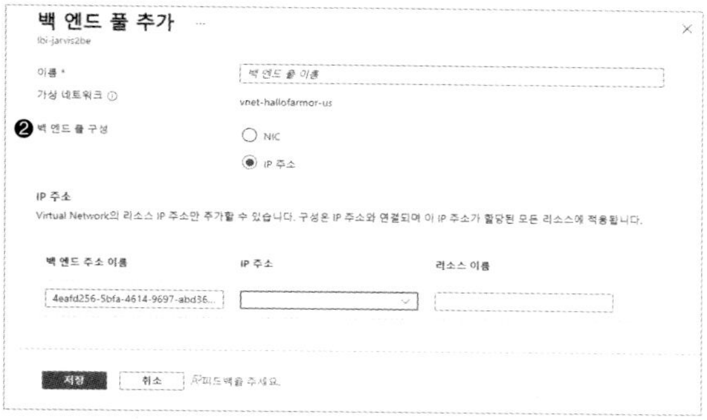

그림 9-48 백 엔드 풀 추가 설정

❶ 이름: 부하 분산 장치의 이름과 적절한 접미사(예, −bepool) 조합으로 일관성을 유지하며 의미를 지닌 백 엔드 풀의 이름을 지정합니다.

❷ 백 엔드 풀 구성: 'NIC'를 선택한 경우 IP 구성 섹션에서 가상 머신의 네트워크 인터페이스를 선택해 추가합니다. 'IP 주소'를 선택한 경우 가상 네트워크의 리소스 이름과 할당된 IP 주소를 직접 입력합니다.

❸ 가상 머신: [⊞ 추가] 버튼을 클릭해 가상 머신을 추가합니다. 선택한 SKU에 따라 동일 가상 네트워크의 서브넷에서 추가할 수 있는 VM이 다를 수 있습니다.

상태 프로브

상태 프로브를 구성해 백 엔드 풀의 가상 머신(엔드포인트) 상태를 모니터링합니다. 상태 프로브는 상태 확인 응답에 따라 트래픽을 처리할 백 엔드 멤버를 결정합니다. 상태 확인을 실패하면 부하 분산 장치는 비정상 가상 머신으로 트래픽 전송을 중지합니다. 상태 프로브 동작은 인바운드 연결에만 해당합니다. [그림 9-49]에서는 **상태 프로브 추가** 블레이드에서 상태 프로브를 구성하는 데 필요한 정보를 나타냈습니다.

그림 9-49 상태 프로브 구성

❶ 이름: 〈서비스 이름〉〈프로토콜〉Probe 형태의 이름을 사용하면 식별하기 좋습니다. 예를 들면 jarvis2HttpProbe와 같은 식입니다.

❷ 프로토콜 ❸ 포트: 상태 확인에 사용할 프로토콜과 포트를 지정합니다. 기본 SKU는 TCP와 HTTP를, 표준 SKU는 여기에 더해 HTTPS까지 지원합니다.

❹ 간격: 상태 확인 주기를 초 단위로 지정합니다.

❺ 사용자: 현재 프로브를 사용 중인 부하 분산 규칙 목록을 나타냅니다.

부하 분산 규칙

부하 분산 규칙은 백 엔드 풀 멤버 가상 머신에 트래픽을 분산시키는 방법을 정의합니다. 부하 분산 규칙을 만들 때 상태 프로브가 있어야 합니다. 따라서 미리 만들어놓은 상태 프로브를 선택하거나 부하 분산 규칙을 추가할 때 같이 만들어야 합니다. [그림 9-50]은 **부하 분산 규칙 추가** 블레이드에서 부하 분산 규칙을 구성하는 데 필요한 정보를 나타냈습니다.

그림 9-50 부하 분산 규칙 추가

❶ 이름: '〈서비스 이름〉〈프로토콜〉〈포트번호〉Rule' 형태의 이름을 사용하면 식별하기 좋습니다. 예를 들면 jarvis2TCP80Rule와 같은 식입니다.

❷ 프런트 엔드 IP 주소: 부하 분산 장치를 만드는 과정에서 설정한 '프런트 엔드 IP 구성' 값을 선택합니다.

❸ 백 엔드 풀: 트래픽을 받아서 처리할 백 엔드 멤버 서버를 추가해 사전에 구성한 백 엔드 풀을 지정합니다.

❹ 고가용성 포트(표준 SKU, 내부 형식): HA 포트라고 하며 '내부' 부하 분산 장치를 사용할 때 모든 포트에서 TCP와 UDP 트래픽의 부하를 동시에 분산할 수 있습니다. 가상 네트워크 내에서 네트워크 가상 어플라이언스의 고가용성 및 확장 시나리오나 다수의 포트에서 부하를 분산시켜야 할 때 유용합니다. 이 HA 포트를 선택하면 관련 포트와 프로토콜이 자동으로 구성됩니다. HA 포트에 관한 추가적인 설명은 Azure 기술 문서를 참고하세요.[3]

❺ 프로토콜: 부하 분산을 적용할 프로토콜을 선택합니다.

❻ 포트: 클라이언트 요청을 수신 대기할 프런트 엔드 포트를 지정합니다.

❼ 백 엔드 포트: 백 엔드 풀에서 부하 분산된 트래픽을 받는 백 엔드 멤버 서버의 포트를 지정합니다.

❽ 상태 프로브: 백 엔드 풀의 멤버 서버의 서비스가 정상인지 모니터링하기 위해 사전 구성한 상태 프로브를 선택하거나 만듭니다.

❾ 세션 지속성: Azure 부하 분산 장치의 분산 방식(분산 알고리즘)을 지정할 수 있습니다. 해시 기반 분산과 원본 IP 선호도 분산 2가지를 제공하며 기본값은 해시 기반 분산입니다(그림 9–51).

---

3 https://learn.microsoft.com/ko-kr/azure/load-balancer/load-balancer-ha-ports-overview

- 해시 기반 분산: 원본 IP 주소와 원본 포트, 대상 IP 주소와 대상 포트, 프로토콜을 포함하는 5 튜플 해시를 사용해 트래픽을 백 엔드 엔드포인트로 매핑합니다. 전송 세션 내에서만 연결 유지를 제공합니다. 새로운 세션을 시작하면 다른 엔드포인트로 매핑합니다. 세션 지속성 값을 '없음'으로 선택합니다.

- 원본 IP 선호도 기반 분산: 세션 선호도 또는 클라이언트 IP 선호도라고 합니다. 2 튜플 해시(원본 IP, 대상 IP)와 3 튜플 해시(원본 IP, 대상 IP, 프로토콜)를 사용해 트래픽을 백 엔드 엔드 포인터에 매핑할 수 있습니다. 동일한 클라이언트 IP의 연결이 동일한 백 엔드 엔드포인트에서 처리됩니다. 예를 들어 온라인 쇼핑몰의 장바구니처럼 세션 지속성 정보를 보관해야 하는 경우나 원격 데스크톱 게이트웨이를 사용하는 시나리오에서 사용할 수 있습니다.

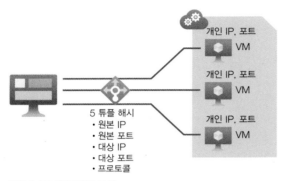

그림 9-51 해시 기반 분산

❿ 유휴 제한 시간(분): 클라이언트에서 트래픽을 보내지 않고 TCP/HTTP 연결을 열린 상태로 유지하는 시간을 지정합니다.

⓫ TCP 초기화 사용(표준 SKU): 부하 분산 장치는 유휴 제한 시간이 만료되면 연결을 자동으로 끊습니다. TCP 초기화를 사용하면 부하 분산 장치가 유휴 시간 만료 시 양방향으로 TCP Reset(RST 패킷)을 전송해 애플리케이션 엔드포인트가 새 연결을 설정할 수 있도록 합니다.

⓬ 아웃바운드 SNAT(표준 SKU, 공개 형식): 권장 값인 '아웃바운드 규칙을 사용하여~' 옵션을 선택하면 부하 분산 장치에 대한 SNAT를 명시적으로 정의하고, 백 엔드 풀의 멤버 서버가 아웃바운드 인터넷 연결에 부하 분산 장치의 공용 프런트 엔드 IP를 사용하도록 별도의 아웃바운드 규칙을 만들어야 합니다. '기본 아웃바운드 액세스를 사용합니다.' 옵션을 선택하면 풀 크기(VM 수)에 따라 기본 SNAT 포트가 할당되기 때문에 SNAT 포트 고갈로 연결 오류가 발생할 수 있습니다. 따라서 프로덕션 워크로드에는 적합하지 않습니다.

인바운드 NAT 규칙

인바운드 NAT 규칙은 프런트 엔드 IP 주소와 포트 번호의 조합으로 수신되는 트래픽을 해시 기반 분산을 통해 백 엔드 풀의 특정 VM으로 전달하는 데 사용합니다. 예를 들어 백 엔드 풀의 각 VM을 RDP나 SSH 연결을 통해 원격 관리하기 위해 프런트 엔드 포트를 따로 지정하고 포트 전달을 구성해 각 VM에 연결할 수 있습니다.

[그림 9-52]는 인바운드 **NAT 규칙 추가** 블레이드에서 NAT 규칙을 구성하는 데 필요한 정보를 나타냈습니다.

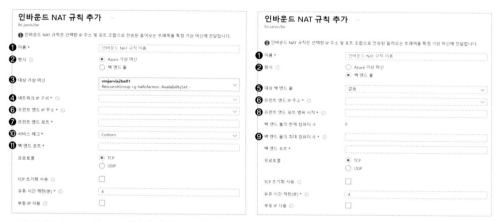

그림 9-52 Azure 가상 머신(좌)과 백 엔드 풀(우) 형식에 대한 인바운드 NAT 규칙 추가

❶ 이름: '〈프런트 엔드 프로토콜〉〈포트〉-〈VM이름〉〈포트번호〉NATRule' 형태의 이름을 사용하면 식별하기 좋습니다. 예를 들면 tcp221-vmjarvis2be01-22NATRule 같은 식입니다.

❷ 형식: 인바운드 NAT 규칙을 개별 VM을 대상으로 각각 추가할지, 백 엔드 풀을 대상으로 추가할지 선택합니다.

❸ 대상 가상 머신('Azure 가상 머신' 형식): 포트 전달을 통해 연결할 백 엔드 풀의 VM 중 하나를 지정합니다. 대상 가상 머신을 선택하면 '네트워크 IP 구성'이 표시됩니다(그림 9-50 참고). 선택한 가상 머신의 트래픽을 받을 IP 구성을 선택합니다. 가상 머신의 네트워킹 구성에 따라 IP 구성이 여러 개 있을 수 있습니다.

❹ 네트워크 IP 구성: 트래픽을 수신할 대상 가상 머신의 IP 구성을 선택합니다.

❺ 대상 백 엔드 풀('백 엔드 풀' 형식): 인바운드 NAT 규칙을 적용할 백 엔드 풀을 지정합니다.

❻ 프런트 엔드 IP 주소: 사전 구성한 하나 이상의 프런트 엔드 IP 구성 중에서 선택할 수 있습니다.

❼ 프런트 엔드 포트: 프런트 엔드 IP 주소와 조합할 포트 번호를 지정합니다. 백 엔드 풀 VM 관리를 위해 SSH나 RDP 서비스를 사용한다면 VM별로 다른 포트 번호를 지정합니다. 예를 들어 프런트 엔드의 221번 포트를 백 엔드의 22번 포트로 전달하도록 구성할 수 있습니다.

❽ 프런트 엔드 포트 범위 시작: 백 엔드 풀의 멤버 VM에 할당할 포트 범위의 시작 번호를 지정합니다.

❾ 백 엔드 풀의 최대 컴퓨터 수: 프런트 엔드 포트 범위를 미리 할당하기 위해, 스케일 아웃할 경우의 최대 컴퓨터 수를 지정합니다.

❿ 서비스 태그: NAT 규칙을 적용할 서비스를 선택합니다. Custom이 기본값이며 직접 포트를 지정할 수 있습니다. 드롭다운 목록에서 서비스를 지정하면 포트 번호가 자동으로 입력되지만 바꿀 수 있습니다.

⓫ 백 엔드 포트: 프런트 엔드 포트를 매핑할 백 엔드 풀 VM의 포트를 지정합니다.

아웃바운드 규칙

표준 SKU 부하 분산 장치를 공개 형식으로 배포한 후 부하 분산 규칙을 추가할 때 [아웃바운드 SNAT] 옵션을 권장 값인 "아웃바운드 규칙을 사용하여 백 엔드 풀 멤버 인터넷 액세스 권한을 제공합니다"로 선택했다면, 아웃바운드 규칙을 추가해야 합니다.

아웃바운드 규칙은 부하 분산 장치의 공용 프런트 엔드 IP 주소의 SNAT 포트를 백 엔드 풀 멤버에 할당해 멤버의 프라이빗 IP와 SNAT 포트 조합으로 공용 프런트 엔드 IP로 변환합니다. [그림 9-53]은 **아웃바운드 규칙 추가** 블레이드에서 아웃바운드 규칙을 추가하는 데 필요한 정보를 나타냈습니다.

그림 9-53 아웃바운드 규칙 구성

❶ 이름: '〈서비스 이름〉〈프로토콜〉OBRule〈##〉'과 같은 설명적이면서 일관성 있는 이름 구조를 사용합니다.

❷ 프런트 엔드 IP 주소: 아웃바운드 인터넷 트래픽에 사용할 공용 프런트 엔드 IP 구성(단일 IP 주소 또는 IP 접두사)을 지정합니다. 공용 IP 주소 하나당 64,000개의 포트 SNAT 포트를 사용합니다.

❸ TCP 재설정: 부하 분산 장치는 아웃바운드 유휴 시간 제한에 도달하면 TCP 연결을 자동으로 삭제합니다(기본 동작). TCP 재설정을 사용하면 유휴 시간 제한에 도달할 경우 다시 양방향 TCP 설정 패킷(TCP RST)을 보냅니다.

❹ 백 엔드 풀: 아웃바운드 규칙을 적용할 사전 정의된 백 엔드 풀을 지정합니다. 백 엔드 풀에 연결된 모든 VM은 프라이빗 IP 주소만 할당되어야 합니다.

❺ 포트 할당: '아웃바운드 포트 수 수동 선택'과 '기본 아웃바운드 포트 수 사용' 옵션 중에 선택할 수 있습니다.

- 기본 아웃바운드 포트 수 사용: 사용 가능한 프런트 엔드 IP 구성 수에 상관없이 백 엔드 풀 크기에 대한 사전 할당된 SNAT 포트 크기를 사용합니다. 예를 들어 풀 크기(VM 수)가 1~50이면 프런트 엔드 IP 당 1024개의 포트를 사용합니다. 이 경우 백 엔드 풀의 크기가 스케일 아웃되면 기존 연결이 삭제될 수 있습니다. 기본 포트 할당 테이블에 관해서 다음의 Azure 기술 문서를 참고해보세요.

  - https://learn.microsoft.com/ko-kr/azure/load-balancer/load-balancer-outbound-connections#preallocatedports

- 아웃바운드 포트 수 수동 선택(권장): 백 엔드 풀 크기와 프런트 엔드 IP 구성 수에 따라 SNAT 포트를 수동으로 할당할 수 있어서 기존 연결이 삭제되는 문제를 피할 수 있습니다.

❻ 아웃바운드 포트 선택 기준: 포트 할당을 '아웃바운드 포트 수 수동 선택'으로 선택한 경우 '인스턴스당 포트 수'와 '백 엔드 인스턴스의 최대 수' 중에 선택할 수 있습니다.

- 백 엔드 인스턴스의 최대 수: 백 엔드 풀의 멤버가 개별 VM인 경우 최대 SNAT 포트 사용량을 얻을 수 있습니다. VM당 포트 수를 계산하는 식은 다음과 같습니다.

$$\frac{\text{프런트 엔드 IP 수} \times 64{,}000}{\text{백 엔드 인스턴스 수}}$$

- 백 엔드 인스턴스의 최대 수: 백 엔드 풀의 멤버가 가상 머신 확장 집합(VMSS, Virtual Machine Scale Sets)인 경우에 사용합니다. VMSS의 경우 이 옵션을 사용하지 않으면 허용되는 남은 SNAT 포트 수보다 많은 VM이 백 엔드 풀에 추가될 경우 SNAT 포트를 할당받지 못할 수 있습니다.

실전 연습 4 – 부하 분산 장치 구성하기

자비스 2.0 엔진 웹 서비스를 실행하는 리눅스 서버 VM의 부하 분산 처리를 위해 앞서 배포한 부하 분산 장치를 구성합니다. 여기서 백 엔드의 웹 서비스는 프런트 엔드와 HTTP 통신을 수행한다고 가정합니다.

1. 실전 연습 3에서 만든 부하 분산 장치(lbi-jarvis2be) 서비스 메뉴의 설정 섹션의 **백 엔드 풀**을 선택합니다.

2. **백 엔드 풀 추가** 블레이드에서 다음 내용을 설정합니다.

   ❶ 이름: lbi-jarvis2be-bepool

   ❷ 백 엔드 풀 구성: NIC

   ❸ IP 구성: [⊞ 추가] 버튼을 클릭합니다.

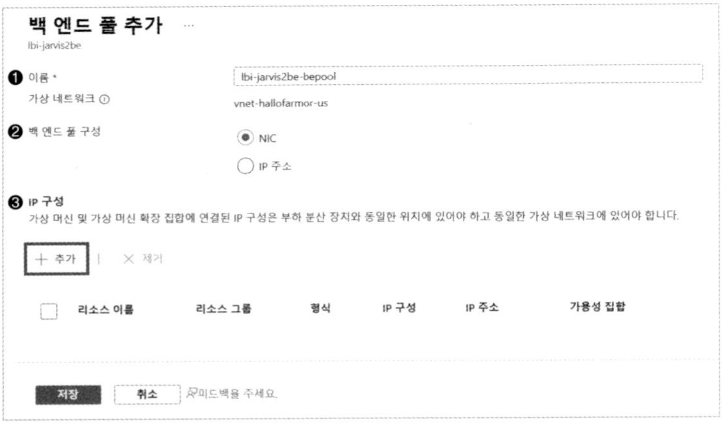

그림 9-54 백 엔드 풀 추가

3. **백 엔드 풀에 IP 구성 추가** 블레이드에서 현재 가용성 영역에 배포한 가상 머신을 선택하고 [추가] 버튼을 클릭한 다음, **백 엔드 풀 추가** 블레이드에서 [저장] 버튼을 클릭합니다. 여기서는 vmjarvis2be01과 vmjarvis2be02를 선택합니다.

그림 9-55 백 엔드 풀에 가상 머신 추가

4. **백 엔드 풀** 블레이드로 돌아와서 2대의 가상 머신이 추가된 것을 확인합니다.

그림 9-56 백 엔드 풀 블레이드에 추가된 가상 머신

5. 서비스 메뉴의 설정 섹션에서 **상태 프로브**를 선택합니다.

6. **상태 프로브** 블레이드의 명령 모음에서 [추가] 버튼을 클릭하고 다음 내용을 설정한 후 [저장] 버튼을 클릭합니다. 나머지는 기본값을 사용합니다.

❶ 이름: jarvis2beHttpProbe

❷ 프로토콜: HTTP

그림 9-57 상태 프로브 추가

7. 다시 **상태 프로브** 블레이드로 돌아와서 하나의 프로브가 추가된 것을 확인합니다.

그림 9-58 상태 프로브 블레이드에 추가된 프로브 확인

8. 서비스 메뉴의 설정 섹션에서 **부하 분산 규칙**을 선택합니다.

9. **부하 분산 규칙** 블레이드의 명령 바에서 [➕추가] 버튼을 클릭합니다. **부하 분산 규칙 추가** 블레이드에서 다음 내용을 설정하고 [저장] 버튼을 클릭합니다. 나머지는 기본값을 사용합니다.

❶ 이름: jarvis2beTCP80Rule

❷ 프런트 엔드 IP 주소: lbi-jarvis2be-feip(10.16.3.99)

❸ 백 엔드 풀: lbi-jarvis2be-bepool

❹ 고가용성 포트: 체크 해제

❺ 포트(프런트 엔드)와 백 엔드 포트: 80

❻ 상태 프로브: jarvis2beHttpProbe

❼ 세션 지속성: 없음

부하 분산 규칙 추가
lbi-jarvis2be

❶ 이름 *	jarvis2beTCP80Rule	
IP 버전 *	◉ IPv4	
	○ IPv6	
❷ 프런트 엔드 IP 주소 * ⓘ	lbi-jarvis2be-feip(10.16.3.99)	⌄
❸ 백 엔드 풀 * ⓘ	lbi-jarvis2be-bepool	⌄
❹ 고가용성 포트 ⓘ	☐	
프로토콜	◉ TCP	
	○ UDP	
❺ 포트 *	80	
백 엔드 포트 * ⓘ	80	
❻ 상태 프로브 * ⓘ	jarvis2beHttpProbe(HTTP:80)	⌄
	새로 만들기	
❼ 세션 지속성 ⓘ	없음	⌄
유휴 제한 시간(분) * ⓘ	4	
TCP 초기화 사용	☐	
부동 IP 사용 ⓘ	☐	

저장 취소

그림 9-59 부하 분산 규칙 추가

10. 다시 **부하 분산 규칙** 블레이드로 돌아와서 부하 분산 규칙이 추가된 것을 확인합니다.

그림 9-60 부하 분산 규칙 블레이드에 추가된 규칙 확인

11. 서비스 메뉴의 설정 섹션의 **인바운드 NAT 규칙**을 선택합니다.

12. **인바운드 NAT 규칙** 블레이드의 명령 바에서 [⊞추가] 버튼을 클릭합니다. **인바운드 NAT 규칙 추가** 블레이드에서 다음 내용을 설정하고 [추가] 버튼을 클릭합니다. 나머지는 기본값을 사용합니다.

❶ 이름: tcp221-vmjarvis2be01-22NATRule

❷ 대상 가상 머신: vmjarvis2be01

❸ 네트워크 IP 구성: ipconfig1

❹ 프런트 엔드 IP 주소: lbi-jarvis2be-feip

❺ 프런트 엔드 포트: 221

❻ 서비스 태그: Custom

❼ 백 엔드 포트: 22

❽ 프로토콜: TCP

그림 9-61 인바운드 NAT 규칙 추가

13. 12번 과정을 반복해 두 번째 VM에 대한 인바운드 NAT 규칙을 하나 더 추가합니다. 다음 설정만 다르고 나머지는 동일합니다.

- 이름: tcp222-vmjarvis2be02-22NATRule
- 프런트 엔드 IP 주소: lbi-jarvis2be-feip

- 프런트 엔드 포트: 222
- 대상 가상 머신: vmjarvis2be02
- 네트워크 IP 구성: ipconfig1

14. 다시 **인바운드 NAT 규칙** 블레이드로 돌아와서 인바운드 NAT 규칙이 2개가 추가된 것을 확인합니다.

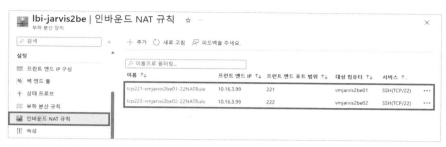

그림 9-62 인바운드 NAT 규칙 블레이드에 추가된 규칙

실전 연습 5 – 부하 분산 장치 테스트

이제 부하 분산 장치를 모두 구성했으므로 테스트해봅니다. 자비스 2.0의 백 엔드 리눅스 서버는 공용 IP 주소가 없으므로 인터넷에서 액세스할 수 없습니다. 또한 표준 SKU 내부 부하 분산 장치를 연결했기 때문에 아웃바운드 인터넷 액세스가 불가능해야 하지만, 백 엔드 리눅스 가상 머신을 배포한 서브넷에 NAT 게이트웨이를 연결했기 때문에 아웃바운드 인터넷 액세스가 가능해졌습니다. 백 엔드 리눅스 서버 모두에서 기본으로 '동적' 할당된 개인 IP 주소를 '정적'으로 변경하고, 백 엔드 리눅스 서버에 웹 서비스를 구성한 후 내부 부하 분산 장치의 동작을 테스트합니다.

1. 8장의 실전 연습 2에서 만들었던 자비스 2.0 프런트 엔드 웹 서버 중 하나(여기서는 vmjarvis2fe01)에 원격 데스크톱으로 접속합니다.

2. 8장의 실전 연습 3에서 다운로드한 백 엔드 리눅스 서버의 프라이빗 키 2개를 vmjarvis2fe01의 Downloads(다운로드) 폴더로 복사한 후, 명령 프롬프트(CMD)를 실행합니다.

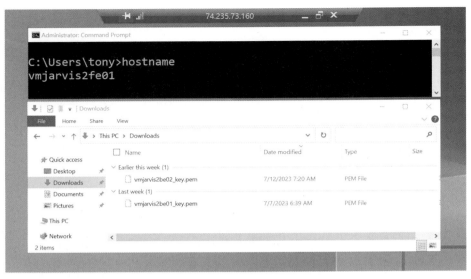

그림 9-63 자비스 2.0 백 엔드 리눅스 서버의 프라이빗 키 복사

3. 자비스 2.0 내부 부하 분산 장치에 추가한 인바운드 NAT 규칙을 통해 vmjarvis2be02에 액세스합니다. 다음 명령은 vmjarvis2fe01에 복사한 SSH 프라이빗 키를 사용해 SSH 접속을 수행합니다.

```
ssh -i vmjarvis2be02_key.pem tony@10.16.3.99 -p <PORT>
```

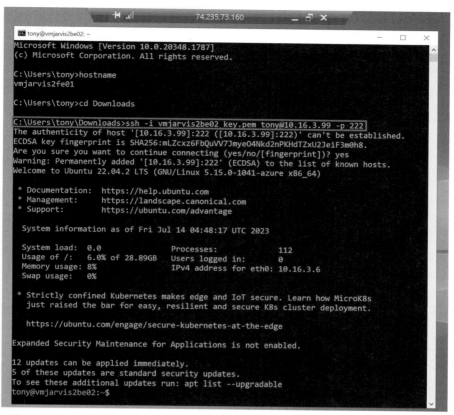

그림 9-64 내부 부하 분산 장치의 프런트 엔드 IP 주소를 사용한 SSH 접속

4. 7장의 실전 연습 1을 참고해 자비스 2.0을 위한 새로운 스토리지 계정을 만듭니다. 인스턴스 정보에 다음 내용을 입력하고 지정하지 않은 값은 기본값을 사용합니다.

- 리소스 그룹: rg-hallofarmor
- 스토리지 계정 이름: stjv2data[SUFFIX]
- 위치: East US
- 성능: 표준
- 중복: ZRS(영역 중복 스토리지)

[고급] 탭 – 보안 섹션
- 개별 컨테이너에 대한 익명 액세스 허용: 선택

그림 9-65 자비스 2.0을 위한 스토리지 계정 만들기

5. stjv2data[SUFFIX] 스토리지 계정에서 다음 설정으로 컨테이너를 만듭니다.

- 이름: jarvis2tools
- 공용 액세스 수준: 프라이빗(익명 액세스 없음)

6. 자비스 2.0 리눅스 서버는 엔진 플랫폼으로 NGINX를 사용합니다. NGINX를 설치하고 엔진 웹 서비스를 구성하는 스크립트를 작성합니다. (참고: 예제 소스의 source/chap09/setup_jarvis2be.sh)

> **NOTE_** 챗GPT가 등장하면서 이젠 실제로 자비스를 만들 수 있겠다는 희망이 생겼습니다. 이 책은 자비스를 만들었다는 가정하에 자비스가 실행되는 프런트 엔드와 백 엔드 플랫폼을 만들고 가상의 자비스 프로그램(정말 간단한 Hello World 수준의 코드)을 배포하고 인프라의 동작을 확인합니다.

스크립트 파일 setup_jarvis2be.sh

```bash
#!/bin/bash

# 패키지 소스 업데이트
apt-get -y update

# NGINX 설치
apt-get -y install nginx

# index.html 파일 만들기
echo "Running JARVIS2.0 ENGINE from host $(hostname)" > /var/www/html/index.html
```

7. stjv2data[SUFFIX] 스토리지 계정의 jarvis2tools 컨테이너에 setup_jarvis2be.sh 파일을 업로드합니다.

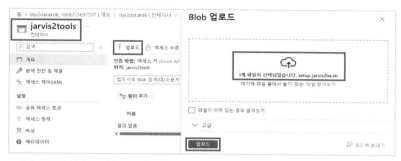

그림 9-66 웹 서비스 구성 스크립트 업로드

8. 첫 번째 백 엔드 리눅스 서버 VM(vmjarvis2be01) 서비스 메뉴의 **설정** 섹션에서 [확장 프로그램 + 애플리케이션]을 선택하고 [확장] 탭 아래의 [➕추가] 버튼을 클릭합니다.

9. **확장 설치** 블레이드에서 **Custom Script For Linux**를 선택하고 아래의 [다음] 버튼을 클릭합니다.

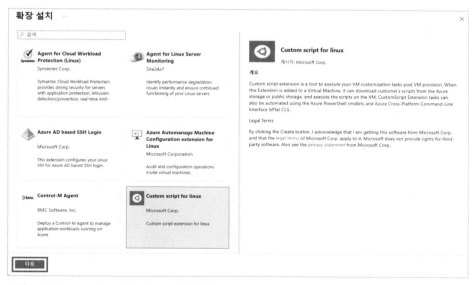

그림 9-67 Custom Script For Linux 확장 만들기

10. **Configure Custom Script For Linux Extension** 블레이드에서 다음 내용을 설정하고 [검토 + 만들기] 버튼을 클릭해 유효성 검사가 끝나면 [만들기] 버튼을 클릭해 스크립트를 적용합니다.

   ❶ Script files: [찾아보기] 버튼을 클릭한 후 스토리지 계정의 jarvis2tools 컨테이너의 setup_jarvis2be.sh 스크립트 파일을 체크하고 [선택] 버튼을 클릭합니다.

   ❷ Command: sh setup_jarvis2be.sh

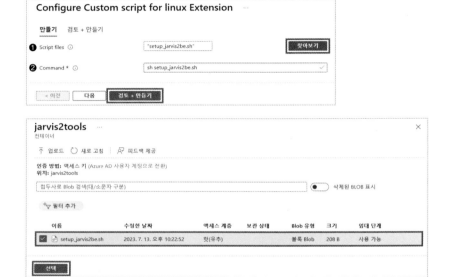

그림 9-68 setup_jarvis2be.sh 스크립트 적용

11. 사용자 지정 스크립트가 잘 프로비저닝 되었는지 **확장** 탭의 **상태** 열을 확인합니다.

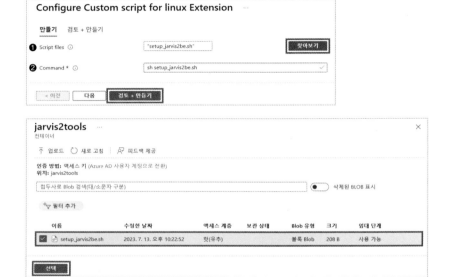

그림 9-69 setup_jarvis2be.sh 스크립트 프로비저닝 상태

12. 두 번째 백 엔드 리눅스 서버 VM(vmjarvis2be02)에 대해서도 8~11번 과정을 수행해 동일한 스크립트를 적용합니다.

그림 9-70 vmjarvis2be02에 적용한 스크립트의 프로비저닝 상태

13. 2대의 백 엔드 리눅스 VM에 자비스 2.0 엔진 구성을 모두 끝냈습니다. 이제 동적으로 설정된 프라이빗 IP를 모두 정적으로 변경합니다. Azure 포털의 전역 검색 상자에서 '네트워크 인터페이스'를 검색하고 선택합니다.

그림 9-71 네트워크 인터페이스 블레이드

14. 첫 번째 백 엔드 리눅스 서버 VM(vmjarvis2be01)에 연결된 네트워크 인터페이스를 클릭한 다음 서비스 메뉴의 **설정** 섹션에서 **IP 구성**을 선택합니다. **IP 구성** 블레이드에서 'ipconfig1'을 선택합니다.

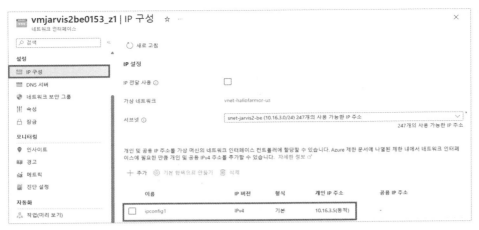

그림 9-72 IP 구성 블레이드

15. [그림 9-72]의 **IP 구성** 블레이드에서 ipconfig1을 선택해 **IP 구성 편집** 블레이드를 표시한 뒤 [프라이빗 IP 주소 설정] 섹션의 [할당] 옵션을 '정적'으로 바꾸고 [저장] 버튼을 클릭합니다.

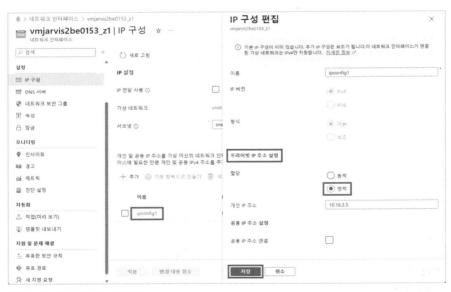

그림 9-73 **IP 구성 편집** 블레이드

16. 두 번째 백 엔드 리눅스 서버 VM(vmjarvis2be02)의 네트워크 인터페이스에 대해서도 13~15번 과정을 수행해 프라이빗 IP 주소를 정적으로 변경합니다.

17. 자비스 2.0 프런트 엔드 윈도우 서버 VM 중 하나에 원격 데스크톱으로 접속한 다음 웹 브라우저를 실행합니다.

18. 웹 브라우저 주소 줄에 앞서 만든 표준 SKU 내부 부하 분산 장치의 프런트 엔드 IP 주소를 호출하면, 백 엔드 풀의 멤버 서버 중 하나에 연결되는지 확인합니다. 내부 부하 분산 장치의 프런트 엔드 IP는 10.16.3.99로 할당했습니다.

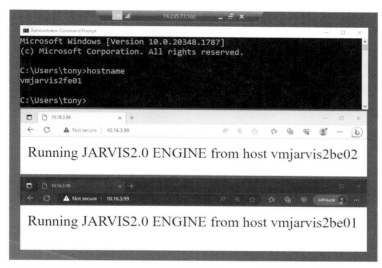

그림 9-74 표준 SKU 내부 부하 분산 장치의 HTTP 80 포트 부하 분산 동작 확인

9.4 마치며

9장은 애플리케이션이나 서비스의 고가용성과 트래픽 분산을 위해 Azure에서 제공하는 대표적인 가상 네트워크 기반 부하 분산 솔루션인 4계층(L4) Azure 부하 분산 장치와 7계층(L7) 애플리케이션 게이트웨이를 다뤘습니다.

L7 부하 분산 장치인 애플리케이션 게이트웨이는 OSI 7 계층 모델의 5~7 계층에서 동작하는 HTTP 특성을 기반으로 웹 트래픽의 부하 분산을 처리하는 장치이며 토폴로지에 따라 인터넷

에 공개되는 공용 유형이나 내부 부하 분산용으로 구성할 수 있습니다. 실전 연습에서 프런트 엔드 윈도우 서버의 웹 트래픽 부하 분산을 구성하고 테스트해보았습니다.

L4 부하 분산 장치는 IT 인프라 구축에서 가장 자주 사용되는 네트워킹 구성요소로 OSI 7계층 모델에서 4계층인 전송 계층에서 네트워크 프로토콜과 IP 주소, 포트 번호를 사용해 부하 분산을 제공하며 토폴로지에 따라 공용이나 내부용으로 구성할 수 있습니다. 실전 연습에서 가용성 영역으로 배포한 백 엔드 리눅스 서버의 부하 분산용으로 Azure 부하 분산 장치를 구성해보았습니다.

가상 머신 탄력성 구현

이 장의 내용

- 가상 머신 확장 집합의 개념과 아키텍처
- 가상 머신 확장 집합 배포를 위한 주요 구성요소
- 가상 머신 확장 집합 설정 및 관리 작업

Azure 부하 분산 장치와 애플리케이션 게이트웨이를 배포해 서비스의 고가용성뿐만 아니라 트래픽 분산까지 가능하도록 구현한 뒤, 잘 동작하는 클라우드 서비스 인프라를 바라보다가 불현듯 이런 생각이 들 수 있습니다.

"이제 트래픽이 아무리 몰려도 부하 분산 장치로 부하를 분산하고 특정 가상 머신이 실패해도 서비스 가용성을 제공할 수 있겠다. 그런데, 백 엔드 풀에 넣은 가상 머신의 수가 트래픽을 처리하기에 부족하면 다시 동일한 크기와 환경의 가상 머신을 배포하고 서비스를 구성하는 작업을 반복해야 하나? 처리할 트래픽이 줄면 비용을 아끼기 위해 실행 중인 가상 머신을 일일이 중지하고 부하 분산 장치에서 제거해야 할까? 부하가 늘거나 줄어들 때마다 가상 머신을 추가하거나 제거하는 작업을 반복하는 일도 번거롭지만 이 과정에서 휴먼 에러를 일으킬 가능성도 높아지겠는데? 자동화 스크립트를 작성해야 할까?"

이처럼 가상 머신 운영의 탄력성에 관한 우려가 있다면 가상 머신 확장 집합(VMSS, Virtual Machine Scale Sets)으로 부하 변동을 유연하게 처리하고 응답 시간을 짧게 유지할 수 있습니다. 10장은 동일한 형상의 동일한 가상 머신을 탄력적으로 배포하고 관리하는 데 사용하는 Azure 컴퓨트 리소스인 **가상 머신 확장 집합**을 설명합니다.

10.1 가상 머신 확장 집합(VMSS) 개요

가상 머신 확장 집합(이하 VMSS)은 VM을 미리 프로비전할 필요 없이 부하 분산된 동일한 설정의 VM 그룹을 만들어 애플리케이션에 고가용성과 탄력성을 제공합니다. VMSS는 한 곳에서 자동/수동 크기 조정을 포함하여 VM 집합을 관리, 구성하고 업데이트할 수 있습니다.

VMSS를 사용하면 대규모 컴퓨팅 환경이나 빅데이터, 컨테이너 워크로드를 처리하는 인프라를 빠르고 쉽게 구현할 수 있습니다. 더욱이 VMSS는 애플리케이션 실행과 지능적 크기 조정이 가능한 관리 및 자동화 계층을 제공합니다. 개별 VM과 부하 분산 장치를 따로 배포하고 결합하는 방식과 비교했을 때 VMSS 배포의 주요 이점을 4가지로 정리할 수 있습니다.

1. 개별 VM을 관리하는 이전 방식과 비교해 확장 집합의 VM들은 하나의 단위로 관리됩니다.
2. 메트릭(성능 지표)을 미리 정의하고 이를 기반으로 자동 크기 조정을 사용해 수평 확장/축소를 수행합니다.
3. VMSS를 배포하는 동안 가상 네트워크와 Azure 부하 분산 장치를 한번에 배포할 수 있습니다.
4. VMSS는 VM 인스턴스 증감에 따라 부하 분산 장치 구성이나 스크립트 확장, Devops 연계 등의 작업을 자동으로 수행합니다.

VMSS의 자동 크기 조정과 중복성 같은 관리 자동화 기능 등을 포함하는 VMSS 서비스 자체에 추가 요금은 부과되지 않으며 기본 컴퓨팅 리소스인 VM 인스턴스와 부하 분산 장치, 관리되는 디스크 스토리지, 네트워크 아웃바운드 트래픽에 대해서만 비용을 지불합니다.

VMSS는 가상 네트워크의 단일 서브넷으로 배포합니다. [그림 10-1]에서 한 서브넷에 가용성 집합을 단일 배치 그룹으로 배포한 VMSS의 일반적인 아키텍처를 나타냈습니다. 가상 머신 인스턴스는 최대 100개 단위로 하나의 배치 그룹을 사용하며 그 이상 배포할 때는 추가 배치 그룹이 생성됩니다. VMSS는 VM 인스턴스의 OS 디스크와 데이터 디스크에 관리 디스크를 사용합니다.(2022년 9월 13일에 비 관리 디스크의 사용이 중단되기 시작했으며 2025년 9월 30일에 비관리 디스크의 사용이 완전히 중단됩니다.)

서비스 요청 수요의 변동성이 높고 이를 예측하기 쉽지 않은 경우 VMSS로 상황에 대응하는 탄력적인 고가용성 환경을 쉽게 구축할 수 있습니다. VMSS가 적절한 솔루션이 될 수 있는 대표적인 4가지 상황이 있습니다.

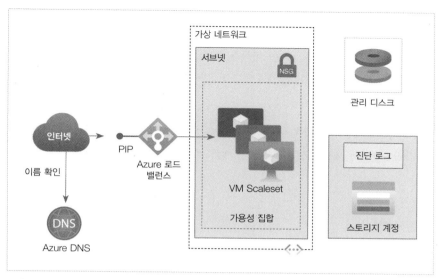

그림 10-1 가상 머신 확장 집합 아키텍처

1. **서비스 환경의 일관성을 유지하면서 많은 VM을 실행하는 상황**

   애플리케이션의 일관성과 성능의 신뢰성을 유지하려면 VM 크기와 디스크 구성, 애플리케이션 설치 및 구성이 모든 VM에서 동일해야 합니다. VMSS를 사용하면 VM OS 이미지로 기본 OS 이미지에서 사용자 지정 이미지까지 쉽게 구성하여 추가 구성 작업을 최소화하고 대량의 VM 인스턴스를 쉽고 빠르게 만들어 관리할 수 있습니다.

2. **VM의 특정 인스턴스가 실패해도 다른 인스턴스를 통해 서비스를 계속 제공해야 하는 상황**

   Azure 부하 분산 장치나 Azure 애플리케이션 게이트웨이를 통해 서비스의 고가용성을 제공하며 단일 데이터 센터의 장애에 대비하여 가용성 영역을 사용해 여러 데이터 센터에 VM 인스턴스를 자동으로 배포할 수 있습니다.

3. **서비스 요청 수요의 변동성에 대비해 VM 인스턴스를 탄력적으로 운용해야 하는 상황**

   애플리케이션 요청이 늘어나면 VM 인스턴스를 자동으로 추가해 일정한 서비스 경험을 보장하고, 요청이 줄어들면 불필요한 VM 인스턴스를 줄여 비용을 절감할 수 있어야 합니다. VMSS는 VM 인스턴스의 성능 메트릭을 기반으로 크기 조정을 자동으로 수행하거나 특정 날짜나 일정한 주기로 필요한 인스턴스 수를 쉽게 확보할 수 있습니다.

4. **대규모 컴퓨팅 작업을 위해 VM 인스턴스를 대량으로 만들어야 하는 상황**

   VMSS는 최대 1,000개의 VM 인스턴스 범위 내에서 대량으로 VM 인스턴스를 신속하게 배포할 수 있습니다(사용자 지정 VM 이미지를 사용하는 경우 최대 가능한 VM 인스턴스는 600개입니다).

10.2 가상 머신 확장 집합 배포

가상 머신 확장 집합을 배포할 때 설정하는 항목은 앞서 VM을 배포할 때와 거의 비슷합니다. 추가된 설정 항목은 크기 조정에 관한 옵션과 업그레이드 및 할당 정책, 애플리케이션 상태 모니터링 정도입니다.

이 절은 Azure 가상 머신 확장 집합을 만들 때 제공해야 할 정보를 바탕으로 주요 구성요소를 설명합니다. 6장과 8장에서 가상 머신과 관련해 소개한 설정 항목과 겹치는 부분은 생략합니다.

10.2.1 기본 사항

[그림 10-2]는 **가상 머신 확장 집합 만들기** 블레이드의 **기본 사항** 탭의 설정 항목입니다.

그림 10-2 가상 머신 확장 집합 만들기의 기본 사항

❶ 가상 머신 확장 집합 이름: 보통 vmss 접두사를 붙여 설명적인 가상 머신 집합 이름을 지정합니다. 가상 머신 인스턴스의 이름도 VMSS의 이름으로 할당됩니다.

❷ 가용성 영역: VMSS는 기본적으로 VM 인스턴스를 배치 그룹이라는 암시적 가용성 집합으로 배포하며 5개의 장애 도메인과 5개의 업데이트 도메인을 제공합니다. 최대 3개의 가용성 영역을 지정할 수 있으며 VM 인스턴스의 구성요소는 모두 지정한 가용성 영역에 배포됩니다.

❸ 오케스트레이션 모드: VMSS에서 가상 머신을 관리하는 방법입니다. 한 번 정의하면 변경할 수 없습니다.

– 유연한 모드: 동일한 유형의 가상 머신뿐만 아니라 서로 다른 유형의 가상 머신을 수동으로 만들고 추가할 수 있습니다. 또한 기존 가용성 집합 가상 머신을 포함해 상태 저장 워크로드를 지원하는 대규모 고가용성을 달성할 수 있습니다. 표준 IaaS VM API를 사용하기 때문에 ARM 리소스 태그 지정 RBAC 권한, Azure 백업 등의 Azure 관리 기능을 지원합니다.

– 균일성 모드: 대규모 상태 저장 워크로드에 최적화된 모드입니다. 가상 머신 모델을 정의해 Azure가 이 모델을 기반으로 동일한 유형의 가상 머신 인스턴스를 배포합니다. VMSS VM API를 사용하기 때문에 Azure 관리 기능을 사용할 수 없습니다. 100개 미만의 VM 인스턴스로 구성된 경우 장애 도메인 고가용성을 보장합니다.

❹ 이미지: VMSS의 기본 시작 OS 이미지 목록을 [그림 10-3]에서 나타냈습니다. [모든 이미지 보기] 링크를 클릭하면 더 많은 마켓플레이스 이미지를 확인할 수 있습니다.

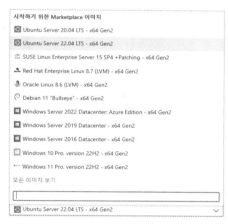

그림 10-3 VMSS의 기본 OS 이미지 목록

❺ 인증 형식: 리눅스 이미지를 선택한 경우 '암호'와 'SSH 공개 키' 중에서 선택할 수 있습니다. SSH 공개 키는 앞서 개별 VM을 만들 때 제공한 선택 옵션과 동일합니다. 윈도우 이미지의 경우 '사용자 이름', '암호/암호 확인'을 입력합니다.

10.2.2 디스크

VMSS의 VM 인스턴스에서 사용할 OS 디스크와 데이터 디스크를 설정합니다. [그림 10-4]에서 **디스크** 탭의 설정 항목을 나타냈습니다.

그림 10-4 가상 머신 확장 집합의 디스크 설정

❶ OS 디스크 유형: 관리 디스크로 로컬 중복 스토리지나 영역 중복 스토리지 중에서 선택하고 프리미엄 SSD, 표준 SSD, 표준 HDD(로컬 중복 스토리지에만 해당) 중에서 선택합니다.

❷ 키 관리: 2가지 암호화 방식 중에서 선택하거나 2가지 방식을 함께 사용해 이중 암호화를 선택할 수 있습니다.

- (기본값) 플랫폼 관리형 키로 미사용 데이터 암호화: 관리 디스크와 스냅샷, 이미지, 데이터가 사용되지 않을 때 플랫폼 관리형 키로 자동 암호화합니다.
- 고객 관리형 키로 미사용 데이터 암호화: Azure 자격 증명 모음(Key Vault)에 있는 사용자 고유의 키를 사용해 관리 디스크 수준으로 암호화를 관리합니다. 이 방식을 선택하면 다시 플랫폼 관리형 키로 변경할 수 없습니다.

❸ 데이터 디스크: VMSS의 모든 VM 인스턴스에 추가할 데이터 디스크를 설정하거나 기존 디스크를 연결합니다. VMSS를 배포한 후에 추가할 수도 있습니다.

❹ 임시 OS 디스크 사용: 임시 OS 디스크는 로컬 VM 스토리지에 만들어지며, 2가지 배치 옵션이 있습니다.

- OS 캐시 배치: 임시 OS 디스크를 VM의 OS 캐시 디스크에 구성합니다. 마켓플레이스의 표준 OS 이미지 크기 이상인 캐시를 제공하는 VM 크기를 선택해야 합니다.

- 임시 디스크 배치: VM 임시 디스크에 임시 OS 디스크를 구성합니다. 예를 들어, Standard_B4ms는 임시 디스크 크기가 32GiB이므로 30GiB의 Ubuntu OS 이미지에 대해 '임시 디스크 배치' 옵션을 사용하면 VM이 배포된 후 임시 디스크 공간은 2GiB(32GiB−30GiB)만 사용할 수 있게 됩니다. 이 옵션은 상태를 저장하지 않아도 되는 웹 프런트 엔드 등의 워크로드에 적합하며 OS 디스크에 대한 읽기/쓰기 대기 시간이 더 짧아지고 VM 이미지로 다시 설치하는 시간이 더 단축됩니다. OS 디스크의 스토리지 비용은 발생하지 않지만 OS 디스크에 작성된 데이터가 로컬 VM 스토리지에만 저장되어 데이터 지속성에 제약이 있습니다.

이 유형의 디스크를 사용하면 다음 기능은 사용할 수 없습니다.

- VM 이미지 캡처 및 디스크 스냅샷

- Azure 디스크 암호화

- Azure 백업 및 사이트 복구

- OS 디스크 교환

10.2.3 네트워킹

VMSS의 VM 인스턴스에서 사용할 가상 네트워크와 네트워크 인터페이스, 부하 분산 옵션을 구성할 수 있습니다. [그림 10-5]에서 **네트워킹** 탭의 설정 항목을 나타냈습니다.

그림 10-5 가상 머신 확장 집합의 네트워킹 설정

❶ 가상 네트워크: VMSS를 배포할 가상 네트워크를 선택하거나 만듭니다.

❷ 네트워크 인터페이스: VM 인스턴스가 인터넷이나 Azure 서비스, 온프레미스와 통신하는 데 사용하는 NIC를 하나 이상 만들 수 있습니다. VM 인스턴스가 만들어질 때 여기서 지정한 NIC를 생성합니다.

❸ 부하 분산: Azure 부하 분산 장치나 애플리케이션 게이트웨이를 선택하면 VMSS의 VM 인스턴스를 백엔드 풀로 등록해 부하 분산을 수행할 수 있습니다. Azure 부하 분산 장치와 애플리케이션 게이트웨이는 VMSS를 만드는 단계에서 동시에 배포하거나 미리 배포한 후에 선택할 수 있습니다. 두 가지 모두 VMSS를 만든 뒤에 추가할 수도 있습니다.

10.2.4 확장 중

이 설정을 통해 VM 인스턴스를 수동으로 늘리거나 줄일 수 있고 애플리케이션의 성능을 모니터링해 자동으로 늘리거나 줄이는 탄력적인 동작을 가능하게 함으로써 관리 오버헤드를 줄입니다. [그림 10-6]에서 **확장 중** 탭의 설정 항목을 나타냈습니다.

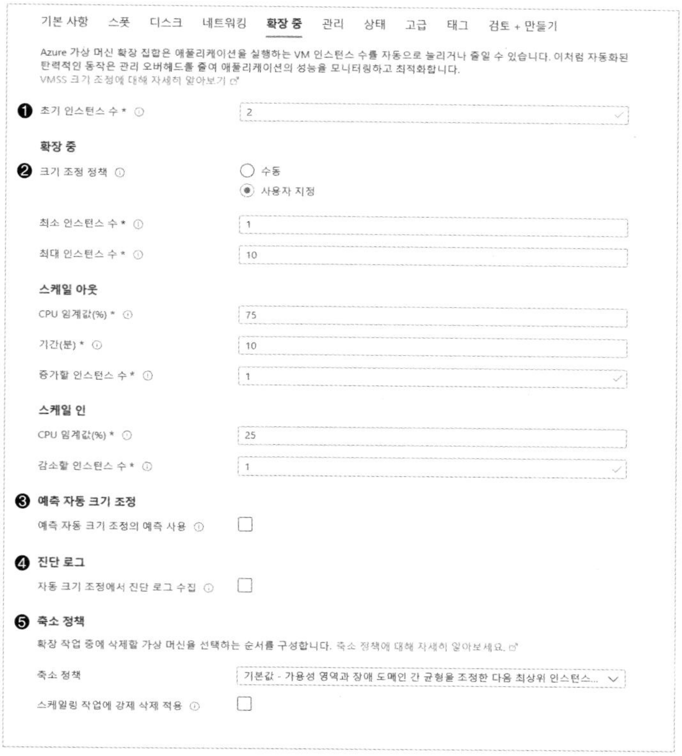

그림 10-6 가상 머신 확장 집합의 확장 설정

❶ 초기 인스턴스 수: VMSS를 배포할 때 초기에 실행할 VM 인스턴스 수입니다.

❷ 크기 조정 정책: 직접 조정하는 '수동'과 메트릭 기반으로 자동 조정되는 '사용자 지정'이 있습니다. '사용자 지정'을 선택하는 경우 자동 크기 조정의 최소/최대 인스턴스 수와 CPU 임계값을 기반으로 하는 스케일 아웃 / 스케일 인 설정에서 인스턴스 수를 지정할 수 있습니다. VMSS를 배포한 후 다른 메모리나 디스크 관련 메트릭으로 크기 조정 정책을 만들 수 있습니다.

❸ 예측 자동 크기 조정: 최소 7일간(15일 권장)의 CPU 사용 패턴 기록으로 기계 학습하여 VMSS에 대한 전체 CPU 부하를 예측합니다. 이를 바탕으로 요청을 처리하는 데 필요할 것으로 예측되는 경우 적시에 스케일 아웃을 일으킵니다.

❹ 진단 로그: 자동 크기 조정을 사용하는 경우 진단 로그 수집 여부를 설정할 수 있는 옵션입니다.

❺ 축소 정책: 축소 작업에서 대상 가상 머신을 선택하는 방법을 설정합니다(그림 10-7). 기본값과 최신 VM, 가장 오래된 VM 중에서 선택할 수 있으며 기본값은 축소 대상 VM을 선택할 때 다음 순서를 따릅니다.

- 가용성 영역 간 가상 머신 균형 조정
- 장애 도메인 간 가상 머신 균형 조정
- 가장 높은 인스턴스 ID를 가진 가상 머신 제거

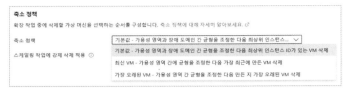

축소 정책

확장 작업 중에 삭제할 가상 머신을 선택하는 순서를 구성합니다. 축소 정책에 대해 자세히 알아보세요. ⟲

축소 정책	기본값 - 가용성 영역과 장애 도메인 간 균형을 조정한 다음 최상위 인스턴스... ▽
스케일링 작업에 강제 삭제 적용 ⓘ	기본값 - 가용성 영역과 장애 도메인 간 균형율 조정한 다음 최상위 인스턴스 ID가 있는 VM 삭제
	최신 VM - 가용성 영역 간에 균형율 조정한 다음 가장 최근에 만든 VM 삭제
	가장 오래된 VM - 가용성 영역 간 균형율 조정한 다음 만든 지 가장 오래된 VM 삭제

그림 10-7 가상 머신 축소 정책

10.2.5 관리

VMSS의 VM 인스턴스의 모니터링과 관리 옵션을 설정합니다. [그림 10-8]에서 **관리** 탭의 설정 항목을 나타냈습니다.

기본 사항   스폿   디스크   네트워킹   확장 중   **관리**   상태   고급   태그   검토 + 만들기

가상 머신 확장 집합 인스턴스의 모니터링 및 관리 옵션을 구성합니다.

클라우드용 Microsoft Defender

기본 플랜을 무료로 사용 ⓘ   ☑   선택한 구독의 모든 VMSS에 적용됩니다.

클라우드용 Microsoft Defender는 하이브리드 클라우드 워크로드 전반에 걸쳐 통합 보안 관리 및 고급 위협 보호를 제공합니다. 자세한 정보 ⟲

업그레이드 정책

❶ 업그레이드 모드 * ⓘ   롤링 - 업그레이드가 선택적인 일시 중지를 사용하여 일괄 처리에서 출시됨 ▽

롤링 업그레이드 일괄 처리 크기 % *   ●───────   20

일괄 처리 간 일시 중지 시간(초) *   2

최대 비정상 인스턴스 % *   ●───────   20

최대 비정상 업그레이드 % *   ────●───   20

비정상 인스턴스 우선 순위 지정 ⓘ   ☐

영역 간 업그레이드 사용 ⓘ   ☐
                              ❶ 이 가상 머신 확장 집합이 영역이 아니므로 영역 간 업그레이드를 사용하도록 설정할 수 없습니다.

모니터링

부트 진단 ⓘ   ◉ 관리형 스토리지 계정으로 사용하도록 설정(권장)
                      ○ 사용자 지정 스토리지 계정으로 사용하도록 설정
                      ○ 사용 안 함

ID

시스템이 할당한 관리 ID 사용 ⓘ   ☐

Azure AD

Azure AD로 로그인 ⓘ   ☐
                          ❶ Azure AD 로그인을 사용하는 경우 가상 머신 관리자 로그인 또는 가상 머신 사용자 로그인의 RBAC 역할 할당이 필요합니다. 자세한 정보 ⟲

오버프로비저닝

오버프로비저닝이 켜져 있으면 확장 집합은 실제로 요청한 것보다 더 많은 VM을 실행하고 요청한 개수의 VM이 프로비저닝되면 추가 VM을 삭제합니다. 오버프로비저닝을 통해 프로비저닝 성공률을 개선하고 배포 시간을 줄일 수 있습니다. 추가 VM에 대한 요금은 청구되지 않으며 할당량 한도에 포함되지 않습니다. 오버프로비저닝에 대해 자세히 알아보기 ⟲

오버프로비저닝 사용 ⓘ   ☐

❷ **게스트 OS 업데이트**

자동 OS 업그레이드 사용 ⓘ   ☐

❸ **인스턴스 종료**

인스턴스 종료 알림 사용 ⓘ   ☐

그림 10-8 가상 머신 확장 집합의 관리 설정

❶ 업그레이드 모드: VM 인스턴스의 설정을 변경할 때 최신 상태로 업그레이드하는 정책을 자동, 수동(기본값), 롤링 중에서 선택합니다. 애플리케이션 가동 중지 시간을 최소화하기 위해 배치 단위로 업그레이드를 수행합니다. 업그레이드 오케스트레이터가 전체 확장 집합 상태를 확인한 후 모든 배치를 업그레이드합니다. 100개 이상의 VM을 가지고 있고 부하 분산 장치가 없는 VMSS 구성은 롤링 업그레이드가 지원되지 않습니다.

롤링 업그레이드는 3가지 값을 지정합니다.

- 롤링 업그레이드 일괄 처리 크기: 일괄 처리 크기에 포함할 인스턴스 비율을 지정합니다.
- 최대 비정상 인스턴스: 업그레이드 프로세스 시작 전 일괄 처리 단위 내에서 허용할 최대 비정상 인스턴스의 비율을 지정합니다.
- 최대 비정상 업그레이드: 일괄 처리 단위 업그레이드 후 최대 비정상 상태가 되는 비율을 지정합니다. 지정한 비율 이상의 비정상 상태가 추적되면 업그레이드를 중단합니다.

그림 10-9 가상 머신 인스턴스 업그레이드 모드

❷ 게스트 OS 업데이트: 자동 OS 이미지 업그레이드를 사용하면 사용자의 개입 없이 안전하게 자동으로 이미지 게시자가 올린 최신 OS 이미지로 OS 디스크를 만들어 기존 OS 디스크를 교체합니다. 새 이미지가 게시될 때마다 롤링 방식으로 인스턴스의 일괄 처리 단위를 업그레이드합니다. 데이터 디스크는 유지됩니다. 특정 OS 이미지(Ubuntu Server 일부와 Windows Server 2012R2 이상)만 지원합니다. 자세한 내역은 다음의 Azure 기술 문서를 참고하세요.

- https://learn.microsoft.com/ko-kr/azure/virtual-machine-scale-sets/virtual
  -machine-scale-sets-automatic-upgrade

❸ 인스턴스 종료: 재부팅이나 재배포와 같은 작업에 대해 알림을 제공합니다. 종료 작업을 수행할 때 종료 시간 지연을 설정할 수 있습니다.

10.2.6 상태

VMSS의 VM 인스턴스에서 실행 중인 애플리케이션의 상태를 보고하도록 설정합니다. **관리** 탭에서 **업그레이드 정책** 섹션의 **업그레이드 모드**를 '롤링'으로 선택하거나, **게스트 OS 업데이트** 섹션의 '자동 OS 업그레이드 사용'을 선택한 경우 VM 인스턴스의 상태가 필요하므로 애플리케이션 상태를 모니터링해야 합니다. [그림 10-10]에서 **상태** 탭의 설정 항목을 나타냈습니다.

기본 사항　스폿　디스크　네트워킹　확장 중　관리　**상태**　고급　태그　검토 + 만들기

애플리케이션 엔드포인트에서 상태 모니터링을 구성하여 해당 인스턴스의 애플리케이션 상태를 업데이트할 수 있습니다. 이 인스턴스 상태는 자동 OS 업데이트 및 가상 머신 인스턴스 업그레이드와 같은 플랫폼 관리 업그레이드를 사용하도록 설정하는 데 필요합니다. 애플리케이션 상태 모니터링에 대한 자세한 정보 ✑

상태

❶ 애플리케이션 상태 모니터링 사용 ⓘ　　☑

애플리케이션 상태 모니터 * ⓘ　　　　애플리케이션 상태 확장　　　　　　　　　　∨

　　　　　　　　　　　　　　　❷ 애플리케이션 상태 확장

프로토콜 * ⓘ　　　　　　　　　❸ 부하 분산 장치 프로브

포트 번호 * ⓘ　　　　　　　　　80

경로 * ⓘ　　　　　　　　　　　/

　⚠ 애플리케이션 상태 확장에서 애플리케이션 상태 엔드포인트를 검색하고 애플리케이션의 상태를 업데이트합니다. 상태 엔드포인트가 제대로 설정되지 않으면 애플리케이션의 상태가 비정상으로 보고됩니다. 자세한 정보 ✑

자동 복구 정책

자동 복구 정책을 사용하도록 설정하기 전에 옵트인에 대한 요구 사항을 검토하세요. 여기 ✑

❹ 자동 복구 사용 ⓘ　　　　□

❺ 유예 기간(분) ⓘ　　　　　　10

그림 10-10 가상 머신 확장 집합의 상태 모니터링 설정

❶ **애플리케이션 상태 모니터링 사용:** 애플리케이션 상태 확장과 부하 분산 장치 프로브 중에서 선택할 수 있습니다.

❷ **애플리케이션 상태 모니터 – 애플리케이션 상태 확장:** VMSS의 VM 인스턴스 내에 배포되어 VM 상태를 알려줍니다. 부하 분산 장치 프로브처럼 외부 프로브를 사용할 수 없는 경우에 사용합니다.

　애플리케이션 상태 모니터 * ⓘ　　애플리케이션 상태 확장　　∨
　프로토콜 * ⓘ　　　　　　　　　HTTP　　　　　　　　　　∨
　포트 번호 * ⓘ　　　　　　　　　80
　경로 * ⓘ　　　　　　　　　　　/

그림 10-11 애플리케이션 상태 확장

- **프로토콜:** 애플리케이션 엔드포인트의 프로토콜로 HTTP/HTTPS/TCP 중에서 선택합니다.
- **포트 번호:** 애플리케이션 상태 모니터링에 사용하는 네트워크 포트를 지정합니다.
- **경로:** 애플리케이션 상태 보고에 사용하는 애플리케이션 엔드포인트 경로를 지정합니다.

❸ **애플리케이션 상태 모니터 – 부하 분산 장치 프로브:** VMSS를 만들면서 부하 분산 장치를 설정한 경우 부하 분산 장치 상태 프로브를 만들 수 있습니다. 새로 만들 경우 앞서 9.3.2절에서 설명한 상태 프로브 설정과 같은 방식으로 설정합니다.

그림 10-12 부하 분산 장치 프로브

❹ 자동 복구 사용: 비정상 인스턴스를 자동으로 제거하고 최신 인스턴스 모델 설정으로 새 인스턴스를 만들 경우 사용합니다.

❺ 유예 기간: VM 상태 변경을 한 후 잘못된 복구 시도가 일어날 것을 방지하기 위해 자동 복구를 일시 중단하는 시간을 설정합니다.

10.2.7 고급

VMSS의 VM 인스턴스 할당 정책과 분산 알고리즘을 설정합니다. [그림 10-13]에서 **고급** 탭의 설정 항목을 나타냈습니다.

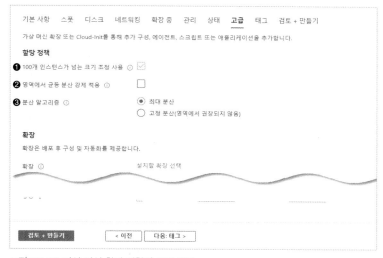

그림 10-13 가상 머신 확장 집합의 고급 설정

❶ 100개 인스턴스가 넘는 크기 조정 사용: VMSS의 VM 인스턴스는 기본적으로 하나의 배치 그룹에 최대 100개까지 허용합니다.[1] 이 항목을 선택하면 여러 배치 그룹을 사용할 수 있으며 최대 1,000개의 인스턴스를 만들 수 있습니다. 대규모 확장 집합의 부하 분산과 장애 도메인은 기본 확장 집합 설정과 다르게 동작합니다.

❷ 영역에서 균등 분산 강제 적용: [그림 10-2] 기본 사항에서 가용성 영역을 2개 이상 선택한 경우 표시됩니다. 각 영역의 VM 수가 다른 영역의 VM 수와 균등하게 배포되도록 강제할지 여부를 선택합니다. 기본값은 해제이므로 영역 간의 불균형이 있더라도 크기 조정 작업을 일시적으로 허용합니다. 이 항목을 선택하면 영역에서 균형을 유지하지 못하는 경우 확장 집합 크기 조정이 실패합니다.

❸ 분산 알고리즘: 장애 도메인에서 VM 인스턴스 배포 균형을 결정합니다. '최대 분산' 옵션은 각 영역에서 장애 도메인에 최대 분산을 합니다. '고정 분산' 옵션은 무조건 5개의 장애 도메인에 분산하려고 시도합니다. 따라서 5개 미만의 장애 도메인을 사용한다면 VMSS 배포가 실패합니다. 최대 분산 옵션을 사용했다면 성공합니다. 대부분의 워크로드 시나리오는 '최대 분산'을 사용해 배포하는 것을 권장합니다. '최대 분산'을 선택하면 '100개 인스턴스가 넘는 크기 조정 사용'은 사용으로 설정되고 설정을 바꿀 수 없습니다.[2]

실전 연습 1 – 프런트 엔드 VMSS 배포하기

아이언맨 연구소는 고가용성 및 부하 분산을 구현한 자비스 2.0의 인프라를 운영하면서 한 가지 문제에 부딪혔습니다. 부하가 증가해 엔지니어가 일일이 프런트 엔드와 백 엔드 가상 머신을 만들고 부하 분산 장치에 추가한 뒤 다시 일련의 서비스 환경을 만드는 작업은 반복적인 데다가 시간도 많이 걸려 제때 서비스 요청을 소화할 수도 없었고 항상 관리자가 시스템의 성능을 모니터링해야 한다는 점도 문제입니다. 가끔 시스템을 확장하다가 실수로 빠뜨리는 작업도 있어서 자동화를 생각했지만 이마저도 고려할 사항이 많았습니다. 따라서 아이언맨 연구소는 북유럽의 새 연구소에서 자비스 2.0의 단점과 기능을 보강해 새로 개발한 3세대 인공지능 프라이데이를 가상 머신 확장 집합에서 실행하기로 했습니다.

이번 실습은 새로운 리소스 그룹과 가상 네트워크를 만들어 프라이데이의 프런트 엔드 VMSS를 부하 분산 장치 구성으로 배포합니다.

1. [➕ 리소스 만들기]를 클릭하고 '가상 머신 확장 집합'을 찾아서 선택합니다.

---

1 https://learn.microsoft.com/ko-kr/azure/virtual-machine-scale-sets/virtual-machine-scale-sets-placement-groups

2 https://learn.microsoft.com/ko-kr/azure/virtual-machine-scale-sets/virtual-machine-scale-sets-use-availability-zones

2. **가상 머신 확장 집합 만들기** 블레이드 **기본 사항** 탭에서 다음 내용을 설정하고 [다음: 스폿 〉] 버튼과 [다음: 디스크 〉] 버튼을 클릭해 **디스크** 탭으로 이동합니다.

❶ 구독: 사용 중인 구독 선택

❷ 리소스 그룹: [새로 만들기]를 클릭한 후 rg-newhallofarmor 입력

❸ 가상 머신 확장 집합 이름: vmssfridayfe

❹ 지역: North Europe

❺ 가용성 영역: 영역 1, 2(선택 가능한 2개 영역을 체크하세요)

❻ 오케스트레이션 모드: 균일성

❼ 보안 유형: 신뢰할 수 있는 시작 가상 머신

❽ 이미지: Windows Server 2022 Datacenter: Azure Edition – x64 Gen2

❾ Azure Spot 할인으로 실행: 선택 안 함

❿ 크기: Standard_DS1_v2

⓫ 사용자 이름: tony

⓬ 암호/암호 확인: Pa55w.rd1234(가능하면 복잡성 조건을 만족하는 다른 암호를 사용하세요.)

⓭ 라이선싱: 아니오

> **NOTE_ 가상 머신 확장 집합 만들기** 블레이드의 [확장 중] 탭이 제거되고 [기본 사항] 탭의 **확장 중** 섹션으로 표시될 수 있습니다.

그림 10-14 프런트 엔드 VMSS 기본 사항 입력

3. **디스크** 탭에서 다음 내용을 설정하고 [다음: 네트워킹 >] 버튼을 클릭합니다.

　❶ OS 디스크 유형: 표준 SSD(로컬 중복 스토리지)

　❷ 데이터 디스크: [새 디스크 만들기 및 연결] 클릭

- 이름: webfedata

- 원본 유형: 없음 (빈 디스크)

- 크기: 표준 SSD(로컬 중복 스토리지), 16 GiB

그림 10-15 VMSS 디스크 설정

4. **네트워킹** 탭에서 가상 네트워크와 부하 분산 장치를 설정하고 [다음: 확장 중 >] 버튼을 클릭합니다.

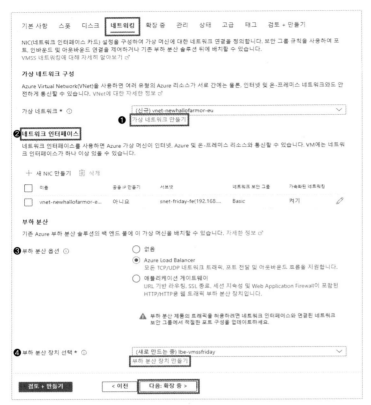

그림 10-16 프런트 엔드 VMSS 네트워킹 설정

❶ 가상 네트워크: [가상 네트워크 만들기] 클릭 후 **가상 네트워크 만들기** 블레이드에서

- 이름: vnet-newhallofarmor-eu

- 주소 범위: 192.168.0.0/16

- 서브넷 이름: snet-friday-fe(192.168.2.0/24), snet-friday-be(192.168.3.0/24)

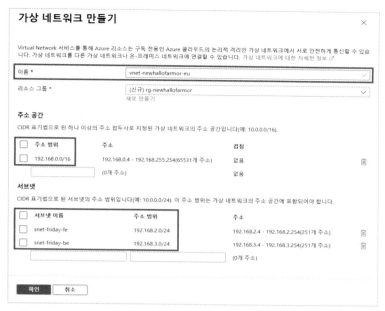

그림 10-17 프런트 엔드 VMSS 가상 네트워크 설정

❷ 네트워크 인터페이스: 서브넷이 'snet-friday-fe'인지 확인(필요한 경우 수정)

❸ 부하 분산 옵션: Azure Load Balancer

❹ 부하 분산 장치 선택: [부하 분산 장치 만들기] 클릭 후 **부하 분산 장치 만들기** 블레이드에서,

- 부하 분산 장치 이름: lbe-vmssfriday

- 유형: 공용

- 프로토콜: TCP

[부하 분산 장치 규칙]

- 포트/백 엔드 포트: 80 / 80

[인바운드 NAT 규칙]

- 프런트 엔드 포트 범위 시작: 10000

- 백 엔드 포트: 3389

그림 10-18 프런트 엔드 VMSS 부하 분산 장치 설정

5. **확장 중** 탭에서 다음 내용을 설정하고 [다음: 관리 〉] 버튼을 클릭합니다.

❶ 초기 인스턴스 수: 1   ❷ 크기 조정 정책: 사용자 지정

❸ 최소 인스턴스 수, 최대 인스턴스 수: 1, 5

❹ 스케일 아웃 CPU 임계값, 기간, 증가할 인스턴스 수: 80, 10, 1

❺ 스케일 인 CPU 임계값, 감소할 인스턴스 수: 30, 1

❻ 자동 크기 조정에서 진단 로그 수집: 선택 안 함   ❼ 축소 정책: 최신 VM

NOTE_ [확장 중] 탭이 보이지 않는다면, [기본 사항] 탭 내의 **확장 중** 섹션으로 이동한 것입니다.

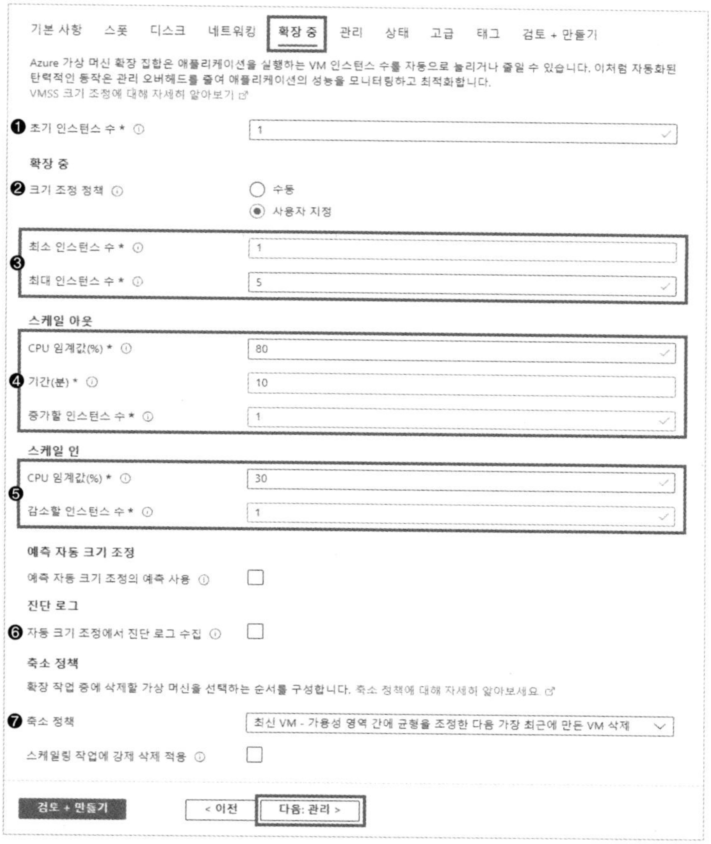

그림 10-19 프런트 엔드 VMSS 확장 중 설정

6. **관리** 탭에서 다음 내용을 설정하고 [다음: 상태 >] 버튼을 클릭합니다.

   ❶ 업그레이드 모드: 자동 – 인스턴스가 임의의 순서로 즉시 업그레이드를 시작합니다.

   ❷ 부트 진단: 관리형 스토리지 계정으로 사용하도록 설정

   ❸ 오버프로비저닝 사용: 선택

   ❹ 자동 OS 업그레이드 사용: 선택 안 함

   ❺ 인스턴스 종료 알림 사용: 선택 안 함

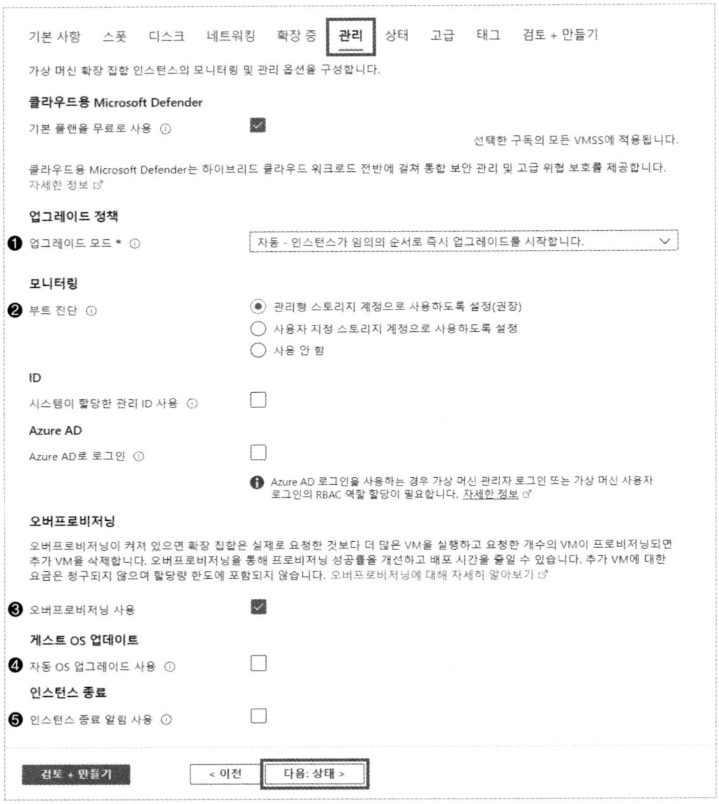

기본 사항　스폿　디스크　네트워킹　확장 중　**관리**　상태　고급　태그　검토 + 만들기

가상 머신 확장 집합 인스턴스의 모니터링 및 관리 옵션을 구성합니다.

클라우드용 Microsoft Defender

기본 플랜을 무료로 사용 ⓘ　☑　　　　　　　　　　　선택한 구독의 모든 VMSS에 적용됩니다.

클라우드용 Microsoft Defender는 하이브리드 클라우드 워크로드 전반에 걸쳐 통합 보안 관리 및 고급 위협 보호를 제공합니다.
자세한 정보 ☐

업그레이드 정책

❶ 업그레이드 모드 * ⓘ　　　　　　│ 자동 - 인스턴스가 임의의 순서로 즉시 업그레이드를 시작합니다.　　　∨ │

모니터링

❷ 부트 진단 ⓘ　　　　　　● 관리형 스토리지 계정으로 사용하도록 설정(권장)
　　　　　　　　　　　　○ 사용자 지정 스토리지 계정으로 사용하도록 설정
　　　　　　　　　　　　○ 사용 안 함

ID

시스템이 할당한 관리 ID 사용 ⓘ　☐

Azure AD

Azure AD로 로그인 ⓘ　　　☐
　　　　　　　　　　❶ Azure AD 로그인을 사용하는 경우 가상 머신 관리자 로그인 또는 가상 머신 사용자
　　　　　　　　　　로그인의 RBAC 역할 할당이 필요합니다. 자세한 정보 ☐

오버프로비저닝

오버프로비저닝이 켜져 있으면 확장 집합은 실제로 요청한 것보다 더 많은 VM을 실행하고 요청한 개수의 VM이 프로비저닝되면
추가 VM을 삭제합니다. 오버프로비저닝을 통해 프로비저닝 성공률을 개선하고 배포 시간을 줄일 수 있습니다. 추가 VM에 대한
요금은 청구되지 않으며 할당량 한도에 포함되지 않습니다. 오버프로비저닝에 대해 자세히 알아보기 ☐

❸ 오버프로비저닝 사용　　☑

게스트 OS 업데이트

❹ 자동 OS 업그레이드 사용 ⓘ　☐

인스턴스 종료

❺ 인스턴스 종료 알림 사용 ⓘ　☐

│ 검토 + 만들기 │　　│ < 이전 │　│ 다음: 상태 > │

그림 **10-20** 프런트 엔드 VMSS 관리 설정

7. **상태** 탭은 기본값으로 두고 [다음: 고급 〉] 버튼을 클릭합니다.

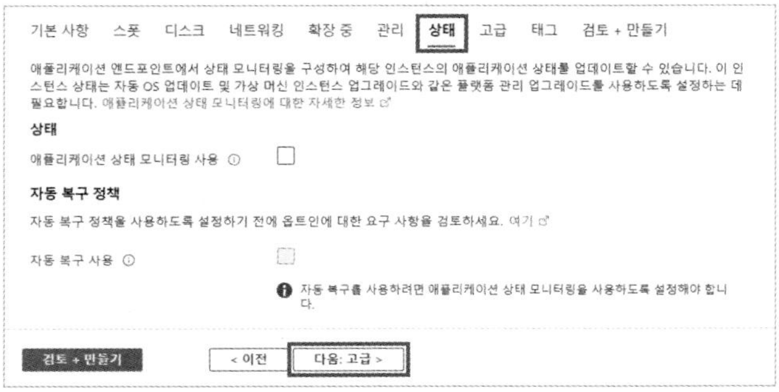

기본 사항　스폿　디스크　네트워킹　확장 중　관리　**상태**　고급　태그　검토 + 만들기

애플리케이션 엔드포인트에서 상태 모니터링을 구성하여 해당 인스턴스의 애플리케이션 상태를 업데이트할 수 있습니다. 이 인
스턴스 상태는 자동 OS 업데이트 및 가상 머신 인스턴스 업그레이드와 같은 플랫폼 관리 업그레이드를 사용하도록 설정하는 데
필요합니다. 애플리케이션 상태 모니터링에 대한 자세한 정보 ☐

상태

애플리케이션 상태 모니터링 사용 ⓘ　☐

자동 복구 정책

자동 복구 정책을 사용하도록 설정하기 전에 옵트인에 대한 요구 사항을 검토하세요. 여기 ☐

자동 복구 사용 ⓘ　　　　☐
　　　　　　　　　　❶ 자동 복구를 사용하려면 애플리케이션 상태 모니터링을 사용하도록 설정해야 합니
　　　　　　　　　　다.

│ 검토 + 만들기 │　　│ < 이전 │　│ 다음: 고급 > │

그림 **10-21** 프런트 엔드 VMSS 상태 설정

8. **고급** 탭에서 다음 내용을 설정하고 나머지는 기본값으로 남겨둔 후 [다음: 태그 〉] 버튼을 클릭합니다.

   ❶ 영역에서 균등 분산 강제 적용: 체크 안 함

   ❷ 분산 알고리즘: 최대 분산

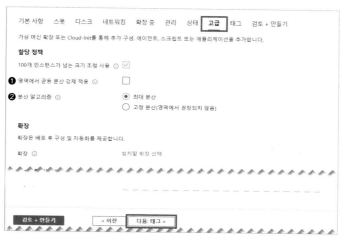

그림 10-22 프런트 엔드 VMSS 고급 설정

9. **태그** 탭에서 다음 태그들을 설정하고 [검토 + 만들기] 버튼을 클릭해 유효성 검사를 합니다.

   • 이름: ApplicationName, 값: FRIDAY1st

   • 이름: ServiceClass, 값: Gold

   • 이름: Owner, 값: Tony Stark

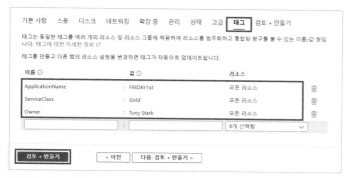

그림 10-23 프런트 엔드 VMSS 태그 지정

10. '유효성 검사 통과' 알림을 확인하고 [만들기] 버튼을 클릭합니다. 이름 중복 등의 이유로 유효성 검사가 실패하면 해당 탭에서 문제를 해결하고 다시 검사합니다.

11. 가상 머신 확장 집합 배포가 완료되면 리소스 그룹으로 이동해 만들어진 리소스 목록을 확인합니다.

그림 **10-24** rg-newhallofarmor 리소스 그룹의 프런트 엔드 VMSS 리소스 목록

실전 연습 2 – 백 엔드 VMSS 배포하기

이번 실습은 프라이데이의 백 엔드 VMSS를 snet-friday-be 서브넷으로 배포합니다.

1. [➕ 리소스 만들기]를 클릭하고 **가상 머신 확장 집합**을 찾아서 선택합니다.

2. **가상 머신 확장 집합 만들기** 블레이드의 **기본 사항** 탭에서 다음 내용을 설정하고 [다음: 스폿 〉] 버튼과 [다음: 디스크 〉] 버튼을 클릭해 **디스크** 탭으로 이동합니다.

❶ 구독: 사용 중인 구독 선택

❷ 리소스 그룹: rg-newhallofarmor 선택

❸ 가상 머신 확장 집합 이름: vmssfridaybe

❹ 지역: North Europe

❺ 가용성 영역: 영역 1, 3

❻ 오케스트레이션 모드: 균일성

❼ 보안 유형: 신뢰할 수 있는 시작 가상 머신

❽ 이미지: Ubuntu Server 22.04 LTS – (x64) Gen2

❾ Azure Spot 할인으로 실행: 선택 안 함

❿ 크기: Standard_DS1_v2

⓫ 인증 형식: SSH 공개 키

⓬ 사용자 이름: tony

⓭ SSH 공개 키 원본: 새 키 쌍 생성

⓮ 키 쌍 이름: vmssfridaybe_key

NOTE_ 배포 과정에서 크기 관련 오류가 발생한다면, Standard_DS2_v2를 사용해 배포한 후, 다시 Standard_DS1_v2로 변경할 수 있습니다.

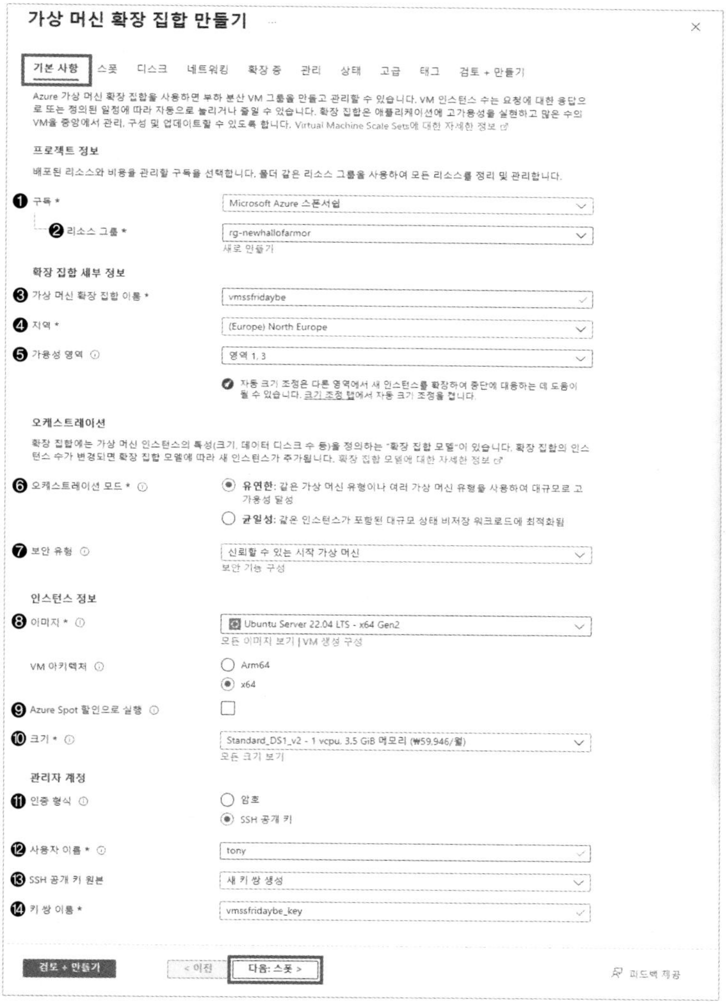

그림 10-25 백 엔드 VMSS 기본 사항 입력

3. **디스크** 탭에서 다음 내용을 설정하고 [다음: 네트워킹 >] 버튼을 클릭합니다.

❶ OS 디스크 유형: 표준 SSD(영역 중복 스토리지)

❷ 데이터 디스크: [새 디스크 만들기 및 연결] 클릭 후 **새 디스크 만들기** 블레이드에서,

- 이름: webbedata

- 원본 유형: 없음(빈 디스크)

- 크기: 16GiB, 표준 SSD(영역 중복 스토리지)

그림 10-26 가상 머신 확장 집합 디스크 설정

4. **네트워킹** 탭에서 다음 내용을 설정합니다.

❶ 가상 네트워크: vnet-newhallofarmor-eu 선택

❷ 네트워크 인터페이스: [+ 새 NIC 만들기] 클릭

- vnet-newhallofarmor-eu-nic02 만든 후

- vnet-newhallofarmor-eu-nic01선택한 후 삭제(5번 과정에서 설명)

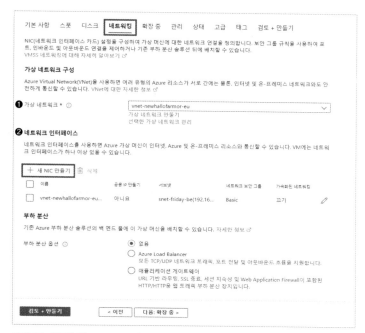

그림 10-27 백 엔드 VMSS 네트워킹 설정

5. [그림 10-27]의 **네트워크 인터페이스** 섹션에서 [⊞ 새 NIC 만들기] 링크를 클릭한 후 **네트워크
인터페이스 만들기** 블레이드에서 다음 내용을 설정하고 [만들기] 버튼을 클릭합니다.

❶ 이름: vnet-newhallofarmor-eu-nic02

❷ 서브넷: snet-friday-be

❸ NIC 네트워크 보안 그룹: 기본

❹ 공용 인바운드 포트: 없음 (공용 IP 주소를 사용할 경우 필요하지만, 프런트 엔드에서 가상 네트워크 프라이빗
   IP로 호출하는 백 엔드에는 필요 없습니다.)

❺ 공용 IP 주소: 사용 안 함

네트워크 인터페이스 만들기 ...

네트워크 인터페이스

❶ 이름 *

vnet-newhallofarmor-eu-nic02

가상 네트워크 ⓘ

vnet-newhallofarmor-eu

❷ 서브넷 * ⓘ

snet-friday-be(192.168.3.0/24)

❸ NIC 네트워크 보안 그룹 ⓘ
- ○ 없음
- ● 기본
- ○ 고급

❹ 공용 인바운드 포트 * ⓘ
- ● 없음
- ○ 선택한 포트 허용

인바운드 포트 선택

하나 이상의 포트 선택

ⓘ 인터넷의 모든 트래픽이 기본적으로 차단됩니다. [VM] > [네트워킹] 페이지에서 인바운드 포트 규칙을 변경할 수 있습니다.

❺ 공용 IP 주소 ⓘ

사용 안 함   사용

가속화된 네트워킹 ⓘ

사용 안 함   사용

만들기

그림 10-28 네트워크 인터페이스 만들기

6. [그림 10-27]의 **네트워킹** 탭에서 ❸ 부하 분산 장치 사용을 선택하지 않고 [다음: 확장 중 〉] 버튼을 클릭합니다.

7. **확장 중** 탭에서 다음 내용을 설정하고 [다음: 관리 〉] 버튼을 클릭합니다.

❶ 초기 인스턴스 수: 1   ❷ 크기 조정 정책: 수동   ❸ 축소 정책: 가장 오래된 VM

기본 사항   스폿   디스크   네트워킹   **확장 중**   관리   상태   고급   태그   검토 + 만들기

Azure 가상 머신 확장 집합은 애플리케이션을 실행하는 VM 인스턴스 수를 자동으로 늘리거나 줄일 수 있습니다. 이처럼 자동화된
탄력적인 동작은 관리 오버헤드를 줄여 애플리케이션의 성능을 모니터링하고 최적화합니다.
VMSS 크기 조정에 대해 자세히 알아보기 ⓘ

❶ 초기 인스턴스 수 * ⓘ   1

확장 중

❷ 크기 조정 정책 ⓘ   ● 수동
                           ○ 사용자 지정

축소 정책

확장 작업 중에 삭제할 가상 머신을 선택하는 순서를 구성합니다. 축소 정책에 대해 자세히 알아보세요. ⓘ

❸ 축소 정책   가장 오래된 VM - 가용성 영역 간 균형을 조정한 다음 만든 지 가장 오래된 V...

스케일링 작업에 강제 삭제 적용 ⓘ   ☐

검토 + 만들기   < 이전   **다음: 관리 >**

그림 10-29 백 엔드 VMSS 확장 중 설정

8. 관리 탭에서 다음 내용을 설정하고 [다음: 상태 >] 버튼을 클릭합니다.

    ❶ 업그레이드 모드: 자동 – 인스턴스가 임의의 순서로 즉시 업그레이드를 시작합니다.

    ❷ 부트 진단: 관리형 스토리지 계정으로 사용하도록 설정

    ❸ ID, Azure AD, 오버프로비저닝, 인스턴스 종료: 선택 안 함

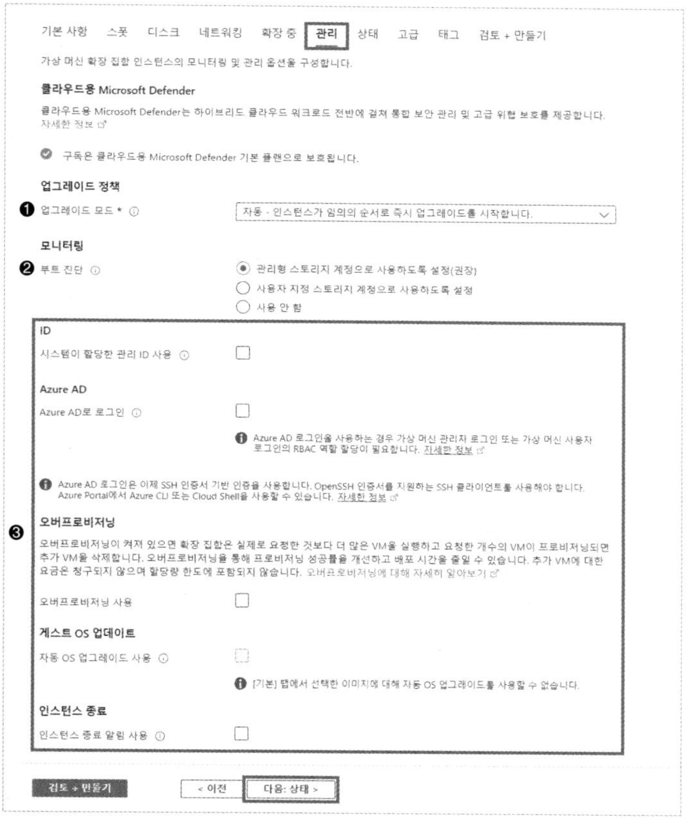

그림 10-30 가상 머신 확장 집합 관리 설정

9. 상태 탭은 기본값으로 남겨두고 [다음: 고급 >] 버튼을 클릭합니다.

10. 고급 탭에서 다음 내용을 설정하고 나머지는 기본값으로 남겨둔 후 [다음: 태그 >] 버튼을 클릭합니다.

- 영역에서 균등 분산 강제 적용: 체크 안 함
- 분산 알고리즘: 최대 분산

11. 태그 탭에서 다음 태그들을 설정하고 [검토 + 만들기] 버튼을 클릭해 유효성 검사를 합니다.

- 이름: ApplicationName, 값: FRIDAY1st
- 이름: Owner, 값: Tony Stark
- 이름: ServiceClass, 값: Gold
- 이름: Layer, 값: Back-End

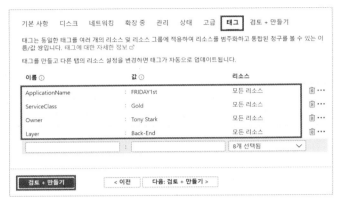

그림 10-31 가상 머신 확장 집합 태그 지정

12. '유효성 검사 통과' 알림을 확인한 후(새로 만든 네트워크 인터페이스로 변경되었는지 꼭 확인합니다. 변경되지 않았다면 다시 [네트워킹] 탭으로 돌아가서 수정합니다.) [만들기] 버튼을 클릭합니다. 이름 중복 등의 이유로 유효성 검사가 실패하면 해당 탭에서 문제를 해결하고 다시 유효성 검사를 진행합니다. 배포 과정이 시작되면, **새 키 쌍 생성** 팝업 창에서 [프라이빗 키 다운로드 및 리소스 만들기] 버튼을 클릭합니다.

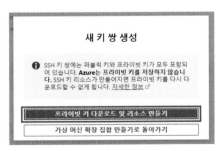

그림 10-32 프라이빗 키 다운로드

13. 가상 머신 확장 집합 배포가 완료되면 리소스 그룹으로 이동해 만들어진 리소스 목록을 확인합니다.

그림 10-33 rg-newhallofarmor 리소스 그룹의 백 엔드 VMSS 리소스 목록

10.3 가상 머신 확장 집합 관리

가상 머신 확장 집합을 배포한 후 주요 관리 작업은 시작과 중지, 크기 조정, 네트워킹 설정, 확장 설치 등입니다.

VMSS는 **개요** 서비스 메뉴를 선택한 다음 블레이드의 명령 모음에서 VMSS 전체를 할당 해제 (중지)하거나 [▷시작/↻다시 시작]을 수행할 수 있습니다(10-34 ❶). 또한 서비스 메뉴 설정 섹션의 인스턴스를 선택하고 **인스턴스** 블레이드에서 각 VM 인스턴스를 할당 해제(중지)하거나 [▷시작/↻다시 시작]할 수 있습니다(10-34 ❷).

그림 10-34 VMSS와 VM 인스턴스의 시작, 다시 시작, 중지(할당 해제)

10.3.1 크기 조정

확장 중 서비스 메뉴에서 수동 크기 조정과 사용자 지정 자동 크기 조정을 선택하고 설정할 수 있습니다. 크기 조정과 관련해 알아야 할 개념이 **오버프로비저닝**Overprovisioning입니다. VM 인스턴스를 스케일 아웃하는 규모에 따라 VM이 만들어질 때 실패할 확률이 증가하므로 프로비전 성공률을 높이고 시간을 줄이기 위해 VMSS 배포 시 또는 배포 후(VMSS의 [구성] 서비스 메뉴)에 오버프로비저닝을 선택할 수 있습니다. 추가 프로비전되는 VM에 대한 비용은 청구되지 않습니다.

수동 크기 조정은 직접 인스턴스 수를 지정합니다. [그림 10-35]처럼 **확장 중** 블레이드에서 ❶ 기본 인스턴스 수를 1에서 2로 변경하고 명령 모음에서 ❷ [🖫저장] 버튼을 클릭하면 [그림 10-36]처럼 오버프로비저닝이 수행됩니다.

그림 10-35 수동으로 인스턴스 수 크기 조정(인스턴스 수 1 → 2)

인스턴스 서비스 메뉴를 선택하면 현재 인스턴스의 수와 상태를 확인할 수 있습니다.

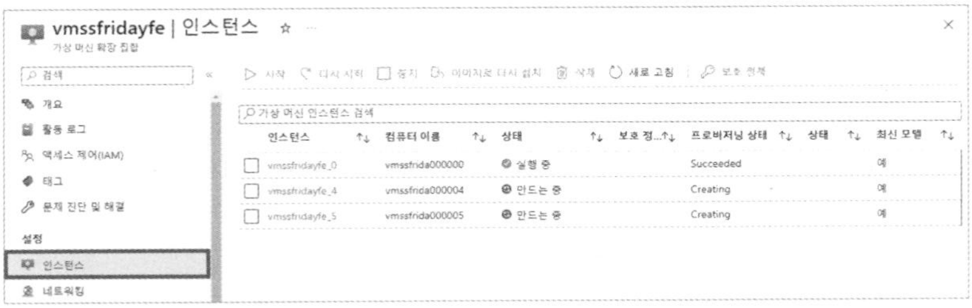

그림 10-36 오버프로비저닝

사용자 지정 자동 크기 조정(그림 10-37 참고)을 선택하는 경우 '기본값' 프로필이 표시됩니다. 자동 크기 조정의 계층 구조는 하나 이상의 프로필을 가질 수 있으며 하나의 프로필은 하나 이상의 규칙과 인스턴스 제한, 일정 설정을 제공합니다. 또한 각 규칙은 범주와 작업으로 나뉩니다. 범주에서는 작업이 트리거되는 시간 집계 방식과 메트릭 선정, 임계값 비교 연산을 설정하며 크기 조정 작업에서는 크기 조정을 어떤 방식으로 수행할지 설정합니다.

일반적으로 스케일 아웃과 스케일 인 규칙을 쌍으로 만듭니다.

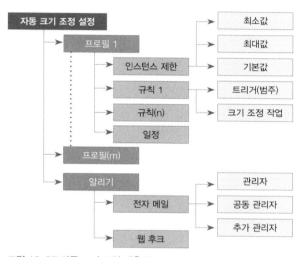

그림 10-37 자동 크기 조정 계층 구조

기본 프로필은 제거할 수 없으며 다른 일치하는 크기 조정 조건(프로필)이 없을 때 실행됩니다. [+크기 조건 추가] 링크를 클릭해 프로필을 추가할 수 있습니다.

> **NOTE**
> - 겹치는 다양한 요구사항을 해결하기 위해 여러 개의 프로필을 설정할 수 있습니다. 예를 들어 다른 시간이나 요일에 적용할 서로 다른 자동 크기 조정 프로필을 만들 수 있습니다.
> - 알리기 설정은 자동 크기 조정 설정의 프로필 중 하나의 조건이 충족되어 자동 크기 조정 이벤트가 발생할 때 실행할 알림을 정의합니다. 자동 크기 조정을 설정하면 하나 이상의 전자 메일 주소에 알림을 보내거나 하나 이상의 웹 후크를 호출할 수 있습니다.

그림 10-38 자동 크기 조정의 기본 프로필과 추가 프로필

크기 조정 모드에서 '메트릭 기준 크기 조정'을 선택(그림 10-38)하는 경우 [⊞규칙 추가] 링크를 클릭하면 [그림 10-39]처럼 **크기 조정 규칙** 블레이드에서 CPU와 디스크, 네트워크 등의 모니터링할 메트릭, 조건을 검사할 범주와 작업을 지정합니다.

❶ 기간: 지정한 기간 동안의 메트릭을 수집해 자동 크기 조정에 사용합니다.

❷ 시간 조직 통계: 1분 단위로 수집되는 메트릭을 어떻게 집계할지(예, 평균, 합계 등) 결정합니다.

❸ 시간 집계: 시간 조직 통계로 집계된 데이터를 지정한 기간(예 10분) 동안 집계할 방식을 결정합니다.

❹ 휴지 기간: 크기 조정이 실행되고 난 후 다음 크기 조정을 위해 메트릭을 평가하기 전에 대기하는 시간(휴지 시간)을 지정합니다.

그림 10-39 크기 조정 규칙

크기 조정 모드에서 '특정 인스턴스 수(으)로 확장'을 선택(그림 10-38)하는 경우 지정한 일정 설정에 따라 크기가 조정됩니다. 기본값 프로필 외의 프로필에서 크기 조정 모드와 상관없이 지정할 수 있으며 시작/종료 날짜를 명시하거나 특정 일 반복을 설정할 수 있습니다.

10.3.2 네트워킹

[그림 10-40]에서 나타낸 VMSS **네트워킹** 블레이드의 [⊘네트워크 인터페이스 추가]와 [⊘네트워크 인터페이스 제거] 명령 버튼은 VMSS를 중지(할당 해제)한 경우에만 활성화됩니다.

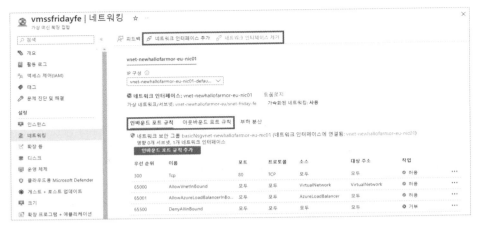

그림 10-40 VMSS의 네트워킹 블레이드

그림에 표시된 네트워크 인터페이스는 VMSS의 모든 VM 인스턴스에 만들어지는 일종의 NIC 템플릿과 같습니다. 이 VMSS의 NIC가 실제 VM 인스턴스의 NIC 인스턴스가 됩니다. 다음은 VM 인스턴스의 서비스 메뉴에서 **설정** 섹션의 [네트워킹] 메뉴를 선택하고 네트워크 인터페이스를 클릭했을 때 확인할 수 있는 이름의 예입니다.

```
vmssfridayfe/0/vnet-newhallofarmor-eu-nic01
```

VM 인스턴스의 NIC 이름 구성은 VMSS의 이름과 VM 인스턴스 번호, VMSS의 NIC 이름을 표시합니다.

VMSS는 기본적으로 하나의 네트워크 보안 그룹을 생성하고 이를 각 VM 인스턴스의 NIC와 연결합니다. 따라서 [그림 10-40]의 **인바운드 포트 규칙** 및 **아웃바운드 포트 규칙** 탭에서 규칙을 추가하면 모든 VM 인스턴스에 적용됩니다. 실제 VM 인스턴스를 확인해보면 [그림 10-41]처럼 네트워크 인터페이스와 네트워크 보안 그룹이 설정됩니다.

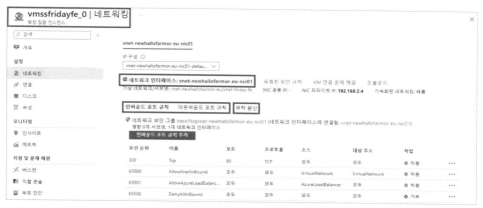

그림 10-41 VM 인스턴스의 네트워킹 블레이드

부하 분산 탭에서 연결된 부하 분산 장치를 확인하거나 새로운 Azure 부하 분산 장치나 애플리케이션 게이트웨이를 연결할 수 있습니다. 공용 IP 주소를 통해 각 VM 인스턴스를 외부에서 직접 관리 연결(RDP 또는 SSH 사용)하는 방식은 네트워크 연결 보안과 종단간end-to-end 보안 위협에 노출될 가능성이 높습니다. 일반적으로 VMSS의 각 VM 인스턴스를 인터넷에 노출하지 않도록 사설 IP만 부여하도록 구성합니다. VMSS를 프런트 엔드 부하 분산 장치와 함께 배포하면 NAT 규칙을 통해 각 VM 인스턴스를 연결할 수 있습니다. 더 안전한 방법으로 점프 서버와 Azure 배스천Bastion을 사용해 VM 인스턴스를 인터넷에 직접 노출하지 않고 TLS 통신을 통해 보호된 액세스를 거친 후 Azure 내부에서 SSH나 RDP를 통해 VMSS의 VM 인스턴스를 관리할 수도 있습니다.

10.3.3 디스크

[그림 10-42]에서 나타낸 VMSS의 **디스크** 블레이드에서 OS 디스크와 데이터 디스크를 관리할 수 있습니다.

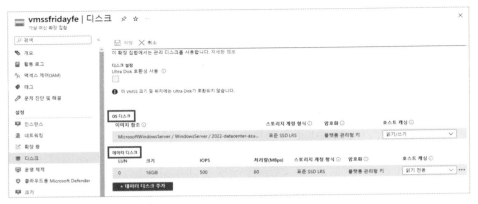

그림 10-42 VMSS의 디스크 블레이드

현재 VMSS에 구성된 OS 디스크와 데이터 디스크는 호스트 캐싱 방식을 바꿀 수 있습니다. [➕새 디스크 만들기 및 연결]을 클릭해 추가 데이터 디스크 템플릿을 설정할 수 있습니다. 앞서 설명한 VMSS의 NIC처럼 **디스크** 블레이드의 디스크 정보는 각 VM 인스턴스에 연결되는 디스크 설정 템플릿으로 볼 수 있습니다. 실제 VM 인스턴스를 확인해보면 [그림 10-43]처럼 OS 디스크와 데이터 디스크가 설정됩니다.

그림 10-43 VM 인스턴스의 디스크 블레이드

VM 인스턴스에 연결된 데이터 디스크는 각 운영체제에서 디스크 관리 도구를 통해 파티션/포맷 작업을 한 다음 드라이브를 할당하거나 마운트해야 합니다. VMSS에서 데이터 디스크를 추가한 다음 모든 VM 인스턴스에서 이러한 디스크 관리 작업을 해야 한다면 불편할 것입니다. 이어 설명하는 '확장' 기능을 통해 번거로운 관리 작업을 단순화할 수 있습니다.

10.3.4 확장

[그림 10-43]의 VMSS **확장 프로그램 + 애플리케이션** 블레이드는 앞서 6장에서 설명한 가상 머신의 **확장 프로그램 + 애플리케이션** 블레이드와 동일한 역할을 합니다. 명령 모음에서 [⊞추가] 버튼을 클릭해 새 리소스 블레이드에서 필요한 확장 리소스를 추가할 수 있습니다. 예를 들어 Windows Server를 배포한 VMSS의 경우 'Microsoft Antimalware'라는 확장 리소스를 선택하면 앞서 가상 머신의 **확장 설치** 블레이드에서 했던 동일한 과정으로 추가할 수 있습니다.

그림 10-44 VM 인스턴스의 확장 블레이드

개별 가상 머신의 확장에서 했던 작업과 VMSS의 확장 작업의 차이점은 VMSS의 경우 추가한 확장이 모든 VM 인스턴스에 동일하게 적용된다는 사실입니다. 따라서 한번의 확장 추가 작업으로 모든 VM에 설정을 적용할 수 있습니다. 이때 VMSS의 **업그레이드 정책** 블레이드에서 **업그레이드 모드**를 '자동—인스턴스가 임의의 순서로 즉시 업그레이드를 시작합니다'로 선택한 경우 새로 추가되는 VM 인스턴스는 물론 기존에 배포한 VM 인스턴스도 즉시 확장이 반영됩니다.

VMSS를 배포한 다음 **확장** 블레이드에서 사용자 지정 스크립트 확장(Windows는 Custom Script Extension, Linux는 Custom Script for Linux)을 추가하면 데이터 디스크의 설정과 웹 서비스 환경 구성, 데이터 복사 등 일련의 작업을 쉽게 자동화할 수 있습니다.

실전 연습 3 – 프런트 엔드 VMSS 구성과 관리

이번 실습은 실전 연습 1에서 배포한 프런트 엔드 VMSS(여기서는 vmssfridayfe)의 각 VM 인스턴스에 데이터 디스크 연결과 프라이데이 프런트 엔드 웹 서비스 구성을 자동화하고 클라이언트와 VMSS 간 웹 트래픽을 암호화하기 위해 HTTPS 인바운드 연결을 허용하도록 설정합니다. 또한 자동/수동 크기 조정을 설정해보고 스케일 아웃 상황에서 웹 서비스 구성이 자동으로 배포되는지 확인해봅니다.

1. 프라이데이 프런트 엔드 VMSS(vmssfridayfe)의 VM 인스턴스에 데이터 디스크 드라이브를 붙이고 프라이데이 웹 서비스 구성을 자동화하는 PowerShell 스크립트를 다음과 같이 작성합니다. 파일 이름은 setup_fridayfe.ps1로 저장합니다. (참고: 예제 소스의 source/chap10/setup_fridayfe.ps1)

스크립트 파일 Windows Server용 디스크 드라이브 및 웹 서비스 구성 스크립트

```
#데이터 디스크 드라이브 만들기
Get-Disk | Where-Object PartitionStyle -EQ 'RAW' | Initialize-Disk
New-Partition -DiskNumber 1 -UseMaximumSize -DriveLetter X
Format-Volume -DriveLetter X -FileSystem NTFS -NewFileSystemLabel webdata
-Confirm:$false

#IIS 설치
Install-WindowsFeature -Name Web-Server -IncludeManagementTools

#소스 코드 배포
Set-Content -Path "C:\inetpub\wwwroot\Default.htm" -Value "Running FRIDAY Web
Service from host $($env:computername) !"
```

2. VMSS 확장 프로그램을 통해 스크립트를 배포하려면 스토리지 계정이 필요합니다. Azure 포털에서 다음과 같이 설정하여 스토리지 계정을 만듭니다. 언급하지 않은 부분은 모두 기본 값 설정을 사용합니다.

❶ 리소스 그룹: rg-newhallofarmor

❷ 지역: North Europe

❸ 스토리지 계정 이름: stfridaydata[SUFFIX](SUFFIX에 영문 이름 이니셜)

❹ 성능: 표준

❺ 복제(중복): GRS(지역 중복 스토리지)

그림 10-45 프라이데이를 위한 저장소 계정 만들기

3. 만든 스토리지 계정으로 이동해 다음 설정으로 Blob 컨테이너를 만듭니다.

   ❶ 이름: scripts

   ❷ 공용 액세스 수준: 프라이빗(익명 액세스 없음)

그림 10-46 스크립트 저장을 위한 Blob 컨테이너 만들기

4. 1번 과정에서 작성한 PowerShell 스크립트를 3번 과정에서 만든 scripts 컨테이너에 업로드합니다.

그림 10-47 Blob 컨테이너에 PowerShell 스크립트 업로드

5. 앞서 만든 프런트 엔드 VMSS(여기서는 vmssfridayfe)의 **확장 프로그램 + 애플리케이션** 블레이드에서 [추가] 버튼을 클릭합니다.

6. 확장 설치 블레이드에서 Custom Script Extension을 선택하고 [다음] 버튼을 클릭합니다.

7. Configure Custom Script Extension Extension 블레이드에서 ❶ [찾아보기] 버튼을 클릭합니다. 앞서 만든 스토리지 계정과 이어서 scripts 컨테이너를 클릭하고 ❷ setup_fridayfe.ps1을 선택한 다음 [선택] 버튼을 클릭한 후 ❸ [만들기] 버튼을 클릭합니다.

그림 10-48 Custom Script Extension 확장 설치

8. 확장 프로그램 + 애플리케이션 블레이드의 [확장] 탭 아래에서 'Custom Script Extension'이 설치되어 목록에 표시된 것을 확인합니다.

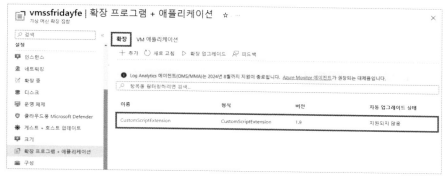

그림 10-49 확장 블레이드에서 설치된 확장 확인

9. 프런트 엔드 VMSS의 **확장 중** 서비스 메뉴를 클릭하고 확장 중 블레이드의 **리소스 크기를 조정하는 방법 선택** 섹션에서 다음과 같이 설정하고 명령 바에서 [🖫저장] 버튼을 클릭합니다.

❶ [수동 크기 조정] 선택

❷ 인스턴스 수: 2

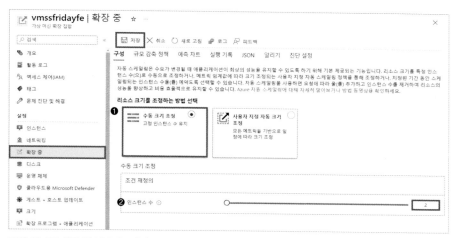

그림 10-50 확장 중 블레이드에서 수동 크기 조정 선택

10. 오버프로비전이 정리되고 나면 프런트 엔드 VMSS와 같이 배포된 부하 분산 장치(여기서는 lbe-vmssfriday)의 **인바운드 NAT 규칙** 블레이드에서 자동으로 추가된 규칙을 클릭합니다. [그림 10-51]은 해당 규칙 블레이드(여기서는 lbe-vmssfriday-natRule01)에서

RDP 3389 포트를 부하 분산 장치 프런트 엔드 IP의 10002번 포트로 매핑한 VM 인스턴스를 나타냈습니다.

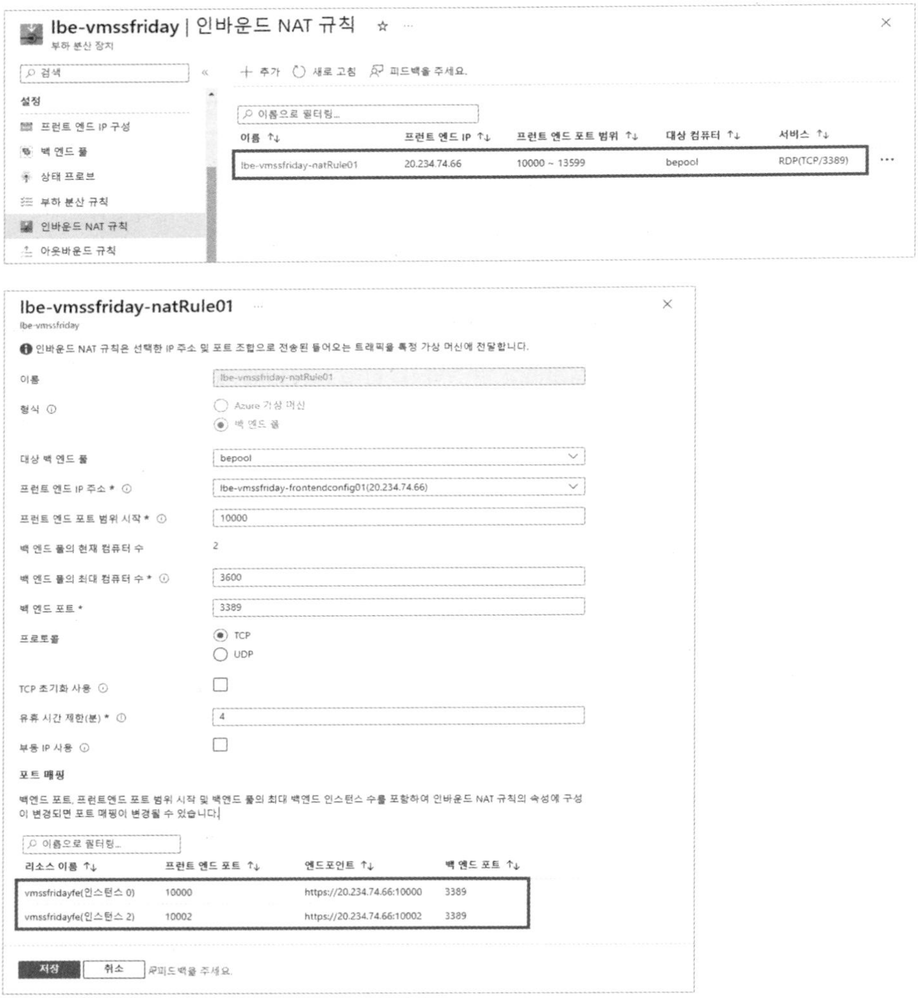

그림 10-51 부하 분산 장치에 새로 추가된 NAT 규칙 확인

11. 프런트 엔드 VMSS의 네트워킹 서비스 메뉴를 선택하고 **네트워킹** 블레이드에서 [인바운드 포트 규칙 추가] 버튼을 클릭합니다. HTTPS, RDP 인바운드 통신 허용을 위해 다음 내용으로 2개의 규칙을 추가합니다.

❶ 서비스: HTTPS, RDP

❷ 이름: HTTPS, RDP

그림 10-52 인바운드 보안 규칙 추가

12. **원격 데스크톱 연결**을 실행하고 다음 설정으로 새로 추가된 VM 인스턴스를 RDP 연결합니다. 이때 부하 분산 장치의 프런트 엔드 공용 IP 주소(VMSS의 공용 IP 주소)와 10번 과정에서 확인한 매핑 포트를 사용합니다.

- 컴퓨터: 〈부하 분산 장치의 프런트 엔드 IP〉:〈매핑 포트〉

그림 10-53 원격 데스크톱 연결

13. 새로 추가된 VM 인스턴스와 원격 데스크톱 연결이 수립된 후 **파일 탐색기**를 실행해 X 드라이브가 보이는지 확인합니다. X 드라이브는 앞서 사용자 지정 스크립트 확장으로 설치한 setup_fridayfe.ps1에서 데이터 디스크의 초기화, 파티션, 포맷을 수행하는 코드의 실행 결과입니다.

그림 10-54 setup_fridayfe.ps1 스크립트의 데이터 디스크 관련 실행 결과 확인

14. 다음으로 VMSS의 공용 IP 주소(부하 분산 장치의 프런트 엔드 공용 IP 주소)를 웹 브라우저에서 프라이데이 프런트 엔드 웹 서비스의 동작을 확인합니다. [그림 10-55]는 부하 분산 장치가 잘 동작하고 있음을 나타냅니다. (동일한 VM 인스턴스가 응답한다면, 서로 다른 브라우저에서 시도해보고 새로 고침을 몇 번 해보세요.)

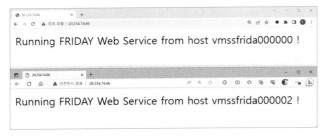

그림 10-55 프라이데이 프런트 엔드 웹 서비스 동작 확인

15. 프런트 엔드 VMSS를 메트릭 기반 자동 크기 조정으로 설정합니다. 확장 중 서비스 메뉴를 클릭하고 확장 중 블레이드의 **리소스 크기를 조정하는 방법 선택** 섹션에서 [사용자 지정 자동 크기 조정]을 선택합니다. 앞서 실전 연습 1에서 VMSS를 배포하면서 설정했던 CPU 사용량 기반 규칙이 적용된 기본값 프로필이 표시됩니다.

16. [크기 조건 추가] 링크를 클릭해 다음과 같이 설정합니다. ❸ [➕규칙 추가]는 17번 과정에서 설명합니다.

❶ 프로필 이름(연필 아이콘 클릭): 네트워크 입출력 조건

❷ 크기 조정 모드: 메트릭 기준 크기 조정

❹ 인스턴스 제한: 최소값 1,최대값 10,기본값 1

❺ 일정: 시작/종료 날짜 지정

❻ 표준시간대: 서울

❼ 시작 날짜: 오늘 날짜/현재 시간

❽ 종료 날짜: 내일 날짜/시간 동일

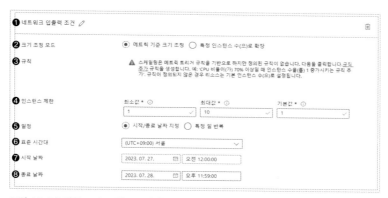

그림 10-56 자동 크기 조정 프로필 추가

17. [그림 10-56]에서 ❸ [➕규칙 추가] 링크를 클릭해 **크기 조정 규칙** 블레이드에서 다음을 설정합니다. 증가 규칙과 축소 규칙을 만듭니다. [그림 10-56] 화면으로 돌아가 명령 모음에서 [저장] 버튼을 클릭합니다.

표 3-3 증가 규칙과 축소 규칙 설정

항목	증가 규칙	축소 규칙
메트릭 이름	Network In Total	Network Out Total
연산자	크거나 같음	작거나 같음
크기 조정 작업을 트리거하는 메트릭 임계값	100000	200
기간	5분	5분
작업	다음으로 개수 늘리기	다음으로 개수 줄이기
휴지 기간	5분	5분
인스턴스 수	3	1

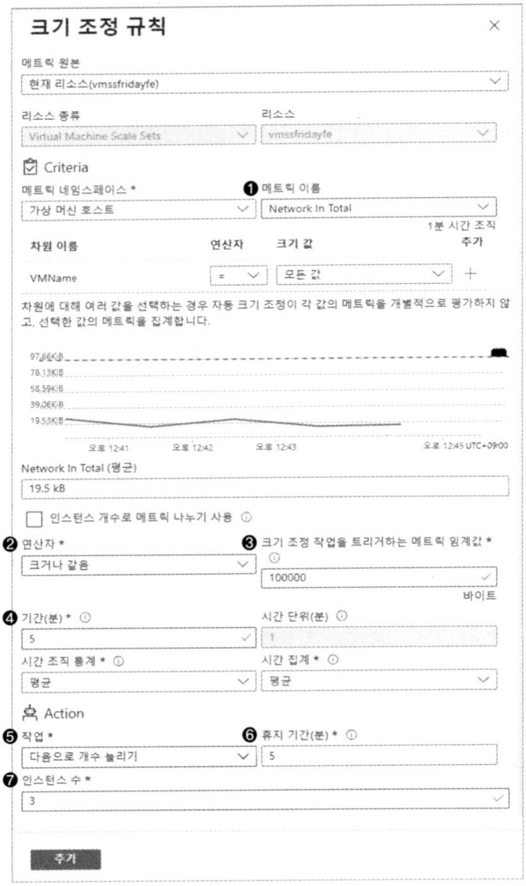

그림 10-57 크기 조정 규칙 추가

18. 자동 크기 조정이 활성화되었으므로 잠시 뒤에 인스턴스 상태를 살펴보면 축소 규칙을 적용받고 VM 인스턴스 하나가 삭제되는 것을 확인할 수 있습니다.

그림 10-58 자동 크기 조정 동작 결과

실전 연습 4 – 백 엔드 VMSS 구성과 관리

이번 실습은 앞서 실전 연습 2에서 구현한 백 엔드 VMSS에 연결할 내부용 애플리케이션 게이트웨이를 배포하고 VMSS와 연결 구성을 진행합니다. 우분투 리눅스로 배포된 백 엔드 VMSS의 VM 인스턴스가 늘어나도 데이터 디스크 마운트와 프라이데이 엔진 웹 서비스 구성이 자동화되도록 합니다.

1. 애플리케이션 게이트웨이를 배포할 서브넷을 추가합니다. 앞서 만든 vnet-newhallofarmor-eu 가상 네트워크에서 다음 내용으로 서브넷을 추가합니다.

   - 서브넷 3 이름: snet-friday-gw
   - 서브넷 3의 주소 범위: 192.168.1.0/24

그림 10-59 애플리케이션 게이트웨이용 서브넷 추가

2. 전역 검색 상자에서 '애플리케이션 게이트웨이'를 검색해 선택한 후, [+만들기] 또는 [애플리케이션 게이트웨이 만들기] 버튼을 클릭합니다.

3. 9장의 실전 연습 1을 참고해 **애플리케이션 게이트웨이 만들기** 블레이드에서 다음 내용을 설정하고 [만들기] 버튼을 클릭합니다.

기본 사항

- 구독: 사용 중인 구독 선택
- 리소스 그룹: rg-newhallofarmor 선택
- 게이트웨이 이름: agw-fridaybe
- 지역: North Europe
- 계층: 표준 V2
- 자동 크기 조정: 예
- 최소 / 최대 인스턴스: 1, 5
- 가용성 영역(선택): 1, 2, 3
- HTTP2: 사용 안 함
- 가상 네트워크: vnet-newhallofarmor-eu
- 서브넷: snet-friday-gw

프런트 엔드

- 프런트 엔드 IP 형식: 모두
- 공용 IP 주소: (새로 추가) pip-agw-fridaybe
- 개인 IP 주소: 192.168.1.11

백 엔드

- 백 엔드 풀: [백 엔드 풀 추가] 링크를 클릭한 후 **백 엔드 풀을 추가합니다** 블레이드에서 다음 내용을 설정하고 [추가] 버튼을 클릭합니다.

  - 이름: agw-fridaybe-bepool
  - 대상 없이 백 엔드 풀 추가: 아니오
  - 백 엔드 대상 – 대상 유형: VMSS
  - 백 엔드 대상 – 대상: vmssfridaybe

구성

[회람(라우팅) 규칙 추가]를 클릭합니다. 다음 내용을 설정하고 [추가] 버튼을 클릭합니다.

회람 규칙 추가 블레이드의 **수신기** 탭에서 다음 내용을 설정합니다.

- 규칙 이름: agw-fridaybe-rule01

- 우선 순위: 100

- 수신기 이름: fridayListener01

- 프런트 엔드 IP: 프라이빗

- 프로토콜과 포트: HTTP, 80

- 수신기 유형: 기본

- 오류 페이지 URL: 지정 안 함

[백 엔드 대상] 탭에서 다음 내용을 설정하고 [추가] 버튼을 클릭합니다.

- 대상 유형: 백 엔드 풀

- 백 엔드 대상: agw-fridaybe-bepool

- 백 엔드 설정: [새로 추가] 링크를 클릭한 후 다음 내용을 설정합니다(나머지 항목은 기본값 사용).

  - 백 엔드 설정 이름: fridayBeSetting01

  - 백 엔드 프로토콜과 포트: HTTP, 80

그림 10-60 애플리케이션 게이트웨이 만들기

4. 백 엔드 VMSS(여기서는 vmssfridaybe)의 **네트워킹** 블레이드에서 방금 배포한 애플리케이션 게이트웨이가 연결된 것을 확인합니다.

그림 10-61 백 엔드 애플리케이션 게이트웨이 연결 확인

5. 백 엔드 VM 인스턴스(Ubuntu Server 22.04 LTS)에 데이터 디스크를 연결하고 프라이데이 백 엔드 웹 서비스 구성을 자동화하는 배시(bash) 스크립트를 다음과 같이 작성합니다. 파일 이름은 Setup_fridaybe.sh로 저장합니다.

NOTE_ VMSS의 리눅스 인스턴스에 첫 번째로 추가한 데이터 디스크의 경우 VM처럼 항상 /dev/sdc가 되지 않습니다.

스크립트 파일 Ubuntu Server용 디스크 탑재 및 웹 서비스 구성 스크립트

```
#!/bin/bash

#wget 설치
sudo apt install wget

#디스크 파티션 유틸리티 다운로드 및 실행 권한 변경
wget https://raw.githubusercontent.com/steelflea/EasyToLearn-Azure-Portal/main/
Chapter10/setup_vm_disks.sh
sudo chmod 755 setup_vm_disks.sh
sudo ./setup_vm_disks.sh

#샘플 파일 readme.txt 만들기
cd /datadisks/disk1/
```

```
sudo touch readme.txt

# 패키지 소스 업데이트
apt-get -y update

# NGINX 설치
apt-get -y install nginx

# index.html 파일 만들기
echo "Running FRIDAY ENGINE from host $(hostname)" > /var/www/html/index.html
```

6. 작성한 Bash 스크립트를 앞서 실전 연습 3에서 만든 scripts 컨테이너에 업로드합니다.

그림 10-62 Blob 컨테이너에 Bash 스크립트 업로드

7. 앞서 만든 백 엔드 VMSS(여기서는 vmssfridaybe)의 **확장 프로그램 + 애플리케이션** 블레이드에서 **Custom script for Linux** 확장을 추가하고 **Configure Custom Script For linux Extension** 블레이드에서 다음과 같이 설정합니다.

❶ Script files: "setup_fridaybe.sh"

❷ Command: sh setup_fridaybe.sh

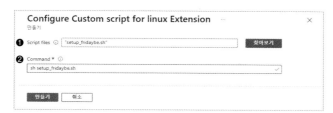

그림 10-63 Custom script for Linux 확장 설치

8. 백 엔드 VMSS의 확장 중 서비스 메뉴를 클릭하고 확장 중 블레이드의 **리소스 크기를 조정하는 방법 선택** 섹션에서 다음과 같이 설정하고 명령 바에서 [저장] 버튼을 클릭합니다.

- [수동 크기 조정] 선택
- 인스턴스 수: 2

9. 애플리케이션 게이트웨이의 프런트 엔드 개인 IP 주소를 확인합니다. 앞서 정적으로 지정했습니다(여기서는 192.168.1.11).

그림 10-64 애플리케이션 게이트웨이의 프런트 엔드 개인 IP 주소 확인

10. 백 엔드에서 부하 분산을 수행하는 애플리케이션 게이트웨이의 동작을 확인하기 위해 프런트 엔드 VMSS의 VM 인스턴스 하나에 RDP로 연결한 다음 웹 브라우저에서 애플리케이션 게이트웨이 프런트 엔드 개인 IP 주소를 방문합니다.

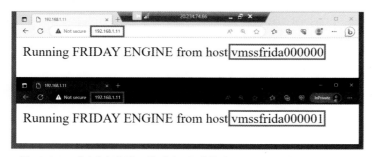

그림 10-65 프라이데이 백 엔드 웹 서비스 동작 확인

11. 프라이데이 백 엔드 VMSS의 크기 조정 방식을 일정 기반 자동 크기 조정으로 변경합니다. 확장 중 서비스 메뉴를 클릭하고 확장 중 블레이드의 **리소스 크기를 조정하는 방법 선택** 섹션에서 [사용자 지정 자동 크기 조정]을 선택합니다. **기본값** 프로필을 다음 내용으로 설정합니다.

- 프로필 이름: 기본 실행 조건

- 크기 조정 모드: 특정 인스턴스 수(으)로 확장

- 인스턴스 수: 1

12. [크기 조건 추가] 링크를 클릭해 월요일, 수요일, 금요일에만 인스턴스 수를 3으로 증가시키는 예약 일정 조건을 설정한 뒤, 명령 모음에서 [저장] 버튼을 클릭합니다.

❶ 프로필 이름: 요일 예약 일정 조건   ❷ 인스턴스 수: 3

❸ 일정: 특정 일 반복   ❹ 반복 기간: 월요일, 수요일, 금요일

❺ 표준 시간대: 서울   ❻ 시작 시간: 08:00

❼ 종료 시간: 19:00

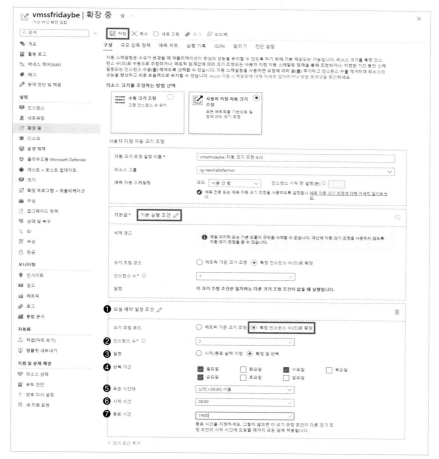

그림 10-66 특정 일 자동 크기 조정 프로필 추가

10.4 마치며

10장은 8장의 연장선상에서 가상 머신을 사용하는 서비스의 안정성과 고가용성을 제공하기 위해 가상 머신 스케일 인 / 스케일 아웃을 자동이나 수동으로 편리하고 빠르게 탄력적으로 수행할 수 있는 가상 머신 확장 집합을 다뤘습니다.

가상 머신 확장 집합은 VM을 사전에 프로비전할 필요 없이 동일한 설정을 갖는 VM 인스턴스를 필요에 따라 중앙에서 자동이나 수동으로 크기 조정하여 적시에 배포하고 배포된 VM 인스턴스를 한 번의 작업으로 쉽게 구성하여 업데이트할 수 있습니다. VMSS는 Azure 부하 분산 장치와 애플리케이션 게이트웨이를 지원하기 때문에 VM 인스턴스가 만들어지면서 즉시 부하 분산 장치와 연계해 고가용성을 제공할 수 있습니다.

10장의 실전 연습은 9장의 부하 분산 토폴로지를 반대로 구성해보았습니다. 가상 머신 확장 집합을 프런트 엔드와 백 엔드로 배포하고, 프런트 엔드에 4계층 Azure 부하 분산 장치를 연결했으며, 백 엔드에 7계층 애플리케이션 게이트웨이를 연결하는 과정을 통해 가상 머신 확장 집합의 주요 구성 전략을 실습해보았습니다.

트래픽 관리자

실습 시나리오에서 아이언맨 연구소는 한국 중부와 북유럽으로 확장되었습니다. 한국 중부 연구소는 자비스 1세대를 한국 데이터 센터에서, 2세대를 미국 데이터 센터에서 운영하고 있으며 북유럽의 연구소는 프라이데이를 운영 중입니다. 이제 아이언맨의 활동 영역이 전 세계로 확대되면서 해당 지역의 전투 데이터로 잘 학습된 인공지능의 도움을 받아야 합니다. 한국과 미국에서는 기본적으로 자비스 2세대를 사용하지만 문제가 생길 경우 임시로 자비스 1세대를 사용합니다. 그 외의 모든 지역에서는 프라이데이를 사용합니다. 지역에서 인공지능에 대한 서비스 요청이 급격히 늘 경우를 대비해 다른 지역의 부하 분산 솔루션을 모두 하나의 엔드포인트로 연결해 고가용성 및 빠른 응답성을 제공하기 위한 솔루션이 필요해졌습니다.

단일 네트워크 내에서만 부하 분산을 제공할 경우 부하 분산 장치나 애플리케이션 게이트웨이를 사용하면 되지만 여러 지역의 네트워크에 걸쳐 부하 분산을 제공하려면 전역 부하 분산 솔루션이 필요합니다. 이 문제를 해결하는 Azure 서비스가 트래픽 관리자^{Traffic Manager}입니다. 11장은 Azure의 각 지역에 배포된 서비스나 타사 클라우드의 서비스, 다른 호스팅 공급자의 서비스, 온프레미스 서비스 간 트래픽을 분산하고 고가용성과 빠른 응답성을 제공하는 트래픽 관리자에 관해 다룹니다.

11.1 트래픽 관리자 개요

트래픽 관리자는 글로벌 Azure 지역을 대상으로 트래픽의 최적 분산을 제공하기 위해 DNS 기반 트래픽 부하 분산 서비스로 개발되었으며 고가용성과 높은 응답성을 제공합니다. DNS 기술을 사용하기 때문에 도메인 수준에서만 부하 분산을 처리할 수 있습니다.

트래픽 관리자를 사용하면 Azure 내부와 외부를 아울러 엔드포인트로 구성할 수 있으며 라우팅 알고리즘 선택에 따라 엔드포인트의 상태를 확인하고 적절한 서비스 엔드포인트로 라우팅합니다. [그림 11-1]은 트래픽 관리자의 동작 방식을 나타냈습니다.

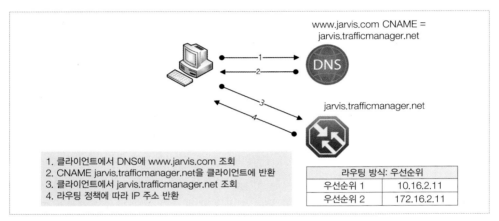

그림 11-1 트래픽 관리자 동작 방식

트래픽 관리자의 4가지 특징은 DNS 기반 요청 라우팅과 다양한 엔드포인트 지원, 여러 가지 라우팅 알고리즘 지원, 상태 검사와 장애 조치failover 지원입니다.

1. **DNS 기반 요청 라우팅**

   트래픽 관리자는 DNS를 사용해 사용자 요청을 적절한 엔드포인트로 라우팅합니다. 사용자 요청은 트래픽 관리자에 설정된 라우팅 알고리즘에 따라 최적의 엔드포인트를 반환받아 직접 해당 엔드포인트에 연결합니다.

2. **다양한 엔드포인트 지원**

   트래픽 관리자는 Azure VM(VMSS 포함), 앱 서비스, 클라우드 서비스 외에도 Azure 외부 엔드포인트(온프레미스 포함)를 지원합니다.

3. 여러 가지 라우팅 알고리즘 지원

다양한 애플리케이션의 요구에 맞게 성능, 가중치, 우선순위, 지리적 지역 등 여러 가지 트래픽 라우팅 방법을 제공합니다.

4. 상태 검사와 장애 조치 지원

Azure는 지역의 정전이나 자연재해 등 서비스 불능 상태에 대비해 복원력을 갖춘 고가용성 애플리케이션을 만들 수 있도록 엔드포인트 상태 모니터링과 장애 조치를 지원합니다.

어떤 시나리오에서 트래픽 관리자를 사용하면 좋을까요? 다음은 트래픽 관리자를 솔루션으로 채택할 만한 5가지 주요 시나리오입니다.

1. 애플리케이션의 고가용성 지원

상태 검사 및 모니터링이 필요한 다양한 유형의 엔드포인트를 지원하고 엔드포인트가 다운될 때 자동 장애 조치가 필요한 경우

2. 고성능 애플리케이션의 응답성 향상

Azure 글로벌 데이터 센터를 통해 사용자에게 가장 가까운 위치나 대기 시간이 가장 짧은 위치의 엔드포인트가 트래픽을 처리하도록 해 사용자 경험을 향상시켜야 하는 경우

3. 가동 중지 시간 없이 서비스 유지 관리

특정 위치의 서비스 업그레이드나 문제 해결, 기타 계획된 유지 관리 작업을 원활히 수행하면서 다른 엔드포인트로 트래픽을 라우팅시켜 최종 사용자가 가동 중지를 경험하지 않도록 해야 할 경우

4. 온프레미스와 클라우드 기반 애플리케이션 결합

Azure 외부의 엔드포인트와 클라우드 엔드포인트를 결합한 하이브리드 클라우드 시나리오와 온프레미스 엔드포인트 트래픽 라우팅 시나리오가 필요한 경우

5. 대규모 복잡한 배포에 트래픽 분산

대규모 복잡한 서비스 아키텍처에서 더 정교한 트래픽 라우팅을 위해 여러 가지 트래픽 라우팅 알고리즘을 결합해야 할 경우(예: 성능 라우팅과 지리적 라우팅 방법을 결합해야 하는 요구사항 구현)

앞서 설명했던 부하 분산 장치와 애플리케이션 게이트웨이, 트래픽 관리자의 비교를 [표 11-1]에 나타냈습니다.

표 11-1 Azure의 부하 분산 서비스 비교

서비스	Azure 부하 분산 장치	애플리케이션 게이트웨이	트래픽 관리자
기술	전송 계층(L4)	애플리케이션 계층(L7)	DNS
프로토콜	TCP/UDP	HTTP/S, HTTP/2, 웹 소켓	DNS 이름 풀이

백 엔드/ 엔드포인트	Azure VM/VMSS	Azure VM/VMSS Azure 앱 서비스 IP 주소 및 호스트 이름	Azure 클라우드 서비스 Azure 앱 서비스 Azure 앱 서비스 슬롯 공용 IP 주소 외부 엔드포인트 중첩 엔드포인트
네트워크 연결	외부 및 내부	외부 및 내부	외부
서비스 범위	지역	지역	전역

11.2 트래픽 관리자 배포

트래픽 관리자는 Azure가 제공하는 4가지 부하 분산 서비스(Application Gateway, Front Door 및 CDN 프로필, 부하 분산 장치, Traffic Manager) 중 하나이므로, Azure 포털의 전역 검색 상자에서 '부하 분산'으로 검색하거나 바로 'Traffic Manager Profile'이라는 이름으로 검색해 선택합니다. [그림 11-2]는 Azure에서 트래픽 관리자 프로필을 배포할 때 설정하는 화면입니다. 이 절에서는 트래픽 관리자를 만들 때 제공해야 할 정보를 바탕으로 주요 구성 요소를 설명합니다.

그림 11-2 Traffic Manager 프로필 만들기 블레이드

❶ 트래픽 관리자의 이름: Azure 전체에서 고유해야 하므로 적절한 이름을 선택합니다. 조직 내에 따로 지정한 명령 규칙이 없다면, 권장 약어로 'traf'를 접두사로 붙여 고유한 이름을 일관성 있게 만드는 것을 고려합니다.

❷ 트래픽 관리자 라우팅 방법: 트래픽 관리자 프로필 배포 시 설정하는 핵심 정보입니다. [그림 11-3]과 같이 성능, 가중, 우선 순위, 지리적, 다중값, 서브넷의 6가지 알고리즘을 지원합니다.

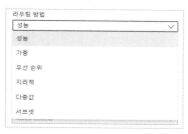

그림 11-3 라우팅 방법

❸ 리소스 그룹 위치: 트래픽 관리자는 전역 서비스이기 때문에 특정 위치에 종속되지 않습니다. 그럼에도 불구하고 리소스 그룹 위치를 지정하는 이유는 트래픽 관리자에 설정된 메타데이터가 존재할 위치를 지정하는 것입니다.

11.2.1 성능 라우팅 알고리즘

사용자에게 가장 빠른 응답을 제공하며 가장 가까운 위치로 트래픽을 라우팅하도록 설계된 알고리즘입니다. 이 옵션은 트래픽 관리자가 IP 주소 범위와 Azure 데이터 센터 간 왕복 응답 시간을 추적한 테이블을 사용합니다. 이 테이블은 트래픽 관리자가 인터넷 및 Azure 지역의 변경 내용을 고려해 정기적으로 업데이트합니다. [그림 11-4]에서 성능 라우팅 동작을 나타냈습니다.

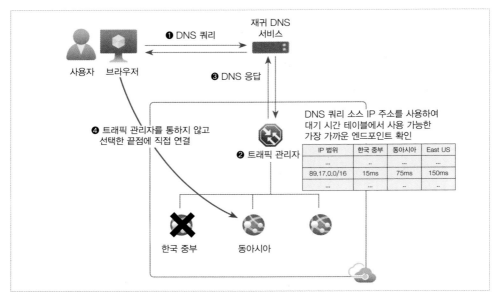

그림 11-4 성능 라우팅 동작

사용자의 DNS 쿼리가(❶) 재귀 DNS 서비스를 통해 트래픽 관리자에게 전달되면(❷) 응답 시간 테이블에서 해당 IP 주소(클라이언트 IP가 아니라 재귀 DNS 서비스의 IP 주소) 범위에 대해 응답 시간이 가장 짧은 Azure 데이터 센터의 엔드포인트를 선택해 DNS 응답을 반환합니다(❸). 엔드포인트를 사용할 수 없는 경우 이 엔드포인트는 응답에 포함하지 않습니다. 클라이언트는 응답받은 엔드포인트를 직접 연결합니다(❹). 선택된 Azure 지역의 엔드포인트 성능이 저하되면 다음으로 응답 시간이 짧은 가까운 Azure 지역의 엔드포인트로 트래픽을 라우팅합니다.

11.2.2 우선순위 라우팅 알고리즘

우선순위로 정렬된 서비스 엔드포인트 목록을 통해 가장 우선순위가 높은(더 낮은 숫자) 엔드포인트로 트래픽을 라우팅하도록 설계된 알고리즘입니다. 이 옵션은 기본 서비스가 중단될 경우를 대비하여 추가적인 백업 서비스를 배포해 서비스 안정성을 제공하는 장애 조치 패턴을 구현할 때 좋습니다. 엔드포인트의 가용성은 엔드포인트 구성 상태(사용 또는 사용 안 함)와 엔드포인트 모니터링을 기반으로 합니다. [그림 11-5]는 우선순위 라우팅 동작을 나타냅니다.

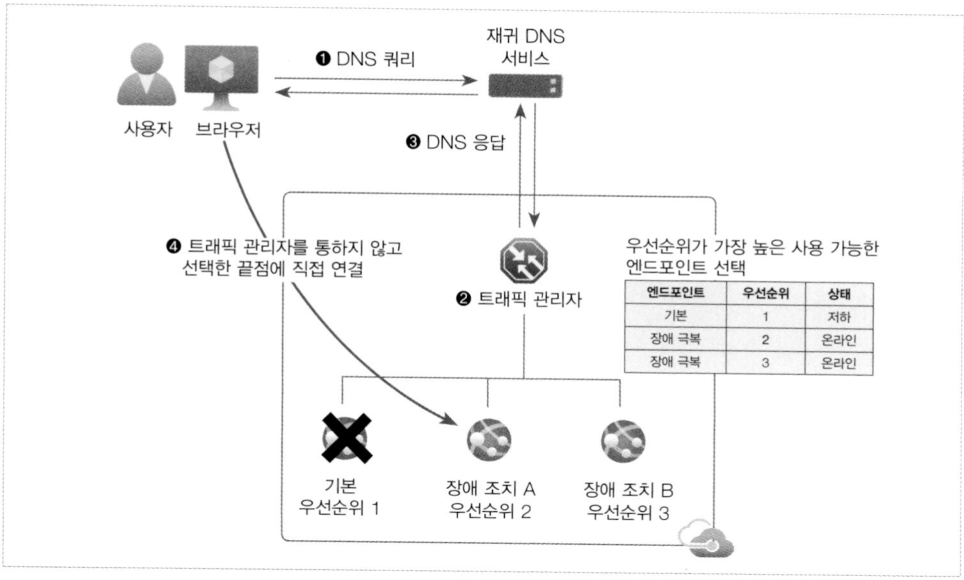

그림 11-5 우선순위 라우팅 동작

사용자의 DNS 쿼리가(❶) 재귀 DNS 서비스를 통해 트래픽 관리자에게 전달되면(❷) 우선순위로 정렬된 엔드포인트 목록에서 가장 높은 우선순위의 엔드포인트(기본 엔드포인트)를 선택해 DNS 응답을 반환합니다(❸). 클라이언트는 응답받은 엔드포인트를 직접 연결합니다(❹). 기본 엔드포인트를 사용할 수 없는 경우 트래픽 관리자는 그다음 순위의 장애 조치 엔드포인트로 트래픽을 라우팅합니다.

11.2.3 가중 라우팅 알고리즘

이 방식은 엔드포인트에 가중치를 미리 할당하고 이를 이용해 트래픽을 라우팅하거나 균등하게 분산하도록 설계된 알고리즘입니다. 가중치는 1에서 1,000 사이 정수이며 생략하면 기본값 1이 할당됩니다. 가중치가 높을수록 우선순위가 높습니다. 중복된 값이 허용되지 않는 우선순위 방식 라우팅과 달리 가중치 방식 라우팅은 동일한 가중치가 존재할 수 있습니다. 더 높은 가중치가 선택될 때 동일한 가중치가 존재하면 트래픽을 균등하게 분산하는 효과가 있습니다. [그림 11-6]은 가중 라우팅 동작을 보여줍니다.

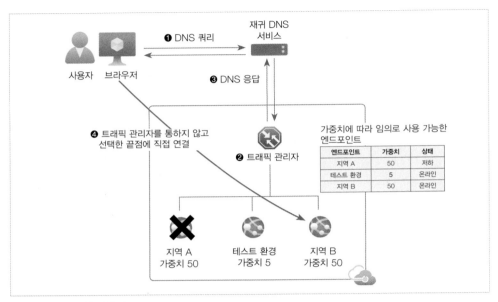

지역 A 가중치 50

엔드포인트	가중치	상태
지역 A	50	저하
테스트 환경	5	온라인
지역 B	50	온라인

그림 11-6 가중 라우팅 동작

사용자의 DNS 쿼리가(❶) 재귀 DNS 서비스를 통해 트래픽 관리자에게 전달되면(❷) 미리 정의된 가중치를 기반으로 엔드포인트를 임의로 택해 DNS 응답을 반환합니다(❸). 클라이언트는 응답받은 엔드포인트를 직접 연결합니다(❹).

가중 라우팅 방식을 사용하는 유용한 몇 가지 시나리오가 있습니다.

- 애플리케이션 업그레이드: 새 엔드포인트를 만들어 트래픽의 초기 백분율을 할당한 다음 점차 늘려가면서 애플리케이션을 업그레이드할 수 있습니다.
- Azure 애플리케이션으로 마이그레이션: 기존 온프레미스 애플리케이션이나 타사 클라우드 서비스를 Azure로 마이그레이션할 때 Azure 엔드포인트를 배포한 후 이 엔드포인트가 선택되도록 가중치를 조정할 수 있습니다.
- 클라우드를 사용한 용량 즉시 확장: 온프레미스 엔드포인트 용량이 부족해 엔드포인트를 신속하게 확장해야 할 경우 Azure에 트래픽 관리자 프로필을 배포하고 Azure 엔드포인트를 신속하게 구성해 트래픽이 Azure 엔드포인트로 전송되는 트래픽 양을 지정할 수 있습니다.

11.2.4 지리적 라우팅 알고리즘

트래픽 관리자가 엔드포인트에 할당한 지리적 위치 집합과 사용자의 지리적 위치를 비교해 트래픽을 해당 엔드포인트로 라우팅하도록 설계한 알고리즘입니다. 엔드포인트를 지리적 위치와 매핑해야 하며 한번 매핑한 위치는 다른 엔드포인트에 중복 매핑할 수 없습니다. 엔드포인트와 매핑된 지역에서 발생하는 요청은 해당 엔드포인트로만 라우팅됩니다.

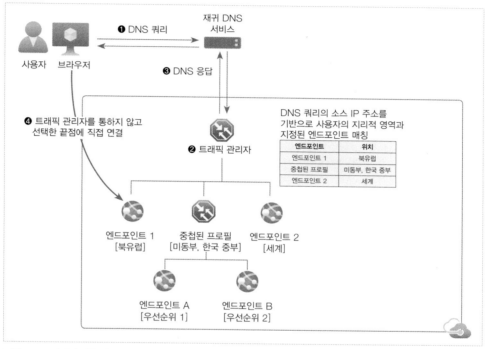

그림 11-7 지리적 라우팅 동작

지리적 라우팅을 사용하는 시나리오는 사용자의 위치에 매핑된 엔드포인트를 통해서만 데이터를 제공받거나 지역에 따라 사용자 환경을 다르게 제공하고 콘텐츠의 지역화를 제공해야 하는 경우 등입니다. [그림 11-7]은 지리적 라우팅 동작을 나타냅니다.

사용자의 DNS 쿼리가(❶) 재귀 DNS 서비스를 통해 트래픽 관리자에게 전달되면(❷) DNS 쿼리의 원본 IP 주소(로컬 DNS 확인자)를 사용해 사용자의 요청 지역을 확인한 후 매핑된 엔드포인트로 DNS 응답을 반환합니다(❸). 클라이언트는 응답받은 엔드포인트를 직접 연결합니다(❹).

매핑된 엔드포인트가 중지되었거나 매핑이 없는 지역에서 쿼리가 수행된 경우 NODATA 응답을 반환합니다. 지역에 매핑되지 않은 IP 주소를 처리하기 위해 2개 이상의 엔드포인트를 사용하고 하나의 엔드포인트는 지리적 매핑을 '모두(전 세계)'로 설정하는 것이 좋습니다.

NOTE_ DNS 확인자

DNS 확인자는 DNS 클라이언트를 말하며 이름 풀이를 원하는 호스트에 대한 쿼리를 DNS 서버로 보내고 DNS 서버에서 받은 응답을 해석해 정보를 요청한 클라이언트에 전달하는 역할을 합니다.

11.2.5 다중값 라우팅 알고리즘

다중값(MultiValue) 라우팅 알고리즘은 한 번의 DNS 쿼리 응답에 정상 상태인 여러 엔드포인트를 반환합니다. 클라이언트는 반환된 엔드포인트에 연결을 시도하고 응답하지 않는 경우 다른 엔드포인트로 연결을 시도할 수 있습니다.

이 방식을 사용하면 엔드포인트 응답이 없는 경우 다시 DNS 쿼리하지 않고도 바로 정상 상태의 엔드포인트에 연결을 시도할 수 있기 때문에 DNS 쿼리 대기 시간을 줄이고 서비스의 가용성을 향상시킬 수 있습니다.

다중값 라우팅에서 주의해야 할 사항이 3가지 있습니다.

- 트래픽을 외부 유형의 IPv4나 IPv6 엔드포인트에만 라우팅합니다.
- 한 번에 반환하도록 지정할 수 있는 정상 엔드포인트 수는 최대 10개입니다.
- DNS 쿼리가 항상 동일한 엔드포인트 집합을 반환한다고 보장하지는 않습니다.

11.2.6 서브넷 라우팅 알고리즘

사용자 IP 주소가 속한 서브넷 주소 범위를 특정 엔드포인트에 매핑하고 이를 기반으로 트래픽을 라우팅하는 알고리즘입니다. 엔드포인트에 매핑하는 IP 주소 범위는 CIDR 표기법으로 지정합니다. 이 주소 범위는 프로필 내에서 고유해야 합니다. 매핑되지 않은 주소 범위에서 나오는 요청은 트래픽 관리자가 NODATA 응답을 반환합니다. 따라서 이런 경우에 응답할 수 있는 대체[fallback] 엔드포인트를 지정할 수 있습니다. 대체 엔드포인트는 주소 범위가 없는 엔드포인트입니다.

클라이언트가 DNS 쿼리를 수행하면 트래픽 관리자가 해당 DNS 쿼리의 원본 IP 주소(로컬 DNS 확인자의 아웃바운드 IP 주소)를 확인합니다. 그다음 매핑된 엔드포인트가 있으면 DNS 응답에 이 엔드포인트를 반환합니다.

서브넷 라우팅은 사용자가 회사 본사에서는 내부용 웹사이트 버전을 접속해 테스트하도록 하거나, 특정 ISP에서 연결을 시도하는 사용자를 차단하거나 다른 환경을 제공하는 경우 유용합니다.

실전 연습 1 – 트래픽 관리자 배포

지금까지 개발한 자비스와 프라이데이를 독립적으로 활용하는 단계에서 한발 더 나아가 두 가지 서비스를 연결해 전 세계에서 일어나는 적의 공격을 신속하게 대응하고 서비스 실패를 대비할 필요가 생겼습니다. 이번 실습에서는 이를 위해 글로벌 부하 분산 서비스인 트래픽 관리자를 구현합니다.

1. 먼저 자비스 서비스를 위한 Traffic Manager 프로필을 배포합니다. Azure 포털의 전역 검색 상자에서 'Traffic Manager'를 검색하고 **서비스** 섹션에서 [Traffic Manager 프로필]을 선택합니다.

2. **Traffic Manager** 블레이드의 명령 모음에서 [＋만들기] 버튼을 클릭하거나 [Traffic Manager 프로필 만들기] 버튼을 클릭합니다.

그림 11-8 부하 분산 서비스의 Traffic Manager

3. **Traffic Manager 프로필 만들기** 블레이드에서 다음 내용을 설정하고 [만들기] 버튼을 클릭합니다.

❶ 이름: traf-jarvis[SUFFIX](SUFFIX에 영문 이름 이니셜)

❷ 라우팅 방법: 우선 순위

❸ 리소스 그룹: rg-hallofarmour

그림 11-9 자비스를 위한 Traffic Manager 프로필 만들기

4. 배포가 완료되면 'Traffic Manager 프로필' 리소스로 이동해 ❶ DNS 이름과 ❷ 라우팅 방법 등의 기본 정보를 확인하고 제공하는 서비스 메뉴를 확인합니다.

그림 11-10 배포된 Traffic Manager 프로필 둘러보기

5. 이번엔 프라이데이 서비스를 위한 Traffic Manager 프로필을 배포합니다. **Traffic Manager** 블레이드의 명령 모음에서 [⊞만들기] 버튼을 클릭하거나 [Traffic Manager 프로필 만들기] 버튼을 클릭합니다.

6. **Traffic Manager 프로필 만들기** 블레이드에서 다음을 설정하고 [만들기] 버튼을 클릭합니다.

❶ 이름: traf-friday[SUFFIX](SUFFIX에 영문 이름 이니셜) ❷ 라우팅 방법: 지리적

❸ 리소스 그룹: rg-newhallofarmour ❹ 리소스 그룹 위치: North Europe

그림 11-11 프라이데이를 위한 Traffic Manager 프로필 만들기

7. 배포가 완료되면 'Traffic Manager 프로필' 리소스로 이동해 ❶ DNS 이름과 ❷ 라우팅 방법 등 기본 정보를 확인합니다. 아직 트래픽 관리자를 구성하지 않았기 때문에 엔드포인트는 없습니다.

그림 11-12 배포된 Traffic Manager 프로필 기본 정보 확인

11.3 트래픽 관리자 구성

Traffic Manager 프로필을 배포하고 난 후 해야 할 구성 작업은 엔드포인트 등록입니다. 엔드포인트를 등록한 후 주요 관리 작업으로는 구성과 실제 사용자 측정, 트래픽 보기가 있습니다. 이들 작업 모두는 [그림 11-12]에서 나타낸 서비스 메뉴의 **설정** 섹션에서 제공합니다.

그림 11-13 Traffic Manager 프로필 서비스 메뉴의 설정 섹션

설정 섹션의 **구성** 메뉴를 선택하면 라우팅 방법을 바꿀 수도 있으며 엔드포인트 모니터도 설정할 수 있습니다.

11.3.1 구성

[그림 11-13]에서 보인 **구성** 블레이드는 현재 사용 중인 라우팅 방법과 엔드포인트 모니터 설정 정보를 제공하며 필요한 경우 변경할 수도 있습니다.

그림 11-14 Traffic Manager 프로필의 구성 블레이드

❶ 라우팅 방법: 11.2절에서 소개한 라우팅 방법 중에서 선택할 수 있습니다. 트래픽 관리자 배포를 계획할 때 어떤 라우팅 방법을 사용할지 미리 검토하는 게 좋습니다.

❷ DNS TTL: 이 값은 초 단위로 지정합니다. 트래픽 관리자가 DNS 쿼리를 받게 되면 TTL에 설정된 값으로 응답합니다. 로컬 DNS 확인자는 이 TTL 값에 적힌 기간 동안 응답을 캐시하고 캐시 기간 동안에는 트래픽 관리자 DNS를 거치지 않고 캐시의 정보를 활용해 엔드포인트에 연결합니다. 이 값이 높으면 트래픽 관리자 DNS 서버에 쿼리하는 빈도가 줄어 DNS 조회 시간을 줄일 수 있지만 트래픽 관리자의 최신 변경 사항을 반영하지 못할 수 있습니다.

❸ 엔드포인트 모니터 설정: 등록된 엔드포인트의 서비스가 사용 가능한지 모니터링하는 데 필요한 정보를 설정합니다. 여기서 설정하는 정보와 엔드포인트의 서비스가 제공하는 프로토콜, 포트, 상대 경로가 일치해야 합니다.

❹ 빠른 엔드포인트 장애 조치(failover) 설정: 엔드포인트 상태 프로브 사이의 시간 간격과 이때 허용되는 오류 수(0~9), 프로브 시간 제한(5 이상, 프로브 간격보다 작은 값)을 지정합니다.

11.3.2 엔드포인트

트래픽 관리자 프로필은 Azure 엔드포인트, 외부 엔드포인트, 중첩 엔드포인트라는 3가지 엔드포인트 유형을 지원합니다. [그림 11-15]에서 각 엔드포인트 유형별 설정 내용을 나타냈습니다.

❶ Azure 엔드포인트   ❷ 외부 엔드포인트   ❸ 중첩 엔드포인트

그림 11-15 엔드포인트 유형별 설정 내용 비교

- ❶ Azure 엔드포인트: Azure에서 호스팅되는 PaaS 클라우드 서비스, 앱 서비스(배포 슬롯), 가상 머신, 가상 머신 확장 집합을 대상으로 합니다.

- ❷ 외부 엔드포인트: Azure 외부 서비스의 IPv4/IPv6 주소나 FQDN을 대상으로 합니다. Azure 외부 서비스는 온프레미스에서 호스팅하는 서비스나 다른 클라우드 공급자의 서비스입니다. IPv4/IPv6 주소를 사용하면 DNS 쿼리를 통해 DNS 이름의 IP 주소를 가져올 필요가 없으므로 전체 DNS 조회 대기 시간이 짧아집니다.

- ❸ 중첩 엔드포인트: 트래픽 관리자 프로필의 엔드포인트 대상으로 자식 트래픽 관리자 프로필을 지정합니다. 중첩 엔드포인트는 더 유연한 트래픽 라우팅 체계를 만들어 대규모의 복잡한 전역 부하 분산을 구현하는 데 사용할 수 있습니다. 최소 자식 엔드포인트 항목의 설정 값은 자식 프로필이 사용할 수 있는 엔드포인트의 임계값을 나타내며, 사용 가능한 엔드포인트가 지정한 임계값 미만이면 해당 중첩 엔드포인트가 저하된 것으로 간주합니다.

3가지 엔드포인트 유형 모두 **엔드포인트 추가** 블레이드에서(다중값 제외) 라우팅 방법별로 설정해야 하는 핵심 항목이 있습니다(그림 11-16). 단, 성능 라우팅 방법은 공통 설정 외에 추가로 입력해야 하는 항목이 없습니다.

❶ 가중 라우팅 ❷ 우선 순위 라우팅

❸ 지리적 라우팅

❹ 다중값 라우팅 ([구성] 블레이드) ❺ 서브넷 라우팅

그림 11-16 라우팅 방법별 핵심 설정 항목

❶ 가중 라우팅 방법: [가중치] 입력 항목

❷ 우선 순위 라우팅 방법: [우선 순위] 입력 항목

❸ 지리적 라우팅 방법: 지역 매핑은 3가지 단계로 세분화됩니다.

– 지역 그룹화: 모두(전 세계)를 포함해 9개 지리적 그룹(그림 11-17)

– 국가/지역: 지역 그룹화에서 선택한 지리적 그룹에 따라 선택 항목 제공

– 시/도: 국가/지역에서 선택한 항목에 따라 선택 항목 제공

❹ 다중값 라우팅 방법: 구성 블레이드에서 [응답 최대 레코드 수] 입력, 중첩 엔드포인트는 지원하지 않음

❺ 서브넷 라우팅 방법: [서브넷 라우팅 설정] 입력 항목

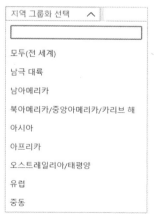

그림 11-17 지역 그룹화 선택 항목

11.3.3 트래픽 보기

트래픽 보기를 사용하면 사용자의 접속 위치(로컬 DNS 확인자 기준)를 파악하고 트래픽 패턴을 살펴볼 수 있습니다. 트래픽 보기는 기본적으로 비활성화되어 있으므로 필요한 경우 직접 활성화해야 합니다. 트래픽 보기 데이터의 업데이트 빈도는 일반적으로 48시간 주기입니다. 트래픽 보기는 정보를 생성하는 데 사용된 데이터 요소(트래픽 관리자 프로필에 수신된 쿼리)의 수에 따라 요금이 청구됩니다.

트래픽 보기를 활성화하면 다음 순서로 작업이 진행됩니다.

1. 지난 7일 동안 수신된 인바운드 쿼리 정보를 통해 DNS 확인자의 서브넷 주소 추출
2. 1번의 서브넷 주소를 DNS 확인자 수준과 함께 그룹화해 사용자 기반 지역 만들기
3. DNS 쿼리가 라우팅된 Azure 지역 확인 후 해당 지역과 사용자 간의 트래픽 흐름 맵 생성
4. Azure 지역에 연결될 때 해당 지역의 사용자가 경험하는 평균 대기 시간 파악
5. 계산된 모든 정보를 로컬 DNS 확인자별 IP 수준으로 제공

트래픽 보기 데이터가 업데이트되면 [그림 11-18]처럼 지도 위에 사용자 기반(DNS 확인자)과 엔드포인트에 대한 정보를 오버레이합니다.

그림 11-18 트래픽 보기 열 지도

지도에서 DNS 확인자 위치는 다음 정보를 제공합니다.

- DNS 확인자 IP
- DNS 쿼리 트래픽 볼륨
- DNS 확인자와 엔드포인트의 트래픽 라우팅 연결 선
- 연결 선의 색상으로 평균 대기 시간 표시

Azure 지역 중 엔드포인트가 있는 곳은 파란색 점(책에서는 흑백으로 보입니다)으로 표시되고 외부 엔드포인트나 매핑된 Azure 지역에 엔드포인트가 없는 경우 지도 위쪽에 따로 표시합니다.

실전 연습 2 – 자비스 서비스를 위한 트래픽 관리자 구성

이번 실습은 우선순위 라우팅을 구성해 자비스 2세대를 기본 서비스로 사용하고 문제가 생길경우 백업 서비스로 자비스 1세대를 사용해 서비스 안정성을 제공하는 장애 조치 패턴을 구현합니다.

1. Azure 포털에서 자비스 2세대를 위한 애플리케이션 게이트웨이의 공용 IP 주소 리소스인 pip-agw-jarvis2fe를 찾아 **구성** 블레이드에서 다음 내용을 설정하고 [저장] 버튼을 클릭합니다.

   - DNS 이름 레이블 (옵션): jarvis2[SUFFIX]

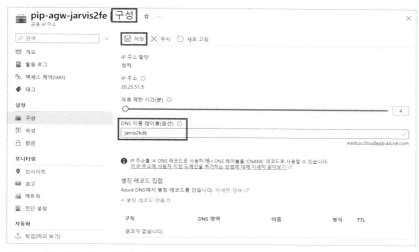

그림 11-19 DNS 이름 레이블 설정

2. 앞서 배포한 트래픽 관리자 프로필(traf-jarvis*)을 찾아 서비스 메뉴의 설정 섹션 아래
   ❶ **엔드포인트** 메뉴를 클릭합니다. **엔드포인트** 블레이드의 명령 바에서 ❷ [⊞추가] 버튼을 클릭합니다.

그림 11-20 엔드포인트 블레이드

3. **엔드포인트 추가** 블레이드에서 다음 내용을 설정하고 [추가] 버튼을 클릭합니다.

   ❶ 형식: Azure 엔드포인트

   ❷ 이름: trafe-jarvis2

   ❸ 대상 리소스 형식: 공용 IP 주소

   ❹ 공용 IP 주소: 자비스 2세대 애플리케이션
      게이트웨이 공용 IP(pip-agw-jarvis2fe)

   ❺ 우선 순위: 1

그림 11-21 자비스 2 엔드포인트 추가

4. 자비스 1세대 가상 머신의 공용 IP 주소 리소스(여기서는 vmjarvisfe-ip)를 찾아 **구성** 블레이드에서 다음 내용을 설정하고 [🗔저장] 버튼을 클릭합니다.

- DNS 이름 레이블 (옵션): jarvis1[SUFFIX]

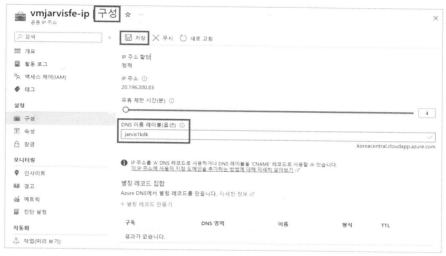

그림 11-22 DNS 이름 레이블 설정

5. 앞서 배포한 트래픽 관리자 프로필(traf-jarvis*)의 **엔드포인트** 블레이드의 명령 바(그림 11-20)에서 [추가] 버튼을 클릭합니다. **엔드포인트 추가** 블레이드에서 다음 내용을 설정하고 [추가] 버튼을 클릭합니다.

❶ 형식: Azure 엔드포인트

❷ 이름: trafe-jarvis1

❸ 대상 리소스 형식: 공용 IP 주소

❹ 공용 IP 주소: 자비스 1세대 프런트 엔드 VM(vmjarvisfe)의 공용 IP 주소(여기서는 vmjarvisfe-ip)

❺ 우선 순위: 2

그림 11-23 자비스 1 엔드포인트 추가

6. 트래픽 관리자 프로필(traf-jarvis*)의 **개요** 서비스 메뉴를 선택한 다음 블레이드에서 ❶ 등록된 엔드포인트의 목록과 ❷ 상태 모니터링 열의 값이 모두 '온라인'인지 확인한 다음 기본 정보 섹션의 ❸ **DNS 이름**을 클립보드로 복사합니다.

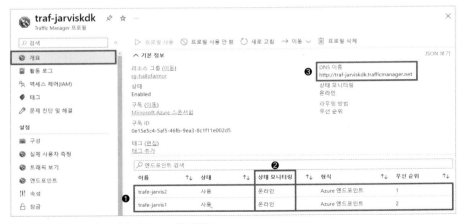

그림 11-24 엔드포인트 상태 및 DNS 이름 확인

7. 6번에서 복사한 DNS 이름을 브라우저 주소 창에 입력해 응답 결과를 확인합니다. (우선 순위가 높은 엔드포인트를 중지시키고 결과를 확인해보세요.)

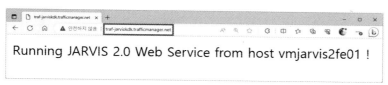

그림 11-25 트래픽 관리자 프로필 동작 확인

실전 연습 3 - 프라이데이를 위한 트래픽 관리자 구성

이번 실습은 지리적 라우팅을 구성합니다. 북아메리카/중앙아메리카/카리브해 지역은 앞서 만든 자비스 서비스를 위한 트래픽 관리자 프로필을 중첩 엔드포인트로 등록합니다. 이 지역의 서비스 요청은 우선순위에 따라 자비스 2세대 서비스를 액세스합니다. 그 외 지역의 액세스 요청은 프라이데이 서비스를 액세스합니다.

1. 프라이데이 프런트 엔드 VMSS가 연결된 부하 분산장치의 공용 IP 주소 리소스(여기서는 lbe-vmssfriday-publicip)를 찾아 구성 블레이드에서 다음 내용을 설정하고 [저장] 버튼을 클릭합니다.

   • DNS 이름 레이블 (옵션): friday[SUFFIX]

2. 앞서 배포한 트래픽 관리자 프로필(traf-friday*)을 찾아 서비스 메뉴의 설정 섹션 아래 **엔드포인트** 메뉴를 클릭해 **엔드포인트** 블레이드를 표시합니다.

3. **엔드포인트** 블레이드의 명령 바에서 [추가] 버튼을 클릭합니다. **엔드포인트 추가** 블레이드에서 다음 내용으로 설정한 후 [추가] 버튼을 클릭합니다.

   ❶ 형식: Azure 엔드포인트

   ❷ 이름: trafe-friday

   ❸ 대상 리소스 형식: 공용 IP 주소

   ❹ 공용 IP 주소: lbe-vmssfriday-publicip

   ❺ 지역 그룹화: 모두(전 세계)

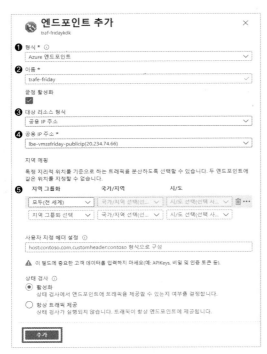

그림 11-26 프라이데이 엔드포인트 추가

4. **엔드포인트** 블레이드의 명령 바에서 다시 [추가] 버튼을 클릭합니다. **엔드포인트 추가** 블레이드
   에서 다음 내용으로 설정하고 [추가] 버튼을 클릭합니다.

   ❶ 형식: 중첩 엔드포인트

   ❷ 이름: trafe-jarvis

   ❸ 대상 리소스: traf-jarvis[SUFFIX]

   ❹ 최소 자식 엔드포인트: 1

   ❺ 지역 그룹화: 북아메리카/중앙아메리카/카리브해

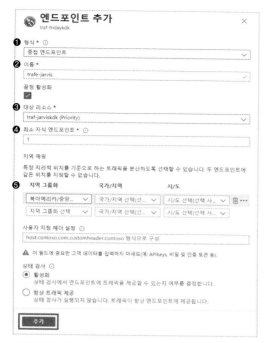

그림 11-27 자비스 트래픽 관리자 프로필을 중첩 엔드포인트로 추가

5. 트래픽 관리자 프로필(traf-friday*)의 **개요** 서비스 메뉴를 선택한 다음 블레이드에서
   ❶ 등록된 엔드포인트의 목록과 ❷ 상태 모니터링 열의 값이 모두 '온라인'인지 확인한 다음
   기본 정보 섹션의 ❸ **DNS 이름**을 클립보드로 복사합니다.

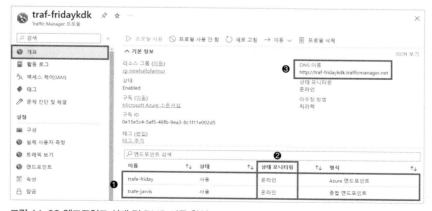

그림 11-28 엔드포인트 상태 및 DNS 이름 확인

6. 4번에서 복사한 DNS 이름을 브라우저 주소 창에 붙여 넣어 방문합니다. 한국에서 접속했다면 북아메리가/중앙아메리가/카리브해가 아니므로 trafe-friday 엔드포인트가 응답합니다. East US에서 만든 가상 머신(예를 들어, vmjarvis2fe01)에서 방문하면 trafe-jarvis 엔드포인트가 응답합니다.

❶ 한국에서 액세스

❷ East US에서 액세스

그림 11-29 트래픽 관리자 프로필 동작 확인

7. 트래픽 관리자 프로필(traf-friday*) 서비스 메뉴의 설정 섹션 아래 ❶ **트래픽 보기** 메뉴를 선택합니다. **트래픽 보기** 블레이드에서 ❷ [트래픽 보기 사용] 버튼을 클릭합니다.

그림 11-30 트래픽 보기 활성화

7. 클라이언트에서 프라이데이의 트래픽 관리자 프로필 DNS 이름(http://traf-friday
   [SUFFIX].trafficmanager.net)을 방문한 기록을 기반으로 최대 24시간이 지난 후에
   트래픽 보기 블레이드는 [그림 11-31]과 같은 결과를 표시합니다. [그림 11-31] 하단 점(북
   유럽, 파란색, 책에서는 흑백으로 보입니다)은 상단 점(한국, 흰색)에서 시작한 DNS 쿼리
   에 응답한 위치이며 파란색 점을 클릭하면 트래픽 라우팅을 선으로 연결하고 엔드포인트와
   볼륨 정보를 표시합니다.

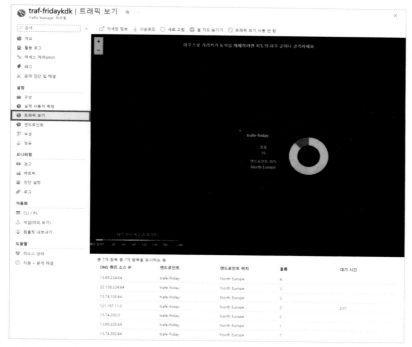

그림 11-31 트래픽 보기 결과

11.4 마치며

11장은 9장에서 소개한 네트워크 수준 부하 분산 서비스와 달리 Azure의 여러 지역 및 온프레
미스에 걸쳐 글로벌 트래픽 분산 및 고가용성, 빠른 응답성을 제공할 수 있는 DNS 기반 트래
픽 관리 서비스인 트래픽 관리자를 다뤘습니다.

트래픽 관리자는 글로벌 Azure 지역을 대상으로 트래픽의 최적 분산을 제공하기 위해 DNS 기반 부하 분산 서비스로 개발되어 도메인 수준에서 부하 분산을 처리할 수 있습니다. 부하 분산 장치의 백 엔드 풀과 같은 역할을 트래픽 관리자는 엔드포인트 구성을 통해 제공합니다. 또한 상태 프로브처럼 엔드포인트 상태를 확인하고 부하 분산 규칙에 해당하는 6가지 라우팅 알고리즘을 사용할 수 있기 때문에 단순 DNS 라운드 로빈과는 넘사벽의 차이를 제공합니다.

실습을 통해 자비스 1세대와 2세대 서비스 시나리오에 우선순위 라우팅을 적용하고 프라이데이 트래픽 관리 시나리오에서 지리적 라우팅을 구현하면서 중첩 엔드포인트를 구성하고 테스트해보았습니다.

마지막 4부는 지금까지 구현한 자비스와 프라이데이 인공지능 서비스 인프라 시나리오에 네트워크 연결을 제공하는 서비스와 보안을 향상시킬 수 있는 몇 가지 인프라 보호 기능을 살펴보겠습니다.

연결과 보안

지금까지 구현한 자비스 1세대, 2세대, 프라이데이의 인프라는 독립적으로 운영되고 있지만, 각 인공지능 서비스가 서로의 데이터를 공유하고 이를 학습해서 경험치를 확장하고 싶다고 합시다. 각각의 인공지능 서비스가 액세스할 수 있는 API를 노출해 데이터 액세스를 가능하게 할 수 있습니다. 하지만 공용 인터넷을 통한 액세스가 가능하도록 인공지능 백 엔드를 노출시키면 인터넷 인바운드 요청에 응답하는 네트워크 아웃바운드 트래픽이 늘어나 비용을 증가시키고, 해커의 공격 면적이 늘어나 보안 위협도 염려됩니다.

Azure 내에 구축한 아이언맨 연구소의 인공지능 소프트웨어들이 공용 인터넷을 거치지 않고 Azure 내에서만 통신하도록 가상 네트워크를 구현해야 합니다. 가장 중요한 자비스 2세대와 프라이데이 간의 통신은 암호화된 트래픽을 전송하도록 구성하고 관리를 위한 접근도 최소화시켜야 합니다.

4부에서는 지금까지 구축한 인프라의 네트워크 연결성을 보완하고 인프라의 보안을 향상시키는 작업을 수행합니다.

Part IV

연결과 보안

CHAPTER **12**

가상 네트워크 연결

이 장의 내용

- 가상 네트워크 연결 시나리오와 Azure 솔루션
- 가상 네트워크 게이트웨이 배포와 구성
- 가상 네트워크 피어링의 종류와 구성

비즈니스가 확장하면서 클라우드에 배포한 리소스도 늘어나고 배포 지역도 다변화됩니다. 온 프레미스에 구축한 서비스와 연결해야 하는 경우도 있습니다. 인프라 규모가 커지고 액세스 포 인트와 엔드포인트가 늘어남에 따라 네트워크 액세스의 효율성과 함께 날로 증가하는 보안 위 협도 고려해야 합니다.

Azure는 고객이 처한 다양한 상황에 적용할 수 있는 여러 가지 가상 네트워크 연결 서비스를 제공합니다. Azure의 가상 네트워크 간 연결 솔루션에서부터 온프레미스나 다른 클라우드의 가상 네트워크를 연결하는 솔루션을 상황에 맞게 선택할 수 있습니다. 12장은 Azure의 가상 네트워크 연결 솔루션 중 가상 네트워크 피어링과 가상 네트워크 게이트웨이를 자세히 살펴보 고 실습합니다.

12.1 가상 네트워크 연결 솔루션

Azure가 제공하는 가상 네트워크 연결 서비스는 S2S, P2S, VNet-VNet 3가지 시나리오로 나눌 수 있습니다.

1. S2S(Site-to-Site) 연결

   Azure 가상 네트워크와 온프레미스 네트워크 혹은 타 클라우드의 가상 네트워크를 연결하는 '사이트 간 연결'입니다. Azure 가상 네트워크 게이트웨이와 로컬 네트워크 게이트웨이가 필요합니다.

2. P2S(Point-to-Site) 연결

   Azure 가상 네트워크와 개별 디바이스를 연결하는 '지점 및 사이트 간(사용자 VPN) 연결'입니다. Azure 가상네트워크 게이트웨이와 클라이언트의 VPN 클라이언트 구성이 필요합니다.

3. VNet-VNet(VNet-to-VNet) 연결

   서로 다른 지역이나 구독에 있는 Azure의 가상 네트워크들을 연결하는 '가상 네트워크 간 연결'입니다. 가상 네트워크 피어링이나 가상 네트워크 게이트웨이를 사용합니다.

12.1.1 VPN

가상 사설 네트워크, 즉 VPN(Virtual Private Network)은 인터넷상에서 안전한 사설 네트워크 연결을 제공하기 위한 기술입니다. VPN은 모바일 컴퓨팅이 폭발적으로 늘어나면서 원격으로 조직 내부의 데이터에 액세스하려는 사용자에게 마치 내부 네트워크에 있는 것처럼 자원에 액세스할 수 있게 해줍니다. 출장 중인 영업사원이나 재택 근무자, 원격 개발자가 외부에서도 생산성과 보안을 모두 충족하면서 일하고 싶을 때 VPN은 전통적인 해결책이 됩니다.

VPN 서버는 공용 IP 주소를 할당받아 인터넷에 액세스하는 역할과 사설 IP를 할당받아 내부 네트워크에 액세스하는 역할을 위해 최소 2개 이상의 네트워크 인터페이스를 제공합니다.

[그림 12-1]처럼 VPN 서버는 일반적으로 2개의 방화벽으로 이뤄진 DMZ에 설치합니다. 외부 방화벽은 잠재적인 인터넷 공격자에게서 DMZ 내부 호스트를 보호하는 계층을 제공하고 내부 방화벽은 내부 호스트를 위한 보호 계층을 제공합니다.

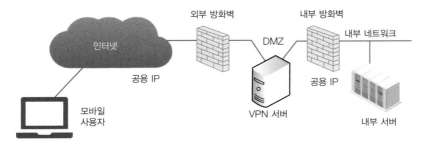

그림 12-1 일반적인 VPN 서버 배치 토폴로지

VPN은 원격 사용자(Point)와 조직 네트워크(Site)를 안전하게 연결하고 트래픽을 보호하는 역할뿐만 아니라 필요에 따라 다른 위치의 두 지점(Site)을 연결하는 사이트 간의 보호된 통신을 구성하는 데도 사용합니다. 이를 게이트웨이 간(Gateway-to-Gateway) VPN이라고 합니다. [그림 12-2]는 각 사이트에 VPN 서버를 배포하고 이들 VPN 서버 간 연결을 만드는 토폴로지를 나타냈습니다.

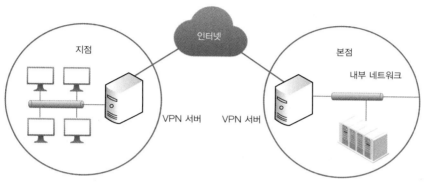

그림 12-2 게이트웨이 간 VPN

VPN을 구성하는 목적이 네트워크 구간에서 데이터를 가로채거나 훔쳐보는 행위를 차단하는 '보안된 통신'이므로 이를 위해 터널링 프로토콜을 사용해 연결 구간의 트래픽을 암호화합니다. VPN에 사용되는 주요 터널링 프로토콜은 L2TP(레이어 2 터널링 프로토콜)와 SSTP(보안 소켓 터널링 프로토콜), IKEv2(인터넷 키 교환 버전 2) 3가지입니다. 이들 프로토콜에 대해 더 알고 싶다면 네트워크나 보안 관련 서적을 참고하길 바랍니다.

12.1.2 S2S VPN과 P2S VPN

S2S(사이트 간) VPN과 P2S(지점 및 사이트 간) VPN 연결 토폴로지를 [그림 12-3]에 나타냈습니다.

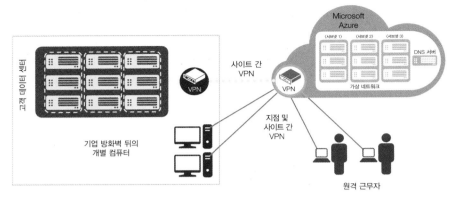

그림 12-3 S2S VPN과 P2S VPN 연결

S2S VPN은 Azure와 온프레미스를 하이브리드 연결하는 복잡성이 높은 네트워크 구성 작업에 사용합니다. Azure에서 온프레미스와 S2S VPN을 구성할 때는 Azure 가상 네트워크의 게이트웨이 서브넷에 가상 네트워크 게이트웨이를 배포하고, 온프레미스 로컬 네트워크의 VPN 디바이스를 나타내는 Azure 로컬 네트워크 게이트웨이를 배포합니다. 사이트 간 VPN 게이트웨이는 IPSec/IKE(IKEv1/IKEv2) VPN 터널을 통해 연결합니다.

NOTE_IPSec(IP Security)

IPSec은 IETF(국제 인터넷 기술 위원회)에서 개방형 구조로 설계한 표준입니다. 네트워크 계층에서 보안을 제공하는 서비스와 프로토콜 모음이며 AH와 ESP 두 가지 모드를 제공합니다. IPSec에는 AH(Authentication Header)와 ESP(Encapsulation Security Protocol)라는 두 가지 프로토콜이 있으며 AH는 출발지 인증, 데이터 무결성을 보장하지만, ESP는 출발지 인증, 데이터 무결성, 기밀성을 보장합니다. 따라서 ESP가 더 많이 사용됩니다.

IPSec는 전송 모드와 터널 모드가 있습니다. 전송 모드는 컴퓨터와 컴퓨터끼리 연결하기 위한 모드로 상위 계층 프로토콜을 보호하지만 원본 IP 헤더는 보호하지 못합니다. 터널 모드는 라우터 간(방화벽 간) 통신을 위해 만들어진 모드이며 새로운 헤더를 만들기 때문에 통신하는 호스트를 파악하지 못하므로 전체 패킷을 보호합니다.

인터넷에서 가상 사설망(VPN)을 구현할 때 바로 이 IPSec을 응용했습니다.

P2S VPN은 개별 클라이언트 장치를 Azure 가상 네트워크와 안전하게 연결합니다. 클라이언트 장치는 집이나 카페, 사무실 등 원격 위치에서 가상 네트워크에 연결할 때 유용합니다. 보통 가상 네트워크에 연결하는 클라이언트가 소수일 때는 S2S 대신 P2S를 사용할 수 있습니다.

P2S VPN 연결에 3가지 프로토콜 중 하나를 사용할 수 있습니다.

- Openvpn 프로토콜

  오픈소스로 개발되었으며 SSLv3/TLSv1 기반으로 TCP 포트 443을 사용합니다. 크로스 플랫폼을 지원합니다.

- SSTP(Secure Socket Tunneling Protocol)

  마이크로소프트가 개발한 TLS 기반 VPN 프로토콜로 TCP 포트 443을 사용합니다. Windows 7 이상에서 운영체제에 통합되어 쉽게 사용할 수 있습니다.

- IKEv2

  시스코와 마이크로소프트가 공동 개발한 표준 IPSec 기반 터널링 프로토콜로 크로스 플랫폼을 지원합니다 (Windows 7 이상, Mac OS X는 버전 10.11 이상). 네트워크 변경이나 일시적 단절 후 안정적인 재연결을 제공합니다.

12.1.3 VNet-VNet 연결

VNet-VNet(VNet-to-VNet)은 Azure 내의 가상 네트워크끼리 간단히 연결하는 기술입니다. 일반적으로 사이트 간(S2S) 연결보다 가상 네트워크 간(VNet-VNet) 연결이 더 쉽고 빠릅니다.

가상 네트워크 간 연결은 VPN 게이트웨이를 배포해 IPSec/IKE VPN 터널을 제공하는 방식이지만 VPN 게이트웨이를 배포하고 싶지 않은 경우 VNet 피어링을 사용해 연결할 수 있습니다.

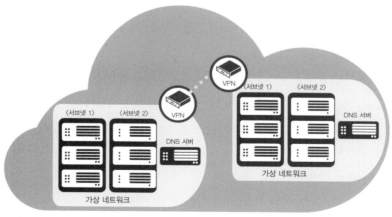

그림 12-4 VNet-VNet 연결

VNet-VNet 연결은 한쪽 VNet의 주소 공간이 업데이트될 때 다른 쪽 VNet은 자동으로 업데이트된 주소 공간으로 라우팅됩니다.

VNet-VNet 연결을 사용하는 몇 가지 시나리오가 있습니다.

- 인터넷 연결 엔드포인트를 거치지 않고 보안 연결을 통해 지역에서 복제나 동기화를 설정할 수 있습니다.
- 트래픽 관리자와 부하 분산 장치를 사용해 여러 Azure 지역에 걸쳐 지리적 중복이 있는 고가용성 워크로드를 설정할 수 있습니다.
- 동일한 지역 내에서 격리나 관리 요구사항 때문에 여러 가상 네트워크를 사용해야 하는 다중 계층 애플리케이션을 구성할 수 있습니다.

12.2 가상 네트워크 게이트웨이

공용 인터넷을 통해 클라우드 가상 네트워크 간(VNet과 VNet) 및 사이트 간(Azure와 온프레미스 또는 타 클라우드) 네트워크 연결에서 암호화된 트래픽을 전송하는 데 사용하는 VPN 디바이스를 VPN 게이트웨이라고 합니다. Azure는 VPN 게이트웨이를 가상 네트워크 게이트웨이라는 서비스를 통해 제공합니다. 이 절은 Azure 가상 네트워크 간의 VPN 연결 시나리오에 맞춰 설명합니다.

12.2.1 가상 네트워크 게이트웨이 배포

가상 네트워크 게이트웨이(Virtual Network Gateway)는 배포 과정에서 VPN과 ExpressRoute(전용선) 유형 중에서 선택할 수 있습니다. VPN 유형을 선택하면 소프트웨어 VPN 어플라이언스(전용 디바이스)를 배포합니다. 이 가상 네트워크 게이트웨이를 VPN 유형으로 배포하면 두 Azure 가상 네트워크 간에 VPN 연결을 설정할 수 있습니다(12.2절에서 다루는 가상 네트워크 게이트웨이는 VPN 유형입니다). 가상 네트워크 게이트웨이는 '게이트웨이 서브넷'이라는 서브넷에 배포되는 VM을 말하며 이 VM에서 라우팅 테이블을 포함해 게이트웨이 서비스를 실행합니다. Azure는 가상 네트워크 게이트웨이에 99~99.95% SLA(작동시간 보장)를 제공합니다.

가상 네트워크 게이트웨이를 배포할 때 입력해야 할 정보는 [그림 12-5]에 나타낸 주요 구성 요소를 중심으로 설명합니다.

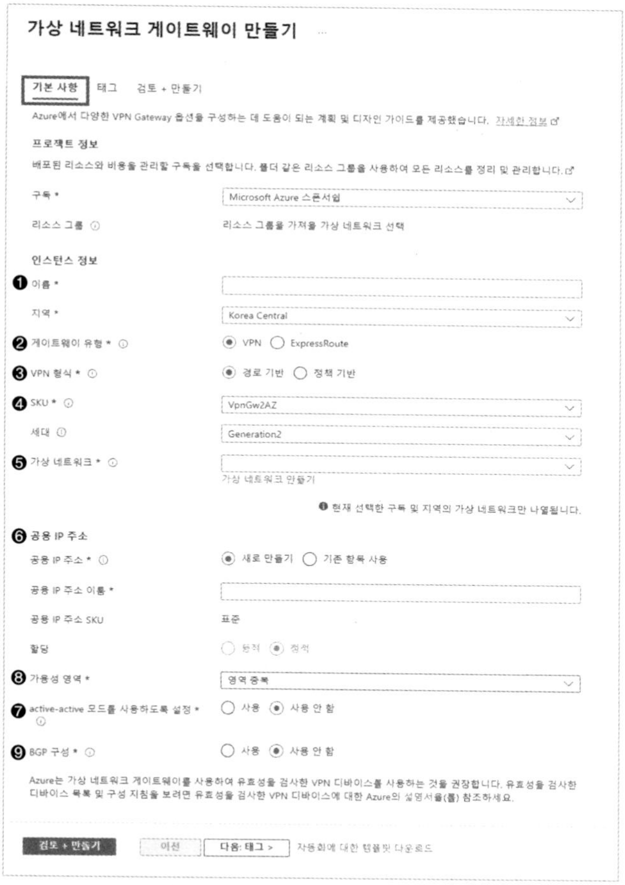

그림 12-5 가상 네트워크 게이트웨이 만들기 블레이드의 기본 사항

❶ 이름: Azure의 권장 명령 규칙은 vgw-로 시작하는 접두사를 사용합니다(예: vgw-jarvis2-us-01).

❷ 게이트웨이 유형: 가상 네트워크 게이트웨이는 VPN 외에도 ExpressRoute에도 사용됩니다.[1] ExpressRoute는 Azure 데이터 센터와 기업 데이터 센터 간 고속 전용선을 연결하는 서비스로 높은 보안성과 안정성, 빠른 응답 속도로 클라우드와 온프레미스 간 통합을 제공합니다.

❸ VPN 형식: VPN 형식은 연결 토폴로지와 VPN 디바이스에 따라 결정됩니다. 예를 들어, P2S 연결의 경우 경로 기반 연결을 사용합니다. 가상 네트워크 게이트웨이를 만든 후에는 이 형식을 변경할 수는 없습니다. 대부분 구성에 경로 기반 VPN 유형을 사용합니다.

- 경로 기반: 라우팅/전달 테이블에서 '경로'를 사용해 트래픽을 해당 IPSec 터널 인터페이스로 직접 보냅니다. 그다음 터널 인터페이스는 터널의 입구에서 패킷을 암호화하고 출구에서 복호화합니다.

------

1 https://learn.microsoft.com/ko-kr/azure/expressroute/expressroute-introduction

- 정책 기반: 온프레미스 네트워크와 Azure 가상 네트워크 사이에서 주소 접두사 조합으로 구성된 IPSec 정책(액세스 목록)을 기반으로 IPSec 터널을 통해 패킷을 암호화해 보냅니다. 이 옵션은 '기본' SKU에서 만 사용할 수 있으며 터널은 1개만 허용되고 IKEv1만 지원합니다.

❹ SKU[2]: 작업 부하와 처리량, 기능, SLA에 따라 선택합니다. 기본값은 VpnGw2AZ입니다. '기본' SKU는 레거시 SKU입니다. 'AZ' 접미사가 붙은 SKU는 가용성 영역에 배포할 수 있는 가상 네트워크 게이트웨이로 복원력과 확장성, 고가용성을 지원합니다.

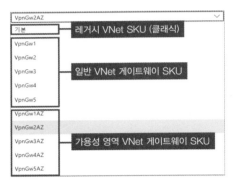

그림 12-6 가상 네트워크 게이트웨이 SKU

❺ 가상 네트워크: 기존 가상 네트워크를 선택하거나 새로 만들 수 있습니다. 기존 가상 네트워크에서 게이트웨이 서브넷을 추가한 경우 자동으로 선택되며, 미리 추가하지 않은 경우 **게이트웨이 서브넷 주소 범위** 입력 상자가 아래에 표시됩니다. 주소 범위는 CIDR 형식으로 표시하며 /27보다 큰 범위(/26, /25 등)로 설정합니다.

그림 12-7 게이트웨이 서브넷 주소 범위

❻ 공용 IP 주소: 가상 네트워크 게이트웨이에 할당할 공용 IP 주소를 설정합니다.

❼ active-active 모드를 사용하도록 설정: 크로스 프레미스나 가상 네트워크 간 연결에 고가용성을 제공하고 자 할 때 사용합니다. 2개의 가상 네트워크로 게이트웨이를 만들어야 하므로 2개의 공용 IP 주소가 필요합니다. 가상 네트워크 게이트웨이 SKU는 기본, VpnGw1(AZ), VpnGw2(AZ), VpnGW3(AZ)이어야 합니다.

---

2 https://learn.microsoft.com/ko-kr/azure/vpn-gateway/vpn-gateway-about-vpn-gateway-settings#gatewayskus

그림 12-8 active-active 모드 2번째 공용 IP 주소 설정

❽ 가용성 영역: 'AZ' 접미사가 붙은 SKU를 선택했을 때 표시되는 옵션으로 영역 중복 또는 영역 프런트 엔드 (1~3)를 지정합니다.

❾ BGP 구성: BGP(Border Gateway Protocol)는 인터넷에서 2개 이상의 네트워크 간 라우팅과 연결 정보를 교환하는 데 사용하는 표준 라우팅 프로토콜입니다. BGP를 사용하면 가상 네트워크 게이트웨이와 온프레미스 VPN 디바이스 간의 '경로(route)'를 공유하고 각 VPN에 가용성 및 연결 가능성을 알려줄 수 있습니다. VPN 형식이 경로 기반이며 SKU가 VpnGw1, VpnGw2, VpnGw3인 경우 사용할 수 있습니다. 기본 ASN은 65515이며 두 게이트웨이 간 BGP 연결을 할 경우 ASN을 다르게 지정해야 합니다.

그림 12-9 BGP 구성

실전 연습 1 – 가상 네트워크 게이트웨이 만들기

이번 실습은 한국 중부 연구소의 자비스 2 네트워크와 북유럽 연구소의 프라이데이 네트워크를 VPN으로 연결해 안전하고 효과적인 데이터 및 서비스 액세스를 제공합니다.

1. 먼저 자비스 2의 가상 네트워크에 사용할 가상 네트워크 게이트웨이를 만듭니다. 전역 검색 상자에서 '가상 네트워크 게이트웨이'를 검색해 선택합니다.

2. **가상 네트워크 게이트웨이 만들기** 블레이드의 **기본 사항** 탭에서 다음 내용을 설정하고 [검토 + 만들기]를 클릭합니다.

   ❶ 이름: vgw-jarvis2-us-01   ❷ 지역: East US
   ❸ 게이트웨이 유형: VPN   ❹ VPN 형식: 경로 기반

> **NOTE_** Azure 포털의 가상 네트워크 게이트웨이 배포 인터페이스의 변경으로 [VPN 형식]이 표시되지 않을 수도 있습니다.

❺ 가상 네트워크: vnet-hallofarmor-us
❻ 게이트웨이 서브넷 주소 범위: 10.16.0.0/27
❼ 공용 IP 주소: 새로 만들기
❽ 공용 IP 주소 이름: pip-vgw-jarvis2-us-01
❾ 가용성 영역: 영역 중복
❿ active-active 모드를 사용하도록 설정: 사용 안 함
⓫ BGP 구성: 사용 안 함

> **NOTE_** ❻ '게이트웨이 서브넷 주소 범위'가 [그림 12-10]과 달리 '서브넷'으로 표시된다면, 먼저 5번 단계처럼 vnet-hallofarmor-us 가상 네트워크로 가서 '게이트웨이 서브넷'을 만듭니다.

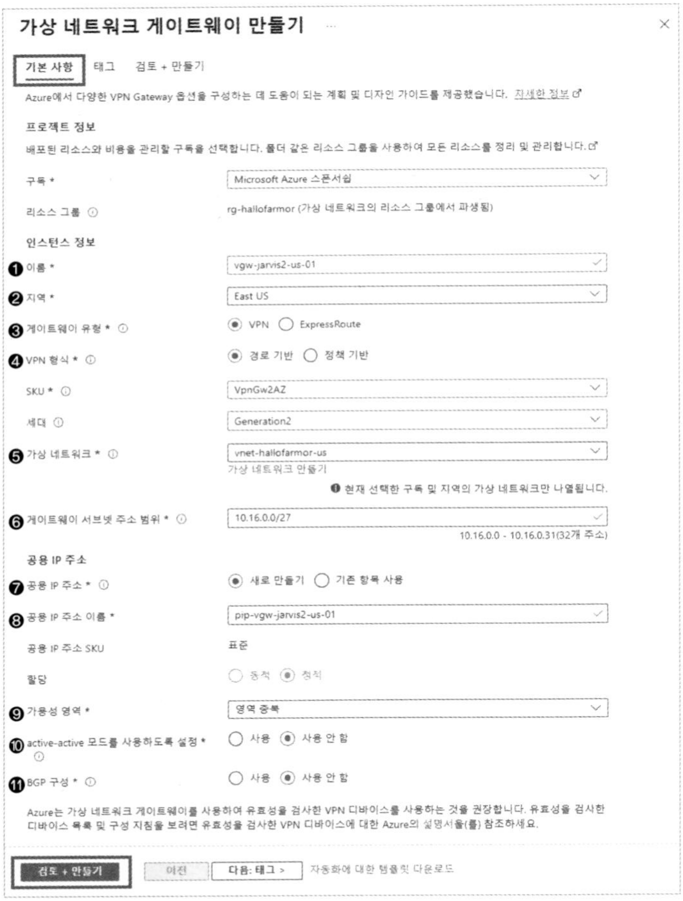

그림 12-10 자비스 2 가상 네트워크 게이트웨이 기본 사항 입력

3. '유효성 검사 통과' 메시지를 확인하고 [만들기] 버튼을 클릭합니다.

4. 리소스 그룹 rg-newhallofarmor에서 프라이데이 서비스의 가상 네트워크인 vnet-newhallofarmor-eu을 선택합니다.

5. vnet-newhallofarmor-eu의 **서브넷** 블레이드에서 [＋게이트웨이 서브넷]을 클릭합니다.

그림 12-11 서브넷 블레이드에서 게이트웨어 서브넷 선택

6. **서브넷 추가** 블레이드에서 다음 내용을 설정하고 [저장] 버튼을 클릭합니다.

- 서브넷 주소 범위: 192.168.0.0/27

그림 12-12 게이트웨이 서브넷 추가

7. vnet-newhallofarmor-eu의 **서브넷** 블레이드에서 추가된 게이트웨이 서브넷을 확인합니다.

그림 12-13 추가된 게이트웨이 서브넷 확인

8. 프라이데이의 가상 네트워크에 사용할 가상 네트워크 게이트웨이를 만들기 위해 다시 전역 검색 상자에서 '가상 네트워크 게이트웨이'를 검색해 선택합니다.

9. **가상 네트워크 게이트웨이 만들기** 블레이드의 **기본 사항** 탭에서 다음 내용을 설정하고 [검토 + 만들기]를 클릭합니다.

   ❶ 이름: vgw-friday-eu-01

   ❷ 지역: North Europe

   ❸ 게이트웨이 유형: VPN

   ❹ VPN 형식: 경로 기반

   ❺ 가상 네트워크: vnet-newhallofarmor-eu

   ❻ 서브넷: 자동 선택됨

   ❼ 공용 IP 주소: 새로 만들기

   ❽ 공용 IP 주소 이름: pip-vgw-friday-eu-01

   ❾ 가용성 영역: 영역 중복

   ❿ active-active 모드를 사용하도록 설정: 사용 안 함

   ⓫ BGP 구성: 사용 안 함

가상 네트워크 게이트웨이 만들기 ⋯ ✕

기본 사항　태그　검토 + 만들기

Azure에서 다양한 VPN Gateway 옵션을 구성하는 데 도움이 되는 계획 및 디자인 가이드를 제공합니다. 자세한 정보 ↗

프로젝트 정보

배포된 리소스와 비용을 관리할 구독을 선택합니다. 폴더 같은 리소스 그룹을 사용하여 모든 리소스를 정리 및 관리합니다. ↗

구독 *　　　　　　　　　　　Microsoft Azure 스폰서십

리소스 그룹 ⓘ　　　　　　　rg-newhallofarmor (가상 네트워크의 리소스 그룹에서 파생됨)

인스턴스 정보

❶ 이름 *　　　　　　　　　vgw-friday-eu-01

❷ 지역 *　　　　　　　　　North Europe

❸ 게이트웨이 유형 * ⓘ　　　◉ VPN　　○ ExpressRoute

❹ VPN 형식 * ⓘ　　　　　　◉ 경로 기반　　○ 정책 기반

SKU * ⓘ　　　　　　　　　VpnGw2AZ

세대 ⓘ　　　　　　　　　　Generation2

❺ 가상 네트워크 * ⓘ　　　　vnet-newhallofarmor-eu
　　　　　　　　　　　　　　가상 네트워크 만들기

❻ 서브넷 ⓘ　　　　　　　　GatewaySubnet (192.168.0.0/27)

　　　　　　　　　　　　　　❼ 현재 선택한 구독 및 지역의 가상 네트워크만 나열됩니다.

공용 IP 주소

❼ 공용 IP 주소 * ⓘ　　　　◉ 새로 만들기　　○ 기존 항목 사용

❽ 공용 IP 주소 이름 *　　　pip-vgw-friday-eu-01

공용 IP 주소 SKU　　　　　표준

할당　　　　　　　　　　　○ 동적　　◉ 정적

❾ 가용성 영역 *　　　　　　영역 중복

❿ active-active 모드를 사용하도록 설정 *　○ 사용　◉ 사용 안 함
　ⓘ

⓫ BGP 구성 * ⓘ　　　　　○ 사용　◉ 사용 안 함

Azure는 가상 네트워크 게이트웨이를 사용하여 유효성을 검사한 VPN 디바이스를 사용하는 것을 권장합니다. 유효성을 검사한 디바이스 목록 및 구성 지침을 보려면 유효성을 검사한 VPN 디바이스에 대한 Azure의 설명서을(를) 참조하세요.

검토 + 만들기　　이전　　다음: 태그 >　　자동화에 대한 템플릿 다운로드

그림 12-14 프라이데이 가상 네트워크 게이트웨이 기본 사항 입력

10. '유효성 검사 통과' 메시지를 확인하고 [만들기] 버튼을 클릭합니다.

11. Azure 포털의 전역 검색에서 '가상 네트워크 게이트웨이'를 검색합니다. **가상 네트워크 게이트웨이** 블레이드에서 자비스 2의 미국 동부 네트워크와 프라이데이의 북유럽 네트워크를 연결하는 두 개의 VPN 게이트웨이가 배포된 것을 확인합니다.

그림 12-15 2개의 가상 네트워크 게이트웨이 배포 확인

12.2.2 가상 네트워크 게이트웨이 구성

VPN 연결을 만들고자 하는 2개의 가상 네트워크에 가상 네트워크 게이트웨이를 배포한 뒤 해야 할 주요 관리 작업은 **설정** 섹션의 구성과 연결, 지점 및 사이트 간 구성 서비스 메뉴입니다(그림 12-16).

그림 12-16 가상 네트워크 게이트웨이의 3가지 주요 설정 작업

구성

구성 블레이드에서는 가상 게이트웨이의 ❶ SKU를 업그레이드나 다운그레이드할 수 있고 ❷ Active-active 모드와 ❸ 게이트웨이 프라이빗 IP 사용 여부, ❹ BGP 구성을 변경할 수 있습니다. 특히, 게이트 프라이빗 IP를 사용하면 Azure 가상 네트워크 간 연결에서 프라이빗 IP를 사용해 안전한 비공개 통신을 수행합니다.(그림 12-17).

그림 12-17 가상 네트워크 게이트웨이의 구성 블레이드

연결

연결 블레이드의 [＋추가] 버튼을 클릭하면 표시되는 **연결 만들기** 블레이드에서 2개의 가상 네트워크 게이트웨이 연결을 설정합니다.

그림 12-18 가상 네트워크 게이트웨이의 연결 만들기 블레이드

❶ 연결 형식: Azure 가상 네트워크끼리 연결할 경우 'VNet 간' 연결을, 온프레미스 네트워크와 Azure 가상 네트워크를 연결할 경우 '사이트 간 연결'이나 'ExpressRoute'를 선택합니다.

❷ 양방향 연결 설정: 기본적으로 연결은 단 방향이므로, 각 가상 네트워크 게이트웨이에서 상대방에 대한 연결을 만들어야 합니다. 이 옵션은 한 번에 양쪽의 연결을 모두 만듭니다.

❸ 첫 번째 / 두 번째 연결 이름: 일반적인 명명 규칙으로 cn- 접두사를 사용하면 좋습니다.

❹ 첫 번째 / 두 번째 가상 네트워크 게이트웨이: 연결할 두 개의 가상 네트워크 게이트웨이를 각각 선택합니다.

❺ 공유 키(PSK): 두 가상 네트워크 게이트웨이의 암호화된 연결에 사용할 문자와 숫자의 혼합 값을 입력합니다.

❻ Azure 프라이빗 IP 주소 사용: 이 옵션을 선택하면 Azure 프라이빗 IP를 사용해 IPSec VPN 연결을 수립할 수 있습니다. 가용성 영역에 배포하는 '*AZ' SKU에서만 지원합니다.

지점 및 사이트 간 구성

[그림 12-19]에서 나타낸 **지점 및 사이트 간 구성** 블레이드에서 (Point-to-Site) VPN 연결을 구성합니다. 게이트웨이를 만들 때 기본 SKU를 사용했다면, IKEv2 또는 RADIUS 인증을 지원하지 않기 때문에 터널 종류 및 인증 형식이 표시되지 않습니다.

그림 12-19 가상 네트워크 게이트웨이의 지점 및 사이트 간 구성 블레이드

❶ 주소 풀: 프라이빗 IP 주소 범위로, 연결되는 클라이언트는 이 범위의 고유한 IP 주소를 동적으로 할당받습니다.

❷ 터널 종류: 지점과 사이트 간의 VPN 터널을 수립하는 데 사용할 프로토콜을 지정합니다. 터널 종류에 따라 선택할 수 있는 인증 형식이 제한됩니다. 예를 들면, 'IKEv2 및 SSTP(SSL)' 형식을 선택하면 'Azure Active Directory' 인증 형식을 사용할 수 없습니다.

❸ 인증 형식: VPN 연결이 수립되기 전에 사용자를 인증하는 데 사용할 인증 형식을 지정합니다. 사용자 인증 메커니즘은 인증서 인증과 Azure Active Directory 인증으로 나뉘며, 인증서 인증은 Azure 인증서와 RADIUS 인증이 있습니다.

❹ VPN 클라이언트 다운로드: 배포한 가상 네트워크 게이트웨이와 관련된 설정이 포함된 VPN 클라이언트 프로필 구성 패키지 파일을 다운로드한 다음 클라이언트에 설치합니다. 이 패키지는 터널 종류와 인증 형식에 따라 영향을 받습니다.

> NOTE_ 지점 및 사이트 간 구성에 관한 자세한 내용은 다음의 Azure 기술 문서를 참고하세요.
>
> • https://learn.microsoft.com/ko-kr/azure/vpn-gateway/vpn-gateway-howto-point-to-site-resource-manager-portal

실전 연습 2 – 가상 네트워크 게이트웨이 연결하기

실전 연습 1에서 배포한 자비스 2 및 프라이데이의 가상 네트워크 게이트웨이를 연결하고 테스트합니다.

1. 실전 연습 1에서 배포한 첫 번째 가상 네트워크 게이트웨이(여기서는 vgw-jarvis2-us-01) 리소스의 **연결** 블레이드 명령 바에서 [➕추가] 버튼을 클릭합니다.

그림 12-20 자비스 2 VPN 게이트웨이의 연결 블레이드

2. **연결 만들기** 블레이드의 [기본 사항] 탭에서 다음 내용을 설정하고 [다음 : 설정 〉] 버튼을 클릭합니다. 지정하지 않은 항목은 기본값을 사용합니다.

❶ 연결 형식: VNet 간

❷ 양방향 연결 설정: 선택

❸ 첫 번째 연결 이름: cn-jarvis2-us-to-friday-eu

❹ 두 번째 연결 이름: cn-friday-eu-to-jarvis2-us

❺ 지역: East US

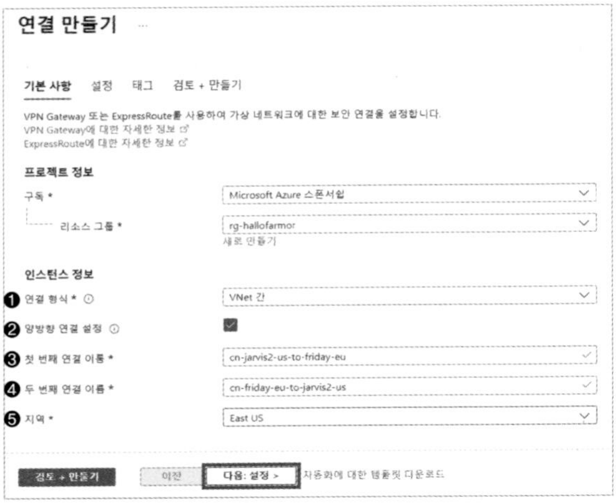

그림 12-21 연결 만들기 블레이드의 [기본 사항] 입력

3. [설정] 탭에서 다음 내용을 설정하고 [검토 + 만들기] 버튼을 클릭합니다.

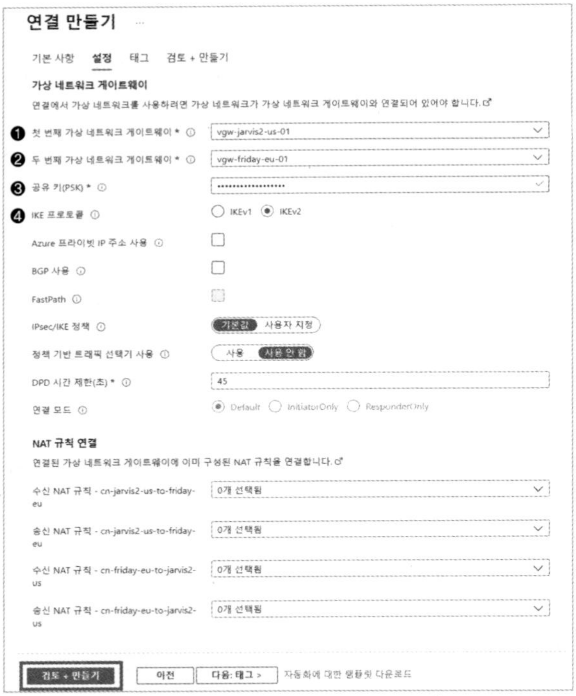

그림 12-22 연결 만들기 블레이드의 [설정] 입력

❶ 첫 번째 가상 네트워크 게이트웨이: vgw-jarvis2-us-01

❷ 두 번째 가상 네트워크 게이트웨이: vgw-friday-eu-01

❸ 공유 키: jarvis2fridaycnkey

❹ IKE 프로토콜: IKEv2

> **NOTE_** 동일한 구독의 가상 네트워크인 경우 포털에서 직접 연결을 만들 수 있지만, 다른 구독의 가상 네트워크인 경우 PowerShell이나 Azure CLI를 사용해 연결해야 합니다.

4. '유효성 검사 통과' 메시지가 표시되면 [만들기] 버튼을 클릭합니다.

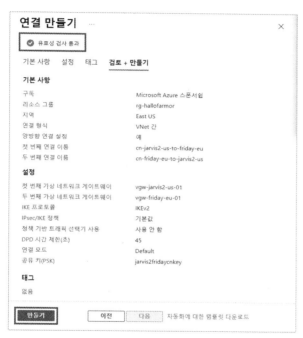

그림 12-23 연결 만들기 유효성 검사

5. 배포가 완료되면 [리소스 그룹으로 이동] 버튼을 클릭해 vgw-jarvis2-us-01을 선택합니다.

그림 12-24 가상 네트워크 게이트웨이 연결 배포

6. vgw-jarvis2-us-01의 **연결** 블레이드에서 양방향 연결이 추가되고 상태가 모두 '연결됨'으로 변경된 것을 확인합니다.

그림 12-25 연결 블레이드에 추가된 양방향 연결과 상태 확인

7. 자비스 2 프런트 엔드 가상 머신 중 하나(여기서는 vmjarvis2fe01)의 공용 IP 주소로 원격 데스크톱 연결(RDP 연결)을 수립합니다.

- 계정: tony
- 암호: Pa55w.rd1234

8. 에지 브라우저를 실행하고 프라이데이 백 엔드 애플리케이션 게이트웨이 프라이빗 IP 주소 (여기서는 192.168.1.11)를 입력해 프라이데이 엔진 웹 서비스가 응답하는지 확인합니다. 응답이 성공하면 자비스 2 네트워크와 프라이데이 네트워크 간 VPN 연결이 성공적으로 완료된 것입니다.

그림 12-26 애플리케이션 게이트웨이의 프라이빗 프런트 엔드 IP 주소로 프라이데이 백 엔드 서비스 연결 확인

12.3 가상 네트워크 피어링

가상 네트워크 피어링은 앞서 설명한 가상 네트워크 게이트웨이를 사용한 VPN 연결과 달리 Azure에서 더 쉽고 간단하게 2개의 가상 네트워크를 연결하는 기술입니다. 이 기술은 양쪽 가상 네트워크를 서로 피어 투 피어(peer-to-peer)로 양방향 연결해 하나의 가상 네트워크처럼 다루게 합니다. 피어링된 가상 네트워크 간의 트래픽은 마이크로소프트 백본 인프라를 사용하고 마이크로소프트 프라이빗 네트워크를 통해 라우팅됩니다.

Azure는 2가지 피어링 유형을 지원합니다(그림 12-27).

1. 지역 가상 네트워크 피어링

   동일한 지역 내의 Azure 가상 네트워크를 연결합니다.

2. 글로벌 가상 네트워크 피어링

   서로 다른 지역의 Azure 가상 네트워크를 연결합니다. Azure Government 클라우드 지역은 예외입니다.[3]

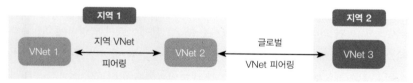

그림 12-27 가상 네트워크 피어링 토폴로지

구현한 가상 네트워크 피어링 자체에 비용은 없지만, 피어링된 네트워크 사이의 데이터 전송 비용이 있으며 지역 VNet 피어링과 글로벌 VNet 피어링의 기준 요금은 다릅니다.[4]

가상 네트워크 피어링을 사용할 때 얻을 수 있는 5가지 일반적인 장점이 있습니다.

----

3 Azure Government: 미국 정부의 규정 준수 및 보안 요구사항을 충족하기 위해 구축한 클라우드 환경
4 https://azure.microsoft.com/ko-kr/pricing/details/virtual-network/

1. 피어링된 가상 네트워크 간의 트래픽은 '비공개' 상태로 마이크로소프트 백본 네트워크에 유지됩니다.

2. 피어링된 가상 네트워크는 높은 대역폭과 짧은 대기 시간의 '성능'을 제공합니다.

3. 피어링된 가상 네트워크 리소스 간의 쉽고 간편한 '통신'이 가능합니다.

4. 다른 Azure 구독이나 배포 모델(클래식 또는 리소스 관리자 모델), 다른 Azure 지역 간 데이터를 전송할 수 있습니다.

5. 피어링을 만드는 과정이나 만든 후 피어링의 영향으로 리소스에 가동 중지를 일으키지 않습니다.

글로벌 가상 네트워크 피어링의 경우 다음 제약 사항을 고려해야 합니다.

1. 가상 네트워크 리소스가 피어링된 가상 네트워크의 기본(SKU) Azure 내부 부하 분산 장치의 프런트 엔드 IP 주소와 통신하지 못합니다. 표준(SKU) 부하 분산 장치를 사용하면 가능합니다.

2. 다음 리소스는 기본 SKU 부하 분산 장치의 프런트 엔드 IP를 통해 연결할 수 없지만, 이들 리소스의 프라이빗 IP를 통해 직접 연결할 수는 있습니다.

   - 기본 부하 분산 장치의 백 엔드 풀에 포함된 VM, VMSS, 애플리케이션 게이트웨이 v1 SKU, 서비스 패브릭(Service Fabric)

   - 레디스 캐시, SQL MI, HDInsite

   - API Management, App 서비스 환경, Azure 배치, 로직 앱

   - Active Directory 도메인 서비스

3. 가상 네트워크 게이트웨이를 사용해 'ExpressRoute' 또는 'VNet 간' VPN 연결을 사용할 경우 2번의 제약 사항을 피할 수 있습니다.

12.3.1 가상 네트워크 피어링 구성

가상 네트워크의 지역 및 전역 피어링 구성은 **피어링**(Peerings) 블레이드의 명령바에서 [+추가] 버튼을 클릭하고 대상 가상 네트워크를 지정해 구성할 수 있습니다. 피어링 구성은 양쪽 가상 네트워크 각각에서 해야 하는 작업이지만, 한쪽 가상 네트워크에서 피어링을 추가하면서 다른 가상 네트워크 피어링까지 설정할 수 있습니다. 피어링 구성에서 한 가지 주의할 점은 가상 네트워크 피어링이 전이적이지 않다는 사실입니다. 즉, VNet1, VNet2, VNet3이 있을 때 VNet1과 VNet2를 피어링하고 VNet2와 VNet3을 피어링했다고 해서 VNet1과 VNet3이 피어로 연결되는 것은 아닙니다.

[그림 12-28]에서 **피어링 추가**(Add peering) 블레이드의 설정 항목을 나타냈습니다.

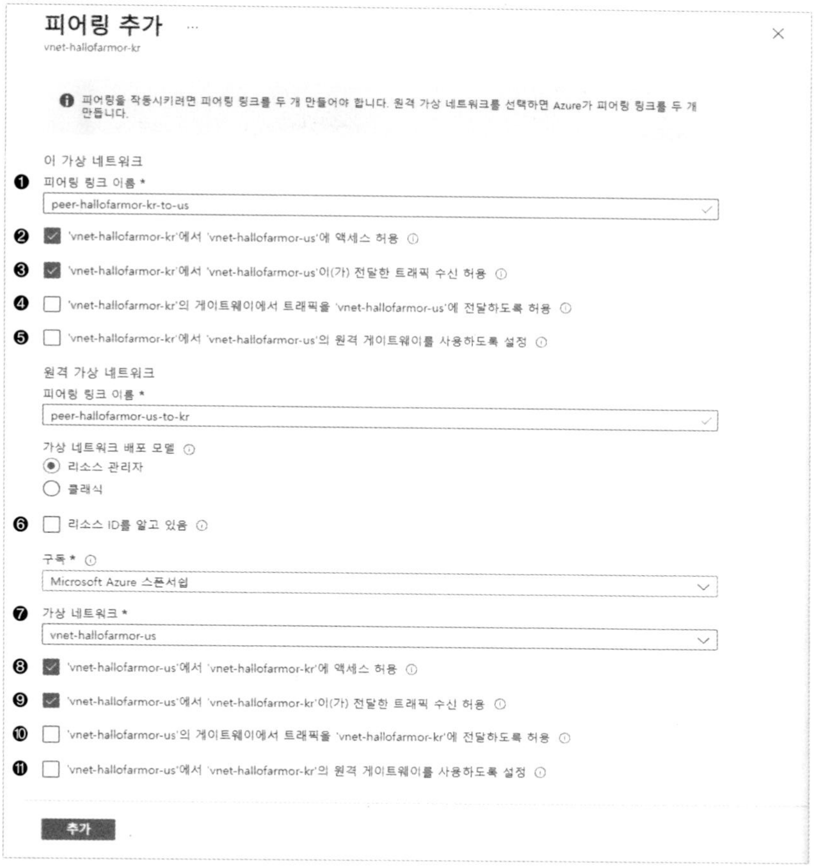

그림 12-28 피어링 추가 블레이드

'이 가상 네트워크'와 '원격 가상 네트워크' 섹션의 항목은 피어 가상 네트워크를 지정하면 양쪽의 가상 네트워크 이름을 사용해 표시됩니다. [그림 12-28]은 현재 가상 네트워크가 vnet-hallofarmor-kr이고 피어 가상 네트워크가 vnet-newhallofarmor-us인 경우입니다.

❶ 피어링 링크 이름: 현재 가상 네트워크와 피어 가상 네트워크의 이름을 순서적으로 조합합니다. 예를 들면 peer-jarvis1-to-jarvis2, peer-jarvis2-to-jarvis1과 같은 식입니다.

❷ 'vnet-hallofarmor-kr'에서 'vnet-hallofarmor-us'에 액세스 허용: 선택이 기본값으로, 원격 가상 네트워크(vnet-hallofarmor-us)의 리소스에 대해 이 가상 네트워크의 리소스와 Azure 프라이빗 네트워크로 통신을 허용합니다.

❸ 'vnet-hallofarmor-kr'에서 'vnet-hallofarmor-us'이(가) 전달한 트래픽 수신 허용: 원격 가상 네트워크(vnet-hallofarmor-us)와 서로 피어링된 다른 네트워크의 트래픽을 수신해야 할 때 선택합니다.

❹ 'vnet-hallofarmor-kr'의 게이트웨이에서 트래픽을 'vnet-hallofarmor-us'에 전달하도록 허용: 이 가상 네트워크(vnet-hallofarmor-kr)에 게이트웨이가 있는 경우 원격 가상 네트워크(vnet-hallofarmor-us)가 이 게이트웨이에서 트래픽을 수신합니다.

❺ 'vnet-hallofarmor-kr'에서 'vnet-hallofarmor-us'의 원격 게이트웨이를 사용하도록 설정: 원격 가상 네트워크(vnet-hallofarmor-us)의 게이트웨이를 사용해 연결된 다른 네트워크로 트래픽 라우팅을 허용합니다. 단, 원격 가상 네트워크의 게이트웨이가 이 가상 네트워크로 트래픽을 전달하도록 허용한 경우에만 사용할 수 있습니다. 예를 들어, 이 옵션을 선택하면 VPN이나 전용선을 사용해 온프레미스 네트워크와 Azure 가상 네트워크를 연결하기 위해 가상 네트워크 게이트웨이를 배포한 Azure 가상 네트워크와 피어링된 다른 Azure 가상 네트워크가 있습니다. 이렇게 구성된 네트워크들은 온프레미스의 네트워크 간에 트래픽을 라우팅할 수 있습니다.

❻ 리소스 ID를 알고 있음: 이 옵션을 체크하면 피어 관계를 지정하려는 가상 네트워크나 구독에 읽기 권한이 없는 경우(다른 테넌트의 구독에서 만들 VNet) 해당 가상 네트워크의 리소스 ID를 직접 입력할 수 있습니다.

그림 12-29 리소스 ID로 연결하는 경우

❼ 가상 네트워크: 피어 가상 네트워크를 지정합니다. 여기서 동일 지역의 가상 네트워크나 다른 지역의 가상 네트워크를 지정할 수 있습니다.

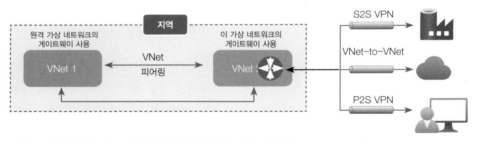

그림 12-30 가상 네트워크 피어링에서 게이트웨이 전송 허용 토폴로지

❽~⓫은 앞서 ❷~❺의 내용과 동일하며 피어링 방향만 반대라고 생각하세요.

실전 연습 3 – 가상 네트워크 피어링 구성과 테스트

이번 실습은 아이언맨 연구소에서 최초로 구현했던 인공지능 서비스인 원조 자비스 네트워크와 자비스 2의 네트워크를 가상 네트워크 피어링 기능을 통해 연결합니다. 이렇게 연결된 네트워크를 통해 아이언맨 연구소의 자비스 마스터 컴퓨터인 Windows 11 VM(vmjarvismaster01)이 실전 연습 2에서 구현한 VNet–VNet VPN 연결을 이용해 프라이데이 시스템까지 액세스할 수 있도록 구현합니다.

실전 연습 2에서 구현한 VNet 간 연결과 이번 연습에서 구현할 VNet 피어링을 반영한 전체 토폴로지를 [그림 12-31]에 나타냈습니다.

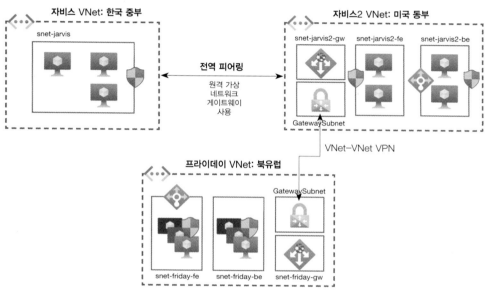

그림 12-31 가상 네트워크 피어링과 VNet–VNet VPN을 모두 구현한 토폴로지

1. 원조 자비스 가상 네트워크(여기서는 vnet-hallofarmor-kr) **피어링** 블레이드(서비스 메뉴의 **피어링** 선택)의 명령 바에서 [+추가] 버튼을 클릭합니다.

그림 12-32 가상 네트워크의 피어링 블레이드

2. **피어링 추가** 블레이드에서 다음 내용을 설정하고 [추가] 버튼을 클릭합니다.

[이 가상 네트워크]

❶ 피어링 링크 이름: peer-hallofarmor-kr-to-us

❷ 'vnet-hallofarmor-kr'에서 'vnet-hallofarmor-us'에 액세스 허용: 선택

❸ 'vnet-hallofarmor-kr'에서 'vnet-hallofarmor-us'이(가) 전달한 트래픽 수신 허용: 선택

❹ 'vnet-hallofarmor-kr'의 게이트웨이에서 트래픽을 'vnet-hallofarmor-us'에 전달하도록 허용: 선택 안 함

❺ 'vnet-hallofarmor-kr'에서 'vnet-hallofarmor-us'의 원격 게이트웨이를 사용하도록 설정: 선택 안 함

[원격 가상 네트워크]

❻ 피어링 링크 이름: peer-hallofarmor-us-to-kr

❼ 가상 네트워크: vnet-hallofarmor-us

❽ 'vnet-hallofarmor-us'에서 'vnet-hallofarmor-kr'에 액세스 허용: 선택

❾ 'vnet-hallofarmor-us'에서 'vnet-hallofarmor-kr'이(가) 전달한 트래픽 수신 허용: 선택

❿ 'vnet-hallofarmor-us'의 게이트웨이에서 트래픽을 'vnet-hallofarmor-kr'에 전달하도록 허용: 선택 안 함

⓫ 'vnet-hallofarmor-us'에서 'vnet-hallofarmor-kr'의 원격 게이트웨이를 사용하도록 설정: 선택 안 함

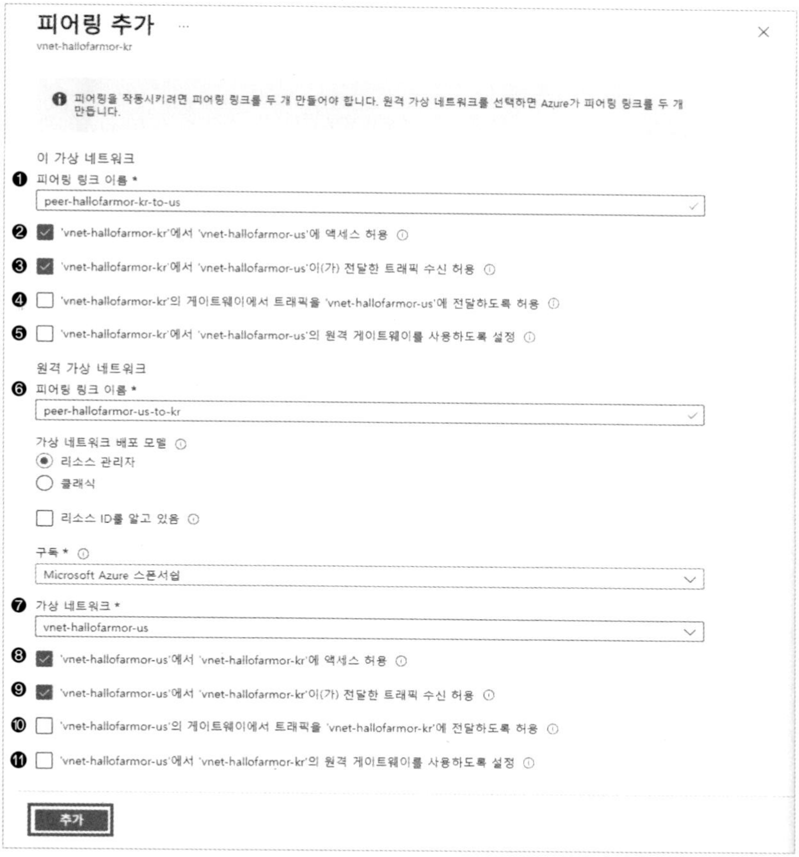

피어링 추가 ...
vnet-hallofarmor-kr

  ⓘ 피어링을 작동시키려면 피어링 링크를 두 개 만들어야 합니다. 원격 가상 네트워크를 선택하면 Azure가 피어링 링크를 두 개 만듭니다.

이 가상 네트워크

❶ 피어링 링크 이름 *

peer-hallofarmor-kr-to-us

❷ ☑ 'vnet-hallofarmor-kr'에서 'vnet-hallofarmor-us'에 액세스 허용 ⓘ

❸ ☑ 'vnet-hallofarmor-kr'에서 'vnet-hallofarmor-us'이(가) 전달한 트래픽 수신 허용 ⓘ

❹ ☐ 'vnet-hallofarmor-kr'의 게이트웨이에서 트래픽을 'vnet-hallofarmor-us'에 전달하도록 허용 ⓘ

❺ ☐ 'vnet-hallofarmor-kr'에서 'vnet-hallofarmor-us'의 원격 게이트웨이를 사용하도록 설정 ⓘ

원격 가상 네트워크

❻ 피어링 링크 이름 *

peer-hallofarmor-us-to-kr

가상 네트워크 배포 모델 ⓘ
- ◉ 리소스 관리자
- ○ 클래식

☐ 리소스 ID를 알고 있음 ⓘ

구독 * ⓘ

Microsoft Azure 스폰서십

❼ 가상 네트워크 *

vnet-hallofarmor-us

❽ ☑ 'vnet-hallofarmor-us'에서 'vnet-hallofarmor-kr'에 액세스 허용 ⓘ

❾ ☑ 'vnet-hallofarmor-us'에서 'vnet-hallofarmor-kr'이(가) 전달한 트래픽 수신 허용 ⓘ

❿ ☐ 'vnet-hallofarmor-us'의 게이트웨이에서 트래픽을 'vnet-hallofarmor-kr'에 전달하도록 허용 ⓘ

⓫ ☐ 'vnet-hallofarmor-us'에서 'vnet-hallofarmor-kr'의 원격 게이트웨이를 사용하도록 설정 ⓘ

[추가]

그림 12-33 피어링 추가 블레이드의 설정

3. 피어링된 각 가상 네트워크의 **피어링**(Peerings) 블레이드에서 피어링 상태가 '연결됨 (Connected)'인지 확인합니다.

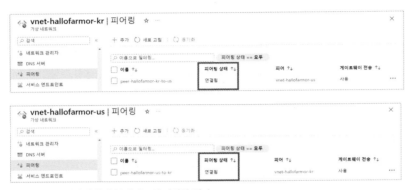

그림 12-34 피어링 추가 블레이드의 피어링 결과

4. 자비스 마스터 Windows 11 VM(vmjarvismaster01)을 원격 데스크톱으로 연결한 후 터미널(Terminal) 프로그램을 실행합니다.

5. 터미널에서 자비스 2 백 엔드용 부하 분산 장치 개인 IP 주소로 백 엔드 풀의 리눅스 서버에 SSH 연결이 가능한지 확인합니다.

> **NOTE_** vmjarvis2be01과 vmjarvis2be02의 프라이빗 SSH 키 파일을 vmjarvismaster01의 'C:₩ Users₩tony₩.ssh' 폴더에 복사했다고 가정합니다. 그렇지 않은 경우, 먼저 SSH 키 파일을 복사해 넣으세요.

표준 부하 분산 장치를 배포했기 때문에 글로벌 네트워크 피어링 연결 상태에서 피어의 부하 분산 장치 프런트 엔드 IP를 통해 백 엔드 리눅스 머신에 연결할 수 있습니다.

```
ssh -i .ssh/<YOUR_KEY> tony@<LoadBalancer-FrontEnd-IP> -p <PORT>
```

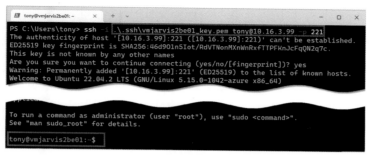

그림 12-35 피어링된 가상 네트워크에서 부하 분산 장치를 통한 자비스 2 백 엔드 리눅스 서버 연결 확인

6. 터미널에서 프라이데이 백 엔드 VMSS(여기서는 vmssfridaybe)의 인스턴스 하나를 프라이빗 IP로 SSH 연결을 시도해봅니다. 피어링되지 않은 가상 네트워크로의 연결이 불가능함을 알 수 있습니다.

```
ssh -i .ssh/<VMSS_BE_KEY> tony@<VMSS_BE_IP>
```

```
Administrator: Windows Powe...
PS C:\Users\tony> ssh -i .\.ssh\vmssfridaybe_key.pem tony@192.168.3.5
ssh: connect to host 192.168.3.5 port 22: Connection timed out
PS C:\Users\tony>
```

그림 12-36 자비스 마스터 VM에서 프라이데이 백 엔드 VMSS 인스턴스에 SSH 연결 시도 실패

7. 자비스 2 가상 네트워크(여기서는 vnet-hallofarmor-us) **피어링** 블레이드에서 추가된 피어링 항목(여기서는 peer-hallofarmor-us-to-kr)을 클릭합니다.

vnet-hallofarmor-us | 피어링 ☆ ···
가상 네트워크

	이름 ↑↓	피어링 상태 ↑↓	피어 ↑↓	게이트웨이 전송 ↑↓	
	peer-hallofarmor-us-to-kr	연결됨	vnet-hallofarmor-kr	사용	···

- 클라우드용 Microsoft Defender
- 네트워크 관리자
- DNS 서버
- 피어링
- 서비스 엔드포인트

그림 12-37 추가된 피어링 항목

8. **peer-hallofarmor-us-to-kr** 블레이드에서 ❶ "'vnet-hallofarmor-us'의 게이트웨이에서 트래픽을 'vnet-hallofarmor-kr'에 전달하도록 허용"을 체크한 후 ❷ [저장] 버튼을 클릭합니다. 자비스 1의 가상 네트워크(vnet-hallofarmor-kr)의 피어링 항목(peer-hallofarmor-kr-to-us)도 변경합니다. 이번엔 ❸ "'vnet-hallofarmor-kr'에서 'vnet-hallofarmor-us'의 원격 게이트웨이를 사용하도록 설정"을 체크하고 ❹ [저장]을 클릭합니다.

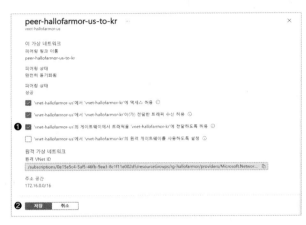

그림 12-38 VPN 게이트웨이가 배포된 피어 가상 네트워크의 게이트웨이 사용 체크

9. 다시 터미널에서 프라이데이 백 엔드 VMSS(vmssfridaybe)의 VM 인스턴스 중 하나를 프라이빗 IP로 SSH 연결을 시도해봅니다. 연결이 성공합니다.

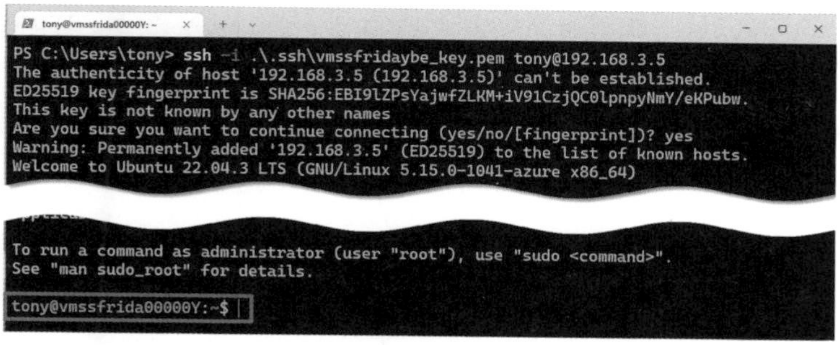

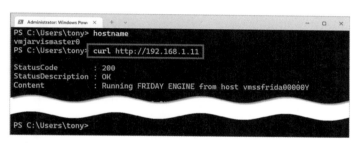

그림 12-39 자비스 마스터 VM에서 프라이데이 백 엔드 액세스 확인

10. curl 명령을 사용해 프라이데이 백 엔드 애플리케이션 게이트웨이의 프런트 엔드 프라이빗 IP 주소에 HTTP 요청을 시도해보고 응답을 반환하는지 확인합니다.

```
curl http://<GATEWAY_FRONTEND_IP>
```

그림 12-40 프라이데이 애플리케이션 게이트웨이의 프런트 엔드 개인 IP 주소로 HTTP 요청 테스트

12.4 마치며

12장은 Azure의 가상 네트워크와 온프레미스, 타 클라우드의 가상 네트워크나 데이터 센터 확장을 위해 필요한 기술인 가상 네트워크 연결 솔루션을 살펴봤습니다. 3가지 네트워크 연결 시나리오에 맞춘 사이트간(Site-to-Site), 지점 및 사이트간(Point-to-Site), VNet-VNet 연결 개념과 특징을 이해하고 VNet-VNet 연결에 가상 네트워크 피어링과 가상 네트워크 간 VPN 연결을 구현했습니다.

온프레미스에서 네트워크 간의 안전한 연결을 위해 오래전부터 사용했던 VPN 기술을 Azure 에서 구현할 때 가상 네트워크 게이트웨이를 사용합니다. 실전 연습을 통해 미국 동부에 배포한 자비스 2의 가상 네트워크와 북유럽에 배포한 프라이데이 가상 네트워크 각각에 가상 네트워크 게이트웨이를 VPN 유형으로 배포한 후, 이들을 연결하고 테스트했습니다.

마지막으로 가상 네트워크 게이트웨이로 전통적인 VPN 연결을 구현하는 방법보다 구성이 간편하고 마이크로소프트 백본 인프라를 사용해 높은 성능을 내는 가상 네트워크 피어링의 장점과 제약 사항, 양방향으로 구성하는 방법을 살펴봤습니다. 실전 연습에서 한국 중부의 자비스 1세대 가상 네트워크와 미국의 자비스 2세대 가상 네트워크를 전역 피어링으로 연결한 다음 가상 네트워크 게이트웨이를 사용해 프라이데이 가상 네트워크까지 트래픽이 전송되는지 확인했습니다.

마지막 13장에서는 IaaS 핵심 인프라를 보호할 수 있는 몇 가지 서비스를 적용해 견고한 인프라를 구성해보겠습니다.

핵심 인프라 보호

이 장의 내용

- 네트워크 보안 그룹의 개념과 연결 옵션, 트래픽 제어 설정
- Azure 배스천 서비스의 개념과 동작 방식, 배포 및 설정
- Azure 스토리지 계정의 고급 보안 기능과 계층화된 보안 모델 구성

13장은 지금까지 구현한 자비스와 프라이데이 서비스 인프라를 안전하게 운영하기 위한 몇 가지 작업을 수행합니다. 현재 아이언맨 연구소의 인프라는 서비스 제공과 관리를 위한 공용 IP 주소가 과도하게 사용되고 있으며 트래픽 제어 구조가 엔드포인트 중심으로 설정되어 복잡도가 높아지고 있습니다. 또한 연구소의 인프라와 인공지능 서비스 관리 컴퓨터인 자비스 마스터 가상 머신 액세스를 원격 데스크톱으로 액세스하고 있어 보안 위협으로 파악되었습니다. 자비스와 프라이데이에서 사용 중인 스토리지도 인터넷에서 접근 가능하고 스토리지의 루트 계정에 해당하는 액세스 키로 데이터를 액세스하고 있어 데이터 보안이 위협받고 있습니다.

13장은 아이언맨 연구소의 핵심 인프라 요소인 가상 머신과 네트워크, 스토리지를 보호하는 데 도움이 되는 서비스를 소개하고 적용해봅니다.

13.1 네트워크 보안 그룹(NSG)

네트워크 보안 그룹(NSG, Network Security Group)은 가상 네트워크의 리소스에 대한 인바운드와 아웃바운드 네트워크 트래픽을 허용하거나 거부하는 데 사용하는 가상 방화벽 역할의 보안 계층입니다.

네트워크 보안 그룹은 서브넷이나 네트워크 인터페이스에 적용할 수 있으며 인바운드와 아웃바운드 네트워크 트래픽 유형을 필터링하기 위해 보안 규칙을 작성합니다. 네트워크 보안 그룹은 구독당 최대 5,000개를 만들 수 있으며 보안 규칙은 한 네트워크 보안 그룹 당 최대 1,000개입니다. 네트워크 보안 그룹 배포는 간단합니다. [그림 13-1]처럼 핵심 설정 정보는 **이름**뿐입니다. 보통 nsg-라는 접두사를 권장합니다.

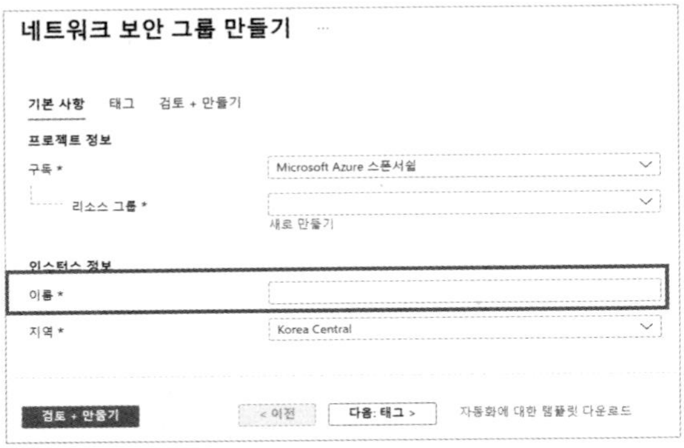

그림 13-1 네트워크 보안 그룹 만들기 블레이드

13.1.1 기본 보안 규칙

네트워크 보안 그룹을 배포하고 나면 **개요** 블레이드에서 정의된 모든 인바운드/아웃바운드 보안 규칙을 표시합니다. 보안 규칙은 기본 규칙과 사용자 지정 규칙이 있습니다. 기본 규칙은 네트워크 보안 그룹을 배포할 때 만들어지며 제거하지 못합니다. [그림 13-2]에서 인바운드와 아웃바운드 기본 규칙을 나타냈습니다.

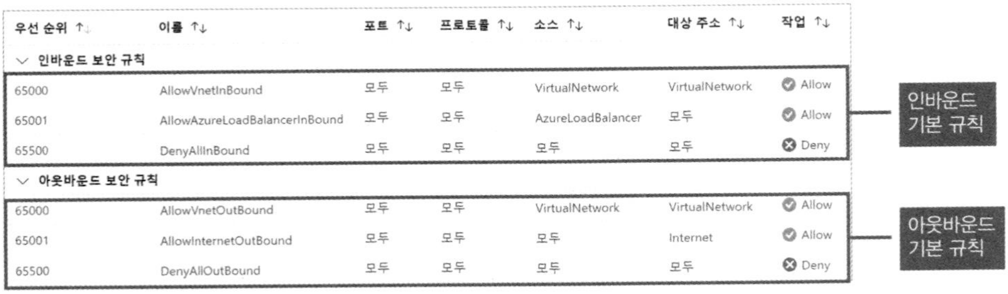

우선 순위 ↑↓	이름 ↑↓	포트 ↑↓	프로토콜 ↑↓	소스 ↑↓	대상 주소 ↑↓	작업 ↑↓
∨ 인바운드 보안 규칙						
65000	AllowVnetInBound	모두	모두	VirtualNetwork	VirtualNetwork	✓ Allow
65001	AllowAzureLoadBalancerInBound	모두	모두	AzureLoadBalancer	모두	✓ Allow
65500	DenyAllInBound	모두	모두	모두	모두	✗ Deny
∨ 아웃바운드 보안 규칙						
65000	AllowVnetOutBound	모두	모두	VirtualNetwork	VirtualNetwork	✓ Allow
65001	AllowInternetOutBound	모두	모두	모두	Internet	✓ Allow
65500	DenyAllOutBound	모두	모두	모두	모두	✗ Deny

인바운드 기본 규칙

아웃바운드 기본 규칙

그림 13-2 인바운드/아웃바운드 기본 규칙

인바운드 기본 규칙은 가상 네트워크와 Azure 부하 분산 장치에서 들어오는 인바운드 트래픽을 제외한 모든 인바운드 트래픽을 거부합니다. 따라서 인터넷의 인바운드 트래픽을 허용하고 싶다면 명시적으로 규칙을 만들어야 합니다.

아웃바운드 기본 규칙은 인터넷과 가상 네트워크에 대한 아웃바운드 트래픽만 허용하고 그 외는 모두 거부합니다.

기본 규칙의 '소스'와 '대상 주소' 열에 사용된 'Virtual Network'나 'AzureLoadBalancer'와 같은 키워드를 **서비스 태그**라고 합니다.[1] 서비스 태그는 지정한 Azure 서비스의 IP 주소 접두사 그룹을 정의한 것으로 자동으로 업데이트되므로 네트워크 보안 규칙을 자주 변경할 때 작업을 간소화해줍니다.

13.1.2 네트워크 보안 그룹 설정

네트워크 보안 그룹을 배포한 후 보안 규칙 관리와 보안 그룹 적용 작업은 서비스 메뉴의 **설정** 섹션에서(그림 13-3) 제공하는 인바운드 보안 규칙과 아웃바운드 보안 규칙, 네트워크 인터페이스, 서브넷 메뉴에서 합니다.

그림 13-3 네트워크 보안 그룹 설정 메뉴

보안 규칙

서브넷과 네트워크 인터페이스에서 인바운드/아웃바운드 트래픽을 필터링하기 위해 사용자 지정 보안 규칙을 만듭니다. 보안 규칙은 5 튜플(프로토콜, 원본 IP 주소 범위, 원본 포트 범위, 대상 IP 주소 범위, 대상 포트 범위)을 사용해 만듭니다. 보안 규칙에 일치하는 경우 트래픽을

---

1 https://learn.microsoft.com/ko-kr/azure/virtual-network/service-tags-overview

허용하거나 거부할 수 있습니다. 만든 규칙은 우선 순위 값으로 평가하는데 값이 낮을수록 우선순위가 높습니다. [그림 13-4]처럼 **보안 규칙 추가** 블레이드에서 값을 지정해 규칙을 추가할 수 있습니다.

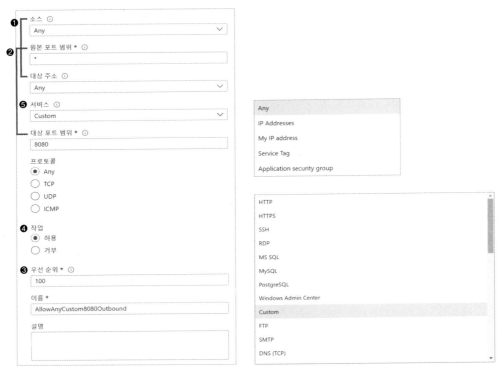

그림 13-4 보안 규칙 추가

보안 규칙 추가 블레이드에서 세부 속성을 직접 지정할 수 있고, 서비스 선택에 따라 대상 프로토콜과 포트 범위를 지정합니다. 각 항목에 들어가는 내용을 정리하면 다음과 같습니다.

❶ 소스/대상 주소: 5가지(Any, IP Address, My IP address, Service Tag, Application security group) 사전 정의된 범위를 지정할 수 있습니다.

❷ 원본/대상 포트 범위: 개별 포트나 포트 범위 지정. 예를 들어 '80,8080'으로 개별 포트를 나열하거나 '80 – 8080'처럼 범위를 지정할 수 있습니다.

❸ 우선 순위: 100~4,096 사이의 숫자 지정. 낮은 번호가 높은 우선 순위를 갖습니다. 규칙에 우선 순위를 부여할 때는 일정한 간격(50, 100, 150 등)으로 해야 기존 규칙을 편집하는 경우를 줄일 수 있습니다.

❹ 작업: 인/아웃바운드 트래픽이 지정한 규칙에 일치하는 것으로 평가되면 트래픽의 허용/거부를 지정합니다.

❺ 서비스 속성: 미리 정의된 서비스 목록을 선택해 대상 프로토콜과 포트 범위를 지정하거나 직접 지정할 수 있습니다.

네트워크 인터페이스

네트워크 보안 그룹을 네트워크 인터페이스에 연결하면 가상 머신으로 들어오고 나가는 트래픽을 제어할 수 있습니다. 네트워크 보안 그룹을 할당하지 않은 네트워크 인터페이스가 있다면, **네트워크 인터페이스 연결** 블레이드에서 선택할 수 있습니다.

그림 13-5 네트워크 인터페이스 연결

서브넷

서브넷에 네트워크 보안 그룹을 연결하면 해당 서브넷에 있는 모든 가상 머신으로의 트래픽 흐름을 제한할 수 있습니다. [그림 13-6]에 나타낸 것처럼 **서브넷 연결** 블레이드에서 ❶ 가상 네트워크를 선택하면 네트워크 보안 그룹을 연결할 수 있는 ❷ 서브넷 목록이 표시됩니다.

그림 13-6 서브넷 연결

실전 연습 1 – 네트워크 보안 그룹 배포와 구성

현재 아이언맨 연구소는 자비스 관리를 위한 접근이 쉽도록 공용 IP 주소를 할당해 인터넷 접근을 열어 놓았습니다. 이는 보안 위협에 노출될 가능성을 높이므로 공용 IP 주소 사용을 최소화해야 합니다. 또한 가상 머신별로 인바운드와 아웃바운드 트래픽을 직접 제어하는 구조여서 이를 역할별로 나눈 서브넷 단위로 정리해 단순화시켜야 합니다. 자비스 2와 프라이데이 시스템 관리는 연구소의 모든 서비스를 제어하는 마스터 가상 머신을 통해서만 접근 가능하도록 하고 인공지능 시스템의 프런트 엔드 서비스 포트만 외부로 노출해야 합니다.

1. 자비스 1세대의 가상 머신에 연결된 네트워크 보안 그룹을 가상 네트워크의 서브넷 연결로 전환하는 데 사용할 네트워크 보안 그룹을 만듭니다. Azure 포털의 전역 검색 상자에서 '네트워크 보안 그룹'을 검색해 선택합니다.

2. **네트워크 보안 그룹 만들기** 블레이드에서 다음 내용을 설정하고 [검토 + 만들기] 버튼을 클릭합니다.

   ❶ 리소스 그룹: rg-hallofarmor

   ❷ 이름: nsg-jarvis1

   ❸ 지역: Korea Central

그림 13-7 네트워크 보안 그룹 만들기

3. '유효성 검사 통과' 메시지를 확인하고 [만들기] 버튼을 클릭합니다.

4. nsg-jarvis1 네트워크 보안 그룹의 서비스 메뉴에서 ❶ 서브넷을 선택합니다. **서브넷** 블레이드에서 ❷ [+ 연결]을 클릭합니다.

그림 13-8 서브넷 연결

5. **서브넷 연결** 블레이드에서 다음 내용을 설정하고 [확인] 버튼을 클릭합니다.

   ❶ 가상 네트워크: vnet-hallofarmor-kr

   ❷ 서브넷: snet-jarvis

그림 13-9 서브넷 연결 설정

6. 자비스 1세대 가상 머신의 네트워크 인터페이스와 기존 네트워크 보안 그룹을 분리합니다. 먼저 프런트 엔드 가상 머신의 네트워크 인터페이스에 연결된 네트워크 보안 그룹(여기서는 vmjarvisfe-nsg)을 선택하고 서비스 메뉴의 설정 섹션에서 [네트워크 인터페이스] 메뉴를 클릭합니다.

7. **네트워크 인터페이스** 블레이드에서 분리할 네트워크 인터페이스를 선택한 다음 명령 바에서 [☒ 분리] 버튼을 클릭합니다.

그림 13-10 NSG에서 NIC 연결 분리

8. 6~7번 과정을 반복해 자비스 1세대 백 엔드 가상 머신의 NIC에 연결된 NSG(여기서는 vmjarvisbe-nsg)도 분리합니다.

9. 잠시 기다렸다가 자비스 1의 프런트 엔드 가상 머신(vmjarvisfe)의 공용 IP 주소로 웹 서비스에 연결 가능한지 확인합니다. 텔넷 클라이언트를 사용해 80번 포트의 응답을 확인합니다. NIC의 NSG를 제거했고 서브넷에 할당한 NSG에서 인바운드 포트 규칙을 추가하지 않았으므로 연결할 수 없습니다.

그림 13-11 텔넷 클라이언트를 사용해 웹 서비스 응답 확인

10. 2번에서 만든 네트워크 보안 그룹에 HTTP 인바운드 보안 규칙을 추가합니다. nsg-jarvis1 서비스 메뉴의 **설정** 섹션 아래 [인바운드 보안 규칙]을 클릭합니다.

11. **인바운드 보안 규칙** 블레이드에서 [➕ 추가] 버튼을 클릭합니다.

그림 13-12 인바운드 보안 규칙 블레이드

12. **인바운드 보안 규칙 추가** 블레이드에서 다음 내용을 설정한 후 [추가] 버튼을 클릭합니다.

❶ 서비스: HTTP

❷ 우선 순위: 110

❸ 이름: AllowAnyHTTPInbound

❹ 설명: 자비스 웹 서비스 인바운드 요청 허용

그림 13-13 인바운드 보안 규칙 추가

13. 다시 잠시 기다렸다가 자비스 1 프런트 엔드 가상 머신의 공용 IP 주소로 웹 서비스에 연결 가능한지 확인합니다. 이번엔 curl 명령으로 웹 서비스 요청의 응답을 반환하는지 확인합니다.

```
curl http://<PUBLIC_IP_ADDRESS>
```

```
☐ 관리자: Windows PowerShell  ☐  +  ∨                                    −  ☐  ×
PS C:\Users\dokyu> curl http://20.196.200.83


StatusCode      : 200
StatusDescription : OK
Content         : Running Jarvis built on Copilot from host vmjarvisfe !

RawContent      : HTTP/1.1 200 OK
                  Accept-Ranges: bytes
                  Content-Length: 56
                  Content-Type: text/html
                  Date: Tue, 05 Sep 2023 05:31:32 GMT
                  ETag: "14e1bfd764c1d91:0"
                  Last-Modified: Fri, 28 Jul 2023 15:04:44 GMT
                  Server...
Forms           : {}
Headers         : {[Accept-Ranges, bytes], [Content-Length, 56], [Content-Type, text/html]
                  , [Date, Tue, 05 Sep 2023 05:31:32 GMT]...}
Images          : {}
InputFields     : {}
Links           : {}
ParsedHtml      : mshtml.HTMLDocumentClass
RawContentLength : 56
```

그림 13-14 curl 명령을 사용해 웹 서비스 응답 확인

14. snet-jarvis 서브넷에 NSG를 추가했기 때문에 자비스 마스터 VM의 네트워크 인터페이스에 연결된 NSG를 바로 제거하면, 원격 데스크톱 접속이 차단됩니다. 따라서 인바운드 보안 규칙에 RDP 3389를 먼저 추가해야 합니다. **인바운드 보안 규칙** 블레이드에서 [추가] 버튼을 클릭하고 **인바운드 보안 규칙 추가** 블레이드에서 다음 내용을 설정한 후 [추가] 버튼을 클릭합니다.

❶ 소스: Any

❷ 원본 포트 범위: *

❸ 대상 주소: IP Addresses

❹ 원본 IP 주소 / CIDR 범위: 〈자비스 마스터 VM 프라이빗 IP/32〉

❺ 서비스: Custom

❻ 대상 포트 범위: 3389

❼ 프로토콜: TCP

❽ 작업: 허용

❾ 우선 순위: 210

❿ 이름: AllowAnyCustom3389Inbound

⓫ 설명: 자비스 마스터 VM에 대한 원격 데스크톱 접속 인바운드 요청 허용

그림 13-15 인바운드 보안 규칙 추가

15. 6~7번 과정을 반복해 자비스 마스터 가상 머신의 네트워크 인터페이스에 연결된 네트워크 보안 그룹(vmjarvismaster01-nsg)을 분리합니다.

16. 1~3번 과정을 반복해 자비스 2 서비스를 위한 가상 머신에 연결된 네트워크 보안 그룹을 가상 네트워크 vnet-hallofarmor-us의 서브넷 연결로 전환하는 데 사용할 네트워크 보안 그룹을 만듭니다. 다음 내용으로 프런트 엔드 서브넷(snet-jarvis2-fe)에 연결할 네트워크 보안 그룹을 배포합니다.

❶ 리소스 그룹: rg-hallofarmor

❷ 이름: nsg-jarvis2-fe

❸ 지역: East US

그림 13-16 프런트 엔드 네트워크 보안 그룹 만들기

17. 다시 다음 내용으로 백 엔드 서브넷(snet-jarvis2-be)에 연결할 NSG를 배포합니다.

❶ 리소스 그룹: rg-hallofarmor

❷ 이름: nsg-jarvis2-be

❸ 지역: East US

그림 13-17 백 엔드 네트워크 보안 그룹 만들기

18. 4~5번 과정을 반복해 다음 설정으로 네트워크 보안 그룹 nsg-jarvis2-fe에 서브넷을 연결합니다.

   - 가상 네트워크: vnet-hallofarmor-us
   - 서브넷: snet-jarvis2-fe

19. 다시 4~5번 과정을 반복해 다음 설정으로 네트워크 보안 그룹 nsg-jarvis2-be에 서브넷을 연결합니다.

   - 가상 네트워크: vnet-hallofarmor-us
   - 서브넷: snet-jarvis2-be

20. 9~11번 과정을 반복해 네트워크 보안 그룹 nsg-jarvis2-fe에 다음 설정으로 인바운드 보안 규칙을 추가합니다.

   - 서비스: HTTP
   - 우선 순위: 100
   - 이름: AllowAnyHTTPInbound
   - 설명: '자비스 2 프런트 엔드 웹 서비스 인바운드 요청 허용'

그림 13-18 인바운드 보안 규칙 추가 결과

21. 6~7번 과정을 반복해 자비스 2 프런트 엔드 가상 머신 2대의 각 네트워크 인터페이스에 연결된 네트워크 보안 그룹(여기서는 vmjarvis2fe01-nsg, vmjarvis2fe02-nsg)을 분리합니다.

22. 다시 6~7번 과정을 반복해 자비스 2 백 엔드 가상 머신 2대의 각 네트워크 인터페이스에 연결된 네트워크 보안 그룹(여기서는 vmjarvis2be01-nsg, vmjarvis2be02-nsg)을 분리합니다.

23. 자비스 2 프런트 엔드 가상 머신의 애플리케이션 게이트웨이(여기서는 agw-jarvis2fe) 프런트 엔드 공용 IP 주소로 웹 서비스에 연결 가능한지 확인합니다.

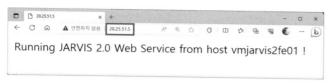

그림 13-19 NSG 변경 후 자비스 2 프런트 엔드 웹 서비스 확인

24. 자비스 마스터 Windows 11 VM의 윈도우 터미널에서 curl 명령으로 자비스 2 백 엔드 가상 머신의 내부 부하 분산 장치(여기서는 lbi-jarvis2be) 프런트 엔드 IP 주소로 웹 서비스 연결이 가능한지 확인합니다. nsg-jarvis2-be에 HTTP 인바운드 보안 규칙을 추가하지 않았지만 가상 네트워크에서 들어오는 트래픽은 기본적으로 허용하는 기본 인바운드 보안 규칙이 있기 때문에 자비스 마스터 가상 머신에서 액세스할 수 있습니다.

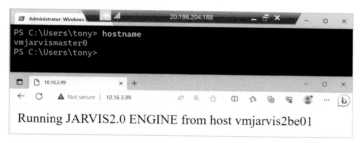

그림 13-20 NSG 변경 후 자비스 2 백 엔드 웹 서비스 확인

25. nsg-jarvis2-be에 SSH 인바운드 보안 규칙을 추가하지 않았지만 자비스 마스터 Windows 11 VM의 윈도우 터미널에서 자비스 2 내부 부하 분산 장치(lbi-jarvis2be)의 NAT 규칙을 통해 백 엔드 가상 머신에 SSH 접속이 가능한지 확인합니다.

```
ssh -i .ssh/vmjarvis2be001_key.pem tony@<LB_FRONTEND_PRIVATE_IP> -p <PORT>
```

그림 13-21 자비스 2 백 엔드 가상 머신 SSH 연결 확인

26. 프라이데이 프런트 엔드 VMSS의 네트워크 인터페이스에 연결된 네트워크 보안 그룹
(basicNsgvnet-newhallofarmor-eu-nic01)의 인바운드 보안 규칙에서 RDP를 삭제
합니다.

그림 13-22 인바운드 보안 규칙 RDP 삭제

27. 이제 네트워크 보안 그룹에서 RDP 인바운드 보안 규칙이 제거되었지만, 자비스 컨트롤러
VM의 가상 네트워크와 연결되어 있으므로 ❶ 자비스 마스터 가상 머신 내에서 ❷ 프라이
데이 프런트 엔드 VMSS의 가상 머신 인스턴스에 원격 데스크톱 접속이 가능합니다.

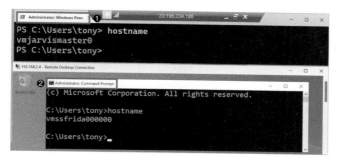

그림 13-23 네트워크 보안 그룹의 인바운드 규칙에서 삭제 후 원격 데스크톱 접속 확인

28. 프라이데이 백 엔드 VMSS의 네트워크 인터페이스에 연결된 네트워크 보안 그룹(basic Nsgvnet-newhallofarmor-eu-nic02)의 인바운드 보안 규칙에서 'HTTP, HTTPS, SSH' 허용 규칙이 없음을 확인합니다.

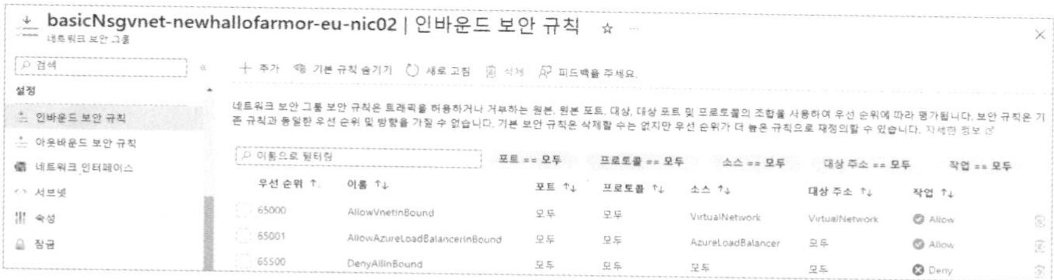

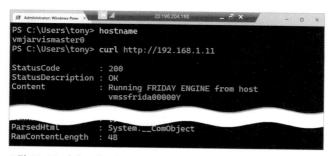

그림 13-24 인바운드 보안 규칙 확인

29. 네트워크 보안 그룹(basicNsgvnet-newhallofarmor-eu-nic02)에 HTTP 인바운드 보안 규칙은 없지만, 자비스 마스터 가상 머신의 가상 네트워크와 연결되어 있으므로 프라이데이 백 엔드 VMSS에 연결된 애플리케이션 게이트웨이의 프라이빗 IP 주소로 웹 서비스 액세스가 가능한지 확인합니다.

그림 13-25 자비스 마스터 VM에서 프라이데이 백 엔드 VMSS 웹 서비스 액세스 확인

30. 네트워크 보안 그룹(basicNsgvnet-newhallofarmor-eu-nic02)에 SSH 인바운드 보안 규칙은 없지만, 자비스 마스터 가상 머신의 가상 네트워크와 연결되어 있으므로 자비스 마스터 가상 머신의 윈도우 터미널에서 프라이데이 백 엔드 VMSS 인스턴스의 프라이빗 IP로 SSH 접속이 가능한지 확인합니다.

```
ssh -i .ssh/vmssfridaybe_key.pem tony@<백 엔드_VMSS_인스턴스_프라이빗IP>
```

그림 13-26 자비스 마스터 VM에서 프라이데이 백 엔드 VMSS 인스턴스에 대한 SSH 연결 확인

13.2 Azure Bastion 서비스

Bastion 서비스는 외부에서 RDP나 SSH를 통해 액세스하는 가상 머신의 보안 위협을 완화하기 위해 Azure 포털과 TLS 연결을 수립한 후 Azure 내에서 RDP나 SSH로 해당 가상 머신을 안전하게 액세스할 수 있도록 하는 관리형 PaaS 서비스입니다. 가상 네트워크 내부에서 가상 머신의 프라이빗 IP를 통해 RDP/SSH 연결을 시도하기 때문에 가상 머신은 공용 IP가 필요하지 않습니다.

일반적으로 Azure에서 실행 중인 가상 머신을 연결하는 데 사용하는 RDP와 SSH는 프로토콜의 취약점으로 인해 악의적인 사용자가 포트 스캐닝을 사용해 공용 IP를 확인하고 무차별 암호 대입 공격으로 관리 서버(점프 서버) 등을 해킹하려는 시도가 잦습니다. 따라서 인터넷에 RDP와 SSH를 노출하는 방식은 보안에 위협 요소가 됩니다.

13.2.1 Bastion 서비스의 이점과 동작 방식

Bastion 서비스를 배포하면 RDP와 SSH를 통해 액세스하는 데 필요했던 공용 IP 주소를 제거해 클라우드 인프라의 공격 면적^{Attack surface}을 줄일 수 있습니다. Bastion 서비스는 전용 서브넷(AzureBastionSubnet)에 배포되고 공용 IP 주소를 노출하지만 SSL 연결만 수락하고 RDP와 SSH 연결은 허용하지 않습니다.

> **NOTE**_ Bastion 서비스를 만들 때 실패하는 이유 중 하나는 공용 IP 주소 문제입니다. 사용하는 구독에 따라 만들 수 있는 공용 IP 주소의 개수에 제한이 있으므로 현재 구독에서 개수 제한을 초과하지 않았는지 확인해야 합니다. 필요한 경우 기존에 사용 중인 공용 IP 주소를 제거해야 합니다.

Bastion 서비스를 배포하면 6가지 이점을 누릴 수 있습니다.

1. Azure 포털을 통해 안전하게 Azure 내부의 가상 머신에 RDP/SSH 프로토콜 액세스를 제공합니다.
2. HTML 5 기반 웹 클라이언트를 사용해 443포트 TLS로 RDP/SSH 세션을 연결하므로 조직의 방화벽을 통과합니다.
3. 대상 가상 머신의 프라이빗 IP를 사용해 RDP/SSH 연결을 수립합니다. 따라서 가상 머신에 공용 IP가 필요 없습니다.
4. Bastion 서비스는 내부적으로 보안이 강화된 관리형 PaaS 서비스이므로 Bastion 서브넷에 따로 네트워크 보안 그룹을 연결할 필요가 없습니다.
5. Azure 가상 머신을 공용 인터넷에 노출하지 않으므로 악의적인 사용자의 포트 스캐닝에서 보호할 수 있습니다.
6. Azure에서 Bastion 서비스의 보안을 강화하고 항상 최신 상태로 유지하기 때문에 제로데이 공격으로부터 보호받을 수 있습니다. Bastion 서비스가 가상 네트워크 경계에 위치하므로 해당 가상 네트워크 내의 가상 머신이 업데이트 등을 진행하지 못해서 최신 상태가 아니더라도 제로데이 공격으로부터 보호받을 수 있습니다.

[그림 13-27]에서 Bastion 서비스를 배포한 경우 연결이 어떻게 동작하는지 볼 수 있습니다.

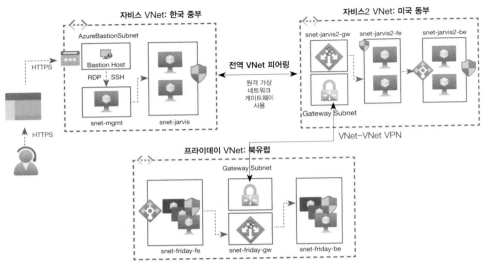

그림 13-27 Bastion 서비스의 동작과 토폴로지

1. 브라우저를 사용해 HTTPS 연결로 Azure 포털을 액세스한 다음 연결할 가상 머신을 선택합니다.
2. Azure 포털은 포트 443에서 공용 IP를 사용해 Bastion 서비스에 연결합니다.
3. 브라우저는 새로운 세션을 얻어 가상 머신의 원격 데스크톱이나 SSH 연결을 표시합니다.
4. 안전하게 연결된 가상 머신 내에서 RDP나 SSH를 사용해 다시 가상 네트워크 내의 다른 VM에 연결합니다.

Bastion은 프록시로 생각할 수 있습니다. 인터넷에서 SSL을 사용해 연결을 수립하고 다시 RDP와 SSH를 사용해 VM을 연결합니다. 이 기술은 윈도우 서버에서 제공하는 원격 데스크톱 게이트웨이나 RDP 웹 액세스와 유사합니다. 브라우저에서 게이트웨이로 연결한 뒤 다시 브라우저가 RDP 세션을 받습니다.

Bastion 서비스는 가상 네트워크의 전용 서브넷에 배포한 Bastion 호스트가 해당 가상 네트워크의 가상 머신에 대해 제공하는 안전한 연결 서비스입니다. 따라서 가상 네트워크가 여러 개이고 각 가상 네트워크의 가상 머신을 Azure 포털에서 RDP/SSH로 연결해야 한다면 가상 네트워크별로 Azure Bastion 서비스를 배포해야 합니다.

실전 연습 2 – Azure Bastion 서비스 구현하기

연구소 내부 시스템으로 연결되고 인공지능 인프라의 제어를 담당하는 자비스 마스터 가상 머신의 보안 위협을 줄이기 위해 최근 개발된 Azure Bastion 서비스를 배포합니다. 관리자는

Bastion 서비스를 통해 Azure 포털에서 보호된 RDP로 자비스 마스터 가상 머신을 액세스해야 합니다.

1. 먼저 자비스 2 프런트 엔드 가상 머신은 부하 분산 장치에 연결되어 있으므로 공용 IP 주소가 필요 없어 제거합니다. vmjarvis2fe01의 공용 IP 주소(vmjarvis2fe01-ip)의 **개요** 메뉴를 선택하고 **개요** 블레이드에서 [⊠분리]를 클릭합니다.

그림 13-28 공용 IP 주소 분리

2. 1번과 동일한 방법으로 vmjarvis2fe02의 공용 IP 주소를 분리합니다.

3. rg-hallofarmor 리소스 그룹에서 ❶ '형식별 그룹화'를 선택한 다음 목록에서 **공용 IP 주소** 섹션의 ❷ 자비스 2 프런트 엔드 가상 머신의 공용 IP 주소를 모두 선택하고 명령 바에서 ❸ [🗑삭제] 버튼을 클릭합니다.

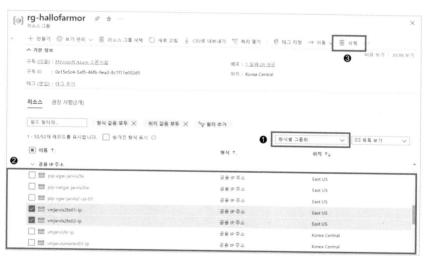

그림 13-29 삭제할 공용 IP 주소 선택

4. **리소스 삭제** 블레이드의 "'삭제'를 입력하여 삭제를 확인하세요." 칸에 '삭제'를 입력한 다음 [삭제] 버튼을 클릭합니다.

> **NOTE_** '예'를 입력해 삭제 확인을 요청하는 인터페이스를 표시할 수도 있습니다.

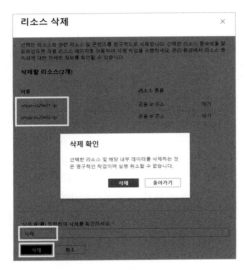

그림 13-30 공용 IP 주소 삭제

5. 자비스 마스터 가상 머신이 배포된 가상 네트워크(vnet-hallofarmor-kr)에 Bastion 서비스를 위한 서브넷을 추가합니다. **서브넷** 블레이드의 명령 바에서 [서브넷 추가] 버튼을 클릭한 후 **서브넷 추가** 블레이드에서 다음 설정으로 서브넷 정보를 입력하고 [저장] 버튼을 클릭합니다.

❶ 이름: AzureBastionSubnet
❷ 서브넷 주소 범위: 172.16.10.0/26

그림 13-31 Bastion 서비스를 위한 서브넷 추가

6. 이번엔 자비스 마스터 가상 머신을 별도의 관리 서브넷으로 이동하기 위해 5번 과정을 반복해 다음 설정으로 새로운 서브넷을 추가합니다.

- 이름: snet-mgmt
- 서브넷 주소 범위: 172.16.2.0/24

그림 13-32 추가된 서브넷 목록

7. Azure 포털 홈의 전역 검색 상자에서 'Bastions'을 검색해 선택한 다음, [+만들기] 버튼을 클릭합니다.

8. **Bastion 만들기** 블레이드에서 다음 내용을 설정하고 [검토 + 만들기] 버튼을 클릭합니다.

   ❶ 리소스 그룹: rg-hallofarmor

   ❷ 이름: bstn-mgmt

   ❸ 가상 네트워크: vnet-hallofarmor-kr

   ❹ 서브넷: AzureBastionSubnet (자동 선택됨)

   ❺ 공용 IP 주소: 새로 만들기

   ❻ 공용 IP 주소 이름: pip-bstn-mgmt

그림 13-33 Bastion 만들기

9. **Bastion 만들기** 블레이드에서 '유효성 검사 통과' 메시지를 확인한 후 [만들기] 버튼을 클릭합니다.

10. 1번 과정을 참고해 자비스 마스터 가상 머신(vmjarvismaster01)의 공용 IP 주소 (vmjarvismaster01-ip)를 분리하고, 3번 과정을 참고해 공용 IP 주소를 제거합니다.

11. 자비스 마스터 가상 머신(vmjarvismaster01)의 네트워크 인터페이스(여기서는 vmjarvismaster01243)를 선택한 다음 **IP 구성** 블레이드에서 ❶ 서브넷을 'snet-mgmt' 로 변경하고 [🖫 저장] 버튼을 클릭합니다. 가상 머신이 다시 시작됩니다.

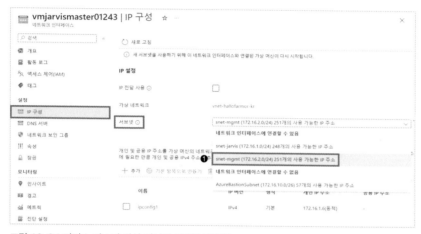

그림 13-34 자비스 마스터 가상 머신의 서브넷 바꾸기

12. 자비스 마스터 가상 머신(vmjarvismaster01)의 서비스 메뉴에서 ❶ 연결을 클릭합니다. **연결** 블레이드가 표시되면 **더 많은 연결 방법** 섹션을 확장하고 [Bastion 기본 또는 표준] 타일의 ❷ [Bastion으로 이동] 버튼을 클릭합니다.

그림 13-35 자비스 마스터 가상 머신의 배스천 연결 옵션

13. **배스천** 블레이드에서 다음 내용으로 설정한 다음 [연결] 버튼을 클릭합니다.

❶ 사용자 이름: tony(또는 다르게 지정한 사용자 이름)

❷ VM 암호: Pa55w.rd1234(또는 다르게 지정한 암호)

❸ 새 브라우저 탭에서 열기: 선택

그림 13-36 Azure Bastion을 사용해 연결하기

14. 새 브라우저 탭에서 자비스 마스터 가상 머신의 RDP 세션이 열립니다. 이제 더 이상 공용 IP 주소를 사용하지 않아도 됩니다. 주의할 점은 이 RDP 세션은 일반적인 RDP 연결과 달라서 로컬 컴퓨터의 파일을 복사하여 붙여 넣을 수 없습니다. 하지만 텍스트 복사, 붙여넣기는 가능합니다. 브라우저에 표시된 자비스 마스터 가상 머신의 바탕화면 왼쪽에 있는 [▨] 아이콘을 클릭합니다.

그림 13-37 Bastion 서비스로 연결된 VM의 바탕화면

15. Bastion 내에서 연결된 자비스 마스터 가상 머신에 Clipboard가 표시됩니다. Azure 포털에서 프라이데이 프런트 엔드 VMSS의 가상 머신 인스턴스 중 하나에서 ❶ 프라이빗 IP 주소를 복사하고 Bastion 내의 가상 머신으로 전환하면 클립보드에 들어간 것을 확인할 수 있습니다.

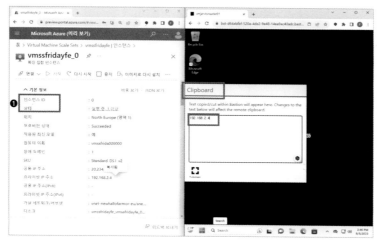

그림 13-38 Bastion 내의 VM에서 클립보드 사용하기

16. Bastion 내에서 연결된 자비스 마스터 가상 머신에서 **원격 데스크톱 연결**(mstsc)을 실행하고 ❶ Computer 항목에 붙여 넣으면 방금 클립보드에 들어간 IP 주소가 표시됩니다. ❷ [Connect] 버튼을 클릭합니다.

그림 13-39 Bastion 내의 가상 머신에서 원격 데스크톱 실행

17. 앞서 12장에서 수행했던 가상 네트워크 연결 작업으로 인해 Bastion 연결 자비스 마스터 가상 머신 내에서 프라이데이 프런트 엔드 VMSS의 가상 머신 인스턴스 프라이빗 IP 주소를 통해 RDP 세션이 성공적으로 연결됩니다.

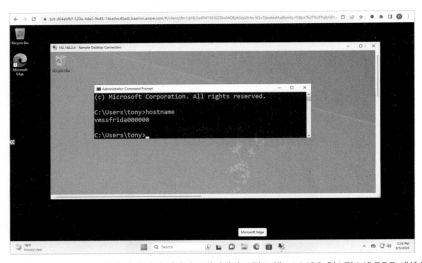

그림 13-40 Bastion 연결 가상 머신 내에서 프라이데이 프런트 엔드 VMSS 인스턴스에 RDP 세션 연결

13.3 스토리지 보호

Azure 스토리지 계정은 여러 가지 보안 기능과 계층화된 보안 모델을 제공합니다. 스토리지에 사용할 수 있는 고급 보안 기능으로는 암호화, 인증, 보안 전송, 디스크 암호화, 공유 액세스 서명이 있습니다. 계층화된 보안 모델은 네트워크를 통한 스토리지 액세스의 보안을 강화한 것으로 방화벽과 가상 네트워크 선택을 지원합니다.

이 절에서는 '공유 액세스 서명'과 '방화벽 및 가상 네트워크'를 중심으로 스토리지 보호 기능을 소개합니다.

13.3.1 방화벽 및 가상 네트워크

이 기능은 특정 가상 네트워크의 서브넷에 추가한 서비스 엔드포인트(공용)를 통해 스토리지를 액세스하도록 네트워크 규칙을 만들어 액세스를 제어하고 방화벽 정책을 통해 특정 인터넷 지점에서만 액세스를 허용할 수 있습니다.

가상 네트워크 서브넷과 IP 대역을 지정하는 네트워크 기반 접근 제어와 더불어 ID 공급자로서 Microsoft Entra ID와 연계해 역할 기반 액세스 제어까지 제공할 수 있습니다. 이렇게 여러 계층에서 Azure 스토리지에 강화된 액세스 보안을 제공합니다. 게다가 이 기능은 무료입니다.

네트워크 기반 스토리지 보호를 사용하기 위해서는 먼저 가상 네트워크의 서비스 엔드포인트를 설정합니다(그림 13-41).

그림 13-41 가상 네트워크에서 서비스 엔드포인트 추가

❶ 서비스: Azure 백본 네트워크를 통해 최적화된 경로로 안전한 직접 연결을 만들 대상 서비스를 선택합니다.

❷ 서비스 엔드포인트 정책: 서비스 엔드포인트를 통해 Azure 서비스로 보내는 네트워크 트래픽을 필터링하고 특정 Azure 서비스에서 데이터를 꺼낼 수 있도록 세분화된 액세스 제어를 정의합니다. 이는 선택 사항으로 필요한 경우 먼저 서비스 엔드포인트 정책을 만들어야 합니다.

❸ 서브넷: 엔드포인트가 활성화될 서브넷을 선택합니다. 가상 네트워크의 서브넷을 하나 이상 선택할 수 있습니다.

다음으로 가상 네트워크와 방화벽 규칙을 설정합니다(그림 13-42). 스토리지 계정에서 액세스를 허용할 가상 네트워크와 서브넷을 지정하고 방화벽 규칙으로 인터넷에서 액세스를 허용할 공용 IP 주소 대역을 설정합니다.

그림 13-42 Azure 스토리지 계정의 가상 네트워크 및 방화벽 설정

13.3.2 공유 액세스 서명

스토리지 액세스에 대한 네트워크 규칙을 만들고 적용했더라도 스토리지 계정에 액세스하는 애플리케이션은 적절한 권한 부여가 필요합니다. 권한 부여는 스토리지 계정의 액세스 키나 Microsoft Entra ID와 연계한 RBAC 자격 증명, 공유 액세스 서명을 통해 가능합니다. 여기서 스토리지 계정의 액세스 키는 권한의 범위와 영향력이 크므로 공개되었을 때 심각한 데이터 보안 위협을 초래합니다.

권한은 액세스를 승인한 사용자나 애플리케이션에 한해 제한적으로 스토리지 계정의 리소스에 액세스하도록 부여해야 합니다. 즉, 스토리지 계정 액세스 키를 제공하지 않고 데이터의 보안을 손상시키지 않으면서 지정된 사용 권한과 시간, 특정 리소스를 액세스하도록 안전하게 액세스를 위임하는 수단이 필요합니다. 공유 액세스 서명(SAS, Shared Access Signatures)은 바로 이러한 목적을 위해 제공하는 기능입니다.

SAS는 Azure 리소스에 대한 제한된 액세스 권한을 위임한 토큰을 제공합니다. 완전히 신뢰할 수 없지만 특정 스토리지 서비스에 액세스해야 하는 클라이언트가 있다면 지정된 기간과 권한으로만 액세스 권한을 부여할 수 있습니다.

SAS도 스토리지 리소스에 사용 권한을 부여하는 일종의 키와 유사하므로 계정 키와 동일한 수준으로 보호해야 합니다. 따라서 SAS의 토큰과 URI, 연결 문자열을 사용하는 작업은 HTTPS 연결을 통해서만 수행해야 합니다.

Azure 스토리지 계정은 3가지 유형의 SAS를 지원합니다.

- **사용자 위임 SAS**
  Microsoft Entra ID 자격 증명과 SAS에 지정한 사용 권한으로 보호됩니다. Blob 스토리지와 Azure Data Lake Storage Gen2에서만 사용할 수 있습니다. 이 책에서는 다루지 않습니다.

- **서비스 SAS**
  스토리지 계정 키를 사용해 보호됩니다. 스토리지 서비스(Blob, 큐, 테이블, 파일 공유) 수준에서 선택한 스토리지 서비스 중 하나에 저장된 리소스에 대해 액세스를 위임합니다.

- **계정 SAS**
  스토리지 계정 키를 사용해 보호됩니다. 스토리지 계정 수준(Blob, 큐, 테이블, 파일 공유) 중 하나 이상에서 액세스 권한을 위임할 수 있습니다.

13.3.3 서비스 SAS 만들기

[그림 13-43]은 컨테이너 및 Blob 데이터에 대한 서비스 SAS를 생성하는 화면을 나타냈습니다.

그림 13-43 컨테이너 및 Blob 데이터에 대한 서비스 SAS 생성 인터페이스

Blob 수준 SAS 생성에 필요한 정보는 부여할 권한과 SAS가 유효한 시간 범위, 시간대, SAS를 사용할 수 있는 허용 IP 주소 범위, 요청에 사용되는 프로토콜, 서명에 사용할 키, 액세스 정책을 지정합니다.

서비스 SAS는 계정 SAS에 비해 몇 가지 제약 사항이 있습니다.

- 컨테이너와 큐, 테이블 만들기와 삭제, 목록 표시가 불가능합니다.
- 컨테이너 메타데이터와 속성을 읽거나 쓰지 못합니다.
- 컨테이너 임대 작업도 불가능합니다.
- 큐를 지울 수 없으며 큐 메타데이터에 쓰기 작업을 할 수 없습니다.

서비스 SAS 생성 결과는 [그림 13-44]에 나타낸 것처럼, Blob SAS 토큰과 Blob SAS URL을 제공합니다.

그림 13-44 Blob 데이터에 대한 서비스 SAS 생성 결과

서비스 SAS URI의 구조는 스토리지 리소스 URL과 SAS 토큰으로 구성됩니다.

1. 스토리지 리소스(예: Blob 데이터) URL 형식은 컨테이너와 Blob 데이터 명까지 포함합니다.
2. 서비스 SAS 토큰의 정보 구조

---

sp=r&st=2023-09-07T04:23:36Z&se=2023-09-07T12:23:36Z&spr=https&sv=2022-11-02&sr=b
❶   ❷   ❸   ❹   ❺   ❻
&sig=0vCh5euYq6gRXQwgsRmqfEN0XczjAVPKsgie6jvfmh0%3D
❼

---

❶ 사용 권한: sp=r (읽기)

❷ 시작 시간: st=2023-09-07T04:23:36Z

❸ 만료 시간: se=2023-09-07T12:23:36Z

❹ 프로토콜: spr=https

❺ 스토리지 서비스 버전: sv=2022-11-02

❻ 리소스: sr=b (Blob)

❼ 서명: sig=0vCh5euYq6gRXQwgsRmqfEN0XczjAVPKsgie6jvfmh0%3D

NOTE_ 파일 공유와 큐, 테이블의 서비스 SAS는 스토리지 계정의 [스토리지 브라우저] 메뉴나 별도로 설치하는 스토리지 탐색기를 이용해 만들 수 있습니다.

13.3.4 계정 SAS 만들기

[그림 13-45]에서 Azure 스토리지 계정의 계정 SAS를 생성하는 화면을 나타냈습니다.

그림 13-45 스토리지 계정에 대한 SAS 생성 인터페이스

앞서 서비스 SAS를 만들 때 지정한 정보 외에 추가적으로 액세스할 스토리지 서비스와 액세스할 수 있는 리소스 종류, Blob 버전 관리 권한을 지정합니다.

계정 SAS 생성 결과의 예를 [그림 13-46]에 나타냈습니다.

그림 13-46 계정 SAS 생성 결과

계정 SAS URI의 구조는 액세스를 위임할 스토리지 리소스 URI와 SAS 토큰으로 구성됩니다. 선택한 스토리지 서비스 개수만큼 SAS URL이 만들어집니다. 서비스 SAS와 달리 연결 문자열이 제공되므로 스토리지 탐색기에서 이 문자열을 사용해 연결하거나 애플리케이션 개발에서 사용할 수 있습니다.

1. 스토리지 서비스에 따라 해당 URL을 사용합니다. 다음은 스토리지 계정 이름이 'stfridaydatakdk'인 경우 Blob과 파일, 큐, 테이블 서비스의 URL입니다.

- Blob: `https://stfridaydatakdk.blob.core.windows.net/`
- 파일: `https://stfridaydatakdk.file.core.windows.net/`
- 큐: `https://stfridaydatakdk.queue.core.windows.net/`
- 테이블: `https://stfridaydatakdk.table.core.windows.net/`

2. 계정 SAS 토큰의 정보 구조는 2가지를 제외하고 앞서 생성한 서비스 SAS와 비슷합니다.

---

sv=2022-11-02&ss=bfqt&srt=sco&sp=rwdlacutfx&se=2023-10-07T14:10:sv=2022-11-02&ss=
　　　　　　　　❶　　　❷
bfqt&srt=sco&sp=rwdlacutfx&se=2023-10-07T14:10:03Z&st=2023-09-07T06:10:03Z&spr=htt
ps&sig=NhB0zHnLcAvgw6vk3aYy3Mvn2mgtWnc3dImg7qc2Q88%3D

---

❶ 서비스: ss=bfqt(Blob, File, Queue, Table)

❷ 리소스 종류: srt=sco (서비스와 컨테이너, 개체)

실전 연습 3 - 스토리지 액세스 범위 제한하기

이번 연습은 자비스 2와 프라이데이가 사용 중인 스토리지 서비스 액세스에 대한 보안을 강화하기 위해 방화벽과 가상 네트워크 액세스를 설정합니다.

1. 자비스 2에서 사용하는 가상 네트워크(vnet-hallofarmor-us)를 찾아서 선택한 다음 서비스 메뉴의 설정 섹션에서 ❶ **서비스 엔드포인트**를 선택해 블레이드를 표시합니다. 명령 바에서 ❷ [⊞추가] 버튼을 클릭합니다.

그림 13-47 가상 네트워크의 서비스 엔드포인트 블레이드

2. **서비스 엔드포인트 추가** 블레이드에서 다음 내용을 설정하고 [추가] 버튼을 클릭합니다.

   ❶ 서비스: Microsoft.Storage

   ❷ 서브넷: snet-jarvis2-fe, snet-jarvis2-be 선택

그림 13-48 서비스 엔드포인트 추가

3. 1~2번 과정을 반복해 다음 설정으로 프라이데이 가상 네트워크(vnet—newhallofarmor—eu)에 서비스 엔드포인트를 추가합니다.

   - 서비스: Microsoft.Storage
   - 서브넷: snet—friday—fe, snet—friday—be 선택

4. 자비스 2와 프라이데이 가상 네트워크의 **서비스 엔드포인트** 블레이드가 업데이트되면 [그림 13—49]처럼 보입니다.

그림 13-49 서비스 엔드포인트 업데이트

5. 자비스 2에서 사용하는 스토리지 계정(stjv2data*)을 찾아서 선택한 다음 서비스 메뉴의 **보안 + 네트워킹** 섹션에서 ❶ 네트워킹을 클릭해 **방화벽 및 가상 네트워크** 탭을 표시합니다. ❷ '선택한 가상 네트워크 및 IP 주소에서 사용'을 선택합니다.

그림 13-50 네트워킹 블레이드의 방화벽 및 가상 네트워크 탭

6. [그림 13-50]에서 방화벽 및 가상 네트워크 탭의 **가상 네트워크** 섹션에서 [＋기존 가상 네트워크 추가] 링크를 클릭합니다. **네트워크 추가** 블레이드에서 네트워크 규칙 으로 다음 내용을 설정하고 [추가] 버튼을 클릭합니다.

❶ 가상 네트워크: vnet–hallofarmor–us

❷ 서브넷: snet–jarvis2–fe, snet–jarvis2–be 선택

그림 13-51 네트워크 추가

7. **방화벽 및 가상 네트워크** 탭에 추가된 네트워크 규칙을 확인하고 명령 바에서 [🖫 저장] 버튼을 클릭합니다.

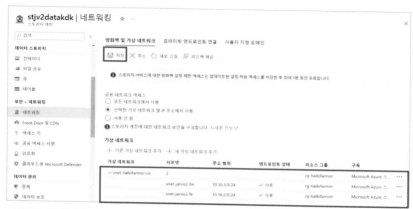

그림 13-52 추가된 네트워크 규칙 확인 및 변경 사항 저장

8. 5~6번을 반복해 다음을 설정하고 프라이데이 스토리지 계정(stfridaydata*)의 **방화벽 및 가상 네트워크 탭**에서도 네트워크 규칙을 추가합니다.

- 가상 네트워크: vvnet-newhallofarmor-eu
- 서브넷: snet-friday-fe, snet-friday-be 선택

9. **방화벽 및 가상 네트워크** 탭에 ❶ 추가된 네트워크 규칙을 확인하고 명령 바에서 ❷ [🖫 저장] 버튼을 클릭합니다.

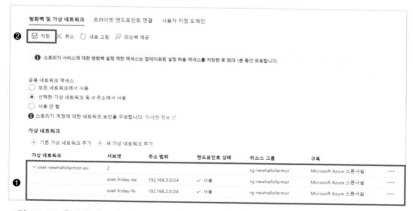

그림 13-53 추가된 네트워크 규칙 확인 및 변경 사항 저장

10. 7장의 실전 연습 2를 참고해 자비스 2의 스토리지 계정(stjv2data*)에 다음 설정으로 컨테이너를 만들고 Blob을 업로드합니다.

- 컨테이너 이름: battledata
- 익명 액세스 수준: Blob(Blob에 대한 익명 읽기 전용 액세스)
- Korea 폴더에 Blob 업로드: battlefield_kor_20230830.txt

11. 자비스 2의 스토리지 계정(stjv2data*)을 찾아서 선택한 다음 서비스 메뉴의 데이터 스토리지 섹션에서 '컨테이너'를 클릭해 블레이드를 표시합니다. **컨테이너** 블레이드에서 'battledata' 컨테이너를 선택하면 'This request is not authorized to perform this operation'라는 상세 메시지가 표시됩니다. 이는 조금 전에 선택한 가상 네트워크에서만 액세스하도록 네트워크 규칙을 추가했기 때문입니다.

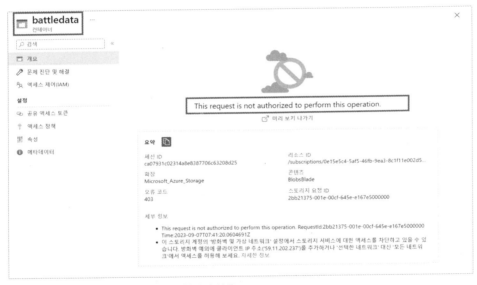

그림 13-54 네트워크 규칙 추가로 인한 권한 부여 실패

12. 자비스 2에서 사용하는 스토리지 계정(stjv2data*)의 **네트워킹** 블레이드를 표시합니다. **방화벽 및 가상 네트워크** 탭의 **방화벽** 섹션에서 현재 Azure 포털을 접속한 ❶ 로컬 컴퓨터의 공용 IP 주소가 표시되어 있으면 선택하고 명령 바에서 ❷ [🖫 저장] 버튼을 클릭해 방화벽 규칙을 추가합니다.

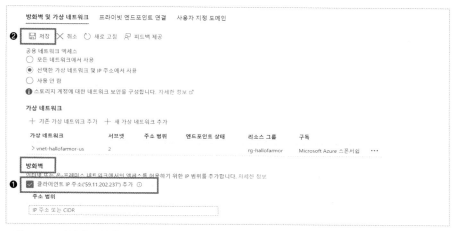

그림 13-55 방화벽 규칙 추가

13. 10번 과정을 반복해 'battledata' 컨테이너의 Blob에 액세스할 수 있는지 확인합니다. 추가한 방화벽 규칙으로 인해 이번엔 권한 부여에 성공하고 컨테이너 내용이 표시됩니다.

그림 13-56 방화벽 규칙 추가로 인해 컨테이너 정보 액세스 성공

14. 'battledata' 컨테이너의 Korea 폴더에 있는 ❶ Blob 데이터를 선택해 정보를 표시하고 **개요** 탭의 ❷ URL 속성을 클립보드로 복사합니다.

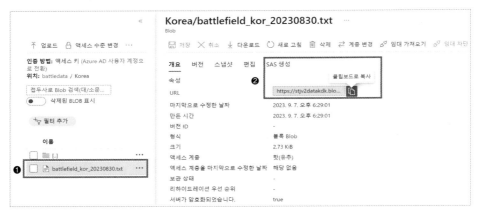

그림 13-57 Blob 데이터의 URL 속성 복사

15. 자비스 마스터 가상 머신(vmjarvismaster01)을 Bastion 서비스를 사용해 연결하고 브라우저를 실행합니다.

16. 웹 브라우저 주소 창에 14번에서 복사한 URL을 붙여 넣고 결과를 확인합니다. 앞서 추가한 네트워크 규칙으로 인해 권한 부여가 실패합니다.

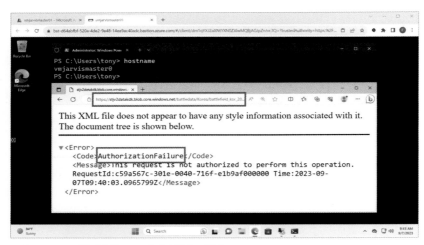

그림 13-58 브라우저에서 Blob 데이터 액세스 실패

17. 이번엔 자비스 마스터 가상 머신 내에서 자비스 2 가상 네트워크를 사용하는 ❶ 프런트 엔드 가상 머신(vmjarvis2fe01/02) 프라이빗 IP 주소로 RDP 세션을 맺은 다음 웹 브라우저를 실행해 13번에서 복사한 URL을 붙여 넣고 결과를 확인합니다. ❷ 해당 Blob 데이터가 다운로드되고 정상적으로 열리는 것을 확인할 수 있습니다.

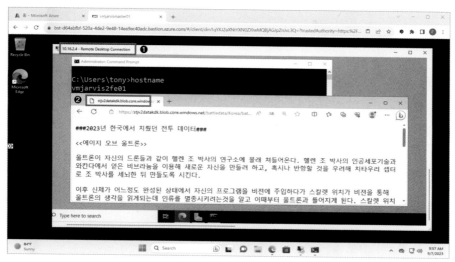

그림 13-59 허용된 가상 네트워크 내에서 Blob 데이터 액세스 성공

18. Bastion 연결 중인 자비스 마스터 가상 머신 내에서 웹 브라우저를 실행하고 Azure 포털을 액세스한 다음 'battledata' 컨테이너를 선택하면 10번 과정처럼 권한 부여에 실패합니다. 11번 과정처럼 감지된 클라이언트 IP 주소를 추가하면 권한 부여가 성공합니다. 방화벽 정책은 공용 IP 주소만 추가할 수 있습니다.

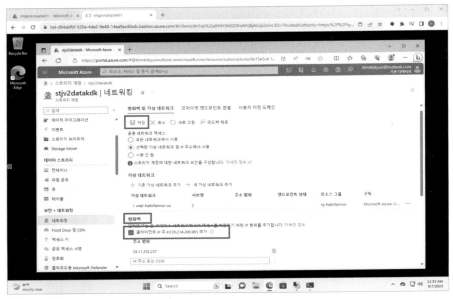

그림 13-60 자비스 컨트롤 VM 내에서 스토리지 계정 액세스를 위한 방화벽 규칙 추가

이렇게 방화벽 및 네트워크 규칙을 적용하면 스토리지 계정의 보안을 여러 계층에서 향상시킬 수 있습니다. 지금까지 진행한 실습을 참고해 프라이데이 스토리지 계정(stfridaydata[SUFFIX])에도 적용해보기 바랍니다.

실전 연습 4 – 공유 액세스 서명 만들기

이번 연습에서는 자비스와 프라이데이가 사용 중인 스토리지 계정과 키를 노출하지 않고 스토리지 서비스에 대한 액세스를 위임하는 공유 액세스 서명을 만듭니다.

1. 자비스 2에서 사용하는 스토리지 계정(stjv2data*)을 찾아서 선택한 다음 서비스 메뉴의 데이터 스토리지 섹션에서 '컨테이너'를 클릭해 블레이드를 표시합니다.

2. **컨테이너** 블레이드에서 'battledata' 컨테이너를 클릭해 **battledata** 블레이드를 표시합니다. 명령 바에서 [🔒액세스 수준 변경] 버튼을 클릭합니다.

그림 13-61 battledata 컨테이너 블레이드

3. **액세스 수준 변경** 팝업에서 다음 내용을 설정하고 [확인] 버튼을 클릭합니다.

- 공용 액세스 수준: 프라이빗(익명 액세스 없음)

그림 13-62 battledata 컨테이너 액세스 수준 변경

4. 'battledata' 컨테이너의 Korea 폴더에 있는 Blob 데이터를 선택해 정보를 표시하고 **개요** 탭의 URL 속성을 클립보드로 복사합니다(실전 연습 3의 13번 과정 참고).

5. 웹 브라우저의 주소 창에 URL을 붙여 넣고 결과를 확인합니다. 로컬 컴퓨터를 스토리지 계정의 방화벽 규칙에 추가했더라도 액세스 수준을 변경함으로 인해 익명 액세스가 불가능한 것을 알 수 있습니다.

그림 13-63 Blob 데이터 익명 액세스 실패

6. 4번 과정의 Blob 데이터 정보를 표시한 블레이드에서 **SAS 생성** 탭을 클릭합니다. 다음 내
용으로 설정하고 [SAS 토큰 및 URL 생성] 버튼을 클릭합니다.

❶ 서명 방법: 계정 키

❸ 권한: 읽기, 쓰기

❺ 만료: 시작 날짜 기준 다음 날

❼ 허용되는 프로토콜: HTTPS

❷ 서명 키: 키 1

❹ 시작: 현재 시간 10분 전

❻ 허용되는 IP 주소: 로컬 컴퓨터 공용 IP 주소(또는 공유기 IP 주소)

그림 13-64 Blob 데이터 액세스를 위한 SAS 생성

7. 생성된 SAS 토큰과 SAS URL을 확인합니다. Blob SAS URL을 클립보드로 복사한 다음 다시 웹 브라우저에서 액세스합니다.

그림 13-65 Blob SAS 토큰과 Blob SAS URL

8. 웹 브라우저에서 Blob SAS URL을 사용한 데이터 액세스 시도가 성공합니다.

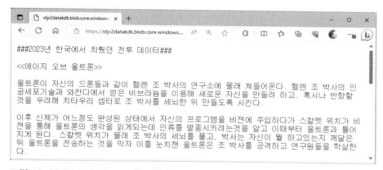

그림 13-66 Blob SAS URL을 사용한 데이터 액세스

9. 자비스 2에서 사용하는 스토리지 계정(stjv2data*)의 서비스 메뉴의 **보안 + 네트워킹** 섹션에서 [공유 액세스 서명]을 클릭해 블레이드를 표시합니다.

10. **공유 액세스 서명** 블레이드에서 다음 내용을 설정하고 [SAS 및 연결 문자열 생성] 버튼을 클릭합니다.

   ❶ 허용되는 서비스: Blob, 파일

   ❷ 허용되는 리소스 종류: 서비스, 컨테이너, 개체

   ❸ 허용되는 권한: 읽기, 쓰기, 목록, 추가

   ❹ Blob 버전 관리 권한: 버전 삭제 사용 체크

   ❺ 시작: 현재 시간 10분 전

   ❻ 종료: 시작 시간 기준 12시간 이후

   ❼ 허용되는 IP 주소: 로컬 컴퓨터 공용 IP 주소(또는 공유기 IP 주소)

❽ 허용되는 프로토콜: HTTPS만 사용

❾ 기본 설정 라우팅 계층: 기본

❿ 서명 키: key1

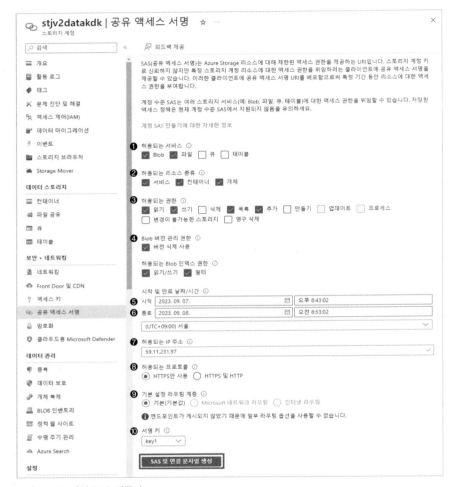

그림 13-67 계정 SAS 만들기

11. 생성된 계정 SAS 토큰과 SAS URL을 확인합니다.

그림 13-68 계정 SAS 토큰과 SAS URL, 연결 문자열

12. 로컬 컴퓨터에서 스토리지 탐색기를 실행하고 오른쪽에서 플러그 모양 아이콘을 클릭합니다. **Select Resource** 화면에서 [Storage account or service]를 클릭합니다. [Select Connection Method] 화면에서 'Shared access signature URL(SAS)'을 선택합니다.

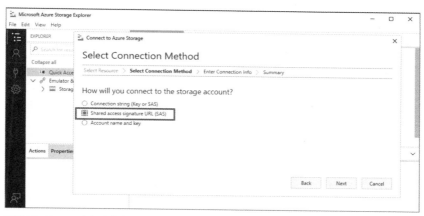

그림 13-69 스토리지 탐색기 연결 옵션 선택

13. 11번에서 생성된 Blob service SAS URL을 클립보드로 복사한 다음 **Enter Connection Info** 창의 ❶ Service URL 항목에 붙여 넣습니다. SAS 토큰의 정보를 바탕으로 표시 이름이 자동으로 채워집니다. ❷ [Next] 버튼을 클릭하고 이어서 [Connect] 버튼을 클릭합니다.

그림 13-70 Blob service SAS URL 정보를 사용해 연결하기

14. 스토리지 탐색기에서 계정 SAS URI 정보를 바탕으로 스토리지 계정을 연결하고 허용된 스토리지 서비스를 표시합니다.

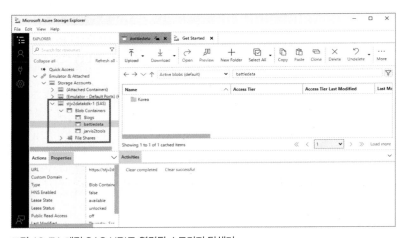

그림 13-71 계정 SAS URI로 연결된 스토리지 탐색기

15. 자비스 마스터 가상 머신(vmjarvismaster01)을 Bastion 서비스를 사용해 연결한 뒤 스토리지 탐색기(Microsoft Azure Storage Explorer)를 설치하고 실행합니다.

16. **Select Resource** 화면에서 [Storage account or service]를 클릭합니다. **Select Connection Method** 화면에서 'Shared access signature URL(SAS)'을 선택하고 [Next] 버튼을 클릭합니다.

17. 11번 과정에서 생성된 Blob service SAS URL을 클립보드로 복사한 다음 **Enter Connection Info** 화면의 **Service URL** 항목에 붙여 넣고 [Next]를 클릭합니다. 이어서 [Connect] 버튼을 클릭합니다.

18. 앞서 스토리지 계정의 방화벽 규칙에서 자비스 마스터 가상 머신(vmjarvismaster01)의 Bastion 연결을 허용했기 때문에 스토리지 계정 액세스 자체는 인증 처리되지만 스토리지 서비스에 대한 액세스는 SAS 토큰 내에 허용된 IP가 아니므로 권한 부여에 성공하지 못합니다.

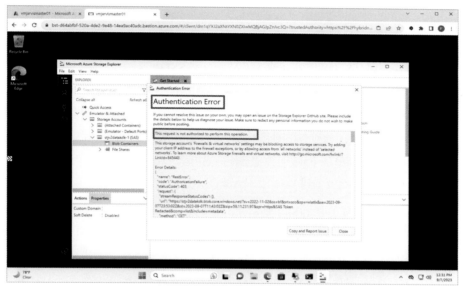

그림 13-72 SAS 토큰에 포함된 IP 주소와 다른 경우 스토리지 서비스 액세스 실패

이렇게 권한 위임 SAS를 적용하면 스토리지 계정의 스토리지 서비스에 대한 액세스를 세부적으로 제어하고 권한을 부여할 수 있습니다. 지금까지 진행한 실습을 참고해 프라이데이 스토리지 계정에 대해서도 적용해보기 바랍니다.

13.4 마치며

13장은 네트워크 보안 그룹과 Azure Bastion 서비스, 스토리지 보호 기능을 활용해 지금까지 만든 자비스와 프라이데이 인공지능 서비스 인프라를 어떻게 견고하게 만들 수 있을지 다뤘습니다.

제일 먼저 인바운드 및 아웃바운드 네트워크 트래픽을 제어하는 네트워크 보안 그룹을 네트워크 인터페이스와 서브넷에 연결하는 방법, 보안 규칙을 관리하는 방법을 다뤘습니다. 실습을 통해 자비스 1세대와 2세대 가상 머신의 네트워크 인터페이스에 연결된 네트워크 보안 그룹을 가상 네트워크의 서브넷에 연결하는 구조로 바꾸고 자비스 마스터 가상 머신을 통해서만 프런트 엔드 및 백 엔드 가상 머신의 관리 연결이 가능하도록 보안 규칙을 정리했습니다.

두 번째로 기존 가상 머신을 관리하기 위해 사용한 RDP와 SSH의 취약점으로 인한 증가된 보안 위협을 줄일 필요가 있었습니다. 따라서 Azure Bastion 서비스를 구현해 Azure 포털을 통한 TLS 연결을 수립한 후 Azure 내에서 가상 네트워크의 프라이빗 주소 대역으로 가상 머신에 안전한 RDP 또는 SSH 액세스를 제공했습니다. 실습을 통해 Azure 외부에서 자비스와 프라이데이 가상 머신의 RDP 및 SSH 직접 연결을 차단하고 Azure Bastion 서비스로 연결된 자비스 마스터 가상 머신에서만 관리할 수 있도록 했습니다.

마지막으로 서비스의 혈액과 같은 데이터 보호를 위해 Azure 스토리지 계정의 보안 기능과 계층화된 보안 모델을 살펴봤습니다. 실습을 통해 자비스와 프라이데이 서비스에서 사용 중인 스토리지 서비스의 액세스를 제어하기 위해 계층화된 보안 모델로 제공하는 방화벽과 가상 네트워크 연결을 구현했으며, 공유 액세스 서명을 생성해 제한된 액세스 권한을 제공했습니다.

INDEX

INDEX

INDEX

INDEX

INDEX